农业高质量发展重大问题研究

Study on major issues of high-quality agricultural development

王汉中　梅旭荣　张合成　主编

中国农业科学技术出版社

图书在版编目（CIP）数据

农业高质量发展重大问题研究／王汉中，梅旭荣，张合成主编．--北京：中国农业科学技术出版社，2022.1

ISBN 978-7-5116-5685-8

Ⅰ．①农… Ⅱ．①王…②梅…③张… Ⅲ．①农业发展-研究-中国 Ⅳ．①F323

中国版本图书馆 CIP 数据核字（2021）第 275058 号

责任编辑	穆玉红
责任校对	马广洋
责任印制	姜义伟　王思文

出 版 者	中国农业科学技术出版社
	北京市海淀区中关村南大街 12 号　邮编：100081
电　　话	（010）82106626（编辑室）　（010）82109702（发行部）
	（010）82109709（读者服务部）
传　　真	（010）82106626
网　　址	https：//castp.caas.cn
经 销 者	各地新华书店
印 刷 者	北京科信印刷有限公司
开　　本	185 mm×260 mm　1/16
印　　张	21.75
字　　数	425 千字
版　　次	2022 年 1 月第 1 版　2022 年 1 月第 1 次印刷
定　　价	128.00 元

◆◆◆ 版权所有·翻印必究 ◆◆◆

《农业高质量发展重大问题研究》
编委会成员名单

顾　问：叶兴庆　李成贵　姜长云　李培武
主　编：王汉中　梅旭荣　张合成
副主编：陈萌山　刘　旭　张福锁　袁龙江
成　员：(按照姓氏笔画排名)

王济民	王秀东	王祖力	牛坤玉	毛世平
尹昌斌	孔凡丕	台超云	曲　颂	刘录祥
刘海华	刘　静	刘瀛弢	吕新业	孙致陆
孙翠清	杨世琦	李　芸	李思经	汪飞杰
张宁宁	张　宇	张维理	张燕卿	陈印军
陈　松	罗良国	郑　莹	郝志鹏	胡向东
胡志全	胡馨月	钟　钰	贾　伟	夏　英
徐贞贞	高　芸	郭君平	郭静利	龚道枝
常　明	崔奇峰	谢永盾	翟研宁	薛　莉

《农业高质量发展重大问题研究》课题组
项目负责人：王汉中　梅旭荣　张合成

课题研究组负责人及主要成员：
课题一：改革开放四十周年专题研究
负责人：陈萌山　王汉中
成　员：王　雯　王明利　王祖力　王志霞　刘瀛弢　孙翠清　张灵静
　　　　陈黎明　欧阳儒彬　胡馨月　崔奇峰　蒋和平　温　洋　翟研宁

专题1：农业农村改革开放四十年
负责人：陈萌山　王汉中
成　员：陈萌山　王汉中　王济民　郭静利　孔凡丕　孙翠清　崔奇峰
　　　　王祖力

专题2：农业科技改革开放四十周年
负责人：王汉中　王济民
成　员：张合成　陈萌山　王汉中　王济民　郭静利　孔凡丕　孙翠清
　　　　崔奇峰　王祖力

专题3：农科研究生教育改革开放四十年
负责人：刘旭　刘瀛弢
成　员：刘　旭　刘瀛弢　辛　贤　王志霞　李艾诺　陈黎明　翟研宁
　　　　温　洋　王　雯

课题二："质量兴农"重要技术发展战略研究
负责人：王汉中
成　员：汪飞杰　陈　松　徐贞贞　谢永盾　夏　英　曲　颂

专题1：质量兴农的标准体系研究
负责人：汪飞杰
成　员：钱永忠　王加启　黄凤洪　高　山　陈　松　徐贞贞　王　敏
　　　　张养东　郑　科　郑　楠

专题2：农业质量变革的路径与生产技术体系研究
负责人：刘录祥
成　员：谢永盾　曹立勇　陈茹梅　范术丽　李　奎　唐　波　张学昆

专题 3：农产品优质优价市场机制建立与制度创新研究
负责人：夏 英
成 员：曲 颂 李 芸 郭君平 孙东升 贾 琳 吕开宇

课题三：中国农业绿色发展重大问题战略研究
负责人：张福锁 张燕卿
成 员：罗良国 陈印军 张维理 胡志全 龚道枝 李红娜 郑 莹
辛 岭 侯丽薇 李 超 向 雁

专题一：农业绿色发展评价框架体系研究
负责人：胡志全
成 员：辛 岭 侯丽薇 李 超

专题二：农业绿色发展环境基准与制度框架研究
负责人：陈印军 张维理
成 员：向 雁 易小燕 尹昌斌 张认连 冀宏杰

专题三：农业绿色发展区域综合解决方案研究
专题负责人：罗良国
成 员：龚道枝 李红娜 杨世琦 王 芊 郑 莹

综合组：农业高质量发展若干问题综合研究
课题负责人：王汉中 梅旭荣 张合成
成 员：袁龙江 毛世平 胡向东 李思经 钟 钰 刘 静 牛坤玉
孙致陆 贾 伟 高 芸 张 宇 曲 颂 郭君平 李 芸
薛 莉 常 明

前　言

推动农业高质量发展是实施乡村振兴战略的重要支撑，是实现农业农村现代化的必由之路。改革开放以来，我国农业农村发展取得巨大成就，为农业高质量发展奠定了坚实基础。同时，农业高质量发展仍面临发展和保护根本性的制度供给问题、结构性的资源短缺问题、决定性的市场机制问题、基础性的基准标准问题、关键性的科技供给问题以及长期性的人才匮乏问题。

实现农业高质量发展，应坚持新发展理念，以绿水青山就是金山银山理念为指引，以"数量足、质量好、生态绿、效益高、结构优、低碳化"为目标，优化高质量发展评价指标体系，促进经济发展、生态保护互融互促；开源节流并举，加大对减少食物浪费、绿色消费等节流型政策的研究力度；立足国内，增强风险防控，建立产业和资源安全预警双机制；以低碳引领制度创新，将绿色发展由约束条件转变为驱动源泉；优化绿色生产标准，力促农业提质增效；强化科技支撑作用，构建协同创新机制；加强农业职业教育，强化农业人才供给机制。

本书是中国工程院咨询项目"农业高质量发展重大问题研究"的研究成果之一。本书分为综合研究和专题研究两大部分。综合研究包括农业高质量发展问题综合研究、农业农村高质量发展站在新高点、质量兴农重要技术发展战略研究和中国农业绿色发展战略四个篇章，专题研究包括改革开放四十周年专题研究、质量兴农战略的实施现状和农业绿色发展三个篇章。综合研究部分主要剖析了我国农业高质量发展面临的基本问题，提出了农业高质量发展的内涵，明确了农业高质量发展的基本思路，构建了实现农业高质量发展战略路径，提出农业高质量发展的重点工程。专题研究分别提出我国农业生态文明和绿色发展战略咨询建议和优质农产品质量标准发展的重点方向、实施模式、推广机制和实现路径。

目　　录

总论　综合研究

第一篇　农业高质量发展问题综合研究 ... 3
　一、农业高质量发展的内涵与重大研判 ... 4
　二、改革开放以来农业农村发展为农业高质量发展奠定基础 ... 7
　三、实现农业高质量发展的战略路径 ... 11
　四、农业高质量发展重大工程 ... 14
　五、农业高质量发展保障措施与政策建议 ... 19

第二篇　农业农村高质量发展站在新高点 ... 22
　一、改革开放40年农业农村现代化发展取得显著成效 ... 22
　二、农业农村改革发展主要创新和经验 ... 30
　三、新时代农业农村发展面临的挑战 ... 34
　四、我国农业农村发展未来思路和重点 ... 39
　五、促进农业农村发展的政策建议与保障措施 ... 43

第三篇　质量兴农重要技术发展战略研究 ... 48
　一、质量兴农的提出机遇与形势要求 ... 48
　二、亟待解决的主要问题 ... 51
　三、发展思路 ... 53
　四、高质量标准体系建设 ... 55
　五、生产技术体系建设 ... 57
　六、市场管理体系建设 ... 58
　七、农业品牌保护体系建设 ... 61

第四篇　中国农业绿色发展重大问题战略研究 ························· 64
　　一、现状与问题 ·· 64
　　二、总体思路与目标 ·· 70
　　三、实施路径 ··· 71
　　四、工程措施 ··· 87
　　五、重大建议 ··· 88

分论　专题研究

第一篇　改革开放四十周年专题研究 ··· 93
　　一、40年农业农村改革发展和未来政策走向 ····························· 93
　　二、改革开放40年我国农业科技发展回顾与展望 ······················· 121
　　三、农科研究生教育改革与发展40年 ·································· 130
　　四、改革开放40年来我国农业农村现代化发展与未来发展思路与途径 ······ 158
　　五、改革开放40年中国畜牧业发展：成就、经验及未来趋势 ············· 172
　　六、改革开放40年我国粮食安全：成就、问题及建议 ··················· 188

第二篇　质量兴农重要技术发展战略研究 ··································· 196
　　一、质量兴农战略的实施状况及其标准体系研究 ························· 196
　　二、农业质量变革的路径与生产技术体系研究 ··························· 217
　　三、农产品优质优价市场机制建立与制度创新研究 ······················· 226

第三篇　中国农业绿色发展专题研究 ··· 243
　　一、中国农业绿色发展评价报告 ·· 243
　　二、农业绿色发展环境管控制度研究 ···································· 270

总　论

综合研究

第一篇　农业高质量发展问题综合研究

十九届五中全会公报16次提及"高质量"，9次提及"高质量发展"，成为公报中的高频词汇，释放"高质量发展"成为时代主题的积极信号。公报强调，"十四五"时期的社会经济发展应"以推动高质量发展为主题"，要"不断提高贯彻新发展理念、构建新发展格局能力和水平，为实现高质量发展提供根本保证。"公报同时指出，当前"农业基础还不稳固，城乡区域发展和收入分配差距较大，生态环保任重道远""创新能力不足"制约高质量发展。

在此形势下，创新农业高质量发展理念，研判当前农业高质量发展的重大问题，提出实现农业高质量发展的战略路径对于发挥农业压舱石意义重大。

从当前形势看，农业高质量发展有利于增强新动能、联接小农户与现代农业、缓解资源环境约束等，也有利于增强农业应对风险能力，特别是在当前应对新冠肺炎疫情中有发挥农业压舱石作用，越要牢牢把握资源环境红线，对质量管控不能放松，高质量发展的战略步伐不能停滞。

"十四五"是将绿色、高质量发展从理念转向实质性行动的第一个五年规划，高位推进农业绿色发展，既是农业农村部门落实新发展理念的鲜明态度，也是擦亮农业底色的内在要求。

我国农业和农村产业的综合生产能力已经得到极大提升，到了提质转型的全面推进期，这既有外部形势所致的顺势而为，也有农业内因所迫的不得不为。发展高质量农业，要牢牢把握高质量发展这个根本要求，以加快培育壮大农业农村优势产业为基础，以推进农业标准化规范化生产为载体，以提高农业科技应用为动力，以扎实有效推进农产品质量监管体系建设为手段。推动高质量发展，是当前和今后一段时期确定发展思路、制定经济政策、实施宏观调控的根本要求；要加强农业供给侧结构性改革，坚持质量兴农、绿色兴农，推动农业政策从增产导向转向提质导向。

一、农业高质量发展的内涵与重大研判

(一) 内涵

农业高质量发展的内涵应包括数量足、质量好、生态绿、效益高、结构优五个方面。实现农业高质量发展,数量是基础,质量是目标,生态是保障,效益是根本,结构是关键。

1. 数量足

公报指出,提高农业质量效益"应以保障粮食安全为底线"。新冠肺炎疫情的暴发严重冲击全球农产品供给链,长期以来我国坚持"谷物基本自给,口粮绝对安全",我国农产品的充足供应在这一特殊时期再次发挥了压舱石作用。而作为拥有14亿人口的粮食消费大国,即使世界粮食贸易量全部供应我国,仍满足不了消费量的一半,这决定了立足国内是解决我国农产品供给安全的根本。农业高质量发展需建立在农产品数量充足、市场平稳基础上方能实现。

2. 质量好

当前,我国农业正在经历从满足人民吃饱饭需求的追求数量发展阶段到保证城乡居民吃的安全、营养、健康的突出追求安全质量的发展阶段。这是新时代下我国农业历史性跨越的一个新水平、现代化发展的新标志、全面小康进程目标的新需求,它的主要内涵是,农业生产从生存型的食物供给保障,向安全、健康、满足营养需求转型,农业生产要以安全、营养、健康为导向。

3. 生态绿

农业高质量发展要遵循自然发展规律、保护生态环境,确保长远的农产品供给安全和质量安全。发展高质量农业要加强农业水土资源保护,确立生态红线与环境基准,防控外源性污染,坚持农田耕地质量和生态系统不退化。要发挥好农业自然再生产的功能,充分利用生态食物链功能,促进动物、植物、微生物有机循环,保障农业生态系统的可持续性。

4. 效益高

农业产业高质量发展应着眼于调结构和增效益。加强农产品质量分级、认证和地理标志制度的建设工作,促进"优品优产、优品优购、优品优储、优品优加、优品优销"等优质农产品的产业链有机结合、连动发展,把绿色发展、高质量发展的

红线贯穿到农业粮食产业经济发展的各环节和全过程,成为稳健提升农产品供给质量、提高其效率和效益的新路径。

5. 结构优

区域高产型种植制度忽视生态问题,与水土资源承载力不匹配,不利于生态环境改善,威胁长远的粮食安全。应统筹考虑经济效率与区域水土资源承载力,合理布局农产品种植结构。结合作物生长季节与当地气候条件,以水土资源承载能力核定地区的种植结构和种植规模,合理布局不同区域最适宜的耕作制度。

(二) 重大问题研判

1. 发展理念没有摆脱传统的惯性思维

加快摆脱传统发展模式依赖、政策依赖,打破惯性思维,落实新发展理念,充分运用市场机制和改革创新解决问题。在农业高质量发展阶段,发展目标是满足人民日益增长的美好生活需要,而非纯粹的物质文化需要,发展理念是创新、协调、绿色、开放、共享。一是转变思想树立农业产业发展新理念。受传统小农生产意识影响,部分农村、农民依然存在靠天吃饭、盲目跟风、因循守旧等思想,思想僵化;面对产业转型,面对高质量发展,有的没有摆脱速度情结、惯性思维、路径依赖,还是惯于用老办法、老套路解决问题。二是长期以来,农业产业主要以单打独斗的家庭式产业为主,农业发展多以自身产业发展为主,与其他产业部门联结并不紧密;部分地区发展不结合地方实际,盲目跟风现象时有发生导致产业杂乱、规模不大且整体效益不高、抗风险能力较弱等,部分行业依然存在等、靠、要。农业产业发展传统产业多新兴产业少、粗加工产品多精细产品加工少、劳动密集型产业多、资本科技密集型产业少等问题突出。三是依然存在高投入高产出。持续增加的农业投入,增强了农业产业发展后劲,保证农业经济持续稳定增长。但对土地、水资源、资本和劳动力的依赖性严重,从世界农业经济发展历史来看,尽管世界各国家和地区的资源禀赋存在差异,实现农业现代化发展的道路也有不同之处,但发展的结果却有相似性,即农业发展越来越依赖于技术、制度和组织创新。

2. 政策机制没有有效厘清成本外溢分担

长期高投入、高消耗、高排放和高污染的农业生产方式已让我国农业付出了较大的资源环境代价。在现阶段农业发展过程中,农田土壤环境退化问题日渐凸显,水资源不合理开发和利用日益加剧,农业投入品过量使用问题突出,农业废弃物不合理处置形势严峻,对农业发展的环境管控提出了严峻挑战。对于环境污染所带来的成本外溢成本负担并没有有效解决,主要表现在,一是法律体系不够健全,部分管控立法依然缺位;尽管已经颁布相关法律,例如《中华人民共和国环境保护法》《中华人民共和国水土保持法》《中华人民共和国农产品质量安全法》和《中华人民共和国土壤污染防治法》对化肥和农膜的使用有规定。但这些化肥管控的法律规定大多使用政策性、鼓励性的语言规定,而对于具体做法没有明确规定,致使法律执行者无法依法执行落实。二是法律存在结构性失衡,现行法律法规主要存在法律调整范围滞后、法律调整存在结构性失衡、责任主体的责任范围规定不清晰、制裁措施种类单一、惩罚力度过轻等问题。国家有必要从立法层面严格规定农业废弃物减量化与资源化法律调整路径,加速农业废弃物治理进程,推进农业绿色可持续发展。三是现有政策体系与农业发展要求不配套。现有农业政策体系以增产导向为主,以绿色生态为导向的政策支持体系尚未建立。主要包括税收优惠制度、生态补偿制度、绿色补贴制度;农业发展中新增成本与溢出效益如何补偿尚不明确。

3. 生产组织方式没有推动资源利用方式根本转变

我国的农业资源环境遭受着外源性污染和内源性污染的双重压力,农业可持续发展遭遇瓶颈。农业已超过工业成为中国最大的面源污染产业,总体状况不容乐观。这可能与中国农业生产经营方式存在关系。目前中国农业经营方式存在以下特点:一是农业生产经营主体依然以农户为主,根据第三次农业普查数据,我国有2亿多农户,小农户数量占到农业经营主体98%以上,小农户从业人员占农业从业人员90%,小农户经营耕地面积占总耕地面积的70%。农业从业人员平均年龄约50岁,60岁以上的比例超过24%。农户在经营过程中,重视化肥、农药和部分抗生素使用,直接导致三者使用过多;高投入、高消耗、高产出和高污染的农业种植模式不但浪费了大量资源,还造成了生态环境的损害与污染。数据显示,2017年,全国化肥使用量5 859.4万吨,化肥利用率也有所提高(其中三大粮食作物化肥利用率增至37.8%);全国农药使用量165.5万吨连续三年实现负增长,并且农药利用率上升至38.8%,比2015年提高2.2个百分点。二是农业企业逐步成为农业生产经营的主体,但规模小。截至2016年年底,我国农业产业化组织数量达41.7万个,比2015年增长8.01%。其中,农业产业化龙头企业达13.03万个,同期增长了1.27%,国家级农业龙头企业有1 243家,这也造成了对企业的管理、监控较为困难。

当前世界农业的竞争,已由农业产品之间的竞争,转为农业产业链之间的竞争。发展农业全产业链是抢占新一轮科技革命和产业变革的重要机遇。农业全产业链是一个复杂系统,且是一个"中国化"概念,其标准体系架构尚无可借鉴参考的成果。加快建设农业全产业链标准体系是推动农业高质量发展重要举措。然而现行的农业标准还无法适应新形势的要求,主要表现在以下四个方面:一是农业产业类标准亟须贯通。通过40年的建设,我国已初步建成了从农田到餐桌各生产环节的农业生产全过程标准体系框架,但目前各环节结构松散,产业标准单一,上下游衔接不畅,尚未达到系统性协同效应。二是农业服务类标准亟须配套。我国目前仅有少数几个功能单一的农业服务标准,在农业金融、保险、新零售等领域几乎空白,尚未实现全产业链的全程配套。三是农业运营类标准亟须建立。目前我国农业产业运营正在从人、财、物"三元"保障方式转向人、财、物、信息、科技、政策的"六元"保障方式,现有运营管理标准体系,统筹协调性不足、信息化程度不高、科技化水平有限。四是农业互联网平台标准亟须创建。目前我国缺少服务于建立农业互联网平台的基础标准、技术标准、安全标准和应用服务标准,导致产业资源配置效率低下,一二三产的融合不畅,农业全产业链的运营受阻,严重制约了我国现代农业的智能化升级。因此,亟须解决农业全产业链高质量标准体系的构建问题,为我国的发展农业全产业链作好开路先锋。

二、改革开放以来农业农村发展为农业高质量发展奠定基础

改革开放以来,我国农业农村发展取得巨大成就。这些成就一方面得益于以家庭联产承包责任制为标志性成果的制度改革,激发了中国农民的内生动力,劳动生产率大大提高;另一方面,种质改良、农业机械和化学品等科技成果的应用进一步提高了农业的全要素生产率。农业农村发展为农业高质量发展奠定了坚实基础。

(一)我国主要农产品数量快速增长

以家庭承包经营为基础、统分结合的双层经营体制,极大地调动了亿万农民的生产积极性,为农业发展提供了坚实的制度保障。主要农产品数量快速增长,告别了长期的农产品"短缺经济"状态,在科技进步的作用下,40年来,粮食总产量由1978年的3亿吨连续迈上4亿、5亿、6亿吨台阶,主要粮食产量位居世界前列,肉类总产量连续20多年稳居世界第一,中国农业发展对世界贡献突出。一是粮食

生产确保了国家粮食安全，2017 年全国粮食总产量为 13 232 亿斤*，比 2012 年增产了 987 亿斤，增长 8.1%，实现"十二连增"，粮食自给率达到 85%。二是经济作物实现基本供给，2017 年全国棉花产量为 565 万吨，比 1978 年增长 1.6 倍；2017 年全国油料产量达到 3 475 万吨，比 1978 年增长 5.66 倍。2017 年全国糖料产量 11 379 万吨，比 1978 年增长 3.8 倍，年均增长 4.1%。三是畜禽和水产养殖业满足人们日益增长的消费需求。从肉类生产来看，2017 年全国猪牛羊肉总产量为 6 557 万吨，比 1980 年增长 4.4 倍，年均增长 5.3%；2017 年我国猪肉产量为 5 452 万吨，比 1980 年增长 3.8 倍。牛肉和羊肉产量分别达到 635 万吨和 471 万吨，比 1980 年分别增长 22.5 倍和 9.7 倍；牛奶产量 3 039 万吨，比 1980 年增长了 25.6 倍；从水产品生产来看，2017 年全国水产品总产量增加到 6 445 万吨，比 1978 年增长 12.9 倍；比 2012 年增加 963 万吨，增长 17.6%，年均增长 3.3%。2017 年养殖水产品产量达到 4 906 万吨，占水产品总产量的比重为 76.1%，比 1978 年增长 34 倍。

（二）产业融合呈现互容互促新局面

我国农业产业已经突破了传统意义上的农业概念，衍生出一批与农业生产紧密相关的农产品加工业、休闲农业和乡村旅游业、农村电子商务等三产融合新业态、新模式。一是农产品加工业稳中向好。2017 年，全国农产品加工企业主营业务收入超过 22 万亿元，与全国农业总产值之比由 2012 年的 1.9∶1 提高到 2.2∶1；规模以上农产品加工企业 8 万多家，年销售收入超过 1 亿元的近 2 万家，超过 100 亿元的 70 家；一半以上的加工企业通过前延后伸构建全产业链价值链，成为农村产业融合发展的主导力量。二是休闲农业和乡村旅游蓬勃发展。据测算，2018 年全国休闲农业和乡村旅游接待人次超 30 亿，营业收入超过 8 000 亿元。三是农村创业创新活力迸发。2017 年，全国返乡下乡双创人员累计达 740 万人，农村本地非农自营人员 3 140 万人；54% 的返乡下乡创业创新人员运用了网络等现代手段，82% 以上创办的是产业融合项目，89.3% 是多人联合抱团创业，形成了一大批农村产业融合利益共同体。四是农村一二三产业融合发展态势形成良好局面。农业与加工流通、休闲旅游、文化体育、科技教育、健康养生和电子商务等产业深度融合，催生出大量的新产业、新业态、新模式。据测算，农村产业融合

---

* 1 斤＝0.5 千克。全书同

使订单生产农户的比例达到45%，经营收入增加了67%，农户年均获得的返还或分配利润达到300多元①。

（三）农业生产的物质装备条件明显改善

农业农村改革40年，实现了从传统农业向现代农业的大跨步转型②。一是农田基础设施条件显著改善。高标准农田建设稳步推进，2011—2017年，全国建设高标准农田约5.6亿亩（1亩≈667平方米，15亩=1公顷，全书同），耕地质量提升一到两个等级，粮食产能提高10%~20%③；大中型灌区续建配套和节水改造和中小型农田水利设施建设成效显著，全国有效灌溉面积从1978年的4 496.5万公顷增长到2018年的6 800万公顷，增幅达51.23%。二是农业机械化和信息化水平明显提升。水稻栽植、玉米和马铃薯收获等机械化作业水平明显提高，主要农作物耕种收综合机械化水平超过65%，其中小麦基本实现全程机械化④；实施"互联网+"现代农业行动，现代信息技术在农业生产、经营、管理和服务中得到广泛应用，农业信息监测预警体系初步建立。三是防灾减灾能力大幅提高。1978年全国农业成灾面积曾高达2 445.7万公顷，2018年则降至394.74万公顷，仅为1978年的16.14%。

（四）现代科技与农业产业发展深度融合

现代农业技术有力地支撑了农业产业的发展，推广了粮食稳产增产、农业防灾减灾、农机农艺融合、农产品储运保鲜等先进适用技术。农业发展模式不断改进，以复种、间种、套作为代表的耕作制度不断改进，开展病虫害统防统治、粮棉油糖高产创建等绿色生态循环模式示范，通过专家大院、科技小院、科技直通车等开展农业科技创新和集成示范。农业科技自主创新取得重大突破，2014—2016年，全球农业领域发明专利申请量排名，中国有16家机构进入前50，包括11所大学（专利量占比48.87%）、4家科研院所（专利量占比47.18%）和1家公司（专利量占比

---

① 农村一二三产业融合助力乡村振兴，农业农村部网站，2018-06-15，网址：http://www.moa.gov.cn/xw/zwdt/201806/t20180615_6152210.htm。

② 宋洪远，中国农村改革40年：回顾与思考［J］．南京农业大学学报（社会科学版），2018（3）：1-11，152。

③ 到2022年全国将确保建成10亿亩高标准农田，新华网，2018-10-28，网址：http://www.xinhuanet.com/fortune/2018-10/28/c_129980765.htm。

④ 农业部部长：我国农业机械化水平明显提高，中国证券网，2017-09-29，网址：http://news.cnstock.com/news.bwkx-201709-4136306.htm。

3.95%）。同时，农业科技取得一系列原创性标志性成果，共获得国家各类科技奖励 2 227 项，袁隆平院士、李振声院士获国家最高科技奖。在品种培育方面，挖掘出一批优异种质资源及基因。农业科研创新平台功能日趋完备。布局建设了农业领域 2 个国家重大科学工程，49 个国家重点实验室，206 个国家农作物改良中心和分中心，10 个国家农业科学数据中心，37 个农业农村部重点实验室，学科群体系涵盖 42 个综合性重点实验室、335 个专业性（区域性）重点实验室和 269 个科学观测试验站。

农业科技产学研结合的机制创新持续推进。建立了庞大且学科分类齐全的公共农业科研体系和覆盖全国所有乡镇的国家农业技术推广体系，农业科技投入不断增加，从 1978 年的 7.2 亿元提高到 2015 年的 550 亿元[①]。构建了 50 个主要农产品的现代农业产业技术体系，71 个农业科技创新联盟，4 个国家现代农业产业科技创新中心。建成国家农业高新技术产业示范区 2 个，国家农业科技园区 246 个，国家现代农业产业园 41 个。支持农业企业建立了 40 余个国家和农业农村部重点实验室，认定 88 个育繁推一体化种业企业。农业科技创新和技术推广持续强化。

农业技术推广体系日趋完善。国家农技推广体系不断健全。建成省、市、县三级农技机构设置健全的全国农业技术推广体系，基本实现了办公有场所、服务有手段、经费有保障。到 2017 年，全国乡镇以上农技推广机构达到 7.49 万个，农技推广人员 54.14 万人。支撑保障能力不断增强。示范推广了一大批重大品种、关键技术和先进模式，为跑好农业科技成果转化"最后一公里"，支撑农业农村经济持续健康发展提供了有力保障。

（五）新型经营主体正成为现代农业建设的主导力量

各类新型农业经营主体和服务主体不断创新模式，在产业创新、资源整合、市场开拓等方面比传统农户更有优势，在全国各地形成以龙头企业、农业合作社、家庭农场、种养大户等新型经营主体为主，广大传统农户农民广泛参与的融合发展格局，这些新型经营主体正成为现代农业建设和乡村建设的主导力量。建立更为紧密的利益联结机制，保障农民利益。新型经营主体之间通过不断联合，形成多种利益联结模式，例如以"公司+农户""公司+合作社+农户""合作社+农户"等形式，促进产业发展，带动农户增收。建立入股分红、多次返利等紧密型利益联结机制。

---

① 黄季焜，四十年中国农业发展改革和未来政策选择 [J]．农业技术经济，2018（3）：4-15。

新型农业经营主体数量蓬勃发展，2018年年底，县级以上龙头企业达到8.97万家，同比增加2.6%；其中，省级以上龙头企业近1.8万家；国家级龙头企业1 243家，年销售收入过100亿元的达到72家。全国家庭农场达到近60万家，其中县级以上示范家庭农场达8.3万家。全国依法登记的农民合作社达到217.3万家，是2012年的3倍多，其中县级以上示范社达18万多家。全国从事农业生产托管的社会化服务组织数量达到37万个。各类新型农业经营主体和服务主体快速发展，总量超过300万家，成为推动现代农业发展的重要力量。2017年全国新型职业农民总量已突破1 500万人，较2016年增加约600万人。

三、实现农业高质量发展的战略路径

以习近平新时代中国特色社会主义思想为指导，全面贯彻党的十九大和十九届二中、三中、四中全会及中央经济工作会议、中央农村工作会议精神，坚持新发展理念，坚持农业农村优先发展。以实施乡村振兴战略和质量兴农战略为总抓手，以"绿水青山就是金山银山"理念为指引，以推进农业供给侧结构性改革为主线，按照质量兴农、绿色促农、创新强农、标准立农、主体壮农、政策惠农的战略路径，着力解决根本性的制度问题、基础性的基准标准问题、决定性的市场准入问题，加快推进农业农村现代化，促进形成绿色、优质、生态、高效、可持续的农业发展方式。加快推动农业高质量发展，为满足人民日益增长的美好生活需要、建设美丽中国、实现经济社会可持续发展提供坚实支撑。

（一）稳产保供

稳定提高农业产能。加强高标准农田建设和土地修复整理，强化粮食安全省长责任制考核，进一步增强地方政府保障粮食安全的责任，完善农业生产领域财政金融支持政策措施，特别是对中小农户的金融保险支持。建立重要农产品稳产保供底线制度，对口粮、生猪、蔬菜等涉及国计民生和社会稳定的重要农产品，按照发挥区域比较优势和确保一定自给率防风险的原则，划定国家和各省粮猪菜等的稳产保供底线，并纳入政府绩效考核。完善农产品供应体系。建立产业安全风险预警系统、应急供给预案，增强紧急情况和突发事件下的管控能力。进一步完善中央储备和地方储备协同运作、政府储备和企业库存互为补充的粮食库存体系，充分利用现代信息技术、物联网、互联网和5G技术，建立国家粮食与大宗农产品储备与紧急调运人工智能系统。

（二）质量兴农

健全农产品分级制度。制定产地环境分级制度体系，明确禁止生产区域的产地环境基本要求、加强限制生产区域的产地修复技术规范、强化清洁生产区域的产地绿色生产规范和建立优势生产区域的产地质量升级制度。提升产品质量分级标准体系，完善保障合格农产品供给的安全标准体系、优化实现合格农产品分级的质量标准体系和建立促进优质农产品供给的营养标准体系。有序推动产业质量分级标准体系，促进龙头企业充分发挥其在产业标准体系实施中的引领作用，继续充分激活合作社对产业标准体系实施的推动作用，引导家庭农场对产业标准体系实施的落实作用。创新优化管理质量分级标准体系，完善标准分级管理制度，建立分级评估和监督制度，推动农业标准化分级服务工作。优化农产品产地准出制度。清理、废止与农业绿色发展不适应的标准和行业规范，制定修订农兽药残留、畜禽屠宰、饲料卫生安全、冷链物流、畜禽粪污资源化利用、水产养殖尾水排放等国家及行业标准，强化农产品质量安全认证机构监管和认证过程管控。完善农产品市场准入制度。改革无公害农产品认证制度，提升绿色食品、有机农产品和地理标志农产品等认证的公信力和权威性。实施农业绿色品牌战略，培育具有区域优势特色和国际竞争力的农产品区域公用品牌、企业品牌和产品品牌。加强农产品质量安全全程监管，健全与市场准入相衔接的食用农产品合格证制度，依托现有资源建立国家农产品质量安全追溯管理平台，加快农产品质量安全追溯体系建设。积极参与国际标准的制定修订，推进农产品认证结果互认。

（三）绿色促农

推进农业绿色发展要按照"布局生态化、过程绿色化、产品优质化、消费低碳化"路径，聚焦农业资源趋紧和农业生态系统退化问题，分区分类，上下贯通，借鉴德国和日本等国际经验，以提升与区域水土资源承载力和环境容量匹配度为目标，着力解决制约农业绿色发展的瓶颈问题。一是构建农业绿色发展评价指标体系，构建包括"资源节约、环境友好、生产高效、产品安全、美好生活"5个一级指标及其15个具体指标的评价体系，将农业绿色发展划分为起步阶段、发展阶段、跨越阶段、基本实现阶段和全面实现阶段，根据农业不同发展阶段和其资源禀赋，推进农业绿色发展水平不断提升。二是创建种植红绿灯制度。立足水土资源匹配性，开展"区域种植红绿灯"制度研究。在东北粮食主产区，严格控制旱改水规模，玉米和大豆应该是轮作种植；在华北平原地下水漏斗严重区域，实行麦—玉两年三熟制度，逐步改变一年两熟制生产模式等。三是加强我国农业面源污染管控制度建设。重视研究、建立和推广便于农民掌握的量化施肥技术指标，编制农田面源污染管控限定性技术标准，加强制度建设，推动农田面源污染管控体系建设。

（四）标准立农

建立健全农业投入品质量安全技术标准。研究制定优良品种评价标准、常用肥料和土壤调理剂中有害物质及未知添加物检测分类与安全性评价技术标准、新型肥料生产质量控制技术标准、农药产品质量及检测方法标准、农药产品剂型标准、饲料质量评价与分级技术标准、生物饲料功能与安全评价技术标准等。建立健全农业绿色生产技术标准。研究制定大宗农产品污染物全过程削减管控技术规范、养殖精准控制共性技术标准、农业光热等资源综合循环利用标准、农业投入品选用技术和病虫害综合防控技术标准、机械化减排与作业标准、农业废弃物全元素资源化循环利用和再加工技术规范、农畜水产品废弃物无害化处理与控制技术标准、气候智慧型农业评价方法标准等。建立健全农业资源与产地环境技术标准。研究制定农业产地环境监测评估与分级标准和危害因子的快速甄别与检测方法标准、耕地质量监测与调查评价技术标准等标准和技术规范体系、耕地质量提升与典型农业土壤保育措施关键技术标准、草场环境质量监测测报和草场改良利用等技术标准、畜牧场粪污土地承载能力评估有害气体排放评价标准等。

（五）科技强农

强化农业高质量发展科技创新驱动。建设农业领域国家重点实验室等科技创新平台基地，打造产学研深度融合平台，加强国家现代农业产业技术体系、科技创新联盟、产业创新中心、高新技术产业示范区、科技园区等建设。强化企业技术创新主体地位，培育农业科技创新型企业，支持符合条件的企业牵头实施技术创新项目。强化农业高质量发展人才智力支撑。建立高校、科研单位农业专业技术人员到乡村和企业挂职、兼职和离岗创新创业制度。健全科研人员以知识产权明晰为基础、以知识价值为导向的分配政策。探索公益性和经营性农技推广融合发展机制，允许农技人员通过提供增值服务合理取酬。

四、农业高质量发展重大工程

(一) 农业全产业链高质量标准体系

完善农业全产业链标准体系的构建（图1），从"大农业"的视角开展全新的标准体系建设和组织工作，形成具有中国特色的、符合农业高质量发展的新时代农业全产业链标准体系，将农业全产业链标准体系作为国家标准体系建设的重要内容。

1. 优化农业产业类标准

优化基础及通则类标准的定义、准则、概念、属性等，形成基于全农业产业链的通则术语类标准；重组产地环境标准、优化产品质量标准、整合产业评价标准；完善品质评价、农产品包装标识、冷链物流装备及农业工程建设等缺失环节标准，打通农业产业类标准，对农业产业链内的包装链、物流链和信息链过程进行标准化，通过优化现有农业生产标准体系促进农业生产产业内的一体化立体式协同发展，实现农业全产业链各产业、各环节的标准全覆盖。

2. 配套农业服务类标准

农业服务业包括生产服务、技术服务、信息服务、金融服务、保险服务、经营服务、电商服务等。继续完善农、林、牧、渔产业的生产服务和技术服务标准，提升农业生产信息、追溯信息、公共服务等信息服务标准，新建金融服务、保险服务、经营服务、电商服务等新兴社会化服务标准。实现农业全产业链各产业、各环节的社会化服务标准全配套。

3. 构建农业运营类标准

全产业链汇聚人、财、物、信息、科技、政策的"六元"运营保障主体，其中数据管理、商务管理及交易管理需要标准规范。数据管理标准包括环境资源、种质资源、生态监测、等数据的规范要求；商务管理标准重点包括电商服务相关规范标准；交易管理标准包括市场行为规范、农业计量计费规范等标准。

4. 创建农业互联网平台标准

创建的互联网平台标准应包括基础标准、核心标准、安全标准和应用标准四大类。技术标准包括用于统一农业互联网平台的术语、相关概念标准；核心技术标准

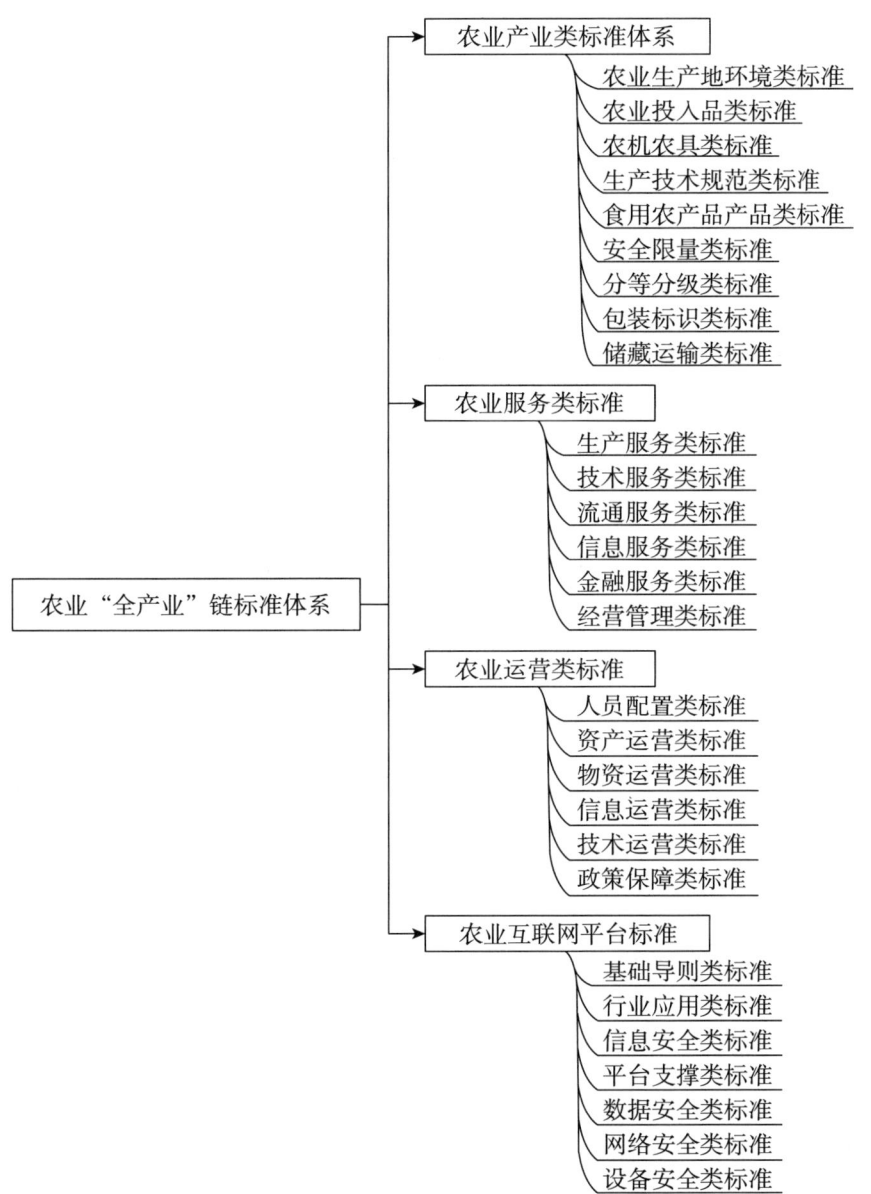

图 1 农业全产业链标准体系构建的总体框架

包括用于规范农业互联网平台的设计、开发和实现，指导技术研发、互联互通、农业 App、农业大数据等技术要求；安全标准包括数据安全、网络安全、设备安全、应用安全等；应用标准包括指导农业互联网应用软件开发、使用标准等标准。

（二）开展"种植制度红绿灯"示范工程

"种植制度红绿灯"是指从区域尺度，在年内或年际间，单个或多个作物种植制度安排是否有利于促进农田生态服务功能，并与区域水土资源承载力和环境容量相匹配的程度。当种植制度安排完全符合这两个标准为绿灯，部分符合为黄灯，完全不符合为红灯。

依据区域种植制度和种植结构布局与水土资源承载力相匹配原则，建议东北平原和华北平原实施"种植制度红绿灯"，凡遇红灯，需要进行转换。即：东北玉米—大豆一年一轮或两年一轮是绿灯，三年连作是黄灯，五年连作是红灯；大豆连作是红灯。华北平原小麦—玉米一年两熟改为两年三熟设绿灯，一年两熟连续两年设黄灯，一年两熟连续三年设红灯。同时，建议对绿灯种植制度实施生态补偿，选择华北地下水漏斗严峻的海河平原先行开展种植制度红绿灯试点示范。

（三）科技创新引领工程

针对我国区域现代农业发展的重大技术需求，推进和集成重点产业绿色提质增效技术集成转化，瞄准高精技术，以互联网+智慧农业为载体，实施智慧农业、数字农业建设试点示范。

1. 开展农业绿色提质增效技术集成转化

重点推进水稻、玉米、小麦、大豆、油菜、马铃薯、棉花、茶叶、蔬菜、西甜瓜、苹果、梨、奶牛、羊、生猪、肉鸭等16个产业绿色增产增效技术集成与转化应用。加快绿色提质增效技术转化应用，根据不同区域和产业发展需求，围绕国内外关于品种、土壤、肥料、植保、栽培、饲料、营养、加工、机械、信息等方面的现有先进适用技术，重点遴选和集成推广一批针对性强、简单易学、容易落地和效果良好的节水、节肥、节药、生态环保、绿色可持续技术。重点集成和推广节本降耗、环境友好的农业生产技术，促进农业节本增效和农民增收。到2025年，集成800项先进适用技术，构建200套可复制可推广的综合技术生产模式，形成"高产、优质、高效、生态、安全"的新型生产体系，为我国乡村振兴提供技术支撑和模式储备。

2. 大力发展智慧农业、数字农业

实施智慧农业，支持精准作业，精准控制设施，设备管理服务平台等农业高质量发展项目建设，集成和推广大田物联网测控、遥感监测、智能化精准作业等农业

物联网技术，建设农业生产过程管理系统，配置和整合精准耕地、智能催芽育秧、水肥一体化、精良播种、养分自动管理、病虫害智能防控、农情自动监测、精准收获等系统。加大对农产品质量、智能快捷技术、农机传感器技术、可靠传输技术、农业遥感监测技术、环境信息感知技术、动植物生命信息感知技术等信息感知技术的研发和投入力度，选择若干区域开展试点建设项目。

3. 创建一批农业科技试验示范基地

在多区域、多地点设立试验示范基地，开展研究与示范，向社会示范展示集成的技术和模式，形成高效的科技成果集成转化展示服务平台，辐射带动区域农业的发展。长期稳定支持示范条件好、地方积极性高、便于学习观摩的基地，并做大做好，提高工作显示度。

（四）农业品牌提升示范

示范带动，培育一批区域特色明显、市场知名度高、发展潜力大、带动能力强的农产品区域公用品牌、大宗农产品品牌、区域特色品牌、企业产品品牌，重点培育一批全国影响力大、辐射带动范围广、国际竞争力强、文化底蕴深厚的国家级农业品牌。

1. 农业品牌主体培育工程

构建政府、行业管理部门、协会、生产经营主体等分工协作机制，建设品牌培育智库，设计农产品品牌遴选制度，将品牌建设与"三区三园"建设、绿色食品等产品认证紧密结合，以特色农产品优势区为重点，塑强一批区域公用品牌；以"两区"为主要载体，培育一批"大而优"的大宗农产品品牌；以新型农业经营主体为主，创建一批地域特色鲜明的特色农产品品牌；以农业企业为主，打造一批具有较强竞争力的企业品牌。政府加强品牌产品标准化生产、追溯体系建设、品牌文化宣传、生产经营电商主体培育、信息化服务、物流服务、经营主体增信等全方位支撑，营造整合品牌良好建设环境。支持行业协会、事业单位等相关组织加强区域公用品牌使用管理，申请注册统一商标，设计品牌整体形象标识，统一开展品牌宣传推介，全方位服务品牌发展，努力打造国内外知名的优势特色农业品牌。继续办好农交会、茶博会、"双新双创"博览会等展会，搞好品牌营销活动。

2. 构建农产品品牌监管机制

建立农业品牌预警应急机制。强化品牌质量管控，建立品牌目录制度，实行动态管理，确保品牌"含金量"。积极支持品牌建设，建立健全激励保护机制，严厉打击假冒行为，鼓励媒体为优质品牌鼓与呼，为品牌健康成长营造良好环境。对国内外品牌农业发展进行及时跟踪；对可能发生的涉及面广影响大的商标抢注、农产品质量安全问题、知识产权纠纷等加强监管。强化应急条件保障。确保能够快速反应和有效应对农业品牌突发事件，有效预防和控制危机的发生和扩散，最大限度地降低危机事件造成的损害。形成品牌发展的保障机制，制定品牌建设目标，研究解决和协调处理品牌工作难题，督促检查品牌工作实施情况。

3. 利用区块链助推农业品牌建设

将加快推进数字农业转型升级，其中包括培育一批数字农业重大项目，包含农业大数据、农业物联网、品牌农业区块链、农产品质量安全溯源管理平台、农村电商、数字化新型农业等建设项目。运用互联网思维和系统改造传统农业生产，可以对农业发展进行专业化、科学化管理，实现要素资源优化配置、投入产出精准管理、生产高效节能减排、产品绿色安全优质。培育一批数字农业示范龙头企业，打造知名农业品牌。

（五）农科教融合建设

1. 农技人才和职业农民培育工程

抓好农技推广队伍建设，遴选学历水平和专业技能符合条件的人员扩充农业技术推广队伍；通过定向培养，提高农业技术推广人员素质，试点从基层优秀的种植大户中去遴选农业科技人员。抓好新型职业农民队伍建设，加快推进全面建立职业农民制度，深入实施新型职业农民培育工程，全面提升农业劳动者职业技能水平。强化农业技术培训以及农业人才培养工作。加强对农民、农技人员以及种养大户、农业协会等新型经营主体的技术培训和服务，在技术应用的每一个环节开展技术指导和培训，发放技术"明白纸"，让农民学得会、用得上。

2. 推动农村实用人才队伍建设工程

实施"农村实用人才学历提升计划"和农村实用人才带头人培养计划，依托"阳光工程""雨露计划"等培训项目，以村组干部、农民合作组织负责人、大学生村官和村级农民技术员为重点，完善培养体系，提升人才培养能力，通过专家授课、现场教学、交流研讨等多种方式，推行"农忙时节搞生产、农闲时节进课堂、学习生产两不误"的弹性学制，重点培养一批善于经营管理、勇于创业、能够带领农民群众致富的生产经营型、专业技能型、专业服务型等各类农村优秀实用人才带头人。

3. 农业职业教育机构建设工程

试点设立县级、乡级农业学院，作为农民教育培训的核心机构，课程设计针对不同学历和不同需求人群，根据地方种植、养殖特色设计实用农业技术方面的课程。充分认识到妇女和老人在乡村振兴过程中的重要作用，通过实施课程培训、设计资金资助项目，发明轻巧的农业生产工具等项目，充分发挥该类群体的作用。注重培育新生力量，通过在高校设计农业相关课程、组织宣讲活动，让年轻一代改变对农业生产的传统偏见，发掘现代农业的魅力。通过设置农业培训资金资助计划、新进农民补贴计划、农业创业补助计划等，引导年轻人将农业相关行业作为职业选择。

五、农业高质量发展保障措施与政策建议

（一）以生态友好为导向，加快推进农业立法生态化

一是完善绿色农业立法。我国关于农业环境保护的法律主要散落在综合的《中华人民共和国环境保护法》，以及《中华人民共和国水污染防治法》《中华人民共和国土地管理法》《中华人民共和国大气污染防治法》等各项单行法中，农业绿色发展和环境保护缺乏完整性的法律框架。建议结合已经制定、颁布实施的"水十条""土十条"和"气十条"以及绿色食品与有机食品生产标准、规范、规程和监管等方面的制度体系，加快绿色农业立法进程，从耕地保护、农业污染防治、农业生态保护、农业投入品管理等方面研究制定修订体现农业绿色发展需求的法律法规，尽快起草专门的《农业绿色促进法》。

二是推动农业补贴政策绿色化。建立健全以绿色生态为导向、促进农业资源合理利用与生态环境保护的农业补贴政策体系和激励约束机制，进一步提高农业补贴政策的精准性、指向性和实效性。加强与绿色农业技术措施采纳实施直接挂钩的生态补贴标准核算、补贴方式方法、长效政策机制的研发，全面落实生态补贴导向政策，强化并加速扶持政策，将补贴措施纳入法规体系。设立种子基金引导地方政府和社会第三方共同投资农业绿色高质量发展。

三是严控工矿企业的外源性污染，研究完善农田土壤重金属污染、抗生素污染等新型、重大突发性和累积性环境污染事件的环境损害评估和测算方法体系，联合环境保护部门研究制定相关的污染责任追究制度及损害赔偿制度，加快环境污染的修复力度，提高环境污染违法成本和惩罚标准。

（二）强化科技支撑作用，建设新型创新体系、强化协同创新

一是构建协同攻关网络。加强协同攻关，强化国际合作以及国内农业科研院所协作，集聚全国力量和资源，构建"集团军式"大联合、大协作的高效协同攻关网络，建立覆盖全国的集研究、示范、推广为一体的合作攻关联盟，形成上、中、下游紧密衔接的农业科技攻关和成果转化体系，提出区域农业主要问题系统解决方案。

二是推进农业科研机构评价和激励机制改革。加快推进农业科技评价由"论文专利导向"转为"产业需求导向"，推动农业科研机构的评价由"重论文、重专利、重奖励"转为"重创新、重应用、重贡献"。尽快建立农业科研机构和科技人员分类评价机制，突出科研成果技术研发的创新度、产业需求的关联度和对产业发展的贡献度。

三是着力提升农业科技层次水平。注重"AI+IOT+大数据+5G"等新技术的研发和应用，立足我国农业科技优势特色领域，衔接现有国家重大研究布局，突破一批核心关键技术。针对农业生产瓶颈问题，结合未来产业发展的技术需求，加强科技创新和关键技术研发，用科技创新突破技术瓶颈，重点加大突破性新品种培育以及全程机械化、肥水药高效利用、病虫草害综合防控等技术的研发与应用，实现"研发一批、储备一批、集成一批、转化一批"，引领产业发展，牵头具有合作潜力的项目，促进新技术、新理念从局部到全过程全产业链的应用。

（三）健全质量分级标准体系，彰显优质农产品价值

一是加快完善农产品质量分级标准体系。建立保障"合格农产品"供给的安全标准体系、优化实现"合格农产品"分级的质量标准体系、促进"优质农产品"供给的营养标准体系。针对涉及特色小众体系安全标准缺乏的现状，完善特色和小宗作物、小品种畜禽、水产品标准体系，完善农药兽药品登记制度，健全农药兽药残留限量标准和检测方法标准。针对优质产品标准，设定针对农产品营养品质相关综合评判阈值。

二是创新优化管理质量分级标准体系。完善标准分级管理制度，方便各级政府、地区、各部门在制定政策措施、实施监管时分级引用，应用标准开展宏观调控、产业推进、行业管理、市场准入和质量监管。建立分级评估和监督制度；完善标准实施信息反馈渠道，强化对反馈信息的分类处理。进一步畅通农业标准化投诉

举报渠道，充分发挥大众媒体对农业标准实施情况和农业标准化生产基地的监督作用。

三是推动农业标准化分级服务工作，鼓励标准制修订单位拓展农业标准研发服务、提供标准实施咨询服务、为合作社及家庭农场提供标准化服务指导工作等。针对龙头企业，合作社和家庭农场三大主体，应通过政策引导、分级推进产业质量标准体系的落实：促进龙头企业充分发挥其在产业标准体系实施中的引领作用；继续充分激活"合作社"对产业标准体系实施的推动作用；以及引导"家庭农场"对产业标准体系实施的落实作用。

（四）以环境基准为核心，创建农业绿色发展过程管控制度

一是加强环境基准研究。农业环境基准主要包括农业土壤环境基准、农业水环境基准、农业大气环境基准、农业作业环境基准等四大方面。目前环境基准研究主要集中于污染物限值，对农业绿色发展而言，除考虑农田土壤污染、农业用水污染、农业大气污染要素限值外，还应考虑农业生产资源要素和农业生产作业环境要素限值。

二是强化农业生产投入品数量、质量与其废弃物管控。实施肥料施用管控制度，完善农药使用管控制度，严格农业生产投入品生产与市场管理，建立农业生产投入品监督举报制度，建立农业生产投入品废弃物强制回收制度以及各环节的财政补贴制度。

三是实施农业绿色发展生态补偿机制。建立包含各级政府专项财政补偿支持和市场化回报（如下游区域对上游区域的生态补偿等）支持的生态补偿机制，以促进和保障农民主体可持续的绿色农业实践行为。一方面，给予采纳绿色农业技术或技术模式所导致的额外成本和收益损失或发展机会损失的补偿，引导农民主体遵循政府机构的建议实施绿色实践行动；另一方面，给予梯度奖励补偿，激励农民主体可持续的农业生产绿色行为。

第二篇　农业农村高质量发展站在新高点

一部农村改革史，正是中国跨越式发展的缩影。40年的改革与发展为农业农村现代化的实现提供了物质基础，创造了制度条件。以史为镜，可以知兴替。回顾过去发展成就，总结经验，才能更好地为未来农业高质量发展奠定基础。本研究对中国农业科技改革和农村发展40年的历程、成就和经验作回顾，总结提炼农村改革的主要经验，分析全面深化农村改革面临的主要问题，并提出下一步农村改革深化拓展的方向，为今后我国农业高质量发展提供参考借鉴。

一、改革开放40年农业农村现代化发展取得显著成效

始于1978年的中国农村改革，对我国经济社会发展带来了持续深远、意义非凡的影响，引起了许多专家学者的共鸣。从"大包干"到土地制度改革、农产品购销体制改革、鼓励创办乡镇企业、改革农村税费制度、推行精准扶贫脱贫战略等，农业农村改革波澜壮阔、农业科技成就斐然、各类农业人才辈出，推动我国农业生产、农民生活、农村面貌发生了巨大变化，为我国改革开放和社会主义现代化建设做出了重大贡献。我国农村改革的成功实践，不仅为中国经济转轨、社会转型探索了道路，也为世界其他国家的土地制度改革、农村发展提供了有益借鉴。

（一）农业生产创造了世界奇迹，用世界7%的耕地养活了21%的世界人口

农业农村改革40年来，我国农业产业结构发生了深刻调整，农产品生产日益向优势产区聚集，农业产业结构发生深刻调整、区域布局进一步优化。农产品供给能力大幅度提高，种类品种丰富，品质提升，消费需求升级加快。

1. 农业综合生产能力实现新跨越

改革开放四十年来，我国农业综合生产能力实现新跨越。2018年，全国粮食总产量达到65 789万吨，是1978年粮食总产量（30 476.5万）吨的2.2倍。主要粮食品种稻谷、小麦、玉米以及棉花、油料、糖料、肉类、禽蛋、水果、蔬菜、水产、林产品等农产品稳定增长，市场供应充足，农产品质量安全水平不断提升（表1）。

表1 我国主要农产品生产总量变化情况　　　　（万吨，万立方米）

类别	1978年	2000年	2012年	2018年
粮食	30 477	45 264	63 048	65 789
棉花	217	442	661	610.3
油料	522	2 955	3 286	3 433
糖料	2 382	7 635	12 452	11 937
肉类总产量	1 205（1980年）	6 014	8 471	8 625
禽蛋类	281（1982年）	2 182	2 885	3 138
奶类	88.3	827	3 175	3 075
水产品	465	3 706	5 502	6 458
木材（万立方米）	5 162	4 724	8 175	8 811

数据来源：国家统计局。

2. 农业产业结构调整成效显著，发展协调性增强

我国农业产业结构不断调整优化，由以粮食生产为主的种植业经济向多种经营和农林牧渔全面发展转变。从产值构成来看，1978年农业产值占农林牧渔业产值的80.0%，处于绝对主导地位；2018年农业产值占农林牧渔业产值的54.1%，比1978年下降了24.2个百分点。在保持粮食生产稳步发展的同时，经济附加值较高的各类经济作物和特色作物生产发展迅速。

3. 农业生产区域布局日趋优化，主产区优势逐渐彰显

从粮食生产来看，粮食主产区稳产增产能力增强，确保国家粮食安全的作用增大。2018年主产区粮食产量合计达到51 770万吨，占全国粮食总产量的78.7%，比1978年提高8.7个百分点。其中，小麦主要分布在河南、山东、河北、安徽和江苏等省份，2018年上述5省小麦产量合计占全国小麦产量的79.3%，比1978年提高21.3个百分点。大豆主要分布在黑龙江、内蒙古和安徽等省（区），2018年上述3省（区）大豆产量占全国大豆产量的51.4%，比1978年提高26.7个百分点。从经济作物生产来看,也正进一步向优势产区集中。近年来,国家在新疆开展棉花目标价格改革试点,其他棉区生产萎缩,新疆棉花生产的重要性进一步强化。2018年新疆棉花产量为511万吨,占全国棉花产量的83.8%,比2012年提高了31.7个百分点。另外,糖料、蔬菜、水果、中药材、花卉、苗木、烟叶、茶叶等农产品生产也都形成了优势区域和区域品牌。

4. 农产品供应能力的大幅提高,极大地丰富了居民食物消费种类,改善了居民食物消费结构

根据国家统计局数据(表2),从城乡居民人均消费量看,2012年与1981年相比,均出现粮食和蔬菜消费量减少、肉蛋奶油和瓜果消费量增加的趋势,城镇居民食物消费量普遍高于农村居民消费量,但两者差距在缩小;从全国居民人均消费量看,2018年与2013年相比,粮食消费量减少14.46%,食用油减少9.43%;大部分主要食物消费量则持续增长,其中猪肉增加15.15%,牛肉增加33.33%,羊肉增加44.44%,禽类增加25.17%,蛋及其制品增加17.72%,奶及其制品增加4.63%。从总体上看,我国居民食物消费中粮食等主食消费量大幅减少,肉蛋奶等动物性食物消费量明显增加,即膳食结构从以植物性食物消费为主转变为动植物食物消费并重,且营养搭配更加科学。

表2 国家统计局口径下我国居民人均主要食物消费量变化 (千克)

购买/消费量	1981年		2012年		消费量	2013年	2018年
	农村	城镇	农村	城镇			
粮食(原粮)	256.1	145.4	164.3	78.8	粮食	148.71	127.2
猪牛羊肉	8.7	18.6	16.4	24.9	猪牛羊肉	22.22	26.1
禽类	0.7	1.9	4.5	10.8	禽类	7.19	9.0
蛋及其制品	1.3	5.2	5.9	10.5	蛋类	8.24	9.7
奶及其制品		4.1	5.3	14.0	奶类	11.66	12.2
水产品	1.3	7.3	5.4	15.2	水产品	10.42	11.4
植物油	1.9	4.8	6.9	9.1	食用油	10.6	9.6
					食用植物油	9.92	8.9
瓜果及其制品	—	21.2	22.8	56.1	干鲜瓜果	40.75	52.1
蔬菜	124	152.3	84.7	112.3	蔬菜及食用菌	97.52	96.1

注:城镇居民数据最早到1981年;2013年及以后居民食物消费量统计口径改变,2013年前城镇居民收支数据来源于独立开展的城镇住户抽样调查。

数据来源:国家统计局。

(二) 农业物质技术装备条件明显改善,农业现代化水平不断提升

农业农村改革40年来,我国实现了从传统农业向现代农业的大跨步转型。

1. 农田基础设施条件显著改善

高标准农田建设稳步推进,2011—2018年,全国建设高标准农田约6.4亿亩,耕地质量提升一到两个等级,粮食产能提高10%~20%;大中型灌区续建配套和节水改造和中小型农田水利设施建设成效显著,全国有效灌溉面积从1978年的6.74亿亩增加到2018年的10.2亿亩,增幅达51.34%。

2. 农业绿色发展步伐加快

改革开放初期,化肥、农药的推广使用极大地促进了我国农业的快速发展,施用量不断增长。但是在生态环境容量和资源承载力的约束条件下,农业生产经营更加注重保护环境资源,降低化肥农药的投入量,切实实行低碳循环生产方式,提高资源利用率。2017年我国三大粮食作物化肥利用率为37.8%,农药利用率为38.8%,分别比2015年提高2.6个和2.2个百分点。从2015年起农药使用量已连续三年负增长,化肥使用量零增长,推进了农业生产的科学化、可持续化、生态化(表3)。

表3 我国农业物质技术装备条件变化情况　　(万吨,万千瓦,1 000公顷)

指标	1978年	2000年	2012年	2018年
农用化肥施用量(万吨)	884	4 146	5 839	5 653
农药使用量(万吨)	76.53(1991年)	128	180	150
农业机械总动力(万千瓦)	11 750	52 574	102 559	100 372
有效灌溉面积(1 000公顷)	4 496.5	5 382	6 303.7	6 827.2

注:1978年,我国农药工业基础非常薄弱,仅有一些国营化工厂生产农药产品,品种较少且以高毒农药为主,不能满足农业生产需求,且无相应统计数据。农药使用量最早数据到1991年。

数据来源:国家统计局。

3. 农业机械化和信息化水平明显提升

水稻栽植、玉米和马铃薯收获等环节机械化作业水平明显提高,全国农作物耕种收综合机械化率超过67%,主要粮食作物耕种收综合机械化率超过80%。其中小麦基本实现全程机械化;实施"互联网+"现代农业行动,现代信息技术在农业生产、经营、管理和服务中得到广泛应用,农业信息监测预警体系初步建立。1978年

全国农业成灾面积曾高达 2 445.7 万公顷，2017 年则降至 920.1 万公顷，仅为 1978 年的 37.62%，防灾减灾能力大幅提高。

4. 农业技术推广持续强化

建成省、市、县三级农技机构设置健全的全国农业技术推广体系，基本实现了办公有场所、服务有手段、经费有保障。到 2017 年，全国乡镇以上农技推广机构达到 7.49 万个，农技推广人员 54.14 万人，示范推广了一大批重大品种、关键技术和先进模式，为跑好农业科技成果转化"最后一公里"，打通农业高质量发展的"末梢神经"。

（三）农业科技创新支撑引领能力不断增强

改革开放 40 年来，我国农业科技创新取得了巨大成就，农业科技进步贡献率由 1978 的 27% 增长到 2018 年的 58.3%。我国依靠科技创新突破资源环境约束，依靠科技创新拓展农业发展空间，依靠科技创新提高农业发展质量和效益，依靠科技创新抢占国际农业竞争制高点。农业科技支撑引领农业高质量发展的能力不断提升。

1. 农业科技论文国际竞争力水平快速提高，为农业高质量发展提供了充分的科技保障

根据最新发布的《2019 中国农业科技论文与专利全球竞争力分析》，中国的农业科技论文总体竞争力位居全球第二，发文总量跃居全球第一。在科研影响力上，规范化引文影响力高于全球平均水平，排名第十六；在科研卓越力上，中国的农业科技论文产出质量受到研究同行和高级别期刊的高度认可，高被引论文数量全球第三，Q1 期刊论文发表量全球第一，发表 CNS 期刊论文的机构数量全球第二；在国际合作力上，国际合作论文产出量全球第二。专利竞争力分析结果显示：中国农业专利总体竞争力仅次于美国，排名第二。

2. 农业科技自主创新取得重大突破，为农业高质量发展提供直接的技术支持

农业科技取得一系列原创性标志性成果，共获得国家各类科技奖励 2 227 项。在品种培育方面，挖掘出一批优异种质资源及基因。基本完成了水稻、小麦、玉米等主要农作物的基因图谱绘制和测序工作，基本完成了猪、牛、羊等动物的基因组测序，建立了中国荷斯坦牛分子育种技术体系。在技术研发方面，黄淮海平原中低产地区综合治理、两系法杂交水稻技术获得国家科技进步特等奖。动植物疫情防控和病虫害综合治理技术研究取得重要进展，重大动植物疫病监测预警技术体系趋于完善。高致病性禽流感疫苗研发处于国际领先水平。不断提高的自主创新能力。

3. 农业科技创新体系初步构建，为农业高质量发展筑就科技支撑平台

全国农业科研机构由1979年的597家发展到2017年的1247家，农业科研人员由1979年的2.2万人发展到2017年的10.72万人。农业科技总投入和R&D经费持续增加，农业科研机构和农业高校的科研经费投入从2001年的45.89亿元增加到2017年223.46亿元，增加了3.87倍。创新平台功能日趋完备。布局建设了农业领域2个国家重大科学工程，49个国家重点实验室，206个国家农作物改良中心和分中心，10个国家农业科学数据中心，37个农业农村部重点实验室，学科群体系涵盖42个综合性重点实验室、335个专业性（区域性）重点实验室和269个科学观测试验站。

4. 农业科技产学研结合的机制创新持续推进，加速农业成果转化应用

我国已经构建了50个主要农产品的现代农业产业技术体系，71个农业科技创新联盟，4个国家现代农业产业科技创新中心。建成国家农业高新技术产业示范区2个，国家农业科技园区246个，国家现代农业产业园41个。支持农业企业建立了40余个国家和农业农村部重点实验室，认定88个育繁推一体化种业企业。

5. 农科研究生教育和农业科技人才培养有了显著的发展

随着40年的发展，农科研究生的教育已经由"量"向"质"有了一个飞跃，从单纯的解决学术上的问题向多维化、复合型开始转变，将农林研究与交叉学科、新兴学科相对接，在注重科技与经济的紧密结合，深入农业生产第一线，加速科技成果的转化应用与产业化的同时，与国际紧密对接，加快培养复合型多层次农林人才。以中国农业科学院和中国农业大学为例，经过40年不断地探索和发展，农业类研究生的招生范围和领域的不断扩大，学科体系不断完善，课程教学逐步完善培养管理不断规范，研究生教育与国际相接轨。中国农科院研究生院共毕业研究生12 050人，授予博士、硕士学位15 317人，为农业领域输送了一批批多层次，复合型科技创新人才和农业科技工作者，成为高层次科技人才培养的主力军。截至2018年年底，中国农业大学共培养研究生4万多名，其中博士研究生1万多名。

6. 大力发展农民教育培训事业

2017年出台新型职业农民培育规划，以提高农民、扶持农民、富裕农民为方向，以吸引年轻人务农、培养职业农民为重点，加快构建一支有文化、懂技术、善经营、会管理的新型职业农民队伍。

(四)农村改革政策体系不断完善,农业农村改革的四梁八柱基本确立

一是健全农村土地经营管理制度。我国农村土地经营制度变革逐步释放了土地束缚。农村耕地由两权分离转变为三权分置,并确保土地承包关系保持长久不变。盘活农村宅基地,增加农民财产性收入。农村集体建设用地与国有建设用地享有同等权利,允许其出让、租赁、入股。农村土地经营管理制度改革始终坚守土地公有性质不改变、耕地红线不突破、农民利益不受损的底线和方向,激发了土地生产要素的活力。

二是培育一大批新型农业经营主体。由于土地经营制度的创新,新型经营主体不断涌现。截至2017年年底,全国家庭农场、农民合作社、农业企业等各类新主体超过300万家,新型职业农民超过1 500万人,社会化服务组织达到22.7万家,已服务3 600多万农户,托管面积2.32亿亩。截至2018年年底,全国县级以上农业产业化龙头企业达8.7万家,国家重点龙头企业达1 243家,各类农业产业化组织辐射带动1.27亿农户,户年均增收超过3 000元;全国纳入农业农村部门名录的家庭农场近60万家。截至2019年7月底,在工商部门登记的农民专业合作社达220.7万家,辐射带动全国近一半的农户,提供产加销一体服务的合作社超过53.4%。新型职业农民队伍不断壮大,截至2018年,各类返乡下乡创新创业人员累计达780万人。

三是创建了城乡统筹与融合发展模式。自"十二五"规划提出"积极稳妥推进城镇化"以来,我国加快破解城乡二元结构步伐,在实践中逐步形成了一系列城乡统筹与融合发展的新理念。确立形成以工促农、以城带乡、工农互惠、城乡一体的新型工农城乡关系。通过实行工业反哺农业、城市带动乡村的方式,逐步缩小城乡居民收入差距、促进城乡居民基本权益和享受到的公共服务。遵循以人为本的城乡发展理念。在农民自愿的前提下继续推动农业转移人口市民化,保障好农民的落户及就业问题;加强对农民工的技能培训及解决好其子女上学问题。2018年,我国城镇化率达到了59.58%。

四是农村集体产权制度改革试点稳步开展。2015年以来全国共组织开展了四批农村集体产权制度改革试点。截至2019年7月底,中央试点单位共包括15个省、89个地市、442个县,加上地方自主确定的省级试点单位,各级试点单位已经覆盖到全国80%左右的县。全国已有59.2万个村完成清产核资工作,占总村数的99%。

完成集体经营性资产股份合作制改革的村有15万个,超过全国总数的1/4,确认成员有3亿多人,年人均分红315元。农村集体产权制度改革给集体和农民带来了实实在在的好处,保障了农民集体成员权利,提升了集体经济发展活力,释放了产权制度改革红利,提升了基层组织战斗力。

(五)农村基础设施和公共服务实现新提升,城乡发展进入融合发展的新时期

一是加强新农村建设。1978年以前农村基础设施较少,农业生产仍然"看天吃饭",农业为工业发展提供大量积累和物质基础,但农民生活水平低下,农村基本公共服务缺失。党中央始终坚持补足农业农村这块短板,努力实现农民的全面小康。加强新农村建设。修建并完善农村道路、饮水、通信等基础设施,加强农村先进文化的宣传和建设,进行环境整治、改变农村面貌。到2016年年末,91.3%的乡镇集中或部分集中供水,17.4%的村生活污水集中处理或部分集中处理,90.8%的乡镇生活垃圾集中或部分集中处理,53.5%的村完成或部分完成改厕。32.3%的村有幼儿园、托儿所,96.8%的乡镇有图书馆、文化站,81.9%的村有卫生室。农村实现村村通电话、乡乡能上网、广播电视基本全覆盖。农村教育基础设施继续改善,农村医疗卫生服务体系进一步健全。新型农村社会养老保险与城镇居民养老保险逐渐开始并轨,基本实现制度全覆盖。

二是农民人均收入大幅提高。农村的基础设施和基本公共服务改善后,农民的人均收入也大幅提高。从年际变化来看,1978年农民人均纯收入为134元,由于城乡二元体制的存在,农民进城务工受到限制,农民务工收入几乎没有,加上当时政府没有给农民发放农业补贴,农民无法享受到政府提供的财政转移收入,此时农民收入以农业收入为主,收入来源单一。2018年农民人均可支配收入14 617元,扣除价格因素,较1978年增长16.76倍,年均增长7.3%。农民收入增速连续9年高于城镇居民,城乡收入倍差缩小至2.69∶1。农民收入来源结构日趋多元化,工资性收入对农民增收的贡献率达到40%,成为增收的主渠道。农民人均收入用37年时间实现跨万元大关(图1)。

三是脱贫工作取得举世瞩目的成就。改革开放以来,我国农村减贫事业也取得了巨大成效,按照1978年100元的贫困线标准,我国贫困人口规模为2.5亿人,贫困发生率为30.7%;按照2010年1 274元的贫困线标准,2010年贫困人口规模为1.65亿人,贫困发生率为17.2%,到2018年年末贫困规模下降到1 660万人,贫困

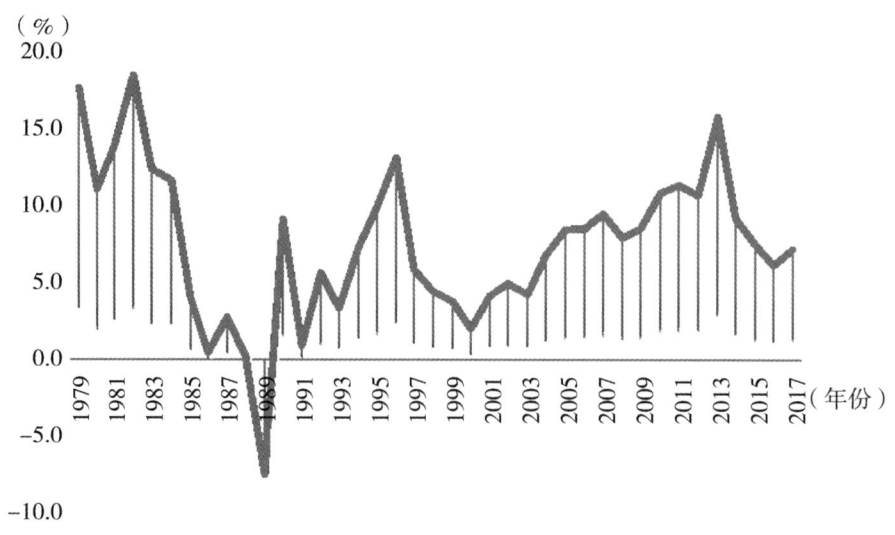

图 1　改革 40 年我国农民人均收入增长率变化

数据来源：国家统计局。

发生率降至 1.7%。改革开放 40 年来，我国农村 7 亿多贫困人口摆脱贫困。按当年价现行农村贫困标准衡量，1978 年年末农村贫困发生率约 97.5%，以乡村户籍人口作为总体推算，农村贫困人口规模 7.7 亿人；2017 年年末农村贫困发生率为 3.1%，贫困人口规模为 3 046 万人。从 1978 年到 2017 年，我国农村贫困人口减少 7.4 亿人，年均减贫人口规模接近 1 900 万人；农村贫困发生率下降 94.4 个百分点，年均下降 2.4 个百分点。

二、农业农村改革发展主要创新和经验

农业农村改革 40 年来，我们取得了巨大成就，也积累了丰富的经验。这些经验从中国农业农村的实际出发，有着扎实的现实基础，把握住了中国农业农村发展的关键，在新形势下深化农村改革行动中应该继续坚持。

（一）构建了新的粮食安全观和农业"走出去"战略布局

在改革开放和全球化大浪潮中，始终坚持粮食安全战略国内和全球布局，成为我国经济社会快速稳定发展的"压舱石"。粮食安全是全球共同持续关注的重大战略问题，也是关乎我国国计民生的永恒主题。1996 年发布的《中国的粮食问题》白皮书首次明确提出，"立足国内资源，实现粮食基本自给，是中国解决粮食供需

问题的基本方针","中国将努力促进国内粮食增产,在正常情况下,粮食自给率不低于95%,净进口量不超过国内消费量的5%"。2008年国务院审议批准的《国家粮食安全中长期规划纲要(2008—2020)》重申,"粮食自给率稳定在95%以上"。农业部制定发布的《全国种植业发展第十二个五年规划(2011—2015)》提出,"确保自给率95%以上""水稻、小麦、玉米三大粮食作物自给率达到100%"。2013年年底中央农村工作会议上,就确定了"以我为主、立足国内、确保产能、适度进口、科技支撑"的国家粮食安全战略;"中国饭碗""中国粮食"已成为指导中国粮食发展政策的重大战略思想。

因为有着可靠的粮食安全根基,中国才能在世界经济的汪洋大海中屹立不倒。除了国内不断提高粮食生产能力保障自己能力以外,粮食安全全球战略布局不断加快和巩固,进一步打牢了我国粮食安全的根基。进入21世纪后,中国更加重视统筹利用国际国内两个市场、两种资源,制定了农业"走出去"战略规划,加强与"一带一路"沿线国家的农业合作。在一系列政策刺激下,中国对外农业投资总体规模不断上升,对外农业投资的地区分布呈现多元化趋势。我国对外直接投资流量和存量稳居全球前三,占比皆创新高。2018年中国对外直接投资1 430.4亿美元,略低于日本(1 431.6亿美元),成为第二大对外投资国;2018年年末,中国对外直接投资存量达19 800亿美元,是2002年年末存量的66.3倍,在全球分国家地区的对外直接投资存量排名由第25位升至第3位,仅次于美国和荷兰。我国对外农业投资的地区分布呈现出多元化趋势,从过去的欧美、日本、澳大利亚等发达国家和地区,向"一带一路"及周边国家地区深入。我国对外农业投资的领域从种植等产业链低端环节向加工、流通等中高端环节延伸,开展跨国经营、全产业链经营的国际性企业数量不断增加。我国经济依然处在新旧动能转换的关键期,新的增长动能总体上看还处于发育期,此时更容不得粮食安全有任何闪失。粮食安全的主动权,要牢牢抓在自己手上,这是今后要继续坚持的战略思想。

(二) 创新推进农业农村经营管理制度

建立了农村家庭联产承包制。改革开放初期,邓小平同志赋予并肯定了农业的基础地位,坚持"农业是基础,始终要抓农业"的思想,强调"我们必须把农业作为实现现代化的战略重点,真正从思想上重视发展农业"。从农村经济体制入手,以家庭承包经营为开端,推动了农产品流通和农业生产资料供应市场化改革。

推动农产品流通体制改革。自20世纪80年代实行家庭承包经营为基础、统分结合的双层经营体制以后，农村土地承包经营制度改革进一步深化。1985年，国家将粮棉油蔬菜等主要农副产品的统购统派制度逐步改革为以计划为主与市场调节为辅的制度。政府对农产品大幅度提价，调动了广大农户的积极性，粮食产量由1978年的30 476万吨增长到1991年的43 529万吨，农民人均纯收入由133.6元增长到1991年的708.6元。

鼓励乡镇企业发展。20世纪80年代中期，开始将市场机制引入农业和农村经济发展中，鼓励农民从事工商业等非农产业活动和发展乡镇企业，农业生产结构、农村经济结构趋于多元化，乡镇企业也得到蓬勃发展。1988年乡镇企业总数已发展到1 888.2万个，总产值达到4 764.3亿元，职工总数达到9 545.5万人。自1992年开始，加快了乡镇企业产权制度改革，乡镇企业迎来了第二个高速增长时期，出现了农村劳动力大规模流动的"民工潮"，乡镇企业就业人数由1992年的1.06亿增加到1996年的1.35亿。同时，由于逐步取消农产品统派购制度，相继建立了农产品收购保护价政策，扩大了农产品市场调节范围，初步建立了农产品市场体系。外向型农业得到发展，贸工农、产加销农业产业化经营形成共识，逐步形成了农业产业化发展格局。

实行农村承包地"三权分置"。随着土地确权颁证工作持续推进，土地流转加快，截至2018年年底，已完成确权面积14.8亿亩，全国耕地流转面积达到5.3亿亩，适度规模经营已成趋势。另外，为适应城镇化进程和农村劳动力转移、适应农业科技进步和生产手段改进、适应农业社会化服务水平提高，在土地承包经营权确权登记颁证的基础上，实施土地"三权分置"改革，加速推进农村土地所有权、承包权和经营权三项权利分置，进一步放开土地对农民的束缚，激活土地经营权，提高农业效益和竞争力。

(三) 坚持逐步完善、建设城乡之间要素平等交换

我国农业40年的稳定发展得益于计划经济向市场经济的转轨，得益于不断破除阻碍农业生产要素发育和流动的各种体制机制改革。新中国成立以来，由于实行优先发展重工业的战略，生产资料和生活资料向城市和重工业倾斜，虽然形成必要的资本积累，但高度集中的计划经济体制，导致农民生产动力不足、农业发展活力缺乏，造成农业发展受到相当程度的抑制。二元制度导致农村要素市场与城市割裂，市场发育不完全。

为加快破解城乡二元结构，形成城乡统筹与融合发展的格局，党中央实施了一

系列政策措施，打破城乡要素流动的桎梏障碍，促进资源要素市场化配置，逐渐消除工农剪刀差。通过农村公共服务体制改革，缩小了城乡二元结构差距，对推进全面现代化建设产生了深刻影响。通过建立和完善农村社会保障制度，初步实现了农村公共服务从无到有、从少到多，有效遏制了公共服务城乡二元差距扩大的趋势，将城乡公共服务均等化向前推进了一大步。通过农业农村基础设施建设，提升了农业综合生产能力，培育了农村经济新动能，改善了人居生态环境，为深入推进国家全面现代化，弥补农业农村现代化短腿创造了基础条件。通过建立和完善农村公共服务体系，使得农民的健康和医疗卫生水平大幅度改善，农村人口综合素质显著提高，将为中国跨越"中等收入陷阱"、迈向现代化强国提供有效的人力资本支撑。

在新阶段下，要进一步繁荣农业农村事业，必须继续坚持破除城乡要素流动障碍的基本经验。十九大以来党和政府明确提出实施乡村振兴战略，首次强调坚持农业农村优先发展，加快形成"工农互促、城乡互补、全面融合、共同繁荣"的新型工农城乡关系。这一要求更加突出农业农村在城乡一体化发展中的重要地位，也在工业与农业、城市与乡村之间的双向作用、良性互动与协同发展上提出了更高的要求。

（四）坚持发挥科技创新对农业现代化的支撑引领作用

党中央在不同时期根据实际发展需要提出了符合时代要求的农业科技发展路线、方针和政策，把依靠科技进步促进农业发展作为一以贯之的战略思想。经过40年努力，我国农业科技进步成果显著。一大批新品种、新技术、新工艺、新产品和新设备在农业生产中进行转化、应用、推广。这些成果为农业农村生活方式转型升级提供了动力，支撑了农业综合生产能力大幅提升，促进了农产品质量安全水平显著提升。科技创新已成为经济社会发展的主要驱动力，知识创新、科技成果转化和产业更新换代的周期越来越短。40年间，农业科技成果举世瞩目。袁隆平院士、李振声院士获国家最高科技奖。在品种培育方面，挖掘出一批优异种质资源及基因。基本完成了水稻、小麦、玉米等主要农作物的基因图谱绘制和测序工作，基本完成了猪、牛、羊等动物的基因组测序，建立了中国荷斯坦牛分子育种技术体系。在技术研发方面，黄淮海平原中低产地区综合治理、两系法杂交水稻技术获得国家科技进步特等奖。动植物疫情防控和病虫害综合治理技术研究取得重要进展，重大动植物疫病监测预警技术体系趋于完善。高致病性禽流感疫苗研发处于国际领先水平。我国整体研发水平在发展中国家居领先地位并逐步缩小与发达国家的差距，正在进入由量的增长转向质的提升的跃升期。

农业科技创新所取得的成就,主要源自:一是坚持自主创新,夯实创新根基,加强相关学科教育投入和人才培养,提升原始创新能力。二是不断优化科技创新环境,完善激励创新的政策体系、保护创新的法律制度。三是实现创新投入主体、创新要素、创新管理在创新活动中的共生竞合。四是着力打造协同创新机制,促进科技与经济的紧密联系,以产业技术体系、科技创新联盟、产业综合体、区域共同体、科企联合体为平台和载体,形成分工协作、多学科集成的协作新格局。五是通过打通协同创新链条,联动科学创新、技术开发和成果转化,形成创新链、产业链和资金链有效联动,助力科技创新转化为生产力。

(五) 坚持农民主体地位并着力构建长效增收机制

40年农村改革,成功的关键是顺应了实践要求和农民愿望。尊重农民首创精神、调动农民积极性、发展农业生产力是农村改革的出发点和落脚点,也是决定农村改革成败的关键。广大农民群众不是农村改革和发展实践的被动接受者,更是积极参与者和主要推动者。正如邓小平同志所指出的:"农村搞家庭联产承包,这个发明权是农民的。农村改革中的好多东西,都是基层创造出来,我们把它拿来加工提高作为全国的指导。"此外,土地股份合作制、适度规模经营、农村土地"三权分置"以及外向型农业和生态农业等,都是农民在实践中不断总结创造出来的。习近平同志指出:"农村要发展,根本要依靠亿万农民。要坚持不懈推进农村改革和制度创新,充分发挥亿万农民主体作用和首创精神,不断解放和发展农村社会生产力,激发农村发展活力"。

在农村改革过程中,中国共产党始终倾听农民心声,尊重农民意愿,出台一系列重大举措。广大农民是农村改革和发展成果的分享者,实现和维护好广大农民的根本利益是农村改革和发展的重要任务,是衡量农村改革成效的重要标准。广大农民平等参与农村改革发展进程,平等享受农村改革发展成果,在共建共享发展中有更多获得感和幸福感,是实现好、维护好、发展好广大农民群众根本利益这一农村改革和发展的出发点与落脚点最直接的体现。

三、新时代农业农村发展面临的挑战

经过40年的深化改革,农业农村发展取得了巨大成就。但从发展的角度以及国内外对比的视野来看，也面临着一些主要矛盾和挑战。

（一）资源禀赋弱制约了农业现代组织和技术模式应用

农业是高度依赖自然资源的产业，土地经营规模决定了农业的基础竞争力。我国农户平均经营规模只有不到0.6公顷，相当于韩国和日本的1/3、欧盟的1/40、美国的1/400，即使将现有一半农村人口和劳动力稳定地转移出去，我国农业平均经营规模也只能达到户均1公顷。小农户长期存在是我国的基本国情农情，据第三次全国农业普查数据，截至2016年年末，我国有20 743万农业经营户，其中，小农户占98.1%。农业平均经营规模较小是我国农业基础竞争力不足重要原因，我国大宗农产品生产成本与瑞士、欧盟及日韩接近，与美加澳等主要出口国差距不断拉大。加入WTO时，我国主要农产品成本普遍低于美国，但近年发生逆转。2015年，我国玉米、棉花、大豆的生产成本分别为每吨2 151元、19 928元和4 564元，而美国分别为每吨994元、13 367元和2 274元，均大幅高于美国。

从农业劳动生产率来看，我国农业劳动生产率仅为世界平均水平的47%、高收入国家平均水平的2%、美国的1%。提高劳动生产率的关键是扩大经营规模和增加技术投入，实现农业现代化。从农业土地生产率来看，我国农业基础设施的建设和投资状况得到显著改善，但总体上仍较为薄弱，资金投入不足、后继管护缺乏、老化失修严重、经济效益低等问题突出，制约了农作物单产水平的持续提升。2018年，全国粮食作物单产375千克/亩，其中稻谷单产提高，小麦单产下降，玉米单产持平。从农业科技进步贡献率来看，2018年我国农业科技进步贡献率达到58.3%，比2005年提高了9.9个百分点，但是与农业发达国家70%~80%的水平相比，仍存在着较大差距。

（二）农业支持保护体系亟待完善

随着农业农村经济发展主要矛盾发生改变，农业支持保护体系支持力度小、精准性不足、落实不到位、资金整合力度不足、基础设施投入少、粮食主产区投入少等问题日益突出。农业投入与生产补贴一般按照农户承包土地面积来计算，许多撂荒农民获得补贴，但通过土地流转进行规模种植的真正的农业生产者无法获得，不利于种粮积极性的提高。农业补贴一般通过基层组织来执行，由于人员有限、监督监管力度不足使农业支持保护政策未完全发挥出其应有的价值。我国现行农业补贴涉及面广、补贴环节多，财政支农资金分散于多个部门、交叉重合部分多、整合规划能力差，无法使有限的财政资金发挥最大的效果。农田水利基础设施薄弱问题仍没有得到根本解决。粮食主产区地方政府财政收入和农民收入低于全国平均水平，地方财政农业投入有限，主产区对主销区利益补偿与风险分担机制仍需完善。

（三）农业产业国际竞争力较低

尽管农业综合生产能力取得了长足进步，但我国农业弱势产业的现状还未改变，"四化同步"中农业仍为短板。主要体现在：第一，我国劳动力成本不断上升，而劳动生产率并未同步提高，劳动密集型农产品出口竞争力减弱。苹果汁、肠衣、羊绒等多种特色农产品出口量虽然排名世界第一，但面临的竞争压力明显增大。第二，多种农产品内外价差扩大。近年来，我国相当一部分大宗农产品进口不是因为国内短缺，而是受内外价差驱动，造成"国货入库、洋货入市""边进口、边积压"现象。数据表明，我国大宗农产品的生产成本比美国、澳大利亚等国高出很多，这是农产品内外价差不断扩大的根本原因。粮食价格过高，使加工业利润空间受到严重挤压，导致肉、奶等畜产品的内外价差也在不断扩大。第三，未来逐步实行的自由贸易零关税对我国农业形成巨大挑战。我国加入WTO（世界贸易组织）后，农产品平均关税仅为15%左右，不到世界平均水平的1/4。随着近年来我国自由贸易区建设步伐加快，在减税过渡期后，多种农产品均将实现零关税。若不加快提升我国农业竞争力，农业产业将受到较大冲击，农民持续增收将面临严峻挑战。第四，国内农业和食品加工业的供给与需求不匹配。我国居民消费结构升级较快，居民对农产品和食品的需求由传统的初级产品向多元、优质和安全的产品转变。国内农业和食品加工业的供给与需求不匹配，消费者对进口食品的需求不断增长。据统计，近10年我国进口食品年均增长率达17.6%。第五，产品质量标准、产后流通加工营销等环节竞争力不足。我国农产品质量安全标准普遍低于美、日、欧等主要出口市场，加入WTO以来频繁遭遇技术性贸易壁垒，造成很大损失。我国果蔬产品在采摘、运输、储存等流通环节的损失率为20%~30%。我国农业生产专业化、现代化和标准化程度低，出口的主要是初级产品，附加值不高，不利于农产品出口企业形成核心竞争力。我国特色农产品由于没有打出自己的品牌和商标，无法在国际贸易中获得最优价格。

（四）保障农产品有效供给与保护农村生态环境之间矛盾突出

在粮食实现多年连增，农业快速发展、工业化和城镇化加快推进的背景下，我国农村环境和生态压力越来越大。根据2010年第一次全国污染源普查结果，农业面源化学需氧量、总氮、总磷年排放量已达1 320万吨、270.5万吨和28.5万吨，分别占全国排放总量的43.7%、57.2%和67.4%；农业内源性面源污染来源于养殖及种植过程中的各个方面，主要有：随着畜禽养殖业的发展，我国畜禽养殖规模不断扩大，然而养殖废弃物处理利用设施建设却严重滞后，大量粪污由传统农家肥直接转变成了污染物。我国化肥年使用量达到5 700万吨左右，是世界上化肥使用强度最高的国家之一，而化肥当季利用率仅为35%左右，根据第一次全国污染源普查结果，种植业源总氮流失占农业源总氮流失量的59.1%，成为引起水体富营养化重要原因。我国是农作物病虫害频发、重发国家，目前化学防治仍是控制病虫灾害的主要手段，年化学农药使用量达100万吨以上（商品量），亩均使用量500克以上，而有效利用率仅35%左右。过度依赖化学农药防病治虫，加之使用不科学、不合理，农药废弃包装物随意丢弃等，导致农药在土壤、水体等环境中不断富集。

（五）农民持续增收动力不足

实现农民收入持续增加、提高农民生活水平是解决三农问题的最终目标。随着我国经济发展进入了"新常态"，促进农民增收的外部环境与内在条件都发生了深刻变化。主要体现在：第一，传统小农户的家庭经营，市场信息不畅通，抵御自然风险和市场风险的能力较弱，使得单纯从事农业收入无法满足家庭需要。第二，由于从事农业比较效益低下，农民务农收入在农民总收入中所占比重下降。第三，外出务工的农民工由于文化水平较低、专业技能不足，一般从事劳动力密集型行业，工资性收入水平低下且收入来源渠道较为单一。而且近年来，在经济增速放缓、结构调整和产业转移等多重因素的影响下，农民工就业和工资水平增长也受到影响。第四，由于土地流转市场不完善，经营权未能充分放活，农民一般会将土地交由亲戚朋友耕种，收取较少的费用，不愿意把土地流转给农业企业、种植大户和农民专业合作社等其他经济组织，影响了农业适度规模经营。第五，农村宅基地、集体经营性建设用地等资产还未完全激活，农民财产性收入与城镇居民相比增加幅度极其有限。第六，农村集体产权制度改革仍处于起步和试点阶段，农民财产性收入所占比重仍较低。

（六）城乡资源要素平等交换和均衡配置仍存体制性障碍

城乡二元体制是城乡资源要素平等交换和均衡配置最主要的体制性障碍，尽管我国在破除城乡二元体制方面采取了一系列重大措施,但总体而言,城乡二元体制远未完全消除,城乡二元体制对劳动力要素配置的影响体现在两个方面:一是阻碍农村劳动力向城市流动,不利于城乡就业市场一体化程度的提高。这导致城乡之间劳动生产率和工资水平出现"非市场性"差异,也就是这种差异明显超过迁移成本,进城就业有利可图与农村仍有大量剩余劳动力并存。二是阻碍进城农民工平等就业,不利于城市就业市场的整合。虽然城乡之间的体制边界被逐步冲破、农民可以自由进城寻找就业机会,但城市就业市场上户籍劳动力与非户籍劳动力形成新的二元结构。表现为就业机会不平等、社会保障不平等、合同保障不平等。此外,城乡之间金融制度安排存在明显差异,不利于农民获得普惠的金融服务。如果说实现土地、劳动力、资金等生产要素在城乡之间的自由流动与平等交换,既取决于制度障碍的消除、又有赖于市场机制发挥作用,那么实现公共资源在城乡之间均衡配置则完全取决于体制障碍的消除。

(七) 农业科技创新体制亟须改革

40年来,尽管我国农业科技产出了一大批科技成果。但依然存在以下几个突出问题。

第一,农业科技供需结构失衡,供给区域失衡。我国农业科技成果丰富,但大多数成果以高产为导向。而乡村振兴、农业供给侧结构性改革和农业高质量发展所亟须的节本、增效、绿色方面的科技成果供给不足。同时不同经济水平地区的科技成果产出能力的巨大差异,与东部地区相比,我国农业占比大的中西部地区的农业科技供给、推广和转化能力不足,存在较大的区域不平衡。

第二,部分关键核心技术受制于人。对比国外先进技术,我国农业科技存在明显技术短板和潜在的"中兴事件",部分关键核心技术受制于人。农业领域短板技术主要有重大育种价值的关键基因挖掘、主要园艺作物优质品种国产化育种技术、畜禽核心种质育种技术、新化学实体农药兽药创制关键技术、新型肥料与化肥替代技术、农业传感器技术、智能化大型农机装备研发关键技术。从产业来看,畜禽种业是世界各国争夺的基础性、战略性产业,我国作为畜禽养殖大国,生猪、蛋鸡等畜禽养殖量占世界首位,但畜禽遗传育种核心种源80%依赖国外进口,部分核心种源如白羽肉鸡种源进口依存度达100%、种猪为90%、种公牛为70%。

第三,科技经济两张皮问题没有根本解决。国内研究成果转化率低。近年来成果转化率仅为40%,与世界先进水平80%相距甚远。企业技术创新能力薄弱。企业研发机构少，普遍重生产、轻研发，重引进、轻吸收，重模仿、轻创新。产学研用紧密结合的体制机制尚未形成。产学研用结合链条上企业与高校院所协作不紧密、资源配置碎片化、条块分割孤岛化，科技评价唯论文、唯课题、轻应用等问题突出。科研机构评估评价体系尚不健全，所有评价都采取"一把尺子、一套标准"，最终形成了全国所有科研机构"一副面孔"的格局，严重误导了应用和开发型科研机构的发展方向，极大地挫伤了以产品、工艺、材料和品种为产出的科技人员的创新积极性和主动性。

第四，农业科研机构体制改革迟缓。中央级科研单位面临"有钱打仗、无钱养兵"的困境，工资部分财政仅负担40%的比例。有些率先实行事业单位分类改革的地方科研单位，由于配套政策不到位，存在"有钱养兵，无钱打仗"，积极性下降的问题。各层级科研机构主体职能模糊，项目设置重复，农业科研机构出现"上下一般粗，左右皆兄弟"的局面，国家科研机构和高校都在积极竞争承担更多科研课题，中央和地方科研单位同时在高尖科技研究领域发力。

第五，科研投入结构和方式不尽合理。投资强度低，农业科技投入占农业GDP的比重，即农业科研投入强度大体为0.6%左右，低于农业发达国家水平，也低于世界平均水平。投入结构不合理，人员财政工资费用保障不足，2016年农业科研机构与农业高校的三项经费支出中人员劳务费仅占R&D经费的39.4%，远低于法国农科院74%的水平。投入方式不合理，稳定支持项目占科研机构项目经费的20%~40%，低于发达国家70%~80%的水平。

第六，农科研究生教育生源质量不高，专业学位类型人才培养起步晚、发展缓慢，研究生培养科研实践多、实践经验相对匮乏。

四、我国农业农村发展未来思路和重点

我国农业农村经济已由高速增长阶段转向高质量发展阶段，正处在转变发展方式、优化经济结构、转换增长动力的攻关期。40年后改革开放再出发，推动农业高质量发展，实施乡村振兴战略，促进农业农村现代化，必须坚持新发展理念，坚持以供给侧结构性改革为主线，坚持以改革开放为动力，以实施乡村振兴战略为总抓手，重点提升"四力"，加快推进"六化"，加快建设现代产业体系、生产体系和经营体系，加快推动高质量发展，加快推动农业农村现代化进程，为推进国家现代化建设，为夺取新时代中国特色社会主义伟大胜利、实现中华民族伟大复兴的中国

梦、实现人民对美好生活的向往作出新的贡献。

1. 重视提升"四力"

一是提升科技解决可持续发展能力。要依靠科技进步与创新，在耕地重金属污染防治、废弃物的综合利用等方面取得新突破。在政策创设上，从制约农业可持续发展的重要领域和关键环节入手，突出绿色生态导向，探索农业面源污染治理、农业高效节约用水等有效支持政策。切实谋划好节肥节药、养殖粪污处理、秸秆地膜利用等补贴政策。在机制创新上，要加强生态环境监测评价，推动将监测评价结果纳入政府绩效考核，落实地方主体责任。积极培育绿色生产的新型经营主体，将绿色发展作为示范家庭农场、农民合作社示范社创建的重要内容，支持新型经营主体发展的政策资金优先向采用绿色生产技术模式的主体倾斜。

二是提升产业国际竞争力。农业产业竞争力是一国农业多环节产业链在国际市场上表现出来的综合竞争能力。提高农业竞争力，首先要夯实现代农业基础。拉长并加强农业产业链。在生产端，重点实行规模化生产，提升社会化服务水平，培育新型农业经营主体。在流通环节，统筹农产品集散地、销地、产地批发市场建设，构建产销一体化流通链条。在加工环节，延伸农产品下游深加工配套产业链条，提高产品附加值，实现初加工向精深加工发展。其次，要深挖特色产品发展潜力。各地区应围绕特色农产品生产，以科技创新为手段，探索出一条区域化布局、专业化生产、产业化经营、品牌化发展的特色农产品发展道路。最后，要培育新型经营主体，发展适度规模经营。新型农业经营主体是参与国际竞争的中坚力量。发展多种形式适度规模经营是降低生产成本、提高农业竞争力的重要手段。

三是提升国际市场掌控力。应扩大中国农业对外开放，大力推进农业对外投资与贸易，充分利用国际市场资源，促进农产品贸易多元化进口。促进农产品贸易多元化进口。尽快建立跨部门的全球农业监测预警体系，加强全球农业数据调查分析，研发重要农产品供需预测模型，组建跨部门跨行业农业大数据分析团队，建立跨部门建立全球农业监测预警体系，提升分析预警和调控能力。全面监控分析农产品生产、流通、消费等各个环节的信息数据，促进产销及时对接、平衡供需，进而有效减少农产品市场的大幅波动和价格的大起大落。鼓励企业走出去，建立稳定的国外农产品生产基地。龙头企业是参与国际竞争的主体，要加大对龙头企业的支持力度。龙头企业应熟悉和掌握国际贸易规则，过加强农业对外投资与贸易，保障中国粮食安全。要充分利用国企优势，建立大型农产品贸易物流航母舰队。

四是提升农业前沿领域与重大技术创新能力。要强化基础研究，超强部署前沿、交叉和农业高新战略产业研发,在世界农业科技前沿占有一席之地。针对质量兴农、绿色兴农、融合发展、创新发展的重大技术瓶颈,强力攻克核心关键技术和"卡脖子"技术。针对区域农业产业发展的重大科技问题与瓶颈,创新协同攻关方式,加快共性关键技术和区域关键技术研发。要提升区域农业协同创新水平,着力强化区域农业科技创新的系统集成,加快乡村振兴的科技供给。鼓励企业成为技术创新主体。政府在鼓励和引导企业创新方面,应考虑在金融、财税、科技计划、政府采购和其他方面制定政策鼓励企业成为创新主体。充分发挥国家战略科技力量的作用,健全国家实验室体系,构建社会主义市场经济条件下关键核心技术攻关新型举国体制。重点是尽快建立国家粮食安全实验室,确保"藏粮于技"。

2. 加快推进"六化"

一是农业规模化。农业规模化是实现专业化、标准化和现代化的基础。随着农业技术装备条件的提高以及规模经营主体的发展崛起,农业规模化趋势也将加强。种植业方面,农村土地流转给农业规模化发展带来了新的活力。根据农业农村部公布的最新数据,截至2017年年底,全国承包耕地流转面积超过了5.3亿亩,超过承包耕地总面积的1/3,适度规模经营成为不可阻挡的潮流。养殖业方面,从非洲猪瘟疫情暴发加速我国养猪产业升级和技术升级的视角来观察,龙头企业和规模经营主体才是带动农业生产方式升级、提升农业规模化程度的主力,规模化是我国农业产业升级的必由之路。要开展土地承包权物权化、财产化、可退出、可继承等探索,建立破解农地细碎化长效机制。大力发展土地股份、土地托管和集体农场等形式的土地规模化经营模式,大力发展生产性社会化服务体系,促进服务规模化发展。大力推动一二三产业的有机融合与发展,延长产业链条,形成新产业和新业态与规模效应。

二是农业绿色化。为适应市场需求、确保农产品品质和永续发展,未来农业生产必须向绿色生态可持续发展转变。大力开展有机肥(药)替代化肥(药)行动,尽量减少化肥、农药、兽药的过度使用,把农业生产成本降下来,把农产品质量提上去,把农业环境改善好。加大种植业秸秆和畜禽养殖废弃物综合处理,大力发展种养结合模式,以养定种、以养促种。大力推进三元结构改革力度,适度增加青贮玉米和牧草种植面积。加大畜禽养殖废弃物肥料化还田力度,尽量减少环境污染代价,促进农业可持续发展。要尽快建立绿色发展为目标的新型农业科技创新体系,加快研发出一批节水、控肥、减药、农机农艺相融合的农业新技术,为节本增效、绿色发展提供支撑。充分利用市场机制,以有机、绿色食品销售带动农业绿色发展。

三是农业智能化。我国农业已经进入了大转型与大变革的关键时期，传统农耕"面朝黄土背朝天"的场景将逐步退出舞台，而以互联网、物联网为载体的智慧农业即将引领农业农村开启"变革时代"。要充分利用5G和物联网技术，进一步完善推进以电商为代表的农业新业态。加大农业传感器和农业机器人研发力度，强化大数据挖掘、自动识别、机器学习、深度学习等信息技术在农业领域的研究和应用。以区块链技术为支撑，加快构建新型农产品质量追溯和监控体系。充分利用空天地一体化等技术，加快智慧农场和智慧农业发展。

四是农村集镇化。积极推进新型城镇化，加快农村集镇化建设，集镇化建设将是城市化建设的重要载体，是今后接纳和转移剩余劳动力的另一个阵地。要充分利用好当地集镇资源优势结合实际情况合理规划集镇化建设。①做好小城镇与周边县市的衔接与规划。多数集镇是城市发展的结合点，是承接农村人口的聚集地。要注重城乡发展规划的整体性、系统性、前瞻性和集约性。推进省、市、县三层次的规划融合、协调，将促进农村人口向中心镇村集聚与城乡一体新社区建设有机统一起来，推动农村集镇发展。②改善地区、县级城市基础设施和公共服务体系建设。积极推进新型农村社区化建设。将集镇所在地的村，设立为社区服务中心，承担起更多的公共服务职能，为集镇建设创造更多的条件。进一步完善基础设施，合理规划吸引民资自筹自建，带动第三产业和旅游观光发展。③大力发展特色乡镇。有条件的镇可以结合各自特色，大力发展一村一品、一乡一业，或依托县域旅游经济，打造特色街区、特色小镇等。④优先推进农房改造、污水治理和垃圾处理。按照科学规划布局美、村容整洁环境美、创业增收生活美、乡风文明身心美的要求，着力推进集镇生态人居体系和生态环境体系建设。加快农房改造建设步伐，引导自然村及周边行政村的农村人口到新市镇（中心镇）和新社区（中心村）集中居住。统筹推进集镇给排水、供电、道路、绿化及垃圾处理、污水治理等基础设施建设，全面改善生态环境和人居环境。

五是农村再工业化。农村工业化是包括两个方面的内容，即农业生产工业化和农村发展工业生产。农村再工业化的本质就是要农村重归实体经济，避免出现农村产业结构空洞化，是加快农村地区经济市场化进程及提高农民收入的重要推动力。第一，大力发展农产品加工业。一种方式是延长农业产业链，另一种方式是拓宽农业产业链。重点是加强农村地区的农产品加工业发展，不仅可以优化产业结构，而且可以破解农产品滞销问题，带动农民增收；同时还可以解决农村大量剩余劳动力工作的问题,缓解社会压力。应大力支持农村地区发展农产品初加工、精深加工、综合利用加工、主食加工等产业。推进一二三产业的深度融合,尤其是要提高农产品加工的深度和增值程度。第二,鼓励工业和机构下乡。当期,许多地区鼓励市城区工业企业"退城进园",促进产业集聚,调整优化产业和城市布局。要抓住契机,将"退城进园"与"退城进村"相结合。统筹考虑各地的区情民意,根据不同类型发展村庄的资源优势、产业基础等,以退为进,带动劳动力和资本的城乡间移动,让城里的产业下乡、企业下乡、机构下乡、公共服务下乡。第三,加快城镇人才、资金回流。要探索集体成员身份多样化,消除人才回流乡村。将农村社区居民分为有集体土地股份的成员和无集体土地股份的成员,打通城乡户籍壁垒,为更多人才投身现代农业、带动小农户发展提供制度安排。积极引导工商资本到乡村发展合适的产业,强化其与小农户的利益链接。在符合政策条件和保证小农户基本收益的前提下,鼓励和引导工商资本和相关企业以设备、资金、技术等入股,小农户和村集体以土地资源等入股,联合成立股份公司,发展现代化的种养殖、乡村生态观光旅游等项目。

六是公共服务均等化。加强城乡公共服务均等化,为实现城乡一体化奠定物质基础。要增加公共服务在乡村的供给,同时要增强公共服务在城市、县城、小城镇和乡村之间的同步性,稳步提高城乡基本公共服务均等化的水平。①加快推进城乡公共教育均等化。推动建立以城带乡、整体推进、城乡一体、均衡发展的义务教育发展机制。积极发展"互联网+教育",推进乡村学校信息化基础设施建设。②强化农村公共卫生服务,加强慢性病综合防控,推进农村地区精神卫生、职业病和重大传染病防治。加强基层医疗卫生服务体系建设,支持乡镇卫生院和村卫生室改善条件,切实加强乡村医生队伍建设。深入推进基层卫生综合改革,完善基层医疗卫生机构绩效工资制度。③加快推进城乡社会保障均等化。完善城乡居民基本养老保险制度,建立城乡居民基本养老保险待遇确定和基础养老金标准正常调整机制。统筹城乡社会救助体系,完善最低生活保障制度,做好农村社会救助兜底工作。健全农村留守儿童和妇女、老年人以及困境儿童关爱服务体系。加强和改善农村残疾人服务。

五、促进农业农村发展的政策建议与保障措施

今后一段时期,要坚持农业农村优先发展,始终把解决好"三农"问题作为全

党工作重中之重，将乡村振兴战略作为新时代"三农"工作总抓手，重点从以下六方面促进农业农村发展。

（一）充分发挥比较优势，走差别化竞争发展之路

目前，我国农业劳动生产率的提升有很大潜力，要尽快立足于资源禀赋和产业优势，走差异竞争化发展的道路，大幅度提升农产品竞争力。在平原广袤地带，采用现代技术手段，进行规模化粮食生产，走种粮规模化发展道路，按照"稳北、强南、拓西"的战略思路优化粮食生产布局，确保国家粮食安全。充分发挥区域比较优势，优化农业区域化布局。大力培育区域农业优势产业和优势产品，构建现代农业产业链，形成农业区域化布局和专业化分工；深度挖掘各区域特色资源潜力和市场优势，发展区域特色农业，形成特色优势产业带。

（1）东北地区以粮食生产和林区特色农业为主，是中国重要的农林特产品基地、重要的粮食主产区和调出区，机械化程度高。需以优化农业水土利用结构，完善现代农业产业体系，全面提升现代农业综合生产力和竞争力为主。

（2）京津冀地区农业机械化、产业化水平较高，设施农用生产优势明显。该区适宜发展节水高效农业、精准农业和智慧农业。

（3）黄淮平原地区是中国传统农区，耕地条件好，肩负着国家粮食安全重任。该区宜建成全国粮、棉、肉等大宗农产品重要生产基地，创新现代农业经营模式。

（4）江南地区，地势平坦，水网密布，土地肥沃，农业发展条件好，是中国重要的水稻、棉花、油菜产区，设施农业较发达。该区作为城镇优化开发区域，又是农业重点开发区域，适宜开发生态、绿色、优质农产品，大力发展农业观光旅游业，带动农业结构调整与农村经济转型发展。

（5）东南沿海地区，是中国重要的水产品养殖和经济作物种植区域。适宜发展壮大现代海洋经济，大力发展外向型、都市型、高品质的多功能型现代农业。

（6）西北地区土地资源、光照资源丰富，特色林果、畜牧资源、生态杂粮产业有雄厚的基础。该区亟须推广节水保育技术，生态保育是本区农业主导地域功能，要基于资源环境承载力适度发展特色现代农业，以现代农牧业、生态旅游业发展带动农牧民就业与增收。

（7）西南地区农业类型多样、自然资源丰富。该区宜充分发挥原产地生态优势，农林果药多元并举，推进适用于西南山地丘陵区农业生产的中小型机械化，加快特色农产品基地化生产和加工贸易，稳定提高农民就业能力和增收水平。

(二) 深化农村土地制度改革，大力发展土地股份合作和集体经济

针对当前我国农业土地经营规模小、耕作细碎化特征，大力推进多种形式的适度规模经营。一要深化三权分置的土地制度改革，规范流转程序，建立土地交易平台，切实维护农民土地合法权益。二要大力发展耕种、施肥、打药、收割等社会化服务组织，充分发挥"农户家庭经营＋社会化大服务"的协助优势，大力提高粮食市场竞争力。三要多措并举推进土地股份合作社发展，加大财政税收、基础设施建设、金融信贷、保险、人才培养等多方面政策对粮食土地股份合作社的支持力度，加快提升粮食生产土地规模化经营水平。四是加快推进农村宅基地改革。加快推进宅基地的确权工作，重点围绕农村宅基地"三权分置"，拓展改革试点，丰富试点内容，探索适度放活宅基地和农民房屋使用权有效途径。五是深化供销合作社改革。拓展供销合作社经营服务领域，支持供销社开展农技推广、土地托管、代耕代种、统防统治、烘干收储等农业生产性服务，以及为农业经营主体提供农资供应、配方施肥、农机作业、统防统治、收储加工等系列化服务，推动农业适度规模经营。

(三) 扎实推进符合高质量发展要求的农业技术推广和教育体系建设

一是推广主体多元化、实力均衡化。在科技推广方面，在保障现有政府推广部门的主导力量的前期下，充分发挥龙头企业、合作组织、科研院校、返乡能人等主体对推广农业科技的重要作用，完善多元科技推广体系的建设。二是建立农业科技普及教育服务体系。在发展正规高等和中专农业教育、农业科技人员继续教育的同时，还必须大力发展和普及广大农民的科学技术教育。它是农业普通教育的重要补充，这不仅是关系到改变我国广大农民智力结构的问题，而且是关系到农业现代化的战略问题。要健全和完善县、乡镇科学技术推广普及网络，使农业科技信息普惠共享；要加强农村科普活动场所和科普阵地建设，在农村建设一批较高水平的科普教育基地和科普实验基地；要加强农民的义务教育和实用技术培训。三是加强农业研究生教育和职业教育。农业专业学位研究生教育是最高层次职业教育的要求，是农业发展方式的转变对高层次人才的内在需要，是高学历新型职业农民的现实需要，促进"农民"由身份向职业转变的重要手段。加强农业高校与科研院所深入参与新型职业农民的培育，有利于农业专业学位与职业资格的衔接，有利于联合培养

基地的建设，有利于更多经费支持。

（四）深入落实农业农村优先发展的总体制度安排

一是建立农业农村优先发展的规划约束机制。调整重城轻乡的发展布局，以城乡均衡发展为目标重新制定国土空间规划、城乡建设规划、区域与产业发展规划，以"产城融合、产村融合"激发乡村内生发展活力。二是建立财政支出优先保障农业农村项目的激励约束机制。切实落实财政预算优先安排农业农村投入，确保投入比重优先增长。着力提高财政支农资金的整合效率，有效增强投入效益效能。拓宽资金筹集渠道，加大对农业农村的支持力度。三是建立保障国家粮食安全的制度政策。研究制定粮食"价补分离"政策，在保护农民利益前提下，推动最低收购价、临时收储和农业补贴政策逐步向农产品目标价格制度转变。完善粮食产区利益补偿机制，增加中央财政对粮食大县的奖励资金，避免粮食大县变成财政穷县。创新粮食储备机制，完善粮食经营者库存制度等。四是完善生态环境保护法律体系和执法司法制度。加强农业农村环境污染防治。建立对农业农村生态功能的补偿机制。加大财政对农业和生态功能区的支持，支持生态化产品发展，促进生态资源价值的充分实现。五是打通金融服务"三农"各个环节。把农业农村作为金融优先服务领域，切实落实涉农贷款业务差异化监管制度，强化县域金融机构对农信贷投放的激励约束，实现普惠性涉农贷款增速总体高于各项贷款平均增速。加快农产品期货、期权、保险等产品的创制力度。结合目标价格改革，在充分吸收国外经验的基础上，对粮食开展收入保险试点。

（五）着力提升乡村治理体系和治理能力专业化，为优先发展农业农村提供保障

一是加强农村基层党组织建设。加强农村基层党组织带头人队伍建设，加大从本村致富能手、外出务工经商人员、本乡本土大学毕业生、复员退伍军人中培养选拔力度，全面向贫困村、软弱涣散村和集体经济薄弱村党组织派出第一书记，建立长效稳定机制。二是促进自治法治德治有机结合。深化村民自治实践，加强农村群众性自治组织建设，完善农村民主选举、民主协商、民主决策、民主管理、民主监督制度，形成民事民议、民事民办、民事民管的多层次基层协商格局。推进乡村法治建设，提高农民法治素养，引导干部群众尊法学法守法用法，维护村民委员会、农村集体经济组织、农村合作经济组织的特别法人地位和权利，健全农村公共法律

服务体系，加强对农民的法律援助、司法救助和公益法律服务。提升乡村德治水平，深入挖掘乡村熟人社会蕴含的道德规范，强化道德教化作用，建立道德激励约束机制，引导农民自我管理、自我教育、自我服务、自我提高。三是加快夯实农村基层政权。加强基层政权建设，科学设置乡镇机构，实行扁平化和网格化管理，推动乡村治理重心下移，构建简约高效的基层管理体制。创新基层管理体制机制，明确县乡财政事权和支出责任划分，推进乡镇协商制度化、规范化建设，创新联系服务群众工作方法，推进直接服务民生的公共事业部门改革。开展农村基层减负工作，集中清理对村级组织考核评比多、创建达标多、检查督查多等突出问题。

（六）深化农业科研机构改革，着力新型创新体系建设

一是深化农业科研机构改革，进一步明确其职能定位。加快推进农业科研事业单位分类改革，将农业科研机构明确定性为公益性事业单位，并允许有科技成果转化收入。明确农业科研机构职能定位，中央级科研机构要承担战略性科研任务，地方科研机构主要承担区域性农业科研工作，高校要更多承担基础性农业科技研究及农业科研人才培养任务。增加科研机构自主权，充分调动科研院所的创新活力与积极性。二是优化农业科技投入方式，提升资金利用效率。持续加大政府农业科研投入，2020年农业科技投入强度由当前的0.6%增至1%，2035年达到2%，2050年达到2.5%。建立农业科技投入稳定增长机制，对国家级科研机构实行"稳定支持+任务委托"的投入方式，稳定经费保持在70%以上。强化企业研发投入，将农业企业研究开发费用税前加计扣除比例由现行的50%提高到100%以上。增加全社会农业科技投入，设立农业科技创新基金，基金中的60%用于农业公益性科技事业，40%用于农业科技市场化资源配置。三是以我为主，着力提升农业科技层次水平。推进以我为主的农业领域的国际大科学计划。立足我国农业科技优势特色领域，衔接现有国家重大研究布局，牵头具有合作潜力的项目，充分利用现有基础设施和优势，吸引全世界农业科技领域人才共同参与，实现科研创新和资源开放共享。继续参与他国发起或多国共同发起的大科学计划，与我国牵头组织的大科学计划互为补充。四是按照"构筑大平台—汇聚大团队—争取大项目—创造大成果"思路，整合国家、省级及地方资源，实现重点学科、重大项目和重点平台的有机融合，初步形成国家级重点实验室、省部级平台、工程技术研究中心和现代农业科技园区等全产业链科技创新平台体系，科研水平和国际影响力大幅跃升，若干实验室成为世界最重要的科学中心和高水平创新高地，为建设世界科技强国提供有力支撑。

第三篇 质量兴农重要技术发展战略研究

当前，我国农业进入转变发展方式、优化产业结构、转换增长动力的攻关期，站在了转向高质量发展的历史关口。实施质量兴农战略，推动农业由增产导向转向提质导向，既有坚实的物质基础，也面临着内外部环境变化带来的新要求、新挑战。党的十八大以来，以习近平同志为核心的党中央坚持把解决好"三农"问题作为全党工作重中之重，不断推动"三农"工作理论创新、实践创新、制度创新，农业发展取得巨大进步，推动农业进入高质量发展阶段。然而，随着城乡居民消费结构不断升级，优质农产品和服务需求快速增长，"有没有"已经不成问题，"好不好""优不优"逐步成为主要矛盾。加快实施质量兴农战略，既是满足城乡居民多层次、个性化消费需求，增强人民群众幸福感、获得感的重大举措；又是提高农业发展质量效益，推进乡村全面振兴、加快农业农村现代化的必然要求。

一、质量兴农的提出机遇与形势要求

（一）提出机遇

质量发展是兴国之道、强国之策。中国特色社会主义进入新时代，我国社会主要矛盾已经转化为人民日益增长的美好生活需要和不平衡不充分的发展之间的矛盾，我国经济已由高速增长阶段转向高质量发展阶段，我国农业农村经济发展也到了这个阶段。党中央、国务院高度重视农业高质量发展工作，习近平总书记多次作出系统部署，并提出质量兴农明确要求。2017年、2018年中央一号文件相继明确，农业供给侧结构性改革的主线地位，聚力质量兴农也成为乡村振兴战略的重要措施之一。农业农村部将2018年确定为"农业质量年"，印发了关于开展"农业质量年"工作的通知，部署了推进质量兴农的重大行动。具体来看，质量兴农战略的提出主要基于四个方面的考虑。

一是适应人民群众消费需求不断升级的客观需要。我国粮食总产量连续多年超过1.2万亿斤，肉蛋菜果鱼等农产品产量稳居世界第一，过去是8亿人"吃不饱"，现在是14亿人"吃不完"。随着人民收入水平的提高，城乡居民消费结构日益升级，对农业发展提出了更高期待和更多要求，对"有没有""够不够"不太关注，而是更加关注"好不好""优不优"。大路货摆在路边无人问，品质一般的苹果、柑橘价格很低也卖不出去，优质、绿色、品牌农产品即使价格高也抢着买。这就要求我们不仅要满足量的需求，还要提供多层次、多样化、个性化、优质生态安全的农产品，同时还要提供清新美丽的田园风光、洁净良好的生态环境。

二是缓解农业资源环境压力的主观要求。近年来，我国农业发展方式转变取得了长足进步，化肥农药实现了零增长，但农业资源环境这根弦始终绷得很紧，从本质上讲，还是依靠拼资源拼消耗实现数量增长。例如，耕地资源超强开发，东北地区黑土地不断退化，南方红黄壤酸化加速，设施农业土壤板结、盐渍化加重；用水总量虽然没有增加，但用水方式还很粗放、大水漫灌比较普遍；养殖方面，还存在过度养殖、过度捕捞、过度放牧等现象。上述现象倒逼我们必须加快转变农业生产方式，把绿色发展摆到突出位置。实施质量兴农战略，是加快推动农业绿色低碳循环发展，走高质量绿色发展道路的生动实践。

三是提高我国农产品国际竞争力的有效方式。近年来，随着农产品国际市场的融合加深，我国农产品国际竞争力不强的问题愈发凸显。这两年，稻米、大豆、油菜籽进口持续增长，2017年进口量均居世界第一。其中，稻米进口近400万吨，产量、库存量、进口量"三量齐增"；大豆进口9 553万吨，创历史新高，进口依存度达86%。提升农产品国际竞争力、保护国内产业健康发展已迫在眉睫，这就要求我们加快推进农业高质量发展。

四是提升我国农产品质量安全治理能力的重要举措。当前农产品质量安全问题隐患仍然存在，像种植业农药残留超标、养殖业非法添加、产地环境重金属污染等，在个别产品、地域和环节上比较突出。尤其是现在处于互联网时代，人人都有麦克风，随手都是朋友圈，个别问题炒作放大，质量安全谣言很快传播，很容易对产业发展和公众消费造成冲击。让老百姓吃得安全放心、对农产品质量安全有信心，是全面建成小康在民生领域也是农业发展中需要解决好的一大重要、紧迫和现实问题。实施质量兴农战略，是准确把握当前农产品质量安全工作的新形势新任务，坚定不移守底线、补短板、强机制、提水平的内在要求。

(二) 形势要求

党的十九大报告中指出,我国经济已由高速增长阶段转向高质量发展阶段,必须坚持质量第一、效益优先,以供给侧结构性改革为主线,推动经济发展质量变革、效率变革、动力变革,提高全要素生产率。习近平总书记在2017年中央经济工作会议上强调,推动高质量发展,是我们当前和今后一个时期确定发展思路、制定经济政策、实施宏观调控的根本要求;要推进农业供给侧结构性改革,坚持质量兴农、绿色兴农,农业政策从增产导向转向提质导向。在2017年中央农村工作会议上总书记明确指出,我国农业正处在转变发展方式、优化经济结构、转换增长动力的攻关期,要坚持以农业供给侧结构性改革为主线,走质量兴农之路,实施质量兴农战略,不断提高农业创新力、竞争力和全要素生产率,加快实现由农业大国向农业强国的转变。推动农业高质量发展,是一场深刻的变革,绝不是对现有发展路径的小修小补,而是要实现工作导向的重大转变和工作重心的重大调整,推动农业来一场质量革命。具体讲,要加快实现"四个转变"。

一是思想观念要从数量优先转向质量第一。过去我们吃不饱,发展的指导思想是数量优先、越多越好,工作的导向主要是围着增产转;现在,农业生产连年丰收,数量已经不是主要问题了,质量成为主要矛盾。抓农业一定要抓质量,推动农业高质量发展,首先要转变思想观念,牢固树立质量第一、效益优先的理念,坚持质量就是效益、质量就是竞争力,所有的工作都要围绕提升质量来谋划,尽快实现由总量扩张到质量提升的转变。

二是政策创设要从增产导向转向提质导向。过去,我们的政策目标大多是扶持增产,支持领域大多是生产环节,支持方式大多是给钱给物,这对于推动农业增产增收发挥了很大作用;现在,农业发展形势变了,目标要求变了,政策也要随之调整。推动农业高质量发展,要加快制定相应的政策体系,推动科技研发、农业补贴、项目投资等主要投向绿色发展、质量提升、效益提高等方面。

三是工作方法要从行政推动转向市场引导。当前,我们的工作对象、内容、领域等都发生了深刻变化,传统的管理服务模式已难以适应高质量发展要求,必须不断创新工作方法,转变工作方式。我们要更加注重运用市场办法推动工作,用市场机制、价格手段倒逼农业发展变革;要更加注重运用信息化手段推动工作,推进互联网、大数据、人工智能等与农业深度融合;要更加注重发挥农民群众的主体作用,深化农业领域"放管服"改革,创新优化政府服务,让农民放开手脚大胆闯、大胆试。

四是考核方式要从考核总量转向考核质量效益。过去，我们是以产量论英雄，谁能育出高产品种、谁能拿出增产措施，谁就是英雄；现在，要改变这种导向，以质量效益论英雄。要加快构建推动农业高质量发展的考核评价体系，把环境友好、绿色发展、质量安全、带动小农户增收等作为重要考核指标，引导人才、科技、装备等各方面力量聚合到质量兴农上来。

二、亟待解决的主要问题

随着城乡居民收入提高和生活水平的提高，人们对农业需求也发生了变化，不仅要求提高好的农产品，还要求提高安全的生态。当前我国农业发展质量不高，主要表现在以下五个方面。

（一）农业产业体量巨大，但国际竞争力不足

新时期中国农业生产整体较为平稳，农业技术进步、生产投入增长、产业结构调整和农民教育素质提升均对农业生产发挥了重要作用。粮食总产、面积不断增长，单产连创新高，粮食产量连续稳定在1.2万亿斤以上，农业综合生产能力大幅提高。畜产品养殖规模化程度逐步提升，产量也呈增长趋势，逐步实现了从数量型向质量效益型的转变。

我们是生产大国、消费大国、贸易大国，但是农产品价格的定价权和话语权不在我们这。农产品品质优势不明显，导致产品国际竞争力下降，贸易逆差不断扩大，进口集中度较高，大豆和玉米替代品进口量屡创新高，畜产品进口规模不断扩大。

（二）新型经营主体发展迅速，但"小散乱"的问题没有根本解决

近年来，专业大户、家庭农场、农民专业合作社、龙头企业等新型农业经营主体不断发育成长，发挥着越来越重要的作用。截至2019年，家庭农场超过70万家，农民合作社达到220万家，全年托管服务面积14亿亩次，服务小农户6 000万户。各类农业产业龙头企业数量超过13万家，辐射带动全国1亿多农户。

受历史和传统影响，我国长期实行家庭联产承包责任制，农户对其承包的土地有自主使用和经营的权利，一家一户小农经营。由于我国农业人口基数大，耕地面

积相对较小,人均耕地面积稀缺。小农经营模式难以实现联产、形成规模,无法形成集群效应。生产主体的"小散乱"也为质量安全监管带来的短板,农产品的生产、收购及上市销售缺乏许可备案,监管只能跟着产品跑,风险监测和监督抽检发现问题,也无法溯源和责任追究。

(三)农业品牌化发展迅速,但龙头品牌数量占比不足

近年来,我国农业品牌发展迅速,市场竞争力持续增强。近年来,已建成一大批有较高知名度和市场影响力的区域公用品牌和产品品牌。数据显示,我国已累计认定绿色、有机和地理标志农产品4.3万个,农产品地理标志所涉及的产品有67%是初级农产品,初加工和精加工农产品则分别为24%和9%。农业龙头企业和农民专业合作社等新型经营主体作为农产品品牌主要载体,在推进农业产业化经营过程中,不断加大自有品牌建设,涌现出"丽水山耕""天赋河套""五常大米""涪陵榨菜""阳澄湖大闸蟹"等知名品牌。

需要指出的是,目前全国性农业品牌发展规划尚未形成,品牌创建过程中存在整合协调不够、缺乏创新思维、具有较强竞争力的知名品牌尚少等现象。特别是,从事农产品产销的企业往往是中小企业,整体实力较弱,产品品牌没有形成知名度。例如看从"三品一标"证书和奖杯来看,哪一个县都有,可谓品牌比较多。但是大品牌,有市场影响力的品牌就不多。比如说核桃露,市场上有很多种,但是真正有影响力品牌不多。

(四)农业科技进步贡献率节节攀升,但与世界先进水平之间仍有差距

目前,我国农业科技进步贡献率已达到59.2%。近年来,国家陆续投资加强国家现代农业产业科技创新中心、产业技术体系和农业科技创新联盟等建设,召开全国现代种业会议,继续推进种业创新发展,启动新国家农作物种质资源库建设,新创建主要农作物全程机械化示范县151个,全国农作物耕种收综合机械化率超过70%,主要农作物自主选育品种提高到95%以上,累计培养高素质农民100万人。

但也要清醒地看到,我国在农业科技方面与当前新时代发展和国际先进水平相比较,还有诸多方面的不适应和差距。数据显示,中国是2014—2016年全球农业发明专利申请量最多的国家,但授权率仅为13.2%,在22国中排名第九。中国发明人主要申请地区仍在本国,国外专利布局量相对较低,国外技术保护极度不足,且

技术创新主体主要由高校和科研机构组成，农业企业表现极弱。

（五）农业绿色发展成效显著，但面源污染问题仍需发力

党的十八大以来，我国一直将推进农业绿色发展作为农业供给侧结构性改革的重要突破口，认定了一批国家农业绿色发展先行区，扎实推进农业投入品减量增效，化肥农药施用量连续3年负增长，三大主粮化肥利用率达到39.2%，农药利用率达到39.8%，分别比2015年提高4个和3.2个百分点。整建制推进585个畜牧大县畜禽粪污资源化利用，实施东北地区秸秆处理和西北地区农膜回收行动，秸秆、畜禽粪污综合利用率分别达到85%、74%，西北地区农膜回收率近80%。耕地轮作休耕试点面积扩大到3 000万亩，启动实施长江重点流域禁捕。

但也需要看到，目前农业面源污染的地区差异性问题凸显，西南、华南等污染较重区域耕地质量保护任务较重。2020年新华社再次曝光的湖南"镉大米"事件，引发舆论对耕地质量保护的重视。此外，畜禽粪污资源化利用在一些地方推广遇到困难和阻力，农药化肥减量的长期保持也成为当前的重要课题。

三、发展思路

实现农业高质量发展，就是更好满足人民日益增长的美好生活需要的发展，就要坚持以农业供给侧结构性改革为主线，坚持质量兴农、绿色兴农，深入推进结构调整，优化生产力布局，突出农业绿色化、优质化、特色化、品牌化，既要产得出、产得优，也要卖得出、卖得好，不断提升我国农业综合效益和竞争力。

（一）以做优做强农业全产业链为抓手

农业全产业链只指的是以种植养殖环节为主的多环节链接系统，由上游投入品生产、中游种植养殖与产品加工、下游产品流通与渠道销售组成；上游的核心是品种、中游的核心是品质，下游的核心是品牌，是一个由多环节相互作用构成的复杂动态系统。农业全产业链是在当代我国农业产业结构升级和食品安全要求不断提高的背景下产生的一种全新的农业经济发展模式（图1）。从本质上看，发展农业全产业链是推动质量兴农品牌强农的重要内容，有助于激发产业链、价值链的重构和功能升级，推进一二三产业深度融合、上中下游一体，实现生产、加工、销售各个环节共享均衡利润。此外，构建农业产业链也将有助于解决小农户与现代农业的衔

接，帮助小农户对接大市场。

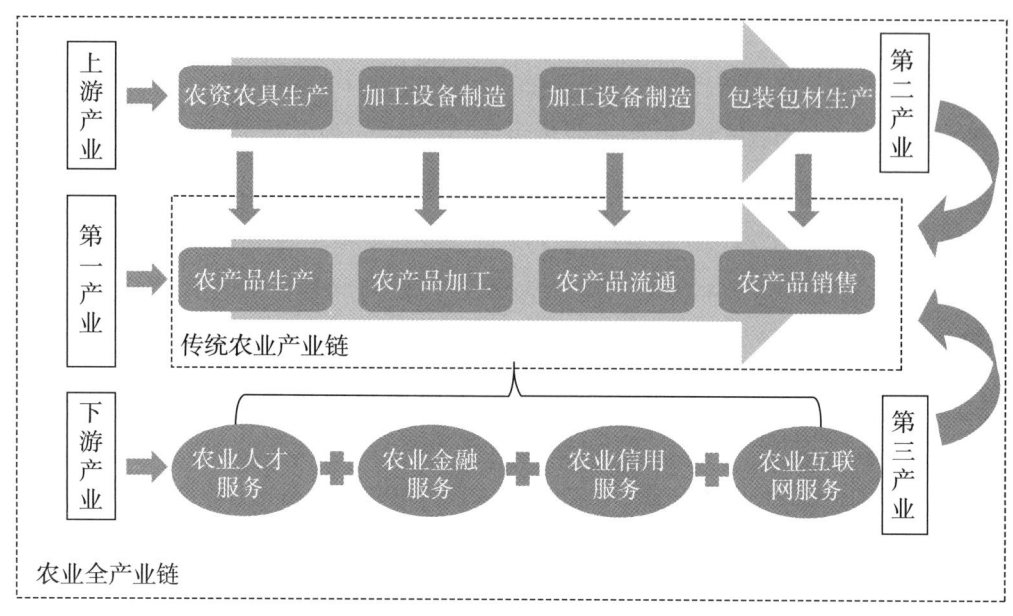

图 1　农业产业链与农业全产业链

（二）以优化农产品生产技术体系为支撑

现代动植物农产品生产技术体系建设是推进农业高质量发展的重要支撑，将数据科学、信息科学、生物技术与育种技术高效结合，构建高标准动植物智能设计技术体系，强化多元化品种开发，优化动植物农产品产品结构；通过对我国种质高效精准评价，推进动植物农产品的产业结构优化；以高效聚合技术促进优质农产品生产，优化农产品供给品质结构；打造一批特色农产品优势区，优化动植物农产品布局结构；同时强化全基因组选择、合成生物学等前沿技术在动植物农产品生产体系中的应用，提高农产品生产技术体系的科技内涵。

（三）以健全农产品市场准入制度为衔接

质量兴农是农业产业的全面升级，最终需要经历市场检验、通过市场实现，其必然要建立在完善的监管体系、良好的市场秩序、可靠的消费者消费安全和生产者生产利益保障的基础之上，因此作为农产品市场管理的核心，市场准入制度对质量兴农战略的发展不可或缺，具有重要意义。特别是要健全完善市场接入过程中的农产品价格机制，发挥市场在资源配置中的决定性作用，从而倒逼生产端的高质量发展。

（四）以农业品牌化发展为引领

品牌是市场经济的产物，是农业市场化、现代化的重要标志。加快推进品牌强农，有利于促进生产要素更合理配置，催生新业态、发展新模式、拓展新领域、创造新需求，促进乡村产业兴旺、农民增收，加快农业转型升级步伐。此外，品牌是国家的名片，加快推进品牌强农，有利于提高我国农业产业素质，弘扬中华农耕文化，树立我国农产品良好国际形象，提升我国农产品在国际贸易中的竞争力。

四、高质量标准体系建设

"农业全产业链"应是涉及农业生产的一二三产业链的集成链，农业全产业链将要整了农、林、牧、渔各类产品的产品链及各链条之间的物流链、信息链、价值链和组织链共同构成的农业产业链，它更侧重对全产业链中的人、财、物、信息、科技、政策的多要素的综合管理。这种综合管理必然需要标准化工作的支撑。传统的标准化工作模式是后标准化模式，当产业产品在模式技术成熟后才进行标准制定，这种模式不能发挥当期作用，只能发挥未来作用，使标准化的优势价值大大损失。标准化的效益与标准化对象的复杂性成正比，对象越复杂、开展标准化带来的效益越高。因此，标准化超前发展是全新的标准化模式。发展农业全产业链需要标准化发挥引领、指导、规范、保障作用。通过标准先行，引领全产业深度融合和协调发展的有序进行。农业全产业链是一个复杂系统，且是一个"中国化"概念，其标准体系架构及内容目前没有可借鉴参考的成果。因此，亟须明确我国农业全产业链高质量标准体系的构建面临的问题及主要的工作方向。

（一）农业全产业链高质量标准体系

本研究基于农业全产业链的全新视角，构建的全产业链标准体系，提出农业全产业链标准体系框架，明确全产业链标准体系建设的重点方向。

具体建设内容如下。

1. 优化农业产业类标准

优化基础及通则类标准的定义、准则、概念、属性等，形成基于全农业产业链的通则术语类标准；重组产地环境标准、优化产品质量标准、整合产业评价标准；完善品质评价、农产品包装标识、冷链物流装备及农业工程建设等缺失环节标准，打通农业产业类标准，对农业产业链内的包装链、物流链和信息链过程进行标准化，通过优化现有农业生产标准体系促进农业生产产业内的一体化立体式协同发展，实现农业全产业链各产业、各环节的标准全覆盖。

2. 配套农业服务类标准

农业服务业包括生产服务、技术服务、信息服务、金融服务、保险服务、经营服务、电商服务等。继续完善农、林、牧、渔产业的生产服务和技术服务标准，提升农业生产信息、追溯信息、公共服务等信息服务标准，新建金融服务、保险服务、经营服务、电商服务等新兴社会化服务标准。实现农业全产业链各产业、各环节的社会化服务标准全配套。

3. 构建农业运营类标准

全产业链汇聚人、财、物、信息、科技、政策的六元运营保障主体，其中数据管理、商务管理及交易管理需要标准规范。数据管理标准包括环境资源、种质资源、生态监测、等数据的规范要求；商务管理标准重点包括电商服务相关规范标准；交易管理标准包括市场行为规范、农业计量计费规范等标准。

4. 创建农业互联网平台标准

创建的互联网平台标准应包括基础标准、核心标准、安全标准和应用标准四大类。技术标准包括用于统一农业互联网平台的术语、相关概念标准；核心技术标准包括用于规范农业互联网平台的设计、开发和实现，指导技术研发、互联互通、农业APP、农业大数据、等技术要求；安全标准包括数据安全、网络安全、设备安全、应用安全等；应用标准包括指导农业互联网应用软件开发、使用标准等标准。

（二）分等分级标准体系

1. 着力完善产品标准体系

针对安全标准，虽然我国已制定农药兽药残留标准、农业行业标准1.3万项，基本覆盖我国主要农产品和常用农药兽药品种，但是特色小众体系的、涉及安全的标准缺乏，主要是针对特色和小宗作物、小品种畜禽、水产品登记的农药兽药品种少，超范围使用严重，农药兽药残留限量标准和检测方法标准不足，与发达国家相比标准数量还有很大差距。针对质量分级标准，总体来看，我国农产品质量分级标准数量不少，但是相关质量标准和标准体系存在的突出问题。针对优质产品标准，目前均从安全角度进行规范，未设定针对农产品营养品质相关综合评判阈值。因此提升产品质量分级标准体系的着力点应围绕以下三个方面：完善保障"合格农产品"供给的安全标准体系、优化实现"合格农产品"分级的质量标准体系和建立促进"优质农产品"供给的营养标准体系。对全链条产品标准体系进行升级优化。

2. 有序推动产业标准体系建设

目前我国的产业有三大重要主体，分别为龙头企业，合作社和家庭农场。龙头企业，特别是优势龙头企业已把标准作为农业生产经营、提供服务和控制质量的依据和手段，提高农产品质量和生产经营效益，创建知名农产品品牌。合作社是把千家万户小生产的农民组织起来，抱成一团，使农民真正成为千变万化大市场的主体，合作社农民的专业化生产提供产前、产中和产后服务，有利于推广应用先进的农业科学技术，提高农民抵御市场风险、经营风险和自然风险的能力。家庭农场作为农业新型生产经营主体的主要构成成分之一，它是中国小规模农业生产主体在快速工业化和城市化背景下自然演化的结果。针对上述三大主体，应通过政策引导、分级推进产业质量标准体系的落实：促进龙头企业充分发挥其在产业标准体系实施中的引领作用；继续充分激活"合作社"对产业标准体系实施的推动作用；及引导"家庭农场"对产业标准体系实施的落实作用。

五、生产技术体系建设

（一）提高品种资源利用率，建立动植物农产品产业结构优化工程

建立我国动植物农产品种质资源统一评价体系。对我国保存的现有资源，在不同生态区域，进行系统、标准化及高通量的统一评价，明确现有资源的优异特性，为进一步农业资源合理配置与高效可持续利用提供支撑。建立我国优异新基因发掘的现代技术平台。对我国种质资源统一评价鉴定出的优异材料，建立国家层面新基因挖掘公益性的现代技术平台。

（二）强化多元化品种开发，建立动植物农产品产品结构优化工程

大幅拓展动植物新品种培育的遗传基础，系统解析不同类型品种的遗传特性，构建以育种性状模块精准组装为核心的智能育种技术体系。通过室内流水线对基础材料重要性状精准改良和前期鉴定，对育种亲本材料进行定制化改造，加快育种骨干材料的创制和创新速率，培育高产高效、稳产多抗的多元化动植物新品种。

（三）强化优质农产品生产，建立动植物农产品品质结构优化工程

重点解析个体发育、株型建成等性状的遗传基础，研究株型、群体、培育环境、集中采收等机采性状与高品质、丰产、抗性等重要性状的相关性，研发目标性状基因鉴定与多基因聚合技术，培育优质动植物新品种。通过多基因聚合技术与常规育种相结合，建立多性状高效聚合育种体系，实现高品质与丰产、抗性等性状的协调改良。

（四）强化特色农产品生产，建立动植物农产品布局结构优化工程

构建优势区域布局，实施专业化生产，打造一批特色农产品优势区。推进重大科研联合攻关，培育推广一批适应机械化生产、优质多抗广适的新品种。扩大优质稻米、强筋弱筋小麦、高油高蛋白大豆等优质大宗农产品生产，加快发展优质水果茶叶蔬菜，因地制宜发展优质饲草料。

（五）强化前沿性技术在高质量动植物农产品生产中的应用

通过整合利用生物技术、信息技术、制造技术、经济技术等手段，统筹强化精准高效分子设计育种技术、作物品种多功能利用技术、智能化作物杂交制种技术、动物生物育种技术、生物兽药技术、生物反应器技术、基因编辑技术、全基因组选择技术、合成生物学技术、农业生物表型组学技术等多学科交叉融合技术在高质量动植物农产品生产中的创新和应用，实现动植物农产品生产的颠覆性发展，并以此促进农业高质量发展、实现乡村振兴。

六、市场管理体系建设

（一）健全供需平衡的价格形成机制

市场经济条件下，农产品价格是农产品交易市场供需平衡的结果，是农产品生产、交换和消费的综合反映。同时农产品价格也对农产品市场供需具有反向的推动作用。商品价格在正常情况下，供大于求迫使价格下跌，供不应求拉动价格上涨，通过价格上下浮动调整产品利润，调节供需矛盾，优化资源配置。因此，价格的形成应以市场供需为基础来发挥主渠道作用，积极引入竞争机制，规范市场主体行为，使市场价格在充分竞争条件下形成。同时，现代市场经济允许国家一定程度的

宏观调控，尤其是社会主义市场经济是处于发展中的不成熟的市场经济，政府在必要时对市场价格进行调控管理也是价格形成的内在要求。政府通过矫正市场失灵，规范市场秩序，维持价格形成机制平稳运行。

（二）健全资源高效利用的市场运行机制

在市场机制作用下，资源配置遵循从利用效率低的领域向利用效率高的领域流动的规律。合理配置各类资源在不同农产品之间、不同农业经营主体之间的比例结构，才能使资源的利用效率不断提高。第一，政府将农业资源开发利用权更多的投放到市场，政府加强对农业资源开发利用的监督和宏观调控，促进农业资源的充分竞争、高效利用。第二，深化农村产权制度改革，推行农村股份合作制，充分发挥其集资、融资、组合生产要素的作用。第三，完善农业经营管理制度，培育土地等资源的流转机制，提高资源配置的集约化水平。第四，强化农业技术创新，完善技术进步结构，健全农业科技推广网络，提高农业资源要素生产效率。第五，保护农业生态环境，推动绿色化、优质化、特色化、品牌化农业生产，提高资源配置效果。

（三）健全农业科技创新的市场激励机制

采取"科技兴农"和"创新驱动"的战略措施，大力开展"大众创业、万众创新"行动，健全农业科技创新的市场激励机制。其一，创新研发产业链条相结合、相融合发展的技术；其二，创新研发确保储备粮安全、绿色化和智能化储粮保鲜技术，促进提高现代物流效率和效益的体系化、现代化的技术研发；其三，推动大宗农产品现代化、普及新业态和电子商务技术，促进其流通新模式"互联网+"技术的推广普及；其四，建立健全大宗农产品安全预警系统和预警机制、加强其产销、市场、消费的变化，及储备检测技术的研发。

（四）健全有效防控风险的市场监测预警机制

农产品市场监测预警是引导农业产销的"风向标"。农产品面临的自然风险和市场风险导致其价格的不确定性较大，也是农产品交易主体议价能力差异的重要成因。加强农产品市场监测预警，既是促进农业生产发展的现实需要，又是强化农产品价格调控的基础条件。因此，一是建设覆盖全产业链的农业信息采集系统。对我国农业产业链条进行全方位梳理，围绕科学研判农产品市场形势的需要，从产前、产中、产后各个环节统筹设计农业信息采集体系，做到覆盖全面、口径衔接、时点连贯、数据准确。二是加强以市场为导向的农业研判预警能力。由生产导向转变为市场导向，围绕国内国际市场供求关系及走势进行研判预警，充分发挥市场的引导作用。三是加快建立更加灵敏的农产品价格监测体系。调整优化现有价格监测的农产品品种和范围，扩大价格监测覆盖面，增加价格监测频率，及时准确地反映市场价格变动情况。同时不断丰富价格监测内容，全面掌握市场动态。

（五）健全城乡融合、区域协调的农产品市场体系

农产品市场体系建设是完善农产品价格形成机制的重中之重，市场体系的发育状况直接决定着市场经济运行的效率。城乡流通市场分割使得农村市场化进程缓慢，市场机制的作用在农村未能得到有效发挥。对此，一要因地制宜，综合农产品生产的区位和资源分布特点，合理的配套建立农产品集贸市场、农产品批发市场、农产品拍卖市场和期货交易市场，统筹城乡商贸发展；二要加强对农产品生产要素市场的培育和完善，稳定农业生产资料价格，做好对城乡间农业生产资料的供给和分配效率；三要引导农户互助生产组织的组建，优化区域农业生产结构和农产品营销模式；四要构建高效完备的农产品市场信息网络，加强政府主导农产品市场信息平台的建设和完善，解决城乡间市场信息不对称问题。

（六）健全农业优先发展的投融资机制

在坚持农业农村优先发展的原则下，加快形成财政优先保障、金融重点倾斜、社会资本积极参与的农业农村多元化投入格局。一是夯实财政优先支持政策。将财政资金优先支持作为农业农村发展优先发展的先决条件，在健全支农资金增长机制的同时，增加地方财政对农业的投入，确保各地财政的支农比重持续增长。财政支农政策除了应加大对农田水利、土地整治等基础投入，对农业科技、职业农民培训等的科技投入之外，还应加大对农村医疗、教育、文化协调发展的投入，对化肥和农药减量、重金属污染地区治理等的环境投入，引领农业农村发展的绿色生态指向；二是构建多元化资金流入机制。强力构建灵活性强、适应性强的多元化资金流入机制，吸引工商资本、银行贷款、社会游资以及PPP投融资等多元化投资助力农业农村优先发展。及时落实涉农贷款增量的奖励机制，探索风险补偿、贴息担保、股权投资、以奖代补、先建后补等市场化运作模式；三是推进农业保险的目标与功能转变。在政策目标上，要从转移分散农业风险、促进农民增收，向完善农业支持

保护体系、深化农村金融服务、服务现代农业发展和保障国家粮食安全等多重目标转变。在功能作用上，要从基础的经济补偿向防灾减灾、扶贫开发、担保征信和辅助社会调控等综合扩张。

七、农业品牌保护体系建设

（一）实施农业品牌主体培育

坚持政府主导、市场运作、产业支撑，大力开展品牌孵化、提升与整合，培育壮大农业品牌集群。孵化品牌做大增量，依托农业园区和一村一品专业村镇，加快培育农业企业、农民合作社、家庭农场、农产品电子商务等农业品牌创建主体，引导支持新型经营主体开展商标注册和安全认证。引导、鼓励、支持企业统一质量标准，统一品牌形象，统一产品包装，抱团宣传推介，线上线下营销推广。优先推荐品牌企业开展产品评优、品牌遴选、名特优新目录申报，参加各大展会、专场品鉴会等，不断提升企业品牌市场占有率。提升品牌做优存量，立足资源优势，强化顶层设计，制定扶持政策，明晰品牌定位，讲好品牌故事，提升品牌内涵，鼓励引导区域品牌形成产业标准、标志标识、包装规范，提炼个性推广语，开展专题宣传，打造区域品牌标杆，示范带动品牌集群建设。整合品牌做靓名品，政府、行业管理部门、协会、生产经营主体等分工协作，建设品牌建设智库，通过市场手段加快区域公用品牌走联合发展之路。政府加强品牌产品标准化生产、追溯体系建设、品牌文化宣传、生产经营电商主体培育、信息化服务、物流服务、经营主体增信等全方位支撑，营造整合品牌良好建设环境。支持行业协会、事业单位等相关组织加强区域公用品牌使用管理，申请注册统一商标，设计品牌整体形象标识，统一开展品牌宣传推介，全方位服务品牌发展，努力打造国内外知名的优势特色农业品牌。

（二）实施农业品牌文化内涵挖掘

立足乡土、深入挖掘历史地理、名人轶事、饮食文化等题材，创新农业文化元素，丰富农业品牌的内涵，创响一批"土字号""乡字号"特色产品品牌。积极推进农业产业发展与农业非物质文化遗产、民间技艺、乡风民俗、美丽乡村建设深度融合，加强老字号、老品种和传统工艺的保护与传承，培育具有深厚文化底蕴的农业品牌，使之成为走向全国的新载体和新符号。鼓励各类经营主体充分挖掘品牌文化内涵，拓展农业多元功能，丰富农业品牌业态与形态，培育具有中国特色的农业品牌文化。大力弘扬勤劳创造的品格、源远流长的文化、尚农爱农的情怀,讲好品牌故事,宣传品牌文化,树立品牌形象,增强农业品牌的知名度、美誉度和影响力。

(三) 实施农业品牌营销推介

深化和京东、天猫等大型电商平台的交流合作,全方位对接,全面促销。扶持各类经营主体在大型电商平台打造原产地农产品旗舰店、形象店、特色馆等销售窗口,支持规范提高农业农村电子商务发展,加快品牌农产品出村上行。举办品牌故事征文比赛、品牌包装设计大赛,启动品牌目录发布。持续开展新闻发布、农事节庆、农民丰收节、产地采风、销区见闻等宣传活动。鼓励各区县拍摄品牌专题宣传片,与各大热点卫视深度合作,在黄金时段展播宣传。加强利用网络、电商、自媒体等各类新媒介,采用直播、热点、爆点等新方式,开展各类农业品牌宣传推介活动。充分利用农业展会、产销对接会、产品发布会等营销促销平台,借助大数据、云计算、移动互联等现代信息技术,拓宽品牌流通渠道。加大海外营销力度,搭建国际合作平台,鼓励支持有条件的企业品牌"走出去"。

(四) 实施农业品牌社会化服务

坚持主体多元化、服务专业化、运行市场化方向,构建公益性服务与经营性服务相结合、专项服务与综合服务相协调的新型农业品牌建设服务体系。强化人才支撑,全面提升生产者、经营者和管理者的品牌建设意识,建设门类齐全、结构合理、梯次发展的农业品牌专业人才队伍。鼓励发展一批农业品牌建设中介服务组织和服务平台,开展农业品牌设计、营销、咨询等专业服务。注重发挥行业协会、商会等社会组织在品牌整合、市场策划、行业自律等方面作用。积极引进新兴业态和新型商业模式,充分发挥农业资源禀赋优势和农产品区域公用品牌作用,创新合作加盟营销方式和品牌推广方式,促进企业品牌的整合壮大。推进企业合作,鼓励开展双品牌营销,促进品牌产销融合,延伸产业链和价值链。

(五) 实施农业品牌评价和保护

坚持市场导向、消费者至上,把安全、优质、绿色作为不断提升产品和服务质量的基本要求。统筹农业生产、加工、冷链物流等设施项目建设,建设一批规范标准、生态循环的农产品种养加基地,加快推进农产品生产的规模化、产业化、集约化，提高农产品供给能力。建立农业品牌目录制度，组织开展品牌目录标准制定、品牌征集、审核推荐、评价认定和培育保护等活动，发布品牌权威索引，引导社会消费。目录实行动态管理，对进入目录的品牌实行定期审核与退出机制。健全品牌监管机制。遵循"政府引导、行业监管、企业自律"的原则，强化品牌依法监管。建立健全品牌授权管理、标识包装使用制度，禁止品牌滥用，加强对区域公用品牌的保护。对评定的农业品牌实行动态管理，构建能进能出、优胜劣汰的准入和退出机制。建立产品质量、品牌信誉等领域失信联合惩戒机制，严厉打击侵犯知识产权和制售假冒伪劣商品行为，健全失信黑名单制度，切实保护农业品牌的良好形象。

第四篇　中国农业绿色发展重大问题战略研究

一、现状与问题

农业绿色发展是以发挥农业生态服务功能为核心，通过农业产前、产中、产后的过程的绿色化，形成以绿色投入为前提、绿色生产为条件、绿色环境为保障、提高生产效率为目标的农业发展新路径。农业绿色发展是建立在综合协调资源、环境、经济、政府管理以及人民生活水平基础之上的发展模式。这种模式要求切实走保护环境和节约资源的科学发展道路，提高资源的利用效率，达到一种经济社会与资源环境相和谐的状态。

（一）推进中国农业绿色发展的重大意义

1. 农业绿色发展是习近平"三农"思想的重要内容

习近平总书记多次指出："农业经济已不仅是农业生产本身，而是由农业经济系统、农业技术系统与农业生态系统组合而成的复合系统，只有在生态系统协调的基础上，才有可能获得稳定而迅速的发展"。"如果能够把这些生态环境优势转化为生态农业、生态工业、生态旅游等生态经济的优势，那么绿水青山也就变成了金山银山。""而且绿水青山就是金山银山。"习总书记的"两山"理论指引着我们生态文明的绿色发展之路，绝不以牺牲生态环境为代价换取经济的一时发展。

2. 推进农业绿色发展是农业发展观的一场深刻革命

党的十九大报告提出了乡村振兴战略，进一步把绿色发展与高质量发展提升到国家战略层面。习近平总书记多次强调"推进农业绿色发展是农业发展观的一场深刻革命"。李克强总理指出"部署加快转变农业发展方式，走安全高效绿色发展之路"。2019年中央一号文件指出"统筹推进山水林田湖草系统治理，推动农业农村绿色发展"和"强化高质量绿色发展导向"。这些重要指示与文件表明农业绿色发展已经成为实现我国农业高质量发展的重要内容。

3. 农业绿色发展是破解我国农业农村资源环境突出问题的必然选择

以良种、化肥、农药、灌溉的投入为代表的第一次农业革命给农业增产与解决人类食物供应问题做出了巨大贡献。但由此带来了一系列环境恶化、资源低效及食品安全等问题，突出表现在三个方面：一是化肥、农药、抗生素等农业投入品的过量与不合理使用，利用效率低下，引发水体、土壤、大气污染及生态、食品安全等问题；二是在水土资源领域，不合理利用导致水资源过度开采、耕地基础地力低，耕地质量退化严重，面源污染加剧,；三是在循环利用领域，作物秸秆、畜禽粪污、农膜未能得到有效回收和利用，对产地环境和生态系统构成严重威胁。显然，资源低效和生态环境问题已经成为制约国家安全和农业自身可持续发展的重大问题。

（二）中国农业绿色发展的内涵

农业是立国之本、安民之基。农业绿色发展是绿色发展的重要组成部分，农业的绿色和发展无法割裂，我们既要追求绿色，也要推动发展，没有发展，也就没有农业真正的绿色。"十三五"规划关于绿色发展的阐述中提到，绿色是永续发展的必要条件和人民对美好生活追求的重要体现，坚持可持续发展，坚定走生产发展、生活富裕、生态良好的文明发展道路。中办国办印发的《关于创新体制机制推进农业绿色发展的意见》将农业绿色发展定义为，以绿水青山就是金山银山理念为指引，以资源环境承载力为基准，以推进农业供给侧结构性改革为主线，尊重农业发展规律，强化改革创新、激励约束和政府监管，转变农业发展方式，优化空间布局，节约利用资源，保护产地环境，提升生态服务功能，全力构建人与自然和谐共生的农业发展新格局。

《国家质量兴农战略规划（2018—2022）》中指出，大力推进农业绿色化、优质化、特色化、品牌化，故农业的绿色发展是国家质量兴农的重要内容。绿色化发展的具体内容是大力推进投入品减量化、生产清洁化、废弃物资源化、产业模式生态化。加快推广节水节肥节药绿色技术，积极推动水土资源节约和化肥、农药高效利用，全面开展农业环境污染防控，着手推进农作物秸秆、畜禽粪污、废弃农膜、农药包装废弃物、农林产品加工剩余物资源化利用，加快发展资源节约型、环境友好型、生态保育型农业。同时规划还同时确定了加快农业绿色发展的4大重点任务。一是调整农业生产布局，重点发展高标准农田建设和特色农产品优势区创建；

二是节约高效利用水土资源，重点开展耕地质量保护与提升和高效节水灌溉；三是科学使用农业投入品，重点推进化肥减量增效、推进测土配方施肥、农作物病虫害专业化统防统治和绿色防控替代化学防治行动；四是全面加强产地环境保护与治理。重点开展污染耕地分类治理、农作物秸秆综合利用、畜禽粪污综合利用、废旧农膜回收和农药包装废弃物回收、生态循环农业发展。可知，我国绿色发展需要要素投入、生产、环境保护等三方面同等关注。

基于绿色农业的理论成果，借鉴国际经验，结合我国农业绿色发展目标要求和实际情况，认为：农业绿色发展是以发挥农业生态服务功能为核心，通过农业产前、产中、产后的过程的绿色化，区域布局的生态化，形成以绿色投入为前提、绿色生产为条件、绿色环境为保障、提高生产效率为目标的农业发展新路径。农业绿色发展是建立在坚持粮食安全观和坚持农业绿色发展观并重，综合协调资源、环境、经济、政府管理以及人民生活水平基础之上的发展模式。这种模式要求各地区能够切实走保护环境和节约资源的科学发展道路，提高资源的利用效率，达到一种经济社会与资源环境相和谐的状态。

（三）中国农业绿色发展推进现状

党的十八大以来，坚持绿色发展，创新体制机制和政策体系，协同攻坚治理农业面源污染，实施五大行动计划，扩大重金属污染耕地治理修复面积，开展耕地轮作休耕试点，建设成效非常显著。

1. 制度体系不断完善，生态建设加快推进

一是在政策保障上，围绕农业突出环境问题、农业面源污染防治、农业废弃物综合利用，加强顶层设计，出台了《全国农业可持续发展规划》《农业环境突出问题总体治理规划》和《打好农业面源污染防治攻坚战实施意见》等一批规划、意见和办法等政策性文件，同时颁布实行最严格的耕地保护、草原保护、水产环境保护和外来物种防控制度。二是在科技驱动上，依托重点科研项目和产业技术体系，支持科研单位和专家团队到农业生态环境主战场，开展科学试验，加强成果转化，举办示范培训，引导科研成果、技术、人才等要素投向农业资源环境与能源生态建设。示范上，围绕"一控两减三基本"目标，相继实施了地膜综合利用、秸秆综合利用、规模化生物天然气工程和典型流域农业面源污染综合治理等试点示范，推出了一批各具特色的建设模式，有些成熟的做法已转化为地方政策在面上推开。三是在管控制度上，国家已经采取一系列管控措施加强土壤环境保护和污染治理，包括建立了农田土壤质量标准体系，编制了《土壤污染防治行动计划》，制定了《中华人民共和国土壤污染防治法》和国家《农用地土壤污染风险管控标准》，以及实施土壤修复工程，逐步建构并完善土壤污染治理修复技术体系。已经建立系列农业水资源管控法律和制度，包括确立了"三条红线"，即水资源开发利用控制红线、用水效率控制红线和水功能区限制纳污红线，颁布了《农田水利条例》，建立了水权与水价制度、地下水超采区即地下水漏斗区季节性休耕试点制度和将出台新的《农田灌溉水质标准》，保障灌溉水质安全。已经建立系列化肥管控法律和制度。包括出台了《肥料登记管理办法》，制定了 118 项肥料领域国家标准和 200 余项肥料行业标准，开展了耕地轮作休耕试点和化肥减量增效试点和有机肥替代化肥行动。同时建立了系列农药管控法律条例和管理制度、抗生素管控制度、农膜管控制度、秸秆管控制度和粪污管控制度，这些法律条例和管控制度在推动农业绿色发展过程中都发挥了建设性和保障性作用。四是在组织保障上，原农业部专门成立了农业面源污染防治推进工作组，建立健全定期调度、问题研究、信息通报、督导检查等机制，各相关司局和单位分工负责、密切协作，各省农业部门制定实施方案、抓好贯彻落实，共做一盘菜，共下一盘棋，形成了上下联动、左右互动、协同推进的良好工作局面。同时形成了部总站、省、地和县四级能源生态建设和农业资源环境保护管理体系、重点任务督导考核和绩效管理机制，明确责任主体，部省县层层传导压力，确保重点任务纵深推进。

2. 资源利用效率不断提高，生态环境质量总体改善

一是在农业废弃物资源化利用方面，以农用为主的农作物秸秆废弃物多元利用格局及机制基本形成；全国粪污综合利用率已经达到 60%，畜禽养殖粪污资源化利用的良好局面正在形成；主要用膜区域的农田残膜回收利用体系已经建立。二是在清洁田园生态建设方面，农田清洁生产水平明显提升，建立了可复制应用的清洁农业技术模式，各项节水农业技术普及应用，全国化肥使用量提前三年实现零增长，农药使用量已连续三年负增长。三是农村生产生活节能成效显著。推广了农机节能技术，严格限制高能耗、高污染产品进入《国家支持推广的农业机械产品目录》；推广了渔船节能技术与节能产品，开展水产节能减排技术示范。乡村生活应用生物质能、沼气、太阳能等可再生能源技术，形成了肥气并用、以肥为先的沼气发展模式，提升了农民生活质量。

3. 推动现代生态循化农业，加快发展方式转变

一是推进生态循环农业整省试点。浙江、安徽和海南启动整省推进生态循环农业建设，在技术模式、管理机制、产业化带动等方面开展探索。浙江省组织实施了生态循环农业示范创建工程，在全省建设省级生态循环农业示范县、示范区、示范企业，实现了"主体小循环、园区中循环、县域大循环"。二是建设生态循环农业示范基地。在全国建设了13个现代生态农业示范基地，依托家庭农场、专业合作社等新型经营主体，在村级尺度上打造了一批典型示范样板，总结提出了适合不同区域发展的现代生态农业建设模式和标准。2015年，启动以龙头企业为实施主体的区域生态循环农业示范项目，围绕养殖废弃物资源化利用和农田清洁生产，大力发展种养结合农业，已建成40个示范园区。三是谋划实施种养循环果菜茶有机肥替代化肥行动。选择有机肥施用有基础、肥源有保障、地方政府有积极性的县（市、区）建设果菜茶有机肥替代化肥示范县，推进实施有机肥沼肥生产、养殖场改造升级、果菜茶园改造、果菜茶绿色节本增效技术推广、新型经营主体培育、知名品牌打造等重点任务，促进化肥减量增效和农产品品质提升。

（四）中国农业绿色发展面临的突出问题

1. 水土资源利用效率低下，资源硬约束日益加剧

人多地少水缺是我国的基本国情。我国农田灌溉水有效利用系数为0.55，仍比发达国家平均水平低0.2左右，单方灌溉水粮食产量不足发达国家2/3，华北地区出现世界最大地下水漏斗，北方干旱程度加重，旱涝成灾面积不断扩大。我国耕地质量平均等级5.09等，中低等级占2/3以上，土壤酸化、耕作层变浅、新增耕地质量不高等问题依旧突出。

2. 环境污染问题突出，生态系统健康受损

工业和城市污染物长期对农业农村渗透污染尚未得到根本遏制，土壤镉等重金属含量在西南地区和沿海地区增幅超50%，全国耕地土壤点位污染超标率为19.4%；农药和氮肥利用率不足40%，磷肥利用率不足30%，畜禽粪污和农膜回收率不足2/3，农业面源污染问题突出，湖泊富营养化问题突出，地下水"三氮"超标严重；土壤硝酸盐和残膜持续积累，秸秆焚烧严重影响空气质量。农田荒漠化和水土流失仍未根本控制，农药、抗生素的不合理使用，生物多样性受到严重威胁，严重影响农业生态系统健康。

3. 农产品质量安全挑战犹存，国际竞争力堪忧

农产品质量安全，来源于农业的初级产品，即在农业活动中获得的植物、动物、微生物及其产品的可靠性、使用性和内在价值，包括在生产、贮存、流通和使用过程中形成、残存的营养、危害及外在特征因子,既有等级、规格、品质等特性要求,也有对人、环境的危害等级水平的要求。但是,目前肥药不合理使用、产地环境污染及农业供给侧结构失调等导致农产品质量安全令人担忧,且成本较发达国家一般高出20%~60%,国际竞争力弱,与人民群众对美好生活的要求不相适应。

4. 农业绿色发展技术薄弱,落地方案缺乏

当前,我国绿色农业技术薄弱,技术创新能力不强,技术体系远未形成;农业绿色生产的机械化、信息化、精准化、智能化水平低,轻简化、可复制、可推广的绿色农业集成技术模式缺乏,区域绿色发展落地方案缺乏,绿色农业发展的"最后一公里"仍未有效破解。同时,农业劳动者技术水平较低,土地经营规模过小,绿色农业企业实力不足,很大程度上制约了我国绿色农业的发展。

(五) 制约中国农业绿色发展主要瓶颈

1. 亟须调整以高投入高产出为目标的种植制度

过度强调农田的粮食生产,在北方地区一年两熟(河北麦玉)或单季连作盛行(东北玉米或东北大豆等),忽视轮作、导致连作障碍、土壤板结、地力退化、生物多样性减少突出,忽视了农田生态功能,致使我们农田生态服务多功能性退化。目前我国耕地质量平均等级5.09等,中低等级占2/3以上,基础地力低,耕地土壤有机质含量由原来的3%~6%减少到2%~3%,耕地土壤硝酸盐和残膜持续积累,土壤酸化加剧,农田荒漠化和水土流失仍未根本控制,多种土壤退化威胁并存,耕作层普遍变浅。同时我国虽然种植业生产上提前实现了化肥农药零增长目标,局部地区依然还有过量使用化肥和农药的现象,农业面源污染总量大、占比高的事实没有改变,加之田间肥水管理方式粗放、利用率不高,不仅造成资源浪费,而且进一步导致产地水土环境面源污染,可利用水土资源减少。

2. 亟须转变高度集约化和规模化的发展方式

小农经营(一家一户的土地种植)与规模经营基于我国国情将会长期并存,鼓励适度规模生产也是我国农业发展倡导的经营方向。但是随着规模化种植业和养殖业兴起,不能实现农业废弃物就近就农资源化循环利用的无序无度规模化种养变得很普遍,造成事实上的种的不养、养的不种的专业化分工,形成农业产业链短、价值链短、种养脱节局面。特别是畜禽养殖业污染形势变得日益严峻和难以根治,与我国畜禽养殖业呈现规模过度扩张和高密度发展不无关系。根据调研,以猪为例,我国规模化养殖已经超过65%,万头以上的规模化养殖场也超过10%,禽类和奶牛规模化程度更高。

3. 亟须建立农业绿色发展的环境基准

深究种植制度和发展模式背后更深层次的原因,无疑与我们对农业投入资源过度利用(包括果菜茶等经作结构生产上养分投入过量、粮田上并不超量)和水土资源的过度开发(地下水资源的过度利用、土地复种指数过高和养殖超载)密切相关。加之缺乏对消费的良好引导与管理,如加工食品只管抓住人的胃,不注重食品安全;绿色或生态食品并没有获得生态产品溢价或消费者并没有为此多支付绿色消费税等。更深层次的原因是我们缺乏以环境基准为核心的标准、法规等为依据,去约束和限定农业经营者和消费者的行为。唯有建立完善的基准、标准和法规等制度体系,才有有效的管控,进而才能为农业绿色发展提供制度保障。

二、总体思路与目标

(一) 总体思路

以习近平新时代中国特色社会主义思想为指导,遵照中办国办印发《关于创新体制机制推进农业绿色发展的意见》精神,坚持推进农业绿色发展是农业发展观的一场深刻革命的理念,坚持绿水青山就是金山银山的理念,坚持"节约优先、保护优先、自然恢复为主"的方针,坚持以生态功能保障基线、环境质量安全底线、自然资源利用上线为指南,聚焦农业资源趋紧问题和农业生态系统退化问题,分区分类,上下贯通,借鉴德国和日本等国际经验,建立农业绿色发展评价指标体系,以海河流域的地下水漏斗区、松花江流域的三江平原为重点,通过建立以资源承载力为前提的区域种植红绿灯制度,以环境基准为核心农业绿色发展全过程管控制度,着力解决制约农业绿色发展的主要瓶颈问题,通过实施种养结合生态循环等重大工程,推进农业绿色发展立法,实现"布局生态化、过程绿色化、产品优质化、消费低碳化",全面支撑国家农业高质量发展中长期目标,推动乡村振兴战略实施。

(二) 目标

实现资源利用更加节约高效,产地环境更加清洁,生态系统更加稳定和绿色供给能力明显提升的农业绿色发展格局。

1. 农业绿色发展促进法颁布实施

以环境基准为核心的全过程管控的标准、法规、条例等保障农业绿色发展的制度体系得到全面建立，农业绿色促进法出台并颁布实施，农业绿色发展有法必依的局面形成。

2. "三农"问题破解

与区域资源环境承载力相匹配、与生产生活生态"三生"协调的农业发展新格局全面形成，成为美丽农业景观、美好农村生活和幸福农民福祉的根基。

3. 三线全面落实

生态功能保障基线、环境质量安全底线、自然资源利用上线三大生态保护红线体系全面建成并落实，成为推动农业绿色高质量发展中农业经营实践活动的行动指针。

4. 四化全面实现

伴随着全面深化农业供给侧改革和消费需求约束与引领，全面实现农业生产投入绿色化、过程生态化、产品优质化和消费低碳化。

三、实施路径

（一）构建农业绿色发展评价指标体系

1. 评价指标与标准

结合我国农业绿色发展实际情况，在筛选初始指标库的基础上，最终建立了农业绿色发展评价指标体系，包括"资源节约、环境友好、生产高效、产品安全、美好生活"5个一级指标及其15个具体指标（表1）。农业绿色发展阶段划分：60分及以下起步阶段；大于等于60分小于75分为发展阶段；大于等于75分小于85分为转型跨越阶段；大于等于85分小于95分为基本实现阶段，大于等于95分为全面实现阶段。

2. 农业绿色发展水平整体偏低

全国农业绿色发展综合水平得分为67.7分，说明我国农业绿色发展已经完成了起步阶段的奠基过程，正处于加快农业绿色发展的关键阶段。①农业绿色发展综合得分高于75分的省仅有山东和江苏两省，农业绿色发展正处于转型跨越阶段，属于第一发展梯队。②高于全国水平但是低于75分的包括湖北、上海、浙江、四川、安徽和辽宁6省市，处于第二梯队；③得分低于全国水平但是高于60分的包括河北、重庆、天津、福建、黑龙江、贵州、青海、山西、江西、河南、湖南、海南、北京和广西14省区市，这些省份绿色农业正处于积累发展阶段，属于第三梯队；④得分低于60分的省份是甘肃、内蒙古、宁夏、吉林、云南、广东、西藏、山西和新疆9省区，这些省份农业绿色发展正处于起步阶段，属于第四梯队（表2、图1）。

整体来看，我国农业绿色发展水平偏低，大多地区还处于为绿色发展打基础的阶段。

表1 农业绿色发展评价指标体系一览

一级指标	序号	二级指标	指标属性	来源
资源节约	1	节水灌溉面积比例	正指标	中国统计年鉴、中国环境统计年鉴
	2	万元农业增加值耗水	逆指标	中国统计年鉴
	3	万元农业增加值耗能	逆指标	中国统计年鉴、中国能源统计年鉴
环境友好	4	农药减量水平	逆指标	中国统计年鉴、中国农村统计年鉴
	5	化肥施用水平	逆指标	中国统计年鉴、中国农村统计年鉴
	6	地膜使用强度	逆指标	中国环境统计年鉴
	7	畜禽粪污承载力	正指标	中国环境统计年鉴、中国农村统计年鉴
生产高效	8	农业劳动生产率	正指标	中国统计年鉴
	9	农业土地产出率	正指标	中国统计年鉴
产品安全	10	劳均休闲农业接待人次	正指标	中国休闲农业年鉴
	11	万元农业增加值有效用标绿色食品产品数	正指标	绿色食品统计年报
	12	农产品质量安全例行监测合格率	正指标	各省农业农村厅官网
生活美好	13	农民人均可支配收入	正指标	中国统计年鉴
	14	人均粮猪菜自给率	正指标	中国农村统计年鉴
	15	湿地占辖区面积比重	正指标	中国统计年鉴

表2 2017年中国农业绿色发展水平评价得分及排序

一级指标	资源节约	排序	环境友好	排序	生产高效	排序	产品安全	排序	生活美好	排序	综合得分	排序
全国	15.7		18.9		7.3		11.7		14.0		67.6	

(续表)

一级指标	资源节约	排序	环境友好	排序	生产高效	排序	产品安全	排序	生活美好	排序	综合得分	排序
山东	20.0	1	18.4	15	9.0	10	11.4	23	16.4	2	75.2	1
江苏	16.3	11	19.2	12	13.3	1	9.8	29	16.5	1	75.1	2
湖北	13.3	16	21.6	4	11.1	5	10.8	27	15.9	4	72.7	3
上海	8.2	30	19.7	9	11.7	3	18.5	1	13.7	9	71.9	4
浙江	14.8	14	19.1	13	10.7	6	11.4	24	14.3	7	70.4	5
四川	18.7	3	18.8	14	8.5	11	12.2	19	11.6	19	69.9	6
安徽	12.5	18	21.9	1	6.6	21	12.8	15	15.1	6	68.9	7
辽宁	15.9	12	16.6	22	7.5	17	12.1	21	16.0	3	68.0	8
重庆	17.1	6	18.4	16	7.6	16	12.8	16	10.4	22	66.4	9
河北	16.6	8	19.3	11	7.2	19	9.8	28	13.4	11	66.3	10
福建	18.4	4	8.7	30	11.1	4	13.9	5	13.1	13	65.2	11
天津	11.4	24	20.4	5	6.2	23	13.0	14	13.8	8	64.7	12
黑龙江	8.9	29	20.2	6	8.3	14	12.0	22	15.1	5	64.5	13
贵州	16.7	7	19.8	8	6.4	22	13.3	13	8.4	29	64.5	14
青海	15.4	13	17.7	17	6.0	24	13.4	11	11.3	20	63.8	15
陕西	19.6	2	15.2	24	7.2	18	13.7	7	7.8	30	63.5	16
江西	12.1	21	21.7	2	8.3	13	7.9	31	13.2	12	63.2	17
河南	17.3	5	17.5	19	6.9	20	9.1	30	12.3	18	63.2	18
湖南	9.7	27	17.5	20	9.1	9	13.3	12	13.1	15	62.7	19
海南	11.9	22	10.2	29	13.3	2	13.5	10	13.7	10	62.6	20
北京	13.5	15	11.8	27	10.3	8	18.2	2	8.5	28	62.3	21
广西	16.4	9	14.9	25	8.2	15	10.8	25	10.3	23	60.6	22
甘肃	12.5	17	21.6	3	3.1	31	12.6	17	9.9	24	59.8	23
内蒙古	11.0	25	16.4	23	5.4	25	13.6	8	12.9	16	59.2	24
宁夏	12.4	19	17.1	21	4.6	28	14.0	3	10.8	21	58.8	25
吉林	10.8	26	17.5	18	4.6	27	12.4	18	13.1	14	58.5	26

（续表）

一级指标	资源节约	排序	环境友好	排序	生产高效	排序	产品安全	排序	生活美好	排序	综合得分	排序
云南	16.3	10	13.0	26	5.1	26	14.0	4	8.8	27	57.1	27
广东	12.1	20	5.7	31	10.4	7	13.7	6	12.8	17	54.6	28
西藏	6.8	31	20.0	7	4.0	29	13.5	9	9.5	26	53.8	29
山西	11.4	23	19.6	10	3.2	30	10.8	26	7.3	31	52.2	30
新疆	9.7	28	11.0	28	8.4	12	12.1	20	9.6	25	50.7	31

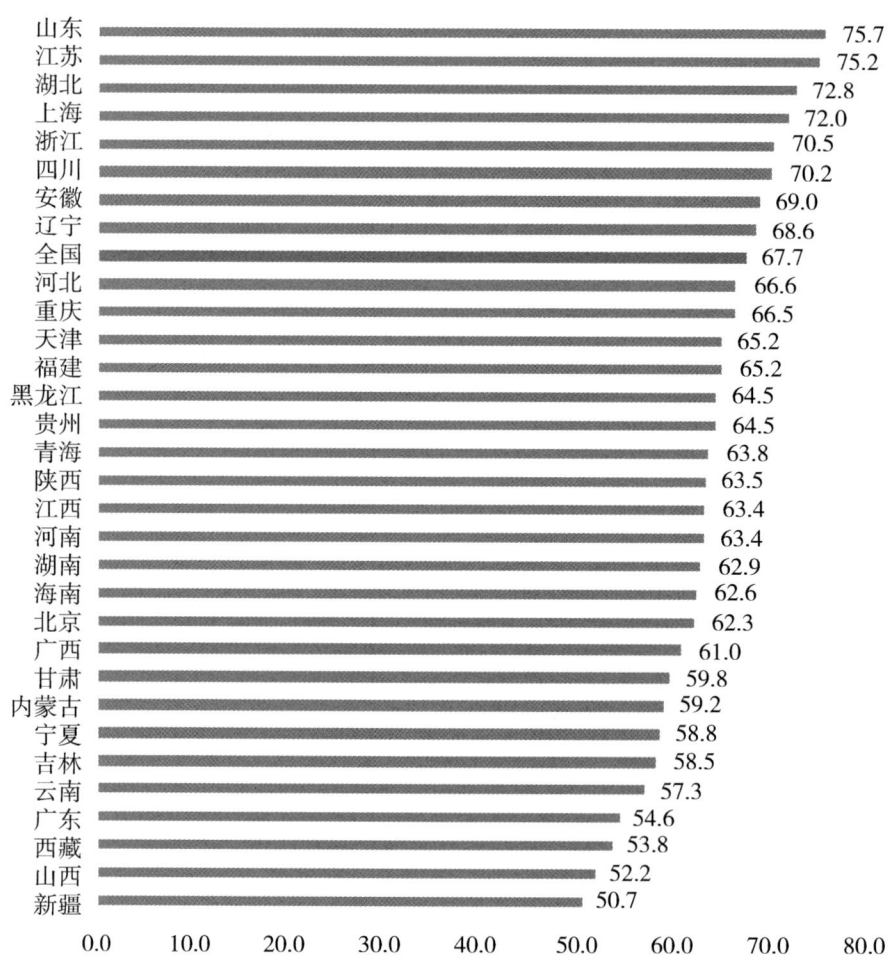

图 1　全国各省农业绿色发展综合评价结果

(二) 开展农业绿色发展环境管控制度研究

1. 关于农业环境基准

2014年4月24日第十二届全国人民代表大会常务委员会第八次会议通过修订的《环境保护法》第二章第十五条规定：国家鼓励开展环境基准研究。这是环境基准首次在我国法律中得到明确。环境基准是环境质量基准的简称，是环境污染物对环境介质中的人、生物或生态系统等保护对象不产生不良或有害影响的最大限值，即"最大无害剂量"。环境基准研究是一个涉及众多科学领域的庞大课题。当前，环境基准工作的重点是大气、水、土壤三种环境介质中的环境基准研究。

农业环境基准是指农业环境中的污染物及某些特定环境条件对人、生物、整个生态系统，以及生产作业不产生不良或有害影响的最大限值，是制定农业绿色发展环境质量标准的基础和科学依据，是国家进行农业环境管理、制定农业环境管理政策和法律的科学基础，也是进行农业环境质量评价和环境风险管理的重要技术支撑。

农业环境基准主要包括农业土壤环境基准、农业水环境基准、农业大气环境基准、农业作业环境基准四大方面。

(1) 农田土壤环境基准。主要考虑农田土壤污染物和农田土壤肥力限值。目前，人们考虑的重点是农田土壤污染物限值，因为农田污染物不仅影响农产品质量，还影响区内人们的生存环境质量。农田土壤肥力质量的好坏，直接影响农产品产出，农田土壤肥力一旦降低到某一极限值，农田将失去农产品生产功能，为此，也应将农田土壤肥力要素纳入农田土壤环境基准。

(2) 农业水环境基准。主要考虑农业用水污染物和农业用水保障率限值。目前，人们考虑的重点是农田用水污染物限值，因为农业用水一旦受到污染物，不仅污染灌溉农田、农作物、畜禽水产品，还影响区域内人们的生存环境质量。农业用水保障率的高低直接影响农业生产的发展，农业用水一旦降低到某一极限值，农田将失去农作物生产功能，畜禽水产生产也将难以存在，为此，也应将农业用水保障率纳入农业水环境基准。

(3) 农业大气环境基准。主要考虑对农田、农作物、畜禽水产品具有明显影响的大气污染要素。

(4) 农业作业环境基准。主要考虑对农业生产具有突出影响的特定环境要素，如农田坡度、农田破碎度、农田土壤侵入体。当农田坡度达到某一极值时，农业机械将无法作业;当农田达到某一破碎极值时,农业机械也将无法作业;当农田土壤中固体侵入物达到某一极值时,农田也将失去可耕性,为此,应将农业作业环境要素纳入农田环境基准。

2. 德国农业水土资源利用管理

德国政府十分重视对农业水土资源的保护和可持续利用,综合应用经济手段和法律手段对水土资源实行管理。目前,德国政府对农业水土资源的管理已实现了系统化、法制化、精准化、信息化和生态化,显著提高了资源利用效率,维护了农业生态系统健康,促进了农业可持续发展。

(1) 德国耕地资源可持续利用的做法。德国国土面积35.7万平方千米,农业用地约占国土面积的53%,林业用地占30%,建设用地占13%,其中农业用地中6%左右为隔离带等生态用地。当前,德国耕地管理的目的也是保持粮食等农产品供给,保护自然生态区域。在数量上,严格控制耕地被工业、交通等建设侵占。在质量上,严格保护土壤,防止退化或被污染。在经营管理上,有利于耕地的整合和结构优化,便于规模化经营和节约利用,实行系统化、精细化的管理制度。

耕地保护制度化与法制化。德国围绕欧盟法规指令、德国联邦立法、州立法,以及国家环境政策和经济刺激计划等,已逐渐形成以欧盟相关土壤保护指令和政策为指导,以《联邦土壤保护法》为核心,以《联邦土壤保护与污染场地条例》《肥料法》《循环经济与废弃物管理法》《联邦污染控制法》和《土壤评价法》等联邦法律为配套,以地方各州土壤保护法为补充的土壤环境保护立法体系。《联邦土壤保护与污染地条例》有13条,是德国土壤保护的具体法律举措。该条例规定了污染的可疑地点、污染地和土壤污染调查评估的具体要求,并根据不同的土壤用途详细规定了不同的启动值标准,风险预防值的评价指标也因不同的土地用途而有所差异,同时规定了可允许的附加污染额度等。总之,条例行使了《联邦土壤保护法》赋予的权力,细致规定了各项参考数值,确保法律的实现具有确实的依据。

耕地利用精准化。德国农业生产日益推进精准化管理,既保障保护耕地,也注重生态环境的保护。德国1986年颁布《肥料法》,1996年又颁布了《施肥条例》,2003年欧盟颁布统一的《肥料法》,肥料管理越来越严格。按照要求,肥料用量应遵照栽培作物生长期的需求量和土壤状况而严格计算,防止肥料的损失及对土壤和水体的污染。管理规定还指出,种植过程中,肥料的使用必须以土壤中营养物质的含量为基础,应对土壤中营养物质的含量变化进行精确测定。

耕作方式绿色化。为了保护生态环境,德国按照欧盟政策框架推进绿色耕作方式。一是实施种植多样化（3种作物以上）、保持绿地和作物间作，实施休耕轮作，以实现耕地资源可持续利用。二是普遍实行保护性耕作，特别是实行覆盖耕作，即利用作物秸秆残茬覆盖地表，在培肥地力的同时，用秸秆盖土、根茬固土，保护土壤，减少风蚀、水蚀和水分无效蒸发，提高天然降雨利用率。同时，一些农场也采用免耕播种，在有残茬覆盖的地表实现开沟、播种、施肥、施药、覆土镇压复式作业，简化工序，减少机械进地次数，降低作业成本。三是积极施用有机肥，农场主在运输半径合理、经济可行的情况下，一般都倾向用有机肥做底肥，提高土壤有机质。四是广泛种植绿肥，如 Gut Derenburg 农场试验的绿肥种类有32种之多，根据不同的作物留茬和生长季、地力状况种植不同的绿肥，有效保护了土壤肥力。五是严格限制肥料和农药的使用总量和施用时间，如北莱茵--威斯特法伦州为了控制氮肥使用，制定了5条措施：一是控制用量，严格规定每年氮肥施用总量不超过170千克/公顷；二是控制时间，农场只能在2月1日至10月15日之间施肥；三是技术把关，要求尽量深施，不允许喷撒；四是协会自律，当地农业协会进行施肥指导，加强自律；五是政府监管，严格处罚。

土地经营适度规模化。针对分散零碎的小农田，阻碍了资本、技术、人才等生产要素向农业领域转移的状况，德国通过实施土地整理，将分散零碎的小地南块合并。如今德国的土地合并工作已从传统意义的土地合并与调整，转向农业环境保护、土地绿化、生物多样性保护和乡村公共休闲地（乡村公园）等建设方面。在鼓励规模经营的同时，德国限制土地大规模购买，单个农场购买土地面积不得超过当地平均面积的15倍，大部分农场规模在50公顷以下，仍以中小家庭农场为主。2014年德国家庭农场达28.68万个，平均每户经营面积58.3公顷（欧盟为16公顷）。其中，东部地区90%以上是经营面积超过100公顷的大农场，而西部地区以小型农场为主，平均规模不足30公顷。德国中小型家庭农场在经营数量上占优势，经营规模在100公顷以下的家庭农场数量为25.14万个，占比87.66%；大型家庭农场在经营面积上占优势，超过100公顷的家庭农场数量虽然只占12.34%，占了57.31%的耕地面积。

土地补偿生态化。德国法律上关于生态占补平衡措施的近乎苛刻的规定，更是将德国生态优先的理念体现得淋漓尽致，要求设立"生态账户"，针对由建筑主体规划引起的对自然和景观的侵犯，必须采取弥补或替代措施，在空间和时间上都可在对自然和景观的侵犯行为之外单独实施，为此需要的土地可在所谓的生态账户中预留。例如，如果要硬化田间道路，就必须将自己的耕地拿出一定比例作为生态用地为补偿。

（2）德国农业水资源可持续利用的做法。德国属于温带海洋性气候，降水量500~1 000毫米，水资源比较充沛，可利用淡水资源量约1 880亿立方米，但分布不是十分均匀，东北部（原东德地区）相对较少。农业生产以雨养为主，95%以上的耕地是雨养农业，主要是小麦、玉米等粮食生产，农业灌溉用水只占总用水量的0.25%。尽管农业灌溉比例很低，但德国还是很注重农业水资源节约和高效利用。

注重提高农业用水效率。灌溉农业则大力推行节水灌溉高效利用水资源。德国的灌溉农业100%实现节水灌溉，其中，喷灌占80%左右，主要用于麦类、马铃薯等大田作物；滴灌占20%左右，主要用于蔬菜、水果、马铃薯等。由于完全杜绝了地面漫灌，德国灌溉农业水分利用效率很高。德国政府主要通过市场手段——水价调控，来推动农场主采用先进的灌溉技术，达到节水目的，平均水价为每立方米水0.2欧元（1.5元左右）。

严控水体污染。欧盟于1991年通过的《关于防治水体受来自农业源的氮肥污染的指令》和德国国内法中相应的农肥条例、植物保护法等对特定单位的肥料成分作了规定：氮肥应尽量避免流失到水体中，施肥应当尽可能地使肥料中的营养物质为植物生长所吸收。相应的措施包括：只在植物生产期施肥、注意施用深度最高值和标识义务以及遵守与水体的间隔距离规则。但这些监管仍然不够，许多问题需要通过水管理和农业两个政策领域更好地协同一致才能解决。为明显减少农业污染，德国还制定了其他配套办法。例如，限制矿物肥料的使用条件、推广轮作、转变粗放型农业、提高土地覆盖、采用有利于保护土地的耕作方式和考虑到水体保护的施肥方式、禁止喷洒农药、推广生态农业、设立水体沿岸带以及向农民提供更多信息与咨询服务等等。德国污水处理实现了城乡一体化全覆盖，农村生活污水处理执行和城市一样的标准，确保农村地区土壤、地下水等农业资源不被二次污染，农业生态不受损。

系统管理水资源。德国对水资源利用活动，必须依靠《水法》开展。《水法》系统规定了各用水部门、用水群体对于水资源保护、节约利用活动，对于农业用水与其他用水衔接、用水主体与其他用水主体之间的合作提供了重要指南。德国《水法》与欧盟水相关法律一致，《欧盟水框架指令》是从可持续利用角度出发，要求以流域整体的生态系统补充传统的行政区域管理来组织水管理，包括生态、经济与社会领域在内的所有层面上进行紧密合作。德国水管理从协调水体使用各方利益，向水体整体改善和保护、以尽可能满足各方面的水体基础功能供应方向发展。

地下水保护严格。为了保护地下水，德国不仅对生产化肥、农药的企业制定了严格的生产许可证申报程序，而且对农业施肥、喷药也有相当严格的规定。农民在使用某种农药或化肥时必须做好记录，以便有关部门检查和检测对照。同时，按照生物生长所需营养，将农田全年通过化肥、有机肥、秸秆还田等投入的总氮量冬小麦不超过 210 千克/公顷，一般作物不超过 170 千克/公顷。不同类型作物农田均需要进行氮磷养分投入产出平衡计算，农田氮素盈余控制在 15 千克 N/公顷范围内，磷素盈余控制在 10 千克 P_2O_5/公顷范围内，并且规定各州于每年冬季（11 月 15 日至 1 月 31 日）在农田禁止施用流质厩肥，减轻施肥对地下水的污染。德国农田灌溉以地下水灌溉为主（约占 80%），为确保地下水位不下降，根据地下水补充速率，严格控制取水数量，以实现地下水出入平衡。

3. 日本农业绿色发展环境管控制度

日本国土面积狭小，是一个典型的人口多，土地少，自然资源贫乏的发达国家。在资源禀赋极其不足的条件下，日本政府及时调整农业方向，发展绿色生态农业，逐步实现了农业的现代化和农民增收等多项目标，成为世界农业强国。近年来，日本耕地面积不断减少，2015 年，日本全国耕地面积为 449.6 万公顷，较上一年同期减少 0.5%；同时，随着日本人口老龄化农业人口也不断减少，2015 年农业人口 209 万人，与 1990 年相比减少了 60%。日本农业，以精耕细作为特点，日本农业规模较小，农业生产总值仅占国内生产总值的 1%，但农产品商品率十分高，高达 95%。日本精细化、专业化、工业化的农业发展模式使得日本农产品的品质得到了国内外消费者的信赖，树立了日本农产品代表着高端农产品的形象。

（1）日本农业绿色发展环境管控政策体系。日本持续农业充分发挥农业自有物质循环功能，不断与生产力相协调，通过减少使用化肥、农药等减轻环境负荷的可持续农业。目前，日本在农业政策和法律体系、农业技术体系和农业认证体系上加强规范，不断改善环境，提供安全、品质优良、放心农产品的农业生产模式。

健全农业政策和法律法规。日本政府注重农业环境保护，实施了一系列农业环境政策和法规，通过立法把农业环境保护政策和措施法制化，使农业环保政策和措施具有延续性，推动农业可持续发展。

规范农业生产技术规程。日本政府通过制定指导性的技术线路和生产规程，通过指导农民生产，实现全面提升农产品的质量标准和安全性的目标。2005 年 3 月，日本农林水产省制定了《环境调和型农业生产活动规范》（即农业环境规范），在充分利用技术优势进行资源再利用的同时，在土壤改良、化肥施用、农药使用等方面进行了技术改进，统一规范农业生产技术使用的各个环节。

农业认证制度。一是有机农产品认证制度，二是生态农户认证制度，三是农药注册管理制度。

对"环境保全型农业"扶持政策。日本政府为鼓励农民在农产品生产过程中采取"环境保全型农业"生产方式，给予了大量的财政补贴。财政补贴的范围不仅包括直接农业生产环节，还囊括了有机农产品加工等较为广泛的范畴。

（2）日本农业绿色发展技术模式与做法。土壤改良模式。日本目前注重有机农业的发展，即在生产中不采用通过基因工程获得的生物及其产物，不使用化学合成的农药、化肥、生长调节剂、饲料添加剂等物质，而是遵循自然规律和生态学原理，协调种植业和养殖业的平衡，采用一系列可持续发展的农业技术，维持农业生产过程的持续稳定。农户通过选用抗性作物品种，利用秸秆还田、施用绿肥和动物粪便等措施培肥土壤，保持养分循环；同时，采取物理和生物的措施防治病虫草害；采用合理的耕种措施保护环境，防止水土流失，保持生产体系及周围环境的生物多样性。日本农地改良成效十分显著，截至2015年，日本全国共建立了4 710所土地改良区，共新造农地110万公顷，约占总耕地面积的1/4，有效弥补了耕地的非农占用。尽管受工业化、城镇化影响，日本的耕地面积总体不断下降，但耕地质量和农业综合生产能力明显提高。

化肥减施模式。日本的缓控释肥技术及其产品一直处于全球领先水平，具有肥料利用率高、土壤残留低、施肥量少、可有效控制农业面源污染等优点。水稻育苗箱全量一次施肥技术是在水稻育秧时将肥料施于种子附近，并将营养土钵连同秧苗一起移栽至大田，后期不再施肥的栽培技术。该技术分为混合施肥、分层施肥与底层施肥3种，其中以混合施肥在施用方法便利、效果好及成本低等方面的综合优势更为明显。该技术的核心即是水稻专用缓控释肥，而该肥料的核心是包衣材料，JCAM公司生产的包衣材料的养分释放控制期在30~90天，且释放精度较高，而一般包衣材料的养分释放控制期只有20~30天。另外，JCAM公司还推出一款"超级氮"的水稻缓控释肥（Meister），肥料利用率达83%，比侧条施肥要高5%，比传统的施用硫酸铵要高约50%。

轮作休耕模式。水稻插秧技术由于连作种植容易引起病虫害和草害，且发生程度逐渐加重，从而使农药用量与防治次数增加，用工成本也随之增加，导致水稻种植效益降低。而水稻旱直播栽培技术能有效解决上述问题，将稻种直接播种于大田，其优点是抗倒伏、省水、省工、提效等，且还能与小麦、大豆形成新的轮作和种植模式。这种轮作和种植模式的优点：一是能提高小麦、大豆和水稻的单产。采用新的种植模式，水稻单产为5.31吨/公顷、小麦单产为4.71吨/公顷、大豆单产为1.71吨/公顷。二是有助于改善土壤养分状况，减少休耕。三是能控制水稻种植面积。新的轮作种植模式增加了小麦、大豆的种植面积，相对减少了水稻的种植面积，稳定了水稻市场价格，保护了农户利益。四是有利于减少化肥农药施用量，有助于推行环境友好型农业技术体系建设。

农业废弃物循环利用模式。在日本政府与公众的重视下，日本已经探索出多种多样的农业循环经济模式。如由60多户农家组成专业合作社的千叶县循环农业示范基地，将畜禽粪尿和蔬菜残叶进行固液分离，液体用来产生沼气，固体用于堆肥，种植业与养殖业互补，整个农场实现零排放；还有宫城县的米山町，人口1.2万人，养殖牲畜3.6万头，为处理牲畜粪便，投资9亿日元（100日元约合6.14元人民币，2013），建设农业资源循环设施，充分利用当地的稻壳作为辅料，采用先进技术加速发酵过程，高效处理牲畜粪便，最终实现废物的高度资源化、无害化。

（三）开展典型流域农业绿色发展案例研究

水土资源是制约农业绿色发展的重要因素，不同区域农业绿色发展的内涵受水资源的影响而各具特点。海河平原水资源紧缺，要重点发展节水高效绿色农业，逐步缓解地下水开采过度的问题。松花江流经的松嫩—三江平原地区存在季节性水资源短缺问题，需要提高水资源利用率，控制地下水开采规模，发展种养结合，减轻农业面源污染影响。

1. 海河平原（京津冀）农业绿色发展案例

海河平原利用珍贵的水土资源发展了现代农业，生产了我国11.6%的小麦、8.1%的玉米，11.3%的蔬菜，支撑了首都经济圈的快速发展，但付出了沉重的资源环境代价。近30年来，海河平原平均每年超采地下水约100亿立方米，其中，农业超采70亿立方米，总共超采近3 000亿立方米，从而形成了世界上最大的地下水漏斗群。区域工农业发展和城市扩张造成的地下水超采问题突出，引起党中央、国务院的高度关注并果断采取控制措施。

为此，亟须开展海河平原水资源短缺条件下适水型种植结构调整，依据水资源承载力果，在可用农业水资源量的基础上，首先确定适水农业产业规模，然后基于耕地养分消纳能力确定最大养殖业规模，再次估算合适的粮食与饲料作物比例，最后优化适水型绿色循环种养结构。

(1) 水资源短缺条件下的适水农牧产业规模。2015年海河平原小麦、玉米、油料、棉花、杂粮豆、瓜菜、果树的种植面积比例为33∶28∶8∶3∶5∶16∶6，高耗水的作物小麦、玉米、瓜菜和果树所占比重达到83%，种植业规模达到750万公顷小麦当量（用水量相等），灌溉用水量128.4亿立方米。养殖规模为1.27亿头猪当量（用水量相等），用水量12.5亿立方米。维持海河平原当前农牧业规模需超采地下水47.0亿立方米。

为此，在保证不超采地下水的前提下，采用当前用水定额标准和用水技术，并保持相同的种植和养殖结构比例条件下，针对不同地区水土资源超载程度，不同程度地削减种植和养殖规模，削减现有规模的0%~46.3%，总体上削减现有规模17.6%。通过压缩种养业的规模后，可保持地区可用水量和实际用水量基本保持平衡，不超采地下水。此时，海河平原适水种植、养殖规模分别是530万公顷小麦当量和0.877亿头猪当量。

(2) 基于养殖业粪便耕地允许负荷的最大养殖业规模。依据不同作物种植模式可承载粪便养分的能力，估算出海河平原每年最大可养殖2.01亿头当量猪（按照每头猪排放氮为12千克），是当前养殖规模2.76亿头（氮肥当量）当量猪的72.8%。可见目前华北地区的养殖业严重超出耕地养分的消纳能力，超出纯氮量为90.09万吨。

(3) 基于最大养殖业规模的粮食与饲料作物比例。综合考虑耕地养分消纳能力，保持目前养殖业结构不变的情况下，海河平原可承载的最大养殖规模为2.01亿头猪当量，相当于要削减现有规模的27.2%。然而在实际操作过程中，需要针对不同地区种植业耕地养分消纳能力超载状况，要不同程度地削减养殖规模，削减现有规模的0%~66.7%。依据当前的养殖结构比例和等当量的养分产生量进行换算，可以得到大牲畜、猪、羊和家禽分别为2 457万头、17 935万头、9 700万只和244 996万只。根据大牲畜、猪、羊和家禽日耗饲料量和生长周期，计算所需饲料（含玉米粉40%）0.37亿吨，需要饲料粮1 490万吨。依据玉米籽粒产量，折合玉米（或饲料）作物种植面积260万公顷，即0.4亿亩，可见华北地区可调减玉米种植面积1 200万亩。依据海河平原人口数量（0.997亿人）和人均口粮（135千克/人·年）计算小麦需求量为1 350万吨。在此基础上按照小麦单产计算所需播种的小麦面积为220万公顷。因此，基于最大养殖业规模和当地人口口粮需求规模的粮食与饲料作物播种面积的比例应为11∶13。

(4) 适水型绿色循环种养结构优化。按照"以水定种、以种定养、以需定结构"的思路,建立适水型的绿色循环种养结构。首先,根据水资源承载能力和耕地吸纳养分的能力,可以确定:保持种养结构不变的前提下,最大的种植规模和养殖规模分别为530万公顷小麦当量(用水量相等)和2.01亿头猪当量(粪便养分当量相当),分别比2015年的规模降低33.3%和27.2%。其中,种植业中小麦170万公顷、玉米240万公顷、杂粮50万公顷、油料30万公顷、蔬菜94万公顷和果树80万公顷;养殖业中大牲畜、猪、羊和家禽分别为2 457万头、18 000万头、9 700万只和245 000万只。

依据中国人健康膳食结构标准,可以计算出满足居民的食物需求量。与实际产量相比,豆类和植物油的消费需求量高出350%和42%;奶的需求量和产量非常相近;而蔬菜和水果的需求量远低于实际产量,供大于求。满足居民食物需求量的条件下,海河平原种植结构:小麦、玉米、豆类、油料、蔬菜、果树的面积分别为:270万公顷、170万公顷、110万公顷、130万公顷、47万公顷、21万公顷;养殖结构:大牲畜(奶牛)、猪、羊、家禽分别为550万头、4 200万头、1 900万只和66 000万只。

综合水资源承载力、耕地环境容量(上限因素)和人口食物需求(下限因素)等限制因素考虑,未来2025年种植(播种面积)规模应调整为650万~920万公顷,其中,小麦170万~270万公顷、玉米170万~240万公顷、豆类110万~130万公顷、油料130万~140万公顷、蔬菜47万~94万公顷和果树21万~80万公顷。养殖业结构调整为:大牲畜、猪、羊和家禽分别为550万~2 400万头、4 200万~18 000万头、1 900万~9 700万只和66 000万~245 000万只。

综合上述分析,近期海河平原小麦播种面积应当稳定在3 200万亩左右,保证小麦产量维持在1 350万吨。可在地下水漏斗区发展非充分灌溉制度和管道输水技术,减少1水的灌溉量,可减少灌溉水25%,但单位面积产量只减少10%左右。还可充分利用浅层咸水资源进行灌溉小麦。大幅度压缩高耗水的蔬菜种植面积和高污染的畜禽养殖规模,规模化应用蔬菜和果树局部灌溉施肥一体化技术,可缓解灌溉水的供给压力和水土环境污染的风险。大力发展豆类和油料作物的种植,基本满足本地区的需求。在耕地可承载的最大养殖规模下,积极倡导建设绿色循环农业工程,大力发展家庭农场、规模化农场种养结合模式,实现养分循环和平衡,降低养殖业污染物的排放。

(5)海河平原节水高效种植结构和模式优化。2015年海河平原小麦、玉米、杂粮、豆类、棉花、油料、蔬菜、果树的种植比例为32:27:4:3:6:8:13:7,小麦、玉米占据绝对优势,占到59%。当前的种植结构是高耗灌溉水型结构,因为高耗灌溉水的作物小麦、玉米、蔬菜和果树所占的比重接近80%，这是导致地下水严重超采的重要原因。如果再继续下去，不利于该区的水资源可持续利用。因此，考虑粮食安全和蔬菜产能过剩，适当压缩蔬菜种植比例，提高杂粮、牧草等耐旱作物的面积。结合2025年节水压采目标，应用种植结构优化模型决策分析表明，2025年需将蔬菜播种面积调减4.3%，改种大豆、棉花和春玉米以及小杂粮，可比现状种植结构节水3.2亿立方米。实现"一季休耕、一季雨养"，充分挖掘秋粮作物雨热同期的增产潜力。

通过对DSSAT、SWAP、WOFOST、AquaCrop等作物模型模拟比较，并参考国内外研究成果，发现AquaCrop更适合用于节水种植模式的优化研究。利用该模型对不同节水农业类型区种植模式进行优化，能显著降低灌溉用水量并提高作物水分利用效率。

在海河平原地下水超采区实施冬小麦—夏玉米限水灌溉管理，减少灌溉1水，规模为2 800万亩，可节水14亿立方米；果树和蔬菜种植全面采用微灌水肥一体化技术，可节水27亿立方米。主要做法选用小麦、玉米抗旱节水优质高产品种，结合联合收割机秸秆粉碎，播种施肥一体化机械，小麦施复合肥（20千克/亩），玉米施尿素（20千克/亩），化学除草（小麦拔节期、玉米播种），灌小麦播种水、返青—拔节水、扬花—灌浆水或者麦黄水（3水），减少灌溉1次（小麦冬灌），亩均节水50立方米，提高肥料利用效率26%。近年来河北省采用优化结果较为一致的节水种植模式，在衡水、沧州、邢台、邯郸4个设区市的43个县市区，选择蓄水保墒能力较好的麦田300万亩，大力推广节水抗旱品种，并实施农机农艺良种良法结合，配套推广土壤深松、秸秆还田、播后镇压等综合节水保墒技术，小麦生育期内减少浇水1至2次，突出浇好拔节水，适墒浇灌孕穗灌浆水，亩均节水50立方米。通过生产应用检验，节水种植结构和种植模式优化结果与生产实践较为一致，说明研究构建的决策模型和平台比较科学合理。在旱作雨养区，大力推广旱作覆膜集雨种植技术，提高降水利用率和利用效率。在以地表水为主的灌区，大力建设现代化的智慧灌区建设，实现灌溉用水的计划管理，大力运用水肥周年运筹技术，提高有效灌溉面积，从而提高区域的总产量。

2. 松嫩——三江平原农业绿色发展方案

（1）种养业基本情况。

统计资料显示，黑龙江省粮食作物播种面积从1980年的731.8万公顷增加至2017年的1 415.4万公顷，面积增长约100%。2005年和2009年的粮食作物面积增长幅度较大，共增长约400万公顷。在3种主要的粮食作物中：玉米的播种面积较大，从1980年的188.4万公顷增加至2017年的586.3万公顷；水稻的播种面积增长率最高，从1980年的21万公顷增加到2017年的394.9万公顷，增加了约18倍；大豆的播种面积从1980年163万公顷增加至2009年的486.3万公顷，随后播种面积发生了较大的波动，2013年和2015年降至230万公顷左右，至2017年又升至373.5万公顷。

从粮食产量来看，黑龙江省粮食产量从1980年的1462万吨增加到2017年的7410万吨，增长量超过4倍。2004年之前，粮食产量增速较慢，仅为3.2%；从2004开始，粮食产量增长加快，年均增长率达到8%。三大粮食作物在1980—2017年：玉米的产量相对较高，从520万吨增加至3703万吨；大豆产量相对较低，从221万吨增加至689万吨；水稻产量从80万吨增加至2819万吨。

从黑龙江省主要畜禽养殖规模来看，1980—2017年，牛、猪和家禽均呈上升趋势。家禽和牛养殖规模的增长幅度较大，分别从1980年的2239万只、103万头增长至2017年的16901万只、489万头，分别增长了6.5倍、3.7倍。猪的养殖规模从717万头增加至1434万头，增长幅度较小，仅增长了1倍。

（2）水土资源情况。

从蓄水总量来看，两大平原2012年为28.82亿立方米，（三江平原13.23亿立方米+松嫩平原15.59亿立方米），2013年为18.64亿立方米（三江平原8.16亿立方米+松嫩平原10.47亿立方米），2014年蓄水量依次为-7.23亿立方米（三江平原-2.57亿立方米+松嫩平原-4.66亿立方米），2015年蓄水量-9.55亿立方米（三江平原-4.02亿立方米+松嫩平原-5.53亿立方米），2016年蓄水量-2.9亿立方米（三江平原5.14亿立方米+松嫩平原-8.04亿立方米），2017年蓄水量-28.78亿立方米（三江平原-14.39亿立方米+松嫩平原-13.39亿立方米）。黑龙江两大平原的浅层地下水呈现下降趋势，而且从2014年开始出现负值，2017年与2012年相比，总量下降接近200%，表明存在过度开发问题。

农业用水包括农田灌溉和林牧渔畜两部分。从2012年开始，农田灌溉用水量呈现上升趋势，2017年农田灌溉用水308.3亿立方米是2012年1.09倍，林牧渔畜用水量呈现下降趋势，2017年为8.1亿立方米是2012年的63.8%。农业用水量为316.4亿立方米是黑龙江省当年水资源总量（742亿立方米）的42.6%。

黑龙江省耗水率呈现上升趋势，2017年达到65.3%，为2012年的1.15倍。从水消耗量结构看，农田灌溉占主体占总量的80.0%，其次是工业、林牧渔畜、城镇生活、农村生活和人工生态环境,其中,耕地消耗量逐年增加,2017年是2012年的1.26倍;工业消耗量逐年降低;城镇生活消耗量降低,但变化量不大;农村生活消耗量增加,但变化不大;人工生态环境消耗水量减少,整体的用水消耗量增加,增加的部分主要来自耕地。2017年农田耕地灌溉消耗量是灌溉用水量的66.8%,是全行业用水消耗量的89.3%,林牧渔畜用水消耗量是用水量的91.4%。

(3) 土壤有机质。

目前,全国农田耕层土壤有机质平均含量为24.65克/千克,仍以黑龙江最高,达到了40.43克/千克。东北三省1979年与2005年农田耕层土壤有机质含量分级比例总的情况是土壤有机质大于40克/千克的农田面积缩小,土壤有机质为30~40克/千克及20~30克/千克的农田面积增加,表明东北三省较高的土壤有机质农田面积呈现下降趋势,中低土壤有机质农田面积呈现增加确实,整体上反映了东北农田土壤质量呈现退化问题。就黑土地面积较大的黑龙江而言,从1979年到2008年,30年间,农田土壤有机质大于40克/千克的农田面积减少了20.5%,30~40克/千克的农田面积增加了33.2%,20~30克/千克的农田面积增加了26.4%,10~20克/千克及以下的农田面积略增加了11.0%。

(4) 水土资源承载力评价。

①水土资源承载力分析。松嫩平原水资源总量为226.2亿立方米,多年平均地表径流量为155.5亿立方米,地下水资源总量为111.2亿立方米,地下水可开采量为81.68亿立方米。据2013年数据,松嫩平原供水量共为138.96亿立方米,其中地表水为98.6亿立方米,地下水为40.36亿立方米。在138.96亿立方米用水量中,生活用水9.69亿立方米,占总用水量的6.97%;工业用水20.55亿立方米,占总用水量的14.79%;林牧渔用水7.83亿立方米,占总用水量的5.64%;农业灌溉用水98.43亿立方米,占总用水量的70.83%;生态环境用水2.46亿立方米,占总用水量的1.77%。可见,农业灌溉用水所占比重最大。

三江平原水资源总量为161.96亿立方米,多年平均地表径流量为116.30亿立方米,地下水为85.56亿立方米,平原地下水可开采量为66.43亿立方米。2013年,三江平原总供水量为81.7亿立方米,其中地表水为32.6亿立方米,地下水为49亿立方米。农业灌溉用水量约占总用水量的95%。

从畜禽粪便N承载力分析结果看,黑龙江省还有较大的畜禽养殖空间,但是由于畜禽粪便的贮存、处理、施用还田成本较高,较低的温度不利于有机肥在土壤中矿化,养殖规模可适度扩大1~2倍。同时,要加大对有机肥生产和施用的有关配套设施的投入力度，合理规划畜禽养殖场的空间布局，确保养殖场周边留有足够的消纳农田面积。

②水土资源承载力评价。随着近10年来黑龙江粮食作物播种面积的增加，尤其是水稻面积的增加，导致了农业用水量不断上升，地下水的蓄积量开始逐渐减少，对农业可持续发展造成了一定的威胁。由于农田的不合理开发，地区土壤质量呈退化趋势。通过充分利用灌区水库资源，合理控制地下水开采规模，水稻种植面积不超过376万公顷时可以总体保证黑龙江省地下水资源可持续供给。另外，以N为衡量指标，本区域畜禽粪污承载力总体风险较低，可以适度扩大养殖规模。

四、工程措施

（一）良好农田种植制度建设工程

包括东北单季玉米—大豆年间轮作、部分水稻年间休耕、华北平原麦—玉一年两熟改制为两年三熟、南方部分稻—麦轮作改为稻—绿肥、南方8月蔬菜种植高温高湿季种植田闲作物等。

（二）种养结合生态循环工程

开展以区域水土资源环境承载力为基础的以水定种、以种定养、以养促种，种养循环产业发展布局规划；在东北商品粮主产区，秸秆残留实施一主二辅的方式加以生态资源化利用，即以还田为主，以饲料化和燃料化为辅。

（三）绿色农业关键科技研发工程

加强农田养分管理与区域养分平衡为目标的分区、分类、量化技术指标的研发，特别是针对农民可操作应用的量化技术指标；加强环境友好型技术或技术模式对传统高能耗高污染技术或模式替代的研发；加强养殖粪污清洁回用、土地消纳、能源化等关键技术与装备研发，并以源头削减和综合利用为重点，鼓励开展畜禽养殖业环境污染防治实用技术的研发。

（四）绿色农业保障法规政策创设创建工程

加强以环境基准为核心的绿色农业技术标准、规范、规程、指南的研发和加强以绿色农业技术措施采纳实施直接挂钩的生态补贴标准核算、补贴方式方法、长效政策机制的研发，为加快农业绿色促进法的起草制定提供支撑；为进一步保障农业绿色发展，尽快启动农业绿色发展第三方评估，如 GAPs 评估，对农业绿色发展起到正向激励和促进作用。

五、重大建议

（一）选择典型区域，试行区域种植红绿灯制度

围绕农业优化发展区、适度发展区、保护发展区各自优势功能的发挥，在大力实施国家主体功能区战略，依托全国农业可持续发展规划和优势农产品区域布局规划，立足水土资源匹配性，选择典型区域，开展区域种植红绿灯制度研究，试行区域种植制度红绿灯。如在粮食主产区的东北地区，严格控制旱改水规模，玉米和大豆应该是轮作种植方式；而适种水稻区实施同年部分稻田休耕，来年休耕稻田与未休耕稻田轮换种植，休耕稻田面积规模以不影响区域地下水资源可持续利用和区域最适水稻总产量为宜。在华北平原地下水漏斗严重区域，限定高耗水如蔬菜发展规模，实行麦—玉两年三熟制度，逐步改变一年两熟制生产模式等。

（二）推进分散养殖规模适度与管理集成的种养结合模式

基于区域资源承载力和环境容量，开展以种定养、以养促种、种养循环、平衡布局的区域种养顶层设计研究。调整并减少集中特大规模养殖，加强以畜禽粪污就近便利生态循环资源化利用为目标的分散适度小群体/小规模、集成大规模的种养结合模式研究，选择典型区域或重点流域，试行分散养殖规模适度与管理集成的种养结合模式。一方面，引导畜牧业生产向环境容量大的地区转移；另一方面既解决过度集中集约养殖和种植带来的种的不养，养的不种的种养脱节问题，又解决资源利用低效、循环不够资源浪费问题和农业面源污染问题，创造就地转化增值空间，整体提升区域农业可持续生产能力。

（三）以环境基准为核心，加快农业绿色发展过程管控制度体系建设

没有基准、标准等制度制约制衡，就没有管控。实现农业绿色发展，就必须加快研究、建立并在全国推广便于农民掌握的分区、分类、量化施肥、水、药等相关农业投入品应用技术指标，并引入现代人机互动、人工智能技术，促进农业经营主体为遵循技术指标要求更好地推行环境友好型农业技术的规范化和标准化实施。同

时，加强农田面源污染管控限定性技术标准的研究与编制，并选择具备技术基础、财政与管理条件的重点流域或典型农区先期试行，查验实施限定性技术标准的可行性。加强简捷、高效的监管方式方法的探索研究，并以绿色效果评价为依据建立以绿色生态为导向的政策支持体系和奖惩措施（包括生态补偿机制），全面激活农业绿色发展内生动力。

（四）制定农业绿色发展促进法

现有的《清洁生产促进法》和《循环经济促进法》并不完全适应新时期农业绿色高质量发展要求，需要结合已经制定、颁布实施的"水十条""土十条"和"气十条"以及绿色食品与有机食品生产标准、规范、规程及监管等制度体系，研究制定修订体现农业绿色发展需求的法律法规，完善耕地保护、农业污染防治、农业生态保护、农业投入品管理等方面的法律制度，尽快起草农业绿色促进法。通过法律的约束力度、执行力度和监督力度，保障农业绿色发展。

（五）开展农业绿色发展第三方评估

借鉴GAPs评估国际经验，启动第三方评估。依据绿色发展指标体系和评估方法，对农业绿色发展情况进行评价和考核。特别生态服务供给和生态环保效果评价，建立健全各级党政负责人与绿色生产新型经营主体的环保绩效考核奖惩制度和生态环境损害责任终身追究制度。对农业绿色发展中取得显著成绩的单位和个人，按照有关规定给予表彰，对落实不力的进行问责。

分　论

专题研究

第一篇 改革开放四十周年专题研究

一、40年农业农村改革发展和未来政策走向

肇始于1978年的农村改革,其对后来的经济社会发展带来了持续深远、意义非凡的影响,引起了许多专家学者的共鸣。从"大包干"到土地制度改革、农产品购销体制改革、鼓励创办乡镇企业、改革农村税费制度、推行精准扶贫脱贫战略等等,农业农村改革波澜壮阔、成效斐然,推动我国农业生产、农民生活、农村面貌发生了巨大变化,为我国改革开放和社会主义现代化建设作出了重大贡献。我国农村改革的成功实践,不仅为全国整个经济转轨、社会转型探索了道路,也为世界一些国家的土地制度改革、促进农村发展提供了有益借鉴。

一部农村改革的历史,正是我们国家跨越式发展的缩影。40年的改革与发展为农业农村现代化提供了物质基础,并创造了制度条件。但改革没有休止符、改革发展只有进行时。正如习近平总书记所讲,"新时代全面深化改革决心不能动摇、勇气不能减弱";"改革开放是决定当代中国命运的关键一招,也是实现中华民族伟大复兴的关键一招"。目前城乡融合互动的体制机制依然不畅,要素没有实现双向自由流动;城乡收入消费差距依然存在,农村公共服务总量不足、结构性矛盾突出;乡村治理体系不完善,治理能力现代化程度有待提高;农业现代化进程相对滞后,与工业化、城镇化和信息化还有不小差距。与建设现代化强国的目标相比,中国发展不平衡不充分的矛盾主要在农业农村方面。本研究对中国农村改革40年的历程、成就和经验作一个回顾,总结提炼农村改革的主要经验,分析今后一段时期全面深化农村改革面临的主要问题,并提出下一步农村改革深化拓展的方向。

(一)农业农村改革发展40年回顾

我国农村改革阶段是以改革不断深入的程度进行划分的,并结合不同时期改革

的主要制度,包括农村基本经营制度改革、经济体制改革、农产品流通体制改革、城乡发展一体化制度改革、农村机制体制创新等,分为六个阶段,分别是探索突破阶段、拓展深入阶段、重点推进阶段、结构调整阶段、城乡统筹阶段以及全面深化阶段。

1. 探索突破阶段(1978—1983年)

1978年十一届三中全会的召开正式拉开了我国农村改革的大幕,部分地区率先试行了"包产到户"与"包干到户"等不同类型的农业经营形式,家庭联产承包责任制逐步得到推广与确立。

(1)家庭联产承包责任制开启了农村改革的序幕。1982年中央"一号文件"首次以中央名义明确提出包产到户和包干到户"都是社会主义生产责任制"。1983年第二个中央"一号文件"对家庭联产承包责任制给予高度评价,正式从理论上阐明了家庭联产承包责任制"是在党的领导下中国农民的伟大创造,是马克思主义农业合作化理论在我国实践中的新发展"。至此,以"交够国家的,留够集体的,剩下都是自己的"为特征的家庭联产承包责任制在我国确立和实施。家庭联产承包责任制使农村释放出了巨大活力,解决了农产品供给激励机制缺乏问题,促进了农业的增产和农民的增收。据统计,农村改革探索突破阶段,我国粮食总产量由最初的30 476.50万吨增长到了38 727.50万吨;人均粮食占有量方面也由1978年的319千克/人增加到1983年的378.45千克/人;农民人均纯收入在扣除价格因素后由133.60元/人增加到1983年的309.80元/人。

(2)"乡政村治"格局稳定了农村社会。家庭联产承包责任制在全国范围内的推广及国家对农产品市场价格的初步探索,开始不断冲击着僵化且失去活力的人民公社制度。1979—1982年,全国9个省(市)213个公社开展"政社分开"试点工作,其中有5个县全部建立了乡政府。在总结各地实践经验的基础上,1982年,宪法赋予村民委员会作为农村基层自治组织的法律地位,并明确了其性质和权利。1983年10月,中共中央、国务院颁布《关于实行政社分开建立乡政府的通知》,实行"政社分开",规定建立乡(镇)政府作为基层政权,成立农村居民委员会作为群众性的自治组织。至此开始,我国农村地区正式形成"乡政村治"的治理格局,理顺了政府和群众的关系,调动了农民生产的积极性,为农村社会的稳定和农村经济的发展发挥了不可替代的作用。

该阶段重点要解决的核心问题土地生产的集体主义、分配的平均主义。通过土地的"包产到户,责任到人",突破了旧的农业生产体制,确立了家庭联产承包责任制。相应的，为破除"一大二公""大锅饭"的平均主义，适应经济体制改革，开始开展"政社分开"试点工作，在总结经验基础上，开始在农村建立乡政府，成立村民委员会，政社相应分开，并赋予其法律地位。由此，"乡政村治"的建立改变了我国农村旧的经营管理体制，重塑农村基层社会组织，促进了经济的增长，给中国40经济发展和结构转型创造了最基本条件。

2. 拓展深入阶段（1984—1991年）

针对家庭联产承包责任制产权不明确和分散化经营的问题，国家决定延长土地承包期，允许土地在符合一定条件下流转，并且把家庭联产承包责任制作为我国的一项基本制度长期稳定下来。由于土地政策的松动，农村各类经济主体开始踏上发展的快车道，农民开始在集体土地上兴办工厂，成立企业。

（1）家庭联产承包责任制的完善进一步促进了农业发展。为使农地产权更加稳定，增加农户长期投资，1984年的中央一号文件明确地指出将延长土地承包期到15年。1991年颁布的《中共中央关于进一步加强农业和农村工作的通知》，"把家庭联产承包为主、统分结合的双层经营体制，作为我国乡村集体经济组织的一项基本制度长期稳定下来，并不断充实完善"。"家庭联产承包责任制"的进一步完善进一步增加了农民收入，促进了农业发展。据统计，农村居民家庭平均每人纯收入从1984年的355.3元/人增加到1991年的708.6元/人，粮食产量从1984年的4.1亿吨增加到1991年的4.4亿吨，农林牧渔业总产值从1984年的3 214.13亿元增加到1991年的8 157.03亿元[①]。

（2）农产品市场化改革激发农产品市场活力。1985年中央"一号文件"提出，除个别商品外，国家不再对农产品实行统购派购，按照不同情况分别实行合同定购和市场收购，即价格"双轨制"。各种农副产品工业大幅增加，农产品品质也有了很大提高。据统计，水果产量从1984年的984.53万吨增加到1991年的2 176.13万吨。肉类产量从1984年的1 540.60万吨增加到1991年的3 144.40万吨。水产品总产量从1984年的619.34万吨增加到1991年的1 350.78万吨。

（3）乡镇企业助力我国经济社会发展。1985年"一号文件"明确了对乡镇企业实施信贷、税收等优惠条件。自此，乡镇企业进入了黄金发展时期。习惯上将1984—1988年作为乡镇企业全面快速发展阶段。乡镇企业的发展使农民实现了"离

---

① 数据来源：中国统计年鉴。

土不离乡"。据统计，1984—1988 年，乡镇企业吸纳农村剩余劳动力 9 545 万人①（图2）。所以，乡镇企业的助力是当时我国经济社会发展一个不可忽略的重要因素。

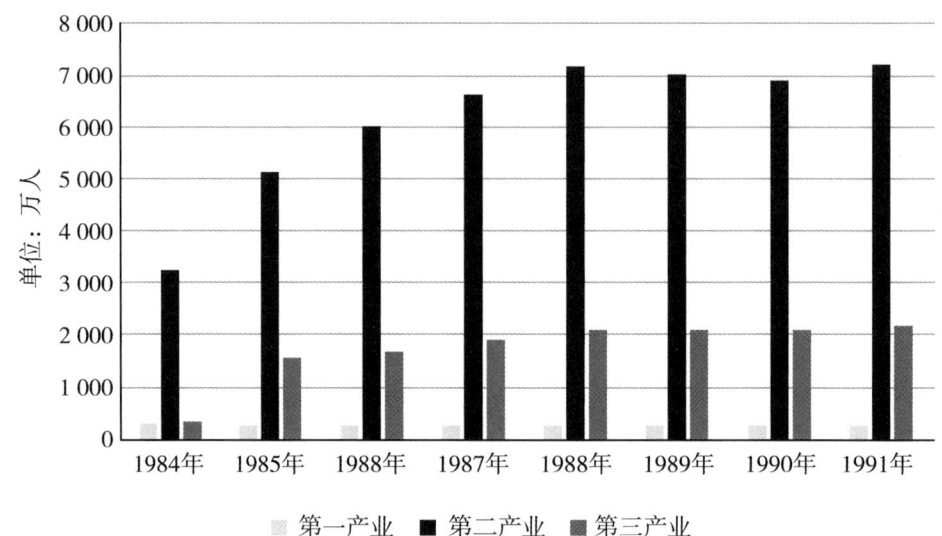

图 2　1984—1991 年乡镇企业从业人员变化情况②

该阶段重点要解决的核心问题是继续完善家庭联产承包责任制，加快农产品市场化改革和促进乡镇企业发展。通过延长土地承包期，把家庭联产承包责任制作为一项基本制度稳定下来，从而确立了家庭联产承包责任制的制度地位。通过家庭联产承包责任制的完善、农产品市场化改革和乡镇企业发展进一步扩展深化了农业农村各项改革，促进了农业农村发展。

3. 重点推进阶段（1992—1998 年）

中共十四大正式确立了中国建立社会主义市场经济体制的改革目标，改革进入了一个新的历史发展阶段，农村改革也开始转向建立社会主义市场经济体制。农产品供给实现了由短缺向供求基本平衡，丰年有余的历史性转变，为我国农业农村经济发展步入重点推进阶段奠定了坚实的基础③。

（1）农村劳动力转移解决就业问题。1993 年党的十四届三中全会的召开，更加强调改革开放，并指出，"鼓励和引导农村剩余劳动力逐步向非农产业转移和地

---

① 陈锡文，读懂中国农民农业农村 [M]. 北京：外文出版社，2018。
② 数据来源：中国乡镇企业统计资料。
③ 万宝瑞，我国农村改革的光辉历程与基本经验 [J]. 农业经济问题，2018（10）：4-8。

区内的自由流动",进一步促进了农村剩余劳动力向城市的转移就业,开启了从"离土不离乡"到"离土离乡"的模式。此时,国家采取改革中小城市和城镇户籍管理制度等措施,引导农村劳动力有序转移就业。根据国家统计局统计,1992年在城市的农民工4 600万人,到1998年已达到1亿人左右。

(2)农产品购销体制改革推动了整体市场化进程。十五届三中全会确定了"按照高产优质高效原则,全面发展农林牧副渔各业;重点围绕农副产品加工和发展优势产品,调整、提高农村工业;结合小城镇建设,大力发展第三产业。"全国开始调整优化农业和农村经济结构,初步建立了农产品市场体系,逐步取消产品统派购制度,相继建立了农产品收购保护价政策,扩大了农产品市场调节范围。国家逐步放开了农业生产资料由供销社单一渠道供应的管制,允许各类主体经营种子、化肥、农药等。1998年《国务院关于深化化肥流通体制改革的通知》发布,其主要内容就是改变国家对化肥流通的直接计划管理,强调发挥市场配置化肥资源的基础性作用,取消了国产化肥指令性生产计划和统配收购计划。

该阶段重点要解决的核心问题是加快农村剩余劳动力转移就业和深化农产品购销体制改革。为适应城镇化进程,统派购制度取消,建立了农产品收购保护价政策,农业生产资料的供给也呈现多元化。通过农村剩余劳动力的转移,为城市提供了大量廉价的劳动力,进一步促进经济的发展,也增加了农民的收入。

4. 结构调整阶段(1999—2003年)

城市改革经过十多年快速发展,城乡发展严重失衡,农业生产环境出现复杂局面,农民收入增幅连续几年低速徘徊在4%以下,严重影响到了小康社会建设进程①。

(1)农村税费改革调整了工农发展关系。为缩小城乡收入差距,切实解决"三农"问题,减轻农民负担,保持农业、农村的健康稳定发展,我国开始实行农村税费体制改革。2000年,中共中央、国务院以安徽省为试点,正式启动了农村税费改革工作。在总结试点经验的基础上,2002年3月将改革试点扩大到16个省(市、区)。2003年3月,国务院发布《关于全面推进农村税费改革试点工作的意见》,进一步完善了农村税费改革的相关制度、配套措施。农村税费改革后,全国人均减税额73.4,减负率50.6%,其中浙江省农民人均减税额58元,减负率63%,下降

---

① 万宝瑞,我国农村改革的光辉历程与基本经验[J].农业经济问题,2018(10):4-8。

幅度最大①。

（2）加入WTO推进农业对外开放。2001年我国正式加入世界贸易组织，农业对外开放的广度和深度不断得到拓展，农业价格政策和投资政策逐步适应WTO规则要求，农业全面对外开放的格局逐步形成。其中有两个重要表现，其一，逐步削减农产品关税，取消进口非关税措施，对粮食、植物油、棉花、食糖、羊毛等重点农产品进口实行关税配额管理。其二，调整农业国内支持和出口补贴政策。根据加入谈判承诺，逐步建立完善符合世贸组织规则的农业支持补贴制度与政策体系，将国内支持中的黄箱补贴上限约束在8.5%，取消所有农产品出口补贴。

（3）农村土地流转促进农业、农村经济发展和农村社会稳定。为适应当时的农业发展趋势，2002年颁布《农村土地承包法》，用法律形式"赋予农民长期而有保障的土地使用权"，维护农村土地承包当事人的合法权益。2002年12月，中共中央政治局会议首次提出要把农业、农村、农民问题作为全党工作的重中之重。2003年1月，中央农村工作会议召开，进一步明确了"三农"工作的"重中之重"，"三农"工作在新世纪初拉开了突破性前进的序幕。

该阶段重点要解决的核心问题是减轻农民负担，保持农业、农村持续健康发展。通过农业税费的改革切实增加了农民收入，缩小了城乡收入差距。通过加入WTO，我国农业补贴支持保护政策越来越与国际接轨。通过农村税费改革、加入WTO和颁布《农村土地承包法》促进了我国农业对外开放的步伐，减轻了农民的负担。"三农"问题得到了党中央的高度重视，成为全党工作的重中之重。

5. 城乡统筹阶段（2004—2012年）

2004年年底，党中央根据农民收入增速放缓，城乡发展严重失衡的新形势，提出把解决好"三农问题"作为全党工作的重中之重，从统筹城乡发展的战略高度，确立了工业反哺农业、城市支持农村的发展方略②，农村改革进入了城乡统筹的新阶段。在此背景下，农村社会保障制度也在不断完善。

（1）以工促农、以城带乡实现工业与农业、城市与农村协调发展。2004年中央一号文件重新锁定"三农"，实行以"取消农业税、工业反哺农业、扭转城乡居民收入差距扩大趋势"为主要内容的农业新政。在中央一系列重要政策指导下，以工促农、以城带乡、工农互惠、城乡一体的新型工农城乡关系重新建立。2011年

---

① 骆惠宁，综合性制度创新：农村税费改革的必由之路［M］．北京：人民出版社，2004。
② 方言，深化改革，加快推进农业农村现代化［N］．中国经济导报，2018-11-01第2版。

底,中国城镇化率首次超过50%,达到了51.3%,意味着中国超过一半的人生活在城镇而不再是农村,几亿农民的生活至此彻底改变①。继而党的十八大提出"促进工业化、信息化、城镇化、农业现代化同步发展"要求,这是新时期解决我国经济社会发展深层次问题的路径选择。

(2)取消农业税为农村经济社会发展注入活力。为进一步减轻农民的农业税收负担,2006年实现了全面取消延续两千多年的农业税,国家与农民的关系实现了由"取"到"予"的转折。不仅如此,对种粮农民实行直接补贴,对部分地区推广良种和购买农机具进行补贴,极大地调动了农民的生产积极性;加大对财政困难县和产粮大县的财政转移支付力度,增强了地方政府发展粮食生产和解决实际困难的能力。据统计②,2006年取消农业税,农民不仅直接减轻了原有300多亿元的农业税负担,而且减轻了700多亿元的"三提五统"和农村教育集资等负担,还减少了约250亿元的各种不合理收费,共减轻农民负担约1 250亿元,每个农民减负120元左右,增加了农民可支配收入,扩大了农村有效需求,调动了农民的生产积极性,为农村经济社会发展注入了活力。

该阶段重点要解决的核心问题是缩小城乡收入差距,加大对农业的补贴,实现工业与农业、城市与农村协调发展。通过取消农业税、加大对农民种粮补贴和农机购置补贴,以及中央的财政转移支付,进一步减轻了农民的负担,促进了农业经济发展、农民收入增长,缩小了城乡收入差距。

6. 全面深化改革阶段(2013年以来)

党的十八大以来,农业农村的综合型改革不断深入。在这一时期,改革的战略地位和作用进一步提升和凸显。新一轮农村改革具有明显以问题为导向,市场为突破,在完善承包经营权、精准扶贫、促进城乡融合发展、推动农产品市场化改革等方面取得了显著成效。党的十九大报告提出实施乡村振兴战略,开启了农业农村发展的新篇章。

(1)土地制度改革催生新型农业经营组织不断发展。2013年提出全面开展农村土地确权登记颁证工作,计划用5年时间完成确权颁证工作。2016年,国务院颁布《关于农村土地所有权承包权经营权分置办法的意见》,将农村土地产权中的土

---

① 魏延安,农村改革四十年的演变轨迹及其新时代新征程[J].陕西行政学院学报,2018,32(1):94-100。

② 熊晶白、熊德平,我国取消农业税的政策背景与效应——基于制度分析框架的回顾与总结[J].税收经济研究,2011(4):75-80。

地承包经营权进一步划分为承包权和经营权，实行所有权、承包权和经营权的分离。三权分置改革突破性解决农民的财产权、经营权的问题。促使家庭农场、合作社、社会化服务组织、企业等多元新型农业经营组织不断生成发展。

（2）精准扶贫为橄榄型社会新格局积累了条件。2013年11月，习近平在湖南湘西考察时指出"因地制宜发展才是真正的发展，是人民群众脱贫的根本保证。"精准扶贫战略理念开始初步形成。2015年11月23日，《关于打赢脱贫攻坚战的决定》正式把精准扶贫作为中国扶贫事业的基本方略。在一系列方针政策的指引下，近年来我国减贫事业成效显著，现行标准下农村贫困人口由2012年的9899万人减少到2017年的3046万人，贫困县由832个减少679个。中共十九大报告中再次提出要坚决打赢脱贫攻坚战，将脱贫攻坚战略确定为三大攻坚战之一。

（3）推进城乡公共服务均等化缓解了城乡二元结构。党的十八大指出要坚持把国家基础设施建设和社会事业发展重点放在农村。"十三五"规划纲要提出到2020年全面建成小康社会，促进城乡公共资源均等配置，健全农村基础设施投入长效机制。截至2016年年末，中国农村地区的住房拥有率、经净化或受保护的饮用水比例、可集中供水或部分集中供水的乡镇比例、已通公路的村子比例、拥有医疗卫生机构的乡镇比例均达到或接近90%[①]。农村实现村村通电话、乡乡能上网、广播电视基本全覆盖。农村教育基础设施继续改善，农村医疗卫生服务体系进一步健全。新型农村社会养老保险与城镇居民养老保险逐渐开始并轨，基本实现制度全覆盖。

（4）乡村振兴战略深化农村改革。在正确判断当前的工业化城镇化发展阶段，充分认识到当前城乡发展不平衡不充分等问题基础上，提出实施乡村振兴战略，以实现农业农村现代化为总目标，坚持农业农村优先发展为总方针，并提出了产业兴旺、生态宜居、乡风文明、治理有效、生活富裕的总要求，以建立健全城乡融合发展体制机制和政策体系为制度保障，作为指导未来农业农村现代化发展的指导性方针，乡村振兴成为新时期做好"三农"工作应遵循的纲领性思想。

该阶段国家不断出台各项精准扶贫政策，贫困人口和贫困发生率显著下降。而且，通过不断加大对农村基础设施的投入，公共服务体系不断完善，推进了城乡公共服务均等化。

（二）农业农村改革发展主要成就

通过以工补农、以城带乡以及精准脱贫政策、推进城乡公共服务均等化，使我

---

① 数据来源：第三次全国农业普查主要数据公报（2016年）。

国农业农村发展取得了世人瞩目的显著成就。

1. 农业物质技术装备条件明显改善，提高和丰富了居民食物消费水平与结构

农业农村改革40年来，实现从传统农业向现代农业的大跨步转型①。第一，农田基础设施条件显著改善。高标准农田建设稳步推进，2011—2017年全国建设高标准农田约5.6亿亩，耕地质量提升一到两个等级，粮食产能提高10%~20%②；大中型灌区续建配套和节水改造和中小型农田水利设施建设成效显著，全国有效灌溉面积从1978年的4 496.5万公顷增长到2017年的6 785.1万公顷，增幅达50.89%。第二，农业科技创新和技术推广持续强化。建立了庞大且学科分类齐全的公共农业科研体系和覆盖全国所有乡镇的国家农业技术推广体系，2017年农业科技进步贡献率达到57.5%③；农业科技投入不断增加，从1978年的7.2亿元提高到2015年的550亿元④。第三，农业机械化和信息化水平明显提升。水稻栽植、玉米和马铃薯收获等环节机械化作业水平明显提高，主要农作物耕种收综合机械化水平超过65%，其中小麦基本实现全程机械化⑤；实施"互联网+"现代农业行动，现代信息技术在农业生产、经营、管理和服务中得到广泛应用，农业信息监测预警体系初步建立。第四，防灾减灾能力大幅提高。1978年全国农业成灾面积曾高达2 445.7万公顷，2017年则降至920.1万公顷，仅为1978年的37.62%。

农产品供应能力的大幅提高，极大地丰富了居民食物消费种类，改善了居民食物消费结构⑥。据FAO数据（表4），从居民消费总量看，2013年与1978年相比，我国谷物消费量增长45.98%，食用油消费量增长3.42倍，猪肉消费量增长5.29倍，其他肉类及蛋奶制品消费量涨幅均超过10倍。据国家统计局数据⑦，从城乡居民人均消费量看（表5），2012年与1981年相比，均出现粮食和蔬菜消费量减少、

---

① 宋洪远，中国农村改革40年：回顾与思考［J］．南京农业大学学报（社会科学版），2018（3）：1-11，152。
② 到2022年全国将确保建成10亿亩高标准农田，新华网，2018-10-28，网址：http://www.xinhuanet.com/fortune/2018-10/28/c_129980765.htm。
③ 我国农业科技进步贡献率达57.5%，中国政府网，2018-09-26，网址：http://www.gov.cn/guowuyuan/2018-09/26/content_5325347.htm。
④ 黄季焜，四十年中国农业发展改革和未来政策选择［J］．农业技术经济，2018（3）：4-15。
⑤ 农业部部长：我国农业机械化水平明显提高，中国证券网，2017-09-29，网址：http://news.cnstock.com/news.bwkx-201709-4136306.htm。
⑥ 马晓河、刘振中、钟钰，农村改革40年：影响中国经济社会发展的五大事件［J］．中国人民大学学报，2018（3）：2-15。
⑦ 2013年以后国家统计局开始公布全国居民主要食物人均消费数量，根据当年城乡人口数量，计算主要食物消费总量。

肉蛋奶油和瓜果消费量增加的趋势,城镇居民食物消费量普遍高于农村居民消费量,但两者差距在缩小;从全国居民人均消费量看(表5),2017年与2013年相比,仅粮食消费量减少11.87%,其他主要食物消费量则均持续增长,其中猪肉增加3.77%,牛肉增加20.96%,羊肉增加30.82%,禽类增加20.83%,蛋及其制品增加19.42%,奶及其制品增加5.90%。从总体上看,我国居民食物消费中粮食等主食消费量大幅减少,肉蛋奶等动物性食物消费量明显增加,即膳食结构从以植物性食物消费为主转变为动植物食物消费并重且营养搭配更加科学①。

表4 FAO统计口径下我国居民主要食物消费总量变化情况 (万吨)

分类	1978	1980	1990	2000	2010	2012	2013a
谷物 b	14 550	15 490	20 400	21 053	20 743	21 106	21 240
食用油	238	318	710	856	1 115	1 089	1 054
猪肉	869	1 202	2 324	3 708	4 990	5 313	5 469
牛肉	31	36	116	511	682	693	740
羊肉	32	45	108	270	408	416	437
禽类	155	169	385	1 333	1 784	1 920	1 945
蛋类	239	265	746	2 018	2 538	2 627	2 642
奶类	298	300	691	1 238	4 303	4 646	4 701
坚果类	27	27	40	114	337	379	377

注:a. FAO数据仅更新到2013年;b. 谷物消费量根据小麦、大米、大麦、玉米、黑麦、燕麦、小米、高粱和其他谷物消费量加总得到。

数据来源:FAO数据库食物平衡表。

表5 国家统计局口径下我国居民人均主要食物消费量变化 (千克)

| 购买/消费量 | 1981年 | | 2012年 | | 消费量 | 2013年 | 2017年 |
	农村	城镇	农村	城镇			
粮食(原粮)	256.1	145.4	164.3	78.8	粮食	148.71	130.12
猪牛羊肉	8.7	18.6	16.4	24.9	猪牛羊肉	22.22	23.31
禽类	0.7	1.9	4.5	10.8	禽类	7.19	8.89
蛋及其制品	1.3	5.2	5.9	10.5	蛋类	8.24	10.01
奶及其制品		4.1	5.3	14	奶类	11.66	12.13
水产品	1.3	7.3	5.4	15.2	水产品	10.42	11.46

---

① 周晓雨、逄学思、郭燕枝、孙君茂,日本食物消费结构变化及对中国的启示[J]. 中国农业科技导报,2018(2):80-85。

(续表)

购买/消费量	1981年		2012年		消费量	2013年	2017年
	农村	城镇	农村	城镇			
植物油	1.9	4.8	6.9	9.1	食用油	10.6	10.42
					食用植物油	9.92	9.81
瓜果及其制品	——	21.2	22.8	56.1	干鲜瓜果	40.75	50.13
蔬菜	124	152.3	84.7	112.3	蔬菜及食用菌	97.52	99.19

注：a. 城镇居民数据最早到1981年；b. 2013年及以后居民食物消费量统计口径改变，2013年前城镇居民收支数据来源于独立开展的城镇住户抽样调查。

数据来源：国家统计局。

2. 农业产业结构、区域布局发生深刻调整，农业资源要素配置进一步优化

农业农村改革40年来，随着广大农户生产经营自主权的增强和市场机制逐渐成为资源配置的决定性力量，我国农业产业结构发生了深刻调整，农产品生产日益向优势产区聚集，推动了农业资源要素配置的进一步优化。

第一，农业产业结构调整成效显著，发展协调性增强。我国农业产业结构不断调整优化，由以粮食生产为主的种植业经济向多种经营和农林牧渔全面发展转变。从产值构成来看，1978年农业产值占农林牧渔业产值的80.0%，处于绝对主导地位，林业、畜牧业和渔业产值分别占3.4%、15.0%和1.6%。2017年农业产值占农林牧渔业产值的55.8%，比1978年下降了24.2个百分点；林业占4.8%，提高1.4个百分点；畜牧业占28.2%，提高13.2个百分点；渔业占11.1%，提高10.4个百分点。实施质量兴农战略，推动农业由增产导向转向提质导向，农业产业结构调整向纵深迈进。在保持粮食生产稳定发展的同时，经济附加值较高的各类经济作物和特色作物生产发展迅速。各地围绕市场需求变化，加大市场短缺的农产品生产，强筋、弱筋等专用小麦、优质稻、"双低"油菜等种植面积扩大，有机、绿色等生态、质量安全水平较高的农产品生产加快，具有显著地域特点的特色农产品快速发展。据农业农村部统计，截至2017年年底，我国"三品一标"产品总数达12.2万个。

第二，农业生产区域布局日趋优化，主产区优势逐渐彰显。从粮食生产来看，粮食主产区稳产增产能力增强，确保国家粮食安全的作用增大。2012年主产区粮食产量合计9 393亿斤，占全国粮食总产量的76.7%，比1978年提高7.4个百分点。2017年主产区粮食产量合计达到10 428亿斤，占全国粮食总产量的78.8%，比2012年提高2.1个百分点。在主要粮食品种中，小麦主要分布在河南、山东、河

北、安徽和江苏等省份，2017年5省小麦产量合计占全国小麦产量的79.2%，比1978年提高23.9个百分点。大豆主要分布在黑龙江、内蒙古和安徽等，2017年3省大豆产量占全国大豆产量的61.9%，比1978年提高28.7个百分点。从经济作物生产来看，也正进一步向优势产区集中。2012年新疆棉花产量388万吨，占全国棉花产量的58.8%，比1978年提高56.3个百分点。近年来，国家在新疆开展棉花目标价格改革试点，其他棉区生产萎缩，新疆棉花生产的重要性进一步强化。2017年新疆棉花产量为457万吨，占全国棉花产量的80.8%，比2012年提高了22.0个百分点。另外，糖料、蔬菜、水果、中药材、花卉、苗木、烟叶、茶叶等农产品生产也都形成了优势区域和地区品牌[①]。

3. 打破城乡二元经济社会结构鸿沟，从城乡统筹向城乡融合渐进式迈进

通过实施统筹城乡发展的基本方略、推进户籍管理制度改革、促进农村劳动力向城镇转移就业、推进城乡基本公共服务均等化等举措，逐步破除了城乡二元经济社会结构，推动了城乡融合发展。第一，取消农业户口与非农业户口性质区分。户籍制度发生了深刻变化，2014年7月国务院发布的《关于进一步推进户籍制度改革的意见》，提出了取消农业户口与非农业户口性质区分、全面放开建制镇和小城市落户限制、有序放开中等城市落户限制等一系列举措；以及后来的《居住证暂行条例》和《推动1亿非户籍人口在城市落户方案》等政策文件，共同构成了我国户籍制度改革政策框架[②]。第二，农村基础设施明显改善。2016年年末，全国通公路、通电、通电话、安装有线电视的村（包括村委会和涉农居委会，下同）分别占全部村的99.3%、99.7%、99.5%、82.8%，比十年前分别提高了3.8个、1个、1.9个、25.4个百分点。第三，农村环境整治取得新成效。2016年年末，91.3%的乡镇集中或部分集中供水，90.8%的乡镇生活垃圾集中处理或部分集中处理；73.9%的村生活垃圾集中处理或部分集中处理，17.4%的村生活污水集中处理或部分集中处理；36.2%的农户使用水冲式卫生厕所，53.5%的村完成或部分完成改厕。第四，农村基本公共服务显著提升。2016年年末，全国有体育健身场所和农民业余文化组织的村分别占全部村的59.2%、41.3%，比十年前分别提高48.5个、26.2个百分点。

---

① 农村改革书写辉煌历史 乡村振兴擘画宏伟蓝图——改革开放40年经济社会发展成就系列报告之二十，国家统计局网站，2018-09-18，网址：http://www.stats.gov.cn/ztjc/ztfx/ggkf40n/201809/t20180918_1623595.html.

② 刘金伟，新一轮户籍制度改革的政策效果、问题与对策[J]. 人口与社会，2018（4）：89-98；陈鹏，新一轮户籍制度改革：进展、问题及对策[J]. 行政管理改革，2018（10）：57-63.

2017年，全国农村低保的年平均标准为4 300.7元/人，比2012年增长1.1倍，新型农村合作医疗基本实现全覆盖，切实减轻了农民医疗负担①。

4. 与国情发展阶段相适应的收入分配制度基本建立，促进了农民持续增收和农村减贫

基本形成了与国情发展阶段相适应的以按劳分配为主体，多种分配方式并存的收入分配制度。40年来，我国收入分配制度探索过程可概括为以下五个方面：第一，提出先富、后富与共同富裕的分配指导思想。针对计划经济体制下长期存在的平均主义分配理念和做法，提出"允许一部分人、一部分地区通过勤奋劳动与合法经营先富起来，先富带动后富，逐步实现共同富裕"新理念。第二，确立了按劳分配为主，其他分配方式并存的基本分配制度以及实行按劳分配与按要素分配相结合的分配方式。第三，确立了非劳动收入的合法地位和性质。随着改革开放和实践创新的进一步发展，劳动、资本、技术、管理等都是创造社会财富的重要源泉，"一切合法的劳动收入和合法的非劳动收入都应该得到保护"。第四，加快缓解收入分配差距不断扩大的现实问题和分配的公平正义。针对城乡居民收入差距不断扩大问题，十八大提出初次分配和再分配都要兼顾效率和公平，再分配更加注重公平的政策思路，强调要完善劳动、资本、技术等要素按贡献参与分配的初次分配机制，加快健全以税收、社会保障、转移支付为主要手段的再分配调节机制。第五，探索"共享发展"新理念的体制机制实践创新，实现公平正义的发展目标。十九大提出要以共享发展为引领，坚持按劳分配原则，完善按要素分配的体制机制，促进收入分配更合理、更有序②。

2017年农民人均可支配收入13 432元，扣除价格因素，较1978年增长15.3倍，年均增长7.4%；农民人均收入用37年时间实现跨万元大关（图3）。同时，我国农村减贫事业也取得了巨大成效，按照100元的1978年贫困线标准，我国贫困人口规模为2.5亿人，贫困发生率为30.7%；按照2010年1 274元的贫困线标准，2010年贫困人口规模为1.65亿人，贫困发生率为17.2%，到2017年贫困规模下降到3 046万人，贫困发生率降至3.1%③。改革开放40年来，我国农村7亿多贫困人

---

① 民政部：去年全国共有城乡低保对象5 306万余人，新华网，2018-08-14，网址：http://www.xinhuanet.com/city/2018-08/14/c_129932275.htm。
② 权衡，中国收入分配改革40年：实践创新、发展经验与理论贡献[J]. 中共中央党校学报。
③ 蒋和平，改革开放四十年来我国农业农村现代化发展与未来发展思路，农业经济问题，2018（8）：51-59。

口摆脱贫困①。

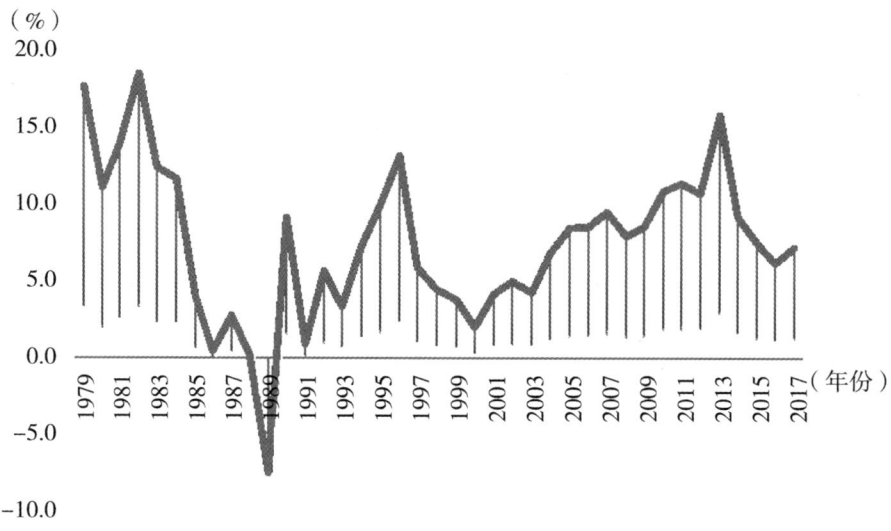

图3 改革开放40年我国农民人均收入增长率变化变化

数据来源：国家统计局。

5. 形成了城乡、三产间要素互促互动新局面，衍生出一批融合新业态、新模式

2004年中央经济工作会议提出，"我国现在总体上到了以工促农、以城带乡的发展阶段"。十九大提出，实施乡村振兴战略，促进农村一二三产业融合发展，把城市和农村作为一个整体，统一规划，形成与地域空间相适应、与地区资源相匹配、城乡协调发展的产业体系，支持和鼓励农民就业创业，拓宽增收渠道②，初步形成了城乡、三产间要素互促互动新局面。

我国农业产业已经突破了传统意义上的传统农业概念，衍生出一批与农业生产紧密相关的农产品加工业、休闲农业和乡村旅游业、农村电子商务等三产融合新业态、新模式。第一，农产品加工业稳中向好。2017年，全国农产品加工企业主营业务收入超过22万亿元，与全国农业总产值之比由2012年的1.9∶1提高到2.2∶1；规模以上农产品加工企业8万多家，年销售收入超过1亿元的近2万家，超过100亿元的70家；一半以上的加工企业通过前延后伸构建全产业链价值链，成为农村产业融合发展的主导力量。第二，休闲农业和乡村旅游蓬勃发展。2017年，全国休

---

① 中国扶贫改革40周年座谈会在京召开，国务院扶贫办网站，2018-12-08，网址：http://www，cpad，gov，cn/art/2018/12/8/art_624_91743，html。
② 农业农村部就促进农村产业融合发展助推乡村振兴举行发布会，中国政府网，2018-06-15，网址：http://www，gov，cn/xinwen/2018-06/15/content_5298940，htm#allContent。

闲农业和乡村旅游类经营主体达 33 万家，接待游客超过 28 亿人次，收入超过 7 400 亿元，从业人员 900 万人，带动 700 万户农民受益，成为天然的农村产业融合主体。第三，农村创业创新活力迸发。2017 年，全国返乡下乡双创人员累计达 740 万人，农村本地非农自营人员 3 140 万人；54%的返乡下乡创业创新人员运用了网络等现代手段，82%以上创办的是产业融合项目，89.3%是多人联合抱团创业，形成了一大批农村产业融合利益共同体。第四，农村一二三产业融合发展态势形成良好局面。农业与加工流通、休闲旅游、文化体育、科技教育、健康养生和电子商务等产业深度融合，催生出大量的新产业、新业态、新模式。据测算，农村产业融合使订单生产农户的比例达到 45%，经营收入增加了 67%，农户年均获得的返还或分配利润达到 300 多元①。

（三）农业农村改革发展主要经验

农业农村改革 40 年来，取得了巨大成就，也积累了丰富的宝贵经验。这些经验从中国农业农村的实际出发，有着扎实的现实基础，把握住了中国农业农村发展的关键，在新形势下深化农村改革行动中应该继续坚持。

1. 坚持"三农"重中之重的战略地位不动摇

改革开放以来"三农"事业稳步快速发展，成为全局稳定的"定海神针"，得益于党中央始终坚持把"三农"问题作为全党工作的重中之重。务农重本，国之大纲②，尽管随着改革开放深入和经济结构优化，农业占国内生产总值的比重在持续下降，但基础性地位没有改变。改革开放 40 年来，中共中央先后下发了 20 个以农业、农村和农民为主体的"一号文件"，其中 1982—1986 年连续下发 5 个"一号文件"，强调调动农民生产积极性，搞活农村经济，并由此解决了农民的温饱问题。2004—2018 年连续下发 15 个以农村改革为主体的"一号文件"，强调"三农"工作重中之重的战略地位，不断加大强农惠农富农的政策力度，全面深化农村改革，农村改革和发展取得了历史性成就③。

在改革开放以来的每一个阶段，党和政府都对"三农"问题的战略性把握和全

---

① 农村一二三产业融合助力乡村振兴．农业农村部网站，2018-06-15，网址：http：//www，moa，gov，cn/xw/zwdt/201806/t20180615_6152210，htm。
② "三农"问题是重中之重，中国农产党新闻，2017 年 08 月 01 日，网址：http：//theory，people，com，cn/n1/2017/0801/c40531-29441299，html。
③ 彭海红．中国农村改革 40 年的基本经验［J］．中国农村经济，2018（10）：107-118。

局性布局，促进了农业稳步快速发展，农村面貌焕然一新，农民生活水平大幅度提高。改革开放初期，邓小平同志赋予并肯定了农业的基础地位，坚持"农业是基础，始终要抓农业"的思想，强调"我们必须把农业作为实现现代化的战略重点，真正从思想上重视发展农业"[①]。从农村经济体制入手，以家庭承包经营为开端，推动了农产品流通和农业生产资料供应市场化改革[②]。20世纪90年代前后，江泽民高度重视"三农"问题，多次指出农业、农村和农民问题，"不但是个重大的经济问题，同时是个重大的政治问题"，且提出"一个基础、三个支撑"[③]等有很强针对性的判断[④]。这一时期农村商品流通市场化改革加快，直接带来乡镇企业"异军突起"，农村富余劳动力大规模转移，冲破了城乡二元体制[⑤]。21世纪初，胡锦涛主席强调"始终坚持农业基础地位不动摇，始终坚持加强、支持、保护农业不动摇，大力建设现代农业，切实巩固农业基础地位"[⑥]。国家管理农村经济体制大转变，城乡一体化新格局不断形成[⑦]。自2013年，习近平总书记对做好"三农"工作提出了许多新思想、新理念、新论断，强调"中国要强，农业必须强；中国要美，农村必须美；中国要富，农民必须富""任何时候都不能忽视农业、不能忘记农民、不能淡漠农村""要坚定不移深化农村改革，坚定不移加快农村发展，坚定不移维护农村和谐稳定"[⑧]；时刻将"三农"问题作为新时期社会经济发展的重点任务。

我国已进入全面建成小康社会的决定性阶段，"三农"发展的内外环境发生了很大变化，但农业仍然是国民经济的基础，农村仍然是全面建成小康社会的重点和难点，"三农"问题仍是关系中国特色社会主义发展全局的根本性问题。

2. 坚持建构粮食安全战略的大局观与全球视野

在改革开放和全球化大浪潮中，始终坚持粮食安全战略国内和全球布局，成为我国经济社会快速稳定发展的"压舱石"。粮食安全是全球共同持续关注的重大战略问题，也是关乎我国国计民生的永恒主题。1996年发布的《中国的粮食问题》

---

① 农业是基础，始终要抓农业——人民网，邓小平纪念网。
② 李国祥，四十年农村改革主要历程及启示[J].农经，2018（11）：28-32。
③ "深化农村经济体制改革，总的目标是建立以家庭承包经营为基础，以农业社会化服务体系、农产品市场体系和国家对农业的支持保护体系为支撑，适应发展社会主义市场经济要求的农村经济体制。"《十五大以来重要文献选编》（上），第531页。
④ 试论江泽民的"三农"思想——中共中央文献研究室。
⑤ 李国祥，四十年农村改革主要历程及启示[J].农经，2018（11）：28-32。
⑥ 胡锦涛：始终坚持农业基础地位不动摇——人民网。
⑦ 李国祥，四十年农村改革主要历程及启示[J].农经，2018（11）：28-32。
⑧ 习近平"三农"思想："三个必须""三个不能""三个坚定不移"——中国共产党新闻。

白皮书首次明确提出,"立足国内资源,实现粮食基本自给,是中国解决粮食供需问题的基本方针","中国将努力促进国内粮食增产,在正常情况下,粮食自给率不低于95%,净进口量不超过国内消费量的5%"。2008年国务院审议批准的《国家粮食安全中长期规划纲要(2008—2020)》重申,"粮食自给率稳定在95%以上"。农业农村部制定发布的《全国种植业发展第十二个五年规划(2011—2015)》提出,"确保自给率95%以上","水稻、小麦、玉米三大粮食作物自给率达到100%"。2013年年底中央农村工作会议上,就确定了"以我为主、立足国内、确保产能、适度进口、科技支撑"的国家粮食安全战略;"中国饭碗""中国粮食"已成为指导中国粮食发展政策的重大战略思想。

因为有着可靠的粮食安全根基,中国才能在世界经济的汪洋大海中屹立不倒。除了国内不断提高粮食生产能力保障以外,粮食安全全球战略布局不断加快和巩固,进一步打牢了我国粮食安全的根基。进入21世纪后,中国更加重视统筹利用国际国内两个市场、两种资源,制定了农业"走出去"战略规划,加强与"一带一路"沿线国家的农业合作。在一系列政策刺激下,中国对外农业投资总体规模不断上升,对外农业投资的地区分布呈现多元化趋势。2000—2015年中国大规模土地投资项目数量为131个,占全球6.24%,次于印度、英国、马来西亚,成为全球重要的对外农业投资国家。中国对外农业投资的地区分布呈现出多元化趋势,从过去的欧美、日本、澳大利亚等发达国家和地区,向"一带一路"及周边国家地区深入。中国对外农业投资的领域从种植等产业链低端环节向加工、流通等中高端环节延伸,开展跨国经营、全产业链经营的国际性企业数量不断增加[①]。中国经济依然处在新旧动能转换的关键期,新的增长动能总体上看还处于发育期,此时更容不得粮食安全有任何闪失。粮食安全的主动权,要牢牢抓在自己手上,这是今后要继续坚持的战略思想。

3. 坚持逐步完善、建设城乡之间要素平等交换

我国农业40年的稳定发展得益于计划经济向市场经济的转轨,得益于不断破除阻碍农业生产要素发育和流动的各种体制机制改革。新中国成立以来,由于实行优先发展重工业的战略,生产资料和生活资料向城市和重工业倾斜。为了形成必要的资本积累,实行人民公社和高度集中的计划经济体制,农民生产动力不足、农业

---

① 金三林、柳岩、刘乃郡,全球粮食安全形势对中国影响及战略,国务院发展研究中心《调查研究报告》[2018年第125号(总5400号)]。

发展活力缺乏，从而造成农业发展受到相当程度的抑制①。二元制度安排导致农村要素市场与城市割裂，市场发育不完全。

从农村支持城市、到"以工促农、以城带乡"、再到城乡融合发展，打破城乡要素流动的桎梏障碍，促进资源要素市场化配置，逐渐消除工农剪刀差。通过农村公共服务体制改革，缩小了城乡二元结构差距，对推进全面现代化建设产生了深刻影响。通过建立和完善农村社会保障制度，初步实现了农村公共服务从无到有、从少到多，有效遏制了公共服务城乡二元差距扩大的趋势，将城乡公共服务均等化向前推进了一大步。通过农业农村基础设施建设，提升了农业综合生产能力，培育了农村经济新动能，改善了人居生态环境，为深入推进国家全面现代化，弥补农业农村现代化短腿创造了基础条件。通过建立和完善农村公共服务体系，使得农民的健康和医疗卫生水平大幅度改善，农村人口综合素质显著提高，将为中国跨越"中等收入陷阱"、迈向现代化强国提供了有效的人力资本支撑②。政府在城乡要素配置上，不仅发挥市场在农业资源配置中的决定作用，还充分发挥政策的导向作用③。通过发挥市场在资源配置中的决定性作用，尤其在土地收入方面，在符合国家土地用途管制和土地利用总体规划的基础上，要把更多的非农建设用地留给农民集体开发，要让农民直接分享土地的增值收益④。

在新阶段下要进一步繁荣农业农村事业，要坚持破除城乡要素流动障碍的基本经验，深化改革力度。十九大以来党和政府明确提出实施乡村振兴战略，首次强调坚持农业农村优先发展，加快形成"工农互促、城乡互补、全面融合、共同繁荣"的新型工农城乡关系。这一要求更加突出农业农村在城乡一体化发展中的重要地位，也在工业与农业、城市与乡村之间的双向作用、良性互动与协同发展上提出了更高的要求。

4. 坚持发挥科技创新对农业现代化的支撑引领作用

党中央在不同时期根据实际发展需要提出了符合时代要求的农业科技发展路

---

① 蒋永穆，中国农村改革40年的基本经验："四个始终坚持"[J]. 政治经济学评论，2018，9(06)：87-94。

② 马晓河，刘振中，钟钰，农村改革40年：影响中国经济社会发展的五大事件[J]. 中国人民大学学报，2018，32（3）：2-15。

③ 万宝瑞，我国农村改革的光辉历程与基本经验[J]. 农业经济问题，2018（10）：4-8。

④ 《乡村振兴战略规划（2018—2022年）》提出，健全多元投入保障机制，提高土地出让收益用于农业农村比例，制定调整完善土地出让收入使用范围、提高农业农村投入比例的政策性意见，所筹集资金用于支持实施乡村振兴战略。

线、方针和政策，把依靠科技进步促进农业发展作为一以贯之的战略思想。一大批新品种、新技术、新工艺、新产品和新设备，在农业生产中进行转化、应用、推广。这些成果为农业农村生活方式转型升级提供了动力，支撑了农业综合生产能力大幅提升，促进了农产品质量安全水平显著提升。科技创新已成为经济社会发展的主要驱动力，知识创新、科技成果转化和产业更新换代的周期越来越短。40年间，农业科技成果举世瞩目，水稻功能基因组学等基础研究，以及超级稻、转植酸酶玉米、禽流感疫苗等重大技术研究处于世界领先水平，整体研发水平在发展中国家居领先地位并逐步缩小与发达国家的差距，正在进入由量的增长转向质的提升的跃升期。

坚持自主创新，夯实创新根基，加强相关学科教育投入和人才培养，提升原始创新能力。不断优化科技创新环境，完善激励创新的政策体系、保护创新的法律制度。实现创新投入主体、创新要素、创新管理在创新活动中的共生竞合。着力打造协同创新机制，促进科技与经济的紧密联系，以产业技术体系、科技创新联盟、产业综合体、区域共同体、科企联合体为平台和载体，形成分工协作、多学科集成的协作新格局。通过打通协同创新链条，联动科学创新、技术开发和成果转化，形成创新链、产业链和资金链有效联动，助力科技创新转化为生产力。

5. 坚持农民主体地位并着力构建长效增收机制

40年农村改革，成功的关键是顺应了实践要求和农民愿望。尊重农民首创精神、调动农民积极性、发展农业生产力是农村改革的出发点和落脚点，也是决定农村改革成败的关键。广大农民群众不是农村改革和发展实践的被动接受者，更是积极参与者和主要推动者。正如邓小平同志所指出的："农村搞家庭联产承包，这个发明权是农民的。农村改革中的好多东西，都是基层创造出来，我们把它拿来加工提高作为全国的指导。"此外，土地股份合作制、适度规模经营、农村土地"三权分置"以及外向型农业和生态农业等，都是农民在实践中不断总结创造出来的[1]。习近平同志指出："农村要发展，根本要依靠亿万农民。要坚持不懈推进农村改革和制度创新，充分发挥亿万农民主体作用和首创精神，不断解放和发展农村社会生产力，激发农村发展活力"[2]。

党基于以人民为中心的发展思想和价值取向，坚持遵循尊重农民、依靠农民、

---

[1] 万宝瑞，我国农村改革的光辉历程与基本经验[J]. 农业经济问题，2018（10）：4-8，
[2] 习近平，2017. 决胜全面建成小康社会 夺取新时代中国特色社会主义伟大胜利——在中国共产党第十九次全国代表大会上的报告. 北京：人民出版社，第14页。

为了农民的原则,出台一系列重大举措。在农村改革过程中,中国共产党始终倾听农民心声,尊重农民意愿。广大农民也是农村改革和发展成果的分享者,实现和维护好广大农民的根本利益是农村改革和发展的重要任务,是衡量农村改革成效的重要标准。广大农民平等参与农村改革发展进程,平等享受农村改革发展成果,在共建共享发展中有更多获得感和幸福感,是实现好、维护好、发展好广大农民群众根本利益这一农村改革和发展的出发点与落脚点最直接的体现①。在经济增长放缓等多重挑战下,持续推动农民增收势头不断向上,增收路径不断拓宽,增收动能不断壮大,增收机制不断健全,不仅实现农民收入增幅多年超过城镇居民收入增幅、超过 GDP 增速,还先后解决了农民温饱、实现了总体小康,通过新农村建设和精准扶贫,广大农民收入和生活水平大幅度提高,农村面貌发生巨大变化。统筹城乡经济社会发展,促进基础设施向农村延伸,基本公共服务向农村覆盖。一些重要的农村社会保障项目从无到有,农村最低生活保障制度、新型农村合作医疗制度、新型农村社会养老保险制度全面建立,保障标准不断提高。改善农民进城就业政策环境,逐步建立城乡统一的劳动力市场和公平竞争的就业制度,保障进城就业农民工的合法权益。对主要粮食品种实施保护价和最低价收购政策,建立和实施农业补贴制度,不断加大对农业的支持保护力度。持续推进扶贫开发,不断加大扶贫投入,实施精准脱贫攻坚,确保贫困人口和全国人民一道同步进入全面小康社会。

(四) 深化农业农村改革发展面临的主要矛盾

经过四十年的深化改革,农业农村变化喜欢、成就巨大。但从发展的角度、国内外对比的视野来看,也面临着一些主要矛盾。

1. 经营规模不足制约了农业现代组织和技术模式应用

农业是高度依赖自然资源的产业,土地经营规模决定了农业的基础竞争力。我国农户平均经营规模只有近 0.6 公顷,相当于韩国和日本的 1/3、欧盟的 1/40、美国的 1/400,即使将现有一半农村人口和劳动力稳定地转移出去,我国农业平均经营规模也只能达到户均 1 公顷②。小农户长期存在是我国的基本国情农情,据第三次全国农业普查数据,截至 2016 年年末,我国有 207 万农业经营户,其中,小农户

---

① 彭海红,中国农村改革 40 年的基本经验 [J]. 中国农村经济,2018 (10):107-118。
② 世界银行 WDI 数据库。

占 98.1%①。农业平均经营规模较小是我国农业基础竞争力不足重要原因，我国大宗农产品生产成本与瑞士、欧盟及日韩接近，与美加澳等主要出口国差距不断拉大。入世时，我国主要农产品成本普遍低于美国，但近年发生逆转。2015 年，我国玉米、棉花、大豆的成本分别为每吨 2 151 元、19 928 元和 4 564 元，而美国分别为每吨 994 元、13 367 元和 2 274 元，均大幅高于美国②。

从农业劳动生产率来看，我国农业劳动生产率仅为世界平均水平的 47%、高收入国家平均水平的 2%、美国的 1%③。提高劳动生产率的关键是扩大经营规模和增加技术投入，实现农业现代化。从农业土地生产率来看，我国农业基础设施的建设和投资状况得到显著改善，但总体上仍较为薄弱，资金投入不足、后继管护缺乏、老化失修严重、经济效益低等问题突出，制约了农作物单产水平的持续提升④。2016 年，我国每公顷谷物产量为 6.03 吨，分别相当于韩国、英国、德国、荷兰和美国的 88.74%、85.86%、83.96%、77.53% 和 74.05%⑤。从农业科技进步贡献率来看，2017 年我国农业科技进步贡献率达到 57.5%，比 2005 年提高了 9.5 个百分点⑥，但是与农业发达国家 70%~80% 的平均水平相比，仍存在着较大差距⑦。

2. 加大农业支持保护受到 WTO 规则上限约束

对农业实行必要的支持保护是我国实现农业农村现代化的客观需要，也是国际社会的普遍做法。我国真正意义上的农业支持保护政策起步较晚，但是发展较快。2004—2016 年，中央财政对"三农"的支出由 2 337.7 亿元增加到 18 587.4 亿元，占中央财政支出的比重上升由 9.7% 上升到 9.9%，主要用于支持农业生产、对农民的粮食直补等四项补贴、促进农村教育卫生等社会事业发展等方面。随着农业支持保护力度加大，我国粮食等特定农产品"黄箱"补贴规模持续扩大、剩余空间不断压缩。我国农业补贴和关税配额管理制度等也开始受到一些国家挑战。2016 年以

---

① 种植业规模经营农户；一年一熟制地区陆地种植农作物的土地达到 100 亩及以上、一年二熟及以上地区陆地种植农作物的土地达到 50 亩及以上、设施农业的设施占地面积 25 亩及以上。
② 《全国农产品成本收益资料汇编》，国家发展和改革委员会价格司。
③ 农业农村部农业贸易促进中心. 农业贸易研究 2014—2015. 北京：中国农业出版社，2016。
④ 倪洪兴、吕向东，正确理解我国农产品竞争力与国际的差距［J］. 农村工作通讯，2018（10）。
⑤ FAOSTAT 数据库。
⑥ 国家统计局，农村改革书写辉煌历史 乡村振兴擘画宏伟蓝图——改革开放 40 年经济社会发展成就系列报告之二十，http：//www，stats，govcn/ztjc/ztfx/ggkf40n/201809/t20180918_1623595，html。
⑦ 农业农村部农业贸易促进中心，农业贸易研究 2014—2015，中国农业出版社，2016。

来,美国已先后多次就我国对三大主粮实施"黄箱"补贴及关税配额管理措施向 WTO 提出诉讼。尽管我国可以根据相关承诺和规则据理力争,以保障国内农业产业安全和农民生计,但类似事件频发及全球范围内贸易保护主义抬头,我国已很难继续通过加大被解读成"黄箱"的措施力度和收紧市场准入促进国内农业增产①。

3. 农村基础设施欠账较多限制新经济新业态培育

数字革命也给农村注入了新的活力,推动了传统农业向现代农业、传统农民向新型农民的转变。"互联网+""旅游+""生态+"深度渗透并融入农业农村发展的各个领域和各个环节,不断催生诸多新产业、新业态和新的经营模式,成为增加农民收入、繁荣农村经济的重要支撑。2018 年 1—6 月,全国休闲农业和乡村旅游接待 16 亿人次,实现营业收入 4 200 亿元,同比增长 15%。全国农村网商超过 980 万家,带动就业超过 2 800 万人;新业态层出不穷,通过线上线下、虚拟实体有机结合等多种途径,催生出了共享农业、体验农业、创意农业、中央厨房、农商直供、个人定制等大量新业态②。此外,一些资源丰富但传统销路不畅的贫困村,依托农村电商开辟了新的市场空间,摘掉了贫困帽子。

农村基础设施仍是发展的明显短板,以农村电子商务和休闲农业发展为例,农村电子商务发展的基础设施建设,尤其是中西部地区农村信息化基础设施建设。2016 年,我国广东等东部省份互联网普及率均已达到 70% 左右,但大部分中西部地区还低于全国 53.2% 的平均水平,互联网使用成本较高;我国农村地区集聚了 70% 的旅游资源,休闲农业发展潜力巨大。但是大部分休闲农业项目基础设施特别是休闲配套设施薄弱,严重制约了休闲农业和乡村旅游的发展。

4. 保障农产品有效供给加重农村环境和生态压力

在粮食实现多年连增,农业快速发展、工业化和城镇化加快推进的背景下,我国农村环境和生态压力越来越大。根据第一次全国污染源普查结果,农业面源化学需氧量、总氮、总磷年排放量已达 1 320 万吨、270.5 万吨和 28.5 万吨,分别占全国排放总量的 43.7%、57.2% 和 67.4%;农业内源性面源污染来源于养殖及种植过程中的各个方面,主要有:随着畜禽养殖业的发展,我国畜禽养殖规模不断扩大,然而养殖废弃物处理利用设施建设却严重滞后,大量粪污由传统农家肥直接转变成

---

① 万宝瑞,新形势下我国农业发展战略思考 [J]. 农业经济问题,2017 (1);朱晶,完善农业支持保护政策推进新时期农业改革发展 [J]. 农业经济与管理,2017 (6);倪洪兴、吕向东,正确理解我国农产品竞争力与国际的差距 [J]. 农村工作通讯,2018 (10)。

② 农业农村部,农村新产业新业态持续快速发展,http://www.moa.gov。

了污染物。我国化肥年使用量达到5 700万吨左右，是世界上化肥使用强度最高的国家之一，而化肥当季利用率仅为35%左右，根据第一次全国污染源普查结果，种植业源总氮流失占农业源总氮流失量的59.1%，成为引起水体富营养化重要原因。我国是农作物病虫害频发、重发国家，目前化学防治仍是控制病虫灾害的主要手段，年化学农药使用量达100万吨以上（商品量），亩均使用量500克以上，而有效利用率仅35%左右。过度依赖化学农药防病治虫，加之使用不科学、不合理，农药废弃包装物随意丢弃等，导致农药在土壤、水体等环境中不断富集。

5. 农业生产的结构性矛盾不适应城乡居民消费结构升级要求

从产品质量来看，中低档农产品产量供过于求，而绿色、安全、优质的高档农产品生产不足。随着经济社会快速发展，城乡居民的食品消费也在快速升级，对食品消费从满足温饱向追求绿色、安全、高营养价值和生态无公害的健康食品方向发展。从"菜篮子"产品看，我国人均"菜篮子"产品供给总量远超国际平均水平，但优质产品供不应求，中低端产品供大于求、滞销卖难现象频发。2016年，中国粮食及加工品、水果和蔬菜获得绿色产品认证产量仅分别占粮食及加工品、水果和蔬菜总产量的4.5%、4.7%和2.6%①。绿色食品原料标准化生产基地种植面积1.6亿亩，仅占到全国耕地面积的约0.89%；从产品的类别上看，绿色食品中农林及加工产品的品种数所占比重较高，占到绿色食品的76.3%，畜禽、水产品的比重较低，分别仅占到5.2%以及2.5%，且初级农产品同质化问题严重。目前，我国粮食作物和畜禽产品自给程度基本在95%左右，但仍需大规模进口，除了国内外价格差距所致外，很重要的是产品品质的因素。以小麦为例，我国是世界第一大产麦国，从供求关系来看，我国小麦总产量和消费量基本持平，甚至略有盈余。但从进出口来看，我国的小麦不但很少出口，近年来反倒进口不少，尤其是用为满足面包、糕点等新兴面食产业的小麦原材料缺口很大，每年进口达200万吨。

6. 经济发展进入新常态削弱农民增收新动力

随着我国经济发展进入了"新常态"，促进农民增收的外部环境与内在条件都发生了深刻变化，"三农"问题也随之进入了新的历史发展时期，农民收入持续增长乏力等问题比较突出②。新常态下农业和农村经济的变化，对农民增收不利的影

---

① 数据来源：2017年《中国绿色食品统计年报》。
② 潘万历．新常态下农民增收的路径选择—基于日本的经验与启示［J］．农业经济，2018（6）：62-64。

响主要表现在四个方面：一是随着新常态下经济增速回落到中高速增长区间，农产品市场需求走弱，价格对农民收入的拉动作用有所减弱；二是受成本"地板"和价格"天花板"的双重挤压，农户务农种粮收益有限，比较效益较低的问题仍比较突出。2014—2016年，三种粮食平均每亩净利润由124.8元下降到-80.3元，成本利润率由11.7%下降到-7.3%。两种油料平均每亩净利润由-9元下降到-30.2元，成本利润率由-0.8%下降到-2.6%；三是工资性收入增幅趋缓。农民务工数量增长的速度在减缓，工资增长的幅度在下调。从数量增长来看，2014—2016年，农民工外出数量分别增长了211万、63万和50万，增幅逐年下降。外出农民工增速呈逐年回落趋势，增速分别为1.3%、0.4%和0.3%。外出农民工占农民工总量的比重也由61.4%逐渐下降到60.1%[1]。从工资增幅来看，近几年增幅下降表现得更为明显，2014—2016年，农民工人均月收入分别为2 864元、3 072元和3 275元，名义增长分别为9.8%、7.2%和6.6%。今后，随着农业剩余劳动力转移速度进一步放缓，在经济增速放缓、结构调整和产业转移等多重因素的影响下，农民工就业和工资水平增长也将受到一定影响；四是转移净收入增长面临挑战。在经济新常态下，国民经济增速特别是财政收入增速有所放缓的背景下，继续以直接补贴等形式增加农民的转移性收入面临较大的压力，2014—2016年，农村居民获得的转移净收入从1 715.9元增加到2 123.8元，占农民收入的比重从16.4%上升到17.2%，带动农村居民人均收入增速上升作用有限。

7. 城乡资源要素平等交换和均衡配置仍存体制性障碍

城乡二元体制是城乡资源要素平等交换和均衡配置最主要的体制性障碍，尽管我国在破除城乡二元体制方面采取了一系列重大措施，但总体而言，城乡二元体制远未完全消除，城乡二元体制对劳动力要素配置的影响体现在两个方面：一是阻碍农村劳动力向城市流动，不利于城乡就业市场一体化程度的提高。这导致城乡之间劳动生产率和工资水平出现"非市场性"差异，也就是这种差异明显超过迁移成本，进城就业有利可图与农村仍有大量剩余劳动力并存。二是阻碍进城农民工平等就业，不利于城市就业市场的整合。虽然城乡之间的体制边界被逐步冲破、农民可以自由进城寻找就业机会，但城市就业市场上户籍劳动力与非户籍劳动力形成新的二元结构。表现为就业机会不平等、社会保障不平等、合同保障不平等。此外，城乡之间金融制度安排存在明显差异，不利于农民获得普惠的金融服务。如果说实现

---

[1] 《2014—2016年农民工监测调查报告》，国家统计局。

土地、劳动力、资金等生产要素在城乡之间的自由流动与平等交换，既取决于制度障碍的消除、又有赖于市场机制发挥作用，那么实现公共资源在城乡之间均衡配置则完全取决于体制障碍的消除[①]。

（五）促进农业农村发展的方向与主要举措

坚持农业农村优先发展，始终把解决好"三农"问题作为全党工作重中之重，将乡村振兴战略作为新时代"三农"工作总抓手，牢牢守住粮食安全的底线，加快推进农业现代化，加强城乡公共服务均等化，努力提升乡村治理体系和治理能力现代化水平，促进农业全面升级、农村全面进步、农民全面发展。

1. 牢牢抓住粮食生产主动权不放松，坚决贯彻落实习近平总书记对粮食安全的重要指示精神

（1）建立全方位的粮食安全保障机制。坚持以我为主、立足国内、确保产能、适度进口、科技支撑的国家粮食安全战略，按照"确保谷物基本自给、口粮绝对安全"的要求，持续巩固和提升粮食生产能力。以新型粮食安全观为导向，深化我国粮食产业供给侧结构性改革[②]。深化中央储备粮管理体制改革，科学确定储备规模，强化中央储备粮监督管理，推进中央、地方两级储备协同运作。全面落实粮食安全省长责任制，完善监督考核机制。加快完善粮食现代物流体系，构建安全高效、一体化运作的粮食物流网络。

（2）大力实施"藏粮于地"战略。严守耕地红线，全面落实永久基本农田特殊保护制度。大规模推进高标准农田建设，所有高标准农田实现统一上图入库，形成完善的管护监督和考核机制。加快将粮食生产功能区和重要农产品生产保护区细化落实到具体地块，实现精准化管理。加强农田水利基础设施建设，实施耕地质量保护和提升行动，以土壤改良、培肥地力、养分平衡、质量修复为重点，提升耕地质量，突出抓好东北黑土地保护，遏制黑土地退化趋势。

（3）全力推进"藏粮于技"战略。推进粮食作物育种创新，加快选育一批具有重大应用前景和自主知识产权的突破性优良品种。扩大种业科研成果权益比例改革试点范围，调动科研和企业的积极性。集成推广一批分区域、分作物的绿色高产

---

① 国务院发展研究中心农村部课题组，从城乡二元到城乡一体-我国城乡二元体制的突出矛盾与未来走向[J]. 管理世界，2014（9）。
② 蒋和平，改革开放四十年来我国农业农村现代化发展与未来发展思路[J]. 农业经济问题，2018（8）：51-59。

高效技术模式，打造绿色高产高效创建升级版。以先进适用的农机装备为载体，以绿色增产的农艺技术为内容，集成推广全程机械化生产模式，实现农机农艺深度融合，提高粮食生产效率。加强农业信息化建设，大力发展数字农业，提高农业精准化水平。

2. 加快推进农业现代化，补齐社会主义现代化强国的短板

（1）加快促进农业转型升级。优化农业生产力布局，构建优势区域布局和专业化生产格局，打造农业优化发展区和农业现代化先行区。在稳定粮食生产的基础上，加快发展粮经饲统筹、种养加一体、农牧渔结合的现代农业，促进农业结构不断优化升级①。有序开发优势特色资源，做大做强优势特色产业。大力推进质量兴农和品牌农业建设，加快形成以区域公用品牌、企业品牌、大宗农产品品牌、特色农产品品牌为核心的农业品牌格局。构建农业对外开放新格局，加强与"一带一路"沿线国家合作，积极支持有条件的农业企业走出去。

（2）建立现代农业经营体系。赋予双层经营体制新的内涵，巩固和完善农村基本经营制度，落实农村土地承包关系稳定并长久不变政策，衔接落实好第二轮土地承包到期后再延长30年的政策，让农民吃上长效"定心丸"。培育壮大新型农业经营主体，突出抓好农民合作社和家庭农场两类农业经营主体发展，落实财政、税收、土地、信贷、保险等支持政策。改善小农户生产设施条件，提升小农户组织化程度，加强面向小农户的社会化服务，促进小农户生产和现代农业发展有机衔接②。

（3）优化完善利益联结机制。鼓励农民以土地、林权、资金、劳动为纽带，开展多种形式的合作与联合，提高农民参与程度。加快推广"订单收购+分红""土地流转+优先雇用+社会保障""农民入股+保底收益+按股分红"等多种利益联结方式，让农户更多分享产业链增值收益。更好发挥政府扶持资金作用，强化龙头企业、合作组织联农带农激励机制，探索将新型农业经营主体带动农户数量和成效作为安排财政支持资金的重要参考依据。

（4）深入推进农村综合改革。深化农村土地制度改革，完善农村承包地"三权分置"制度，在依法保护集体土地所有权和农户承包权前提下，平等保护土地经营权。完善农村集体经营性建设用地入市制度，加快建立城乡统一的建设用地市场。扎实推进宅基地制度改革，正确处理好稳定和放活的关系③。改革完善土地出让收

---

① 冯海发. 推动乡村振兴应把握好的几个关系 [J]. 农业经济问题，2018（5）：4-7。
② 杜鹰. 小农生产与农业现代化 [J]. 中国农村经济，2018（10）：2-6。
③ 刘振伟. 乡村振兴中的农村土地制度改革 [J]. 农业经济问题，2018（9）：4-9。

入使用制度,让农业农村更多地分享土地增值收益。深入推进农村集体产权制度改革,推动资源变资产、资金变股金、农民变股东,发展多种形式的股份合作。完善农业支持保护制度,加快建立新型农业支持保护政策体系。

3. 加强城乡公共服务均等化,为实现城乡一体化奠定物质基础

(1) 加快推进城乡公共教育均等化。推动建立以城带乡、整体推进、城乡一体、均衡发展的义务教育发展机制。统筹规划布局农村基础教育学校,科学推进义务教育公办学校标准化建设,全面改善薄弱学校基本办学条件,加强寄宿制学校建设,提升乡村教育质量,实现县域校际资源均衡配置。完善县乡村学前教育公共服务网络,提高高中阶段教育普及水平,发展面向农村的职业教育。推动优质学校辐射农村薄弱学校常态化,加强城乡教师交流轮岗。统筹配置城乡师资,并向乡村倾斜,建好建强乡村教师队伍。积极发展"互联网+教育",推进乡村学校信息化基础设施建设。

(2) 加快推进城乡医疗服务均等化。强化农村公共卫生服务,加强慢性病综合防控,推进农村地区精神卫生、职业病和重大传染病防治。加强基层医疗卫生服务体系建设,支持乡镇卫生院和村卫生室改善条件,切实加强乡村医生队伍建设。全面建立分级诊疗制度,实行差别化的医保支付和价格政策。深入推进基层卫生综合改革,完善基层医疗卫生机构绩效工资制度。开展和规范家庭医生签约服务,加强妇幼、老人、残疾人等重点人群健康服务。增强妇幼健康服务能力,倡导优生优育。树立大卫生大健康理念,提升居民文明卫生素质。

(3) 加快推进城乡社会保障均等化。完善统一的城乡居民基本医疗保险制度和大病保险制度,做好农民重特大疾病救助工作,健全医疗救助与基本医疗保险、城乡居民大病保险及相关保障制度的衔接机制,巩固城乡居民医保全国异地就医联网直接结算。完善城乡居民基本养老保险制度,建立城乡居民基本养老保险待遇确定和基础养老金标准正常调整机制。统筹城乡社会救助体系,完善最低生活保障制度,做好农村社会救助兜底工作。健全农村留守儿童和妇女、老年人以及困境儿童关爱服务体系。加强和改善农村残疾人服务。

4. 积极推进新型城镇化,为农民向城市城镇转移创造条件

(1) 全面放宽城市落户条件。加快推进户籍制度改革,鼓励各地进一步放宽落户条件,除极少数超大城市外,允许农业转移人口在就业地落户,优先解决农村学生升学和参军进入城镇的人口、在城镇就业居住5年以上和举家迁徙的农业转移人口以及新生代农民工落户问题。区分超大城市和特大城市主城区、郊区、新区等区域,分类制定落户政策,重点解决符合条件的普通劳动者落户问题。建立城乡统一的户口登记制度,建成国家人口基础信息库,实现跨部门、跨地区的信息整合和共享。分类指导农民工市民化,建立完善与居住年限等条件相挂钩的积分落户制度,为公平有序落户提供阶梯式政策通道。全面实行居住证制度,确保各地居住证申领门槛不高于国家标准、享受的各项基本公共服务和办事便利不低于国家标准,推进居住证制度覆盖全部未落户城镇常住人口[①]。

(2) 完善农民落户政策激励机制。维护进城落户农民土地承包权、宅基地使用权、集体收益分配权,引导进城落户农民依法自愿有偿转让三项权益。进一步稳定农村土地承包关系,维护进城农户的土地承包经营权,稳步推进农村土地制度改革试点,深入推进农村集体产权制度改革。加快户籍变动与农村"三权"脱钩,不得以退出"三权"作为农民进城落户的条件,促使有条件的农业转移人口放心落户城镇。落实支持农业转移人口市民化财政政策,以及城镇建设用地增加规模与吸纳农业转移人口落户数量挂钩政策,健全由政府、企业、个人共同参与的市民化成本分担机制。完善住房保障制度,加大城镇棚户区和城乡危房改造力度。

5. 着力提升乡村治理体系和治理能力专业化,为优先发展农业农村提供保障

(1) 加强农村基层党组织建设。坚持农村基层党组织领导核心地位,推进村党组织书记通过法定程序担任村民委员会主任和集体经济组织、农民合作组织负责人,推行村"两委"班子成员交叉任职,加强农村新型经济组织和社会组织的党建工作,引导其始终坚持为农民服务的正确方向。加强农村基层党组织带头人队伍建设,加大从本村致富能手、外出务工经商人员、本乡本土大学毕业生、复员退伍军人中培养选拔力度,全面向贫困村、软弱涣散村和集体经济薄弱村党组织派出第一书记,建立长效稳定机制。加强农村党员教育、管理、监督,严格党的组织生活,完善农村流动党员管理,扩大党内基层民主,推进党务公开。强化农村基层党组织建设责任与保障,推动全面从严治党向纵深发展、向基层延伸。

(2) 促进自治法治德治有机结合。深化村民自治实践,加强农村群众性自治组织建设,完善农村民主选举、民主协商、民主决策、民主管理、民主监督制度,形成民事民议、民事民办、民事民管的多层次基层协商格局。推进乡村法治建设,提高农民法治素养,引导干部群众尊法学法守法用法,维护村民委员会、农村集体经济组织、农村合作经济组织的特别法人地位和权利,健全农村公共法律服务体系,

---

① 陈锡文,推进以人为核心的新型城镇化[N].人民日报,2015-12-07(02)。

加强对农民的法律援助、司法救助和公益法律服务。提升乡村德治水平，深入挖掘乡村熟人社会蕴含的道德规范，强化道德教化作用，建立道德激励约束机制，引导农民自我管理、自我教育、自我服务、自我提高。

（3）加快夯实农村基层政权。加强基层政权建设，科学设置乡镇机构，实行扁平化和网格化管理，推动乡村治理重心下移，构建简约高效的基层管理体制。创新基层管理体制机制，明确县乡财政事权和支出责任划分，推进乡镇协商制度化、规范化建设，创新联系服务群众工作方法，推进直接服务民生的公共事业部门改革。健全农村基层服务体系，推进农村基层服务规范化标准化，整合优化公共服务和行政审批职责，逐步形成完善的乡村便民服务体系，大力培育服务性、公益性、互助性农村社会组织，开展农村基层减负工作，集中清理对村级组织考核评比多、创建达标多、检查督查多等突出问题。

二、改革开放40年我国农业科技发展回顾与展望

科学技术是第一生产力。改革开放40年来，我国在农业发展中取得了举世瞩目的成就，农业科技进步贡献率由1978的27%，增长到2017年的57.5%。全面梳理农业科技发展成就贡献，总结发展经验教训，谋划未来改革发展举措，对支撑引领乡村振兴、推进农业农村现代化意义重大。

（一）改革开放40年我国农业科技体制改革历程回顾

1978年党的十一届三中全会之后，我国农业科技体制改革不断深化，主要经历了五个阶段。

1. 全面恢复建设期（1978—1984年）

1978年中共中央召开第一次全国科学大会，邓小平同志在会上作出"科学技术是生产力"的重大论断，全国迎来了科技的春天，农业科技恢复了由中央和地方分级管理的农业科研体系，农业科研各项工作步入正轨。

2. 拨款制度改革期（1985—1991年）

针对科技与经济脱节的问题，1985年中共中央出台了《关于科学技术体制改革的决定》，取消财政全额拨款制度，对科研单位实行事业费包干，减少稳定性经费支持，积极开拓农业技术市场，市场机制在农业科技资源中的配置作用得到强化。

3. 人员分流改革期（1992—2001年）

1992年国家科委、国家体改委联合颁发了《关于分流人才、调整结构，进一步深化科技体制改革的若干意见》，提出"稳定一头，放开一片"的基本方针。农业科研规模有所缩小，人员结构得到了优化。

4. 机构分类改革期（2002—2011年）

2002年按照科技部、财政部、中编办《关于农业部等九个部门所属科研机构改革方案的批复》，农业部有29个研究所设为非营利性科研机构、22个研究所转制为科技型企业、11个转为事业单位、4个进入大学。同时，地方农业科研机构也进行了相应改革。机构改革进一步推动了以企业为主体、产学研相结合的技术体系的形成。

5. 创新驱动发展期（2012年以来）

党的十八大以来，习近平总书记提出了一系列推动科技创新的新理念、新思想、新论述。2012年习近平总书记强调"要大力实施创新驱动发展战略，加快完善创新机制"。对农业科技提出"给农业插上科技的翅膀"和"三个面向"的重要指示。党的十九大报告指出，创新是引领发展的第一动力，是建设现代化经济体系的战略支撑，并对加快建设创新型国家做出战略部署。科技体制改革日益深化，在财政项目管理、扩大科研机构自主权和调动科技人员积极性等方面取得突破性进展。

（二）改革开放40年我国农业科技取得的巨大成就

1. 农业科技整体水平快速提高

农业学科世界排位上升。全球农业科技战略研究力量前50机构中，中国有4个机构进入，分别是中国科学院（2）、中国农业大学（34）、中国农业科学院（37）和浙江大学（49）。农业论文发表质量提高。2014年至2016年间，我国农业类论文发文总量、被引总量、高被引论文总量和Q1期刊论文总量均排名全球第二位。农业领域SCI论文发文量、被引频次均居世界第二位，占全球9.4%。知识产权保护水平提升。2014—2016年全球农业领域发明专利申请量排名，中国有16家机构进入前50，包括11所大学（专利量占比48.87%）、4家科研院所（专利量占比47.18%）和1家公司（专利量占比3.95%）。

2. 农业科技自主创新取得重大突破

农业科技取得一系列原创性标志性成果，共获得国家各类科技奖励2 227项，袁隆平院士、李振声院士获国家最高科技奖。在品种培育方面，挖掘出一批优异种质资源及基因。基本完成了水稻、小麦、玉米等主要农作物的基因图谱绘制和测序工作，基本完成了猪、牛、羊等动物的基因组测序，建立了中国荷斯坦牛分子育种技术体系。在技术研发方面，黄淮海平原中低产地区综合治理、两系法杂交水稻技术获得国家科技进步特等奖。动植物疫情防控和病虫害综合治理技术研究取得重要进展，重大动植物疫病监测预警技术体系趋于完善。高致病性禽流感疫苗研发处于国际领先水平。

3. 农业科技创新体系逐步完善

一是人才队伍蓬勃发展。全国农业科研机构由1979年的597家发展到2017年的1063家，农业科研人员由1979年的2.2万人发展到2017年的11.5万人。二是农业科技总投入和R&D经费持续增加。农业科研机构和农业高校的科研经费收入从2001年62.8亿元增加到2015年388.8亿元，增加了6.2倍；2015年的农业R&D经费总支出是2001年的8.8倍。三是创新平台功能日趋完备。布局建设了农业领域2个国家重大科学工程，49个国家重点实验室，206个国家农作物改良中心和分中心，10个国家农业科学数据中心，37个农业农村部重点实验室，学科群体系涵盖42个综合性重点实验室、335个专业性（区域性）重点实验室和269个科学观测试验站。

4. 农业科技产学研结合的机制创新持续推进

构建了50个主要农产品的现代农业产业技术体系，71个农业科技创新联盟，4个国家现代农业产业科技创新中心。建成国家农业高新技术产业示范区2个，国家农业科技园区246个，国家现代农业产业园41个。支持农业企业建立了40余个国家和农业农村部重点实验室，认定88个育繁推一体化种业企业。

5. 农业技术推广体系日趋完善

国家农技推广体系不断健全。建成省、市、县三级农技机构设置健全的全国农业技术推广体系，基本实现了办公有场所、服务有手段、经费有保障。到2017年，全国乡镇以上农技推广机构达到7.49万个，农技推广人员54.14万人。支撑保障能力不断增强。示范推广了一大批重大品种、关键技术和先进模式，为跑好农业科技成果转化最后一千米，支撑农业农村经济持续健康发展提供了有力保障。多元化农技推广不断完善。农业科研院校科技人员已成为农技推广服务的重要力量，涉农企业、农民专业合作社等农业社会化服务组织快速发展，在市场化推广服务中发挥越来越大的作用。

6. 农业科技国际合作不断拓展

40年来,伴随着改革开放深入推进,我国逐步加强农业多边和双边合作,农业科技领域的国际合作不断向纵深发展。合作对象不断拓展,与140多个国家(地区)以及国际组织建立了合作关系,不断加强与联合国粮农组织(FAO)等国际组织的合作。合作机制不断深化。不断完善中德、G20、"一带一路"沿线国家等双边及多边农业框架下的合作机制。在生物育种、植物保护等领域,与有关国家和国际组织建立了联合实验室、研发中心等一批国际农业科技合作与交流平台。多边互动日益活跃。先后引进国际先进农业技术2 000多项。在非洲、亚洲等发展中国家援建了水稻、玉米农场、试验站或技术推广站,帮助100多个国家培养了18万名农业人才。

(三)改革开放40年我国农业科技的重要贡献

1. 推动主要农产品综合生产能力迈上新台阶

品种更新不断,培育并推广应用了一大批高产、优质粮棉油等农作物新品种、新组合。技术支撑有力,推广了粮食稳产增产、农业防灾减灾、农机农艺融合、农产品储运保鲜等先进适用技术。模式不断改进,以复种、间种、套作为代表的耕作制度不断改进,开展病虫害统防统治、粮棉油糖高产创建等绿色生态循环模式示范,通过专家大院、科技小院、科技直通车等开展农业科技创新和集成示范。在科技进步的作用下,40年来,我国粮食单产从1978年的135千克/亩,提高到2017年的367千克/亩,粮食总产量由1978年的3亿吨连续迈上4亿吨、5亿吨、6亿吨台阶,肉类总产量连续20多年稳居世界第一。

2. 推动农业转型升级和现代化水平提升

农业机械化助推节本增效,农机作业向产前、产中、产后全过程拓展,由种植业向养殖业、农产品加工等领域延伸。农业绿色化助推转型升级,大力推广化肥农药减施技术和农作物秸秆、农膜、畜禽粪便等农业废弃物综合利用技术。农业信息化助推高速发展,深入开展"互联网+"现代农业发展行动,农业现代化搭上信息化的快车。主要农作物良种基本实现全覆盖,自主选育品种面积占比达95%,畜禽水产品种良种化、国产化占比逐年提升,农业耕种收综合机械化水平达到67%,农业科技进步贡献率达到57.5%。通过应用现代技术、设施装备武装农业,推动农业发展方式实现由注重数量为主向数量质量效益并重转变。

3. 推动农民增收和脱贫

各地广泛实施节本增效科技示范、农民培训和科技扶贫等项目,助力农民增收。强化新技术引领，积极发展休闲农业、创意农业等新业态，加快推进农村一二三产业融合，农业产业链不断延伸、价值链得到提升，让农民更多分享产业链增值收益。城乡居民收入差距从 2013 年的 2.81 缩小到 2017 年的 2.71。贫困人口从 1978 年的 7.7 亿人减少到 2017 年的 3 046 万人，减少了 7.4 亿人。科技成为产业增收和扶贫的重要力量。

4. 推动农业农村绿色发展取得新成效

围绕破解资源利用和环境保护等重大瓶颈问题，转变科技创新方向，构建支撑农业绿色发展的技术体系。推广了一批清洁生产技术，发展节肥节药、资源循环的种养模式，大力推广示范降解地膜和残膜回收技术。发展了一批能源替代技术，积极推进农村清洁能源替代工程，推广应用大中型沼气工程，实现节能减排、有效改善环境。应用了一批环境整治技术，支持全国 7.8 万个建制村开展环境综合整治，全国 60% 的建制村生活垃圾得到处理，22% 的建制村生活污水得到处理。

5. 推动农业及农村人才队伍水平快速提升

坚定不移地实施人才强农战略，深入推进农业农村人才发展体制机制改革。农业科研人才方面，启动实施了农业科研杰出人才培养计划、中国农业科学院科技创新工程等。各省也加大了农业科研领军人才、青年科技人才、创新团队的培养力度。农业技术推广人才方面，截至 2017 年，农业农村部所属系统共有农技推广人员 54.14 万人。有 10 多万个农村专业技术协会和数百万个科技示范户（场）。农村实用人才培养方面，2015 年度全国农村实用人才总数为 1 692.30 万人，比 2010 年增加 61%。从人才资源类型来看，2015 年度生产型、经营型、技能服务型三类人员占农村实用人才总数的 75%，相比 2010 年增长约 55%。

（四）我国农业科技发展的经验总结与存在的问题

1. 我国农业科技发展的经验总结

（1）要坚持党对农业科技事业的领导。40 年来，党中央始终高度重视农业科技工作。1978 年全国科学大会后"科学技术是生产力"成为一以贯之的指导思想。党的十八大以来，"创新驱动发展"成为国家战略，科技创新被摆在国家发展全局的核心位置。习近平总书记高度重视农业科技创新，先后强调"要给农业插上科技的翅膀""农业的出路在现代化，农业现代化关键在科技进步和创新"。实践证明，只有坚持党对农业科技工作的领导，才能保证农业科技事业沿着正确的轨道前进，党的领导是农业科技改革发展顺利推进的可靠保障。

（2）要尊重农业和农业科技规律。尊重农业和农业科技规律是农业科技创新的内在要求。农业是弱势产业，农业科技成果大都属于纯公共产品或准公共产品范畴，必须始终坚持农业科技公益性、基础性和社会性定位，政府必须承担投资主体的责任。农业科技科研周期长，大田农作物育种周期为 8～10 年，而茶、桑、果、畜、禽、水产等的育种周期为 20 年左右，只有创新活动连续、支持稳定，才能形成积累和突破，产生重大成果，必须始终坚持连续稳定的投入方式。农业科技创新活动受大自然的影响十分直接，成果的产生和使用都有明显的地域性限制，必须符合我国农业区域化特点。

（3）要实行"大联合、大协作、大攻关"。整合优势农业科技资源，搭建全局性、区域性、行业性重大农业科技问题协作平台，组织全国农业科技系统开展大联合、大协作、大攻关，是充分发挥社会主义集中力量办大事的制度优势。获得国家科技进步特等奖的杂交稻项目和黄淮海平原中低产改造项目，就是全国科研力量大联合、大协作和大攻关的产物。实践证明，集中人力、物力和财力办大事，是研究解决我国农业重大战略性技术问题的成功之道，未来抢夺农业科技主动权、占领农业科技制高点，也必须坚持大联合、大协同和大攻关。

（4）要充分调动科技人员创新积极性。人才是第一资源，是实现民族振兴、赢得国际竞争主动的战略资源。40 年来，我国农业科技坚持用事业凝聚人才，用实践造就人才，用机制激励人才，用政策吸引人才，用环境塑造人才，为农业科技创新注入了强大动力。广大科技人员，弘扬"献身、创新、求实、协作"的科学精神，始终坚持爱国敬业奉献的价值取向，产出了一大批创新性成果。实践证明，科技人员是创新主体，充分发挥农业科技科研人员的创新积极性、主动性和能动性，是农业科技改革的出发点和落脚点。

2. 我国农业科技发展存在的问题

（1）农业科技供需结构失衡。40 年来，我国农业科技虽然产出了一大批科技成果，但大多数成果以高产为导向。从乡村振兴、农业供给侧结构性改革和现代农业发展的现实需求来看，一二三产融合、乡村治理手段提升、绿色发展等方面的技术供给是短板，节本、增效、绿色等提升国际竞争力的技术需求不断增长，科技成果供需错位。与国际先进水平相比，我国绝大部分学科和技术仍然处于并行和跟跑的状态，19% 处于国际领先、17% 处于并行、64% 处于跟跑水平。

（2）部分关键核心技术受制于人。对比国外先进技术，我国农业科技存在明显技术短板和潜在的"中兴事件"，部分关键核心技术受制于人。农业领域短板技术主要有重大育种价值的关键基因挖掘、主要园艺作物优质品种国产化育种技术、畜禽核心种质育种技术、新化学实体农药兽药创制关键技术、新型肥料与化肥替代技术、农业传感器技术、智能化大型农机装备研发关键技术。从产业来看，畜禽种业是世界各国争夺的基础性、战略性产业，我国作为畜禽养殖大国，生猪、蛋鸡等畜禽养殖量占世界首位，但畜禽遗传育种核心种源80%依赖国外进口，部分核心种源如白羽肉鸡种源进口依存度达100%、种猪为90%、种公牛为70%。

（3）科技经济两张皮问题没有根本解决。国内研究成果转化率低。近年来成果转化率仅为40%，与世界先进水平80%相距甚远。企业技术创新能力薄弱。企业研发机构少，普遍重生产、轻研发，重引进、轻吸收，重模仿、轻创新。产学研用紧密结合的体制机制尚未形成。产学研用结合链条上企业与高校院所协作不紧密、资源配置碎片化、条块分割孤岛化，科技评价唯论文、唯课题、轻应用等问题突出。科研机构评估评价体系尚不健全，所有评价都采取"一把尺子、一套标准"，最终形成了全国所有科研机构"一副面孔"的格局，严重误导了应用和开发型科研机构的发展方向，极大地挫伤了以产品、工艺、材料和品种为产出的科技人员的创新积极性和主动性。

（4）农业科研机构体制改革迟缓。中央级科研单位面临"有钱打仗、无钱养兵"的困境，工资部分财政仅负担40%的比例。有些率先实行事业单位分类改革的地方科研单位，由于配套政策不到位，存在"有钱养兵，无钱打仗"，积极性下降的问题。各层级科研机构主体职能模糊，项目设置重复，农业科研机构出现"上下一般粗，左右皆兄弟"的局面，国家科研机构和高校都在积极竞争承担更多科研课题，中央和地方科研单位同时在高尖科技研究领域发力。

（5）科研投入结构和方式不尽合理。投资强度低，农业科技投入占农业GDP的比重，即农业科研投入强度大体为0.6%左右，低于农业发达国家水平，也低于世界平均水平。投入结构不合理，人员财政工资费用保障不足，2016年农业科研机构与农业高校的三项经费支出中人员劳务费仅占R&D经费的39.4%，远低于法国农科院74%的水平。投入方式不合理，稳定支持项目占科研机构项目经费的20%~40%，低于发达国家70%~80%的水平。

（五）我国农业科技改革的发展方向和重点

1. 未来发展前景展望

高举中国特色社会主义伟大旗帜，深入贯彻党的十九大精神，以习近平新时代中国特色社会主义思想为指引，坚持"三个面向"，全面实施创新驱动发展战略和乡村振兴战略，按照"自主创新、率先跨越、引领变革、协同创新"的方针，建设世界农业科技和农业强国。以农业供给侧结构性改革为主线，以提高农业发展质量和效益为主攻方向，全面深化机制创新，加快建设世界农业科学中心和创新高地；不断提升农业科技自主创新能力、协同创新水平和转化应用速度，为现代农业发展提供强有力的科技支撑；要加快构建以市场为导向，以公共部门创新主体为主导，公共和私人创新主体各施所长，产学研用深度融合，科技创新和制度创新"双轮驱动"的具有中国特色的社会主义农业科技自主创新道路。

到 2020 年，建成一批有影响力的创新团队和科研院所，部分重点农业科技领域在国际影响力上"占有一席之地"，解决面向国家战略需求的重大科学问题，取得一批重大原创性成果，强化成果转化推广，引领支撑乡村振兴取得重要进展。到 2035 年，建成一大批一流学科、一流院所和一流企业创新中心，作物、植保、兽医等重点领域跻身世界领先水平行列，基本形成农科教紧密结合、产学研有效衔接的现代新型创新体系，引领支撑乡村振兴取得决定性进展，农业农村现代化基本实现。到 2050 年，我国农业科技整体居于世界领先水平前列，建成世界农业科技强国，对全球农业科学发展做出重大原创性贡献，引领支撑乡村全面振兴，为农业农村现代化提供强大支撑。

2. 科技创新方向和重点

（1）积极抢占农业科技制高点。加强前沿技术研究，在世界农业科技前沿占有一席之地。促进信息技术、生物技术、新型材料、清洁能源、物联网、智能制造等加速向农业农村领域渗透。重点突破"农业合成生物学技术、作物高光效育种理论与技术、马铃薯二倍体育种技术、动物干细胞与生殖调控技术、立体农业技术、农业大数据与云计算技术"等前沿技术。

（2）强力攻克核心关键技术。攻克短板技术，针对质量兴农、绿色兴农、融合发展、创新发展的重大技术瓶颈，在种业创新、智慧农业、食品制造、现代农机装备、污染防控、乡村环境整治等技术领域，加快形成创新优势。重点部署"农作物高通量表型精准鉴定、畜禽核心种质育种、高效农业装备智能控制、农村生活垃圾污水无害化处理、优质乳品质评价"等短板技术研发。

（3）加快乡村振兴的科技供给。力争在农业节本增效、节能减排、优质安全以及智能农业等领域关键技术实现突破，研发推广一批新技术、新品种、新装备和绿色发展综合解决方案。加快畜牧业科技创新，大力发展优势、特色农产品生产技术，满足多样化、个性化、功能化的农业消费需求。着力加强先进适用、智能高效农机装备研发，推动农机农艺融合和技术集成配套，加快发展资源节约型、环境友好型的现代生态循环农业。

（4）着力强化区域农业科技创新的系统集成。针对区域农业产业发展的重大科技问题与瓶颈，创新协同攻关方式，提升区域农业协同创新水平，重点开展东北粮仓绿色增效、华北黄淮麦区控水提效等协同创新工作，创建综合技术模式并集成示范。

（5）积极参与全球农业科技治理。积极融入全球创新网络，着力推动国际重大科技合作，围绕全球性重大农业问题，重点开展农业基因资源阐析、"一带一路"气候智慧型农业等大科学计划，提升我国农业科技在全球科技创新领域的核心竞争力和话语权。

（6）强化农业基础性长期性科技工作。加快建设一批国家农业科学实验站，组建一批观测监测和数据分析人才队伍；持续开展土壤质量状况、农业病虫害发生规律和变化趋势、养殖环境等动态观测监测和数据收集分析，以把握农业生产要素发展变化的基本途径，阐明农业生产要素的内在联系及发展规律，夯实创新基础。

3. 政策建议和保障措施

（1）深化农业科研机构改革，进一步明确其职能定位。加快推进农业科研事业单位分类改革，将农业科研机构明确定性为公益性事业单位，并允许有科技成果转化收入。明确农业科研机构职能定位，中央级科研机构要承担战略性科研任务，地方科研机构主要承担区域性农业科研工作，高校要更多承担基础性农业科技研究及农业科研人才培养任务。增加科研机构自主权，充分调动科研院所的创新活力与积极性。

（2）着力新型创新体系建设，强化协同创新。做强现代农业产业技术体系，稳定支持现代农业产业技术体系，重点围绕资源利用、环境控制、精深加工、质量安全等制约产业发展的重大关键问题开展协同攻关。做实国家农业科技创新联盟，着力推动联盟实体化发展，引导不同学科交叉融合、集成创新，为企业、为基层一线提供一体化综合技术解决方案。做优现代农业产业科技创新中心，打造区域经济增长极。做好科企联合体，企业与科研院所建立利益共同体。

（3）优化农业科技投入方式，提升资金利用效率。持续加大政府农业科研投入，2020年农业科技投入强度由当前的0.6%增至1%，2035年达到2%，2050年达到2.5%。建立农业科技投入稳定增长机制，对国家级科研机构实行"稳定支持+任务委托"的投入方式,稳定经费保持在70%以上。强化企业研发投入,将农业企业研究开发费用税前加计扣除比例由现行的50%提高到100%以上。增加全社会农业科技投入,设立农业科技创新基金,基金中的60%用于农业公益性科技事业,40%用于农业科技市场化资源配置。

(4)推进农业科研机构评价和激励机制改革。加快推进农业科技评价由"论文专利导向"转为"产业需求导向"。选择一批典型农业科研单位,开展科研绩效评价改革试点,推动农业科研机构的评价由"重论文、重专利、重奖励"转为"重创新、重应用、重贡献"。尽快建立农业科研机构和科技人员分类评价机制,突出科研成果技术研发的创新度、产业需求的关联度和对产业发展的贡献度。

(5)强化人才队伍建设,筑牢创新根基。抓好科技研发团队建设,建立科学用人和评价与激励机制,打造具有国际水平的农业科研团队。抓好农技推广队伍建设,遴选学历水平和专业技能符合条件的人员扩充农业技术推广队伍;通过定向培养,提高农业技术推广人员素质。抓好新型职业农民队伍建设,加快推进全面建立职业农民制度,深入实施新型职业农民培育工程,全面提升农业劳动者职业技能水平。优化社会文化环境,营造尊重人才价值的创新氛围。

(6)以我为主,着力提升农业科技层次水平。推进以我为主的农业领域的国际大科学计划。立足我国农业科技优势特色领域,衔接现有国家重大研究布局,牵头具有合作潜力的项目,充分利用现有基础设施和优势,吸引全世界农业科技领域人才共同参与,实现科研创新和资源开放共享。继续参与他国发起或多国共同发起的大科学计划,与我国牵头组织的大科学计划互为补充。

三、农科研究生教育改革与发展40年

改革开放以来,农科研究生教育已走过了四十年,四十年来从弱到强、不断发展壮大,由点到面形成了独具特色的教育培养体系,为我国农业科技进步与农业农村事业发展培养了大批高层次创新人才。当前,农科研究生教育发展进入新的时代,乡村振兴战略的提出、农业农村部改革、学科体系建设及农业科技"顶天立地"的需求,对研究生教育发展提出了更高的要求。本专题以研究生教育为主线,以培育"顶天立地"人才为目标,拟通过对现行教育政策、农科研究生教育实践分析,围绕招生、培养、学位授予、就业指导及留学生教育等全链条的重大问题,以中国农业科学院和中国农业大学为例,比较研究农业科研机构与农业类高校办研究

生教育的各自优势，提出农科研究生教育未来发展战略及实现路径，完成咨询报告及政策建议，从满足现代农业科技创新、农业生产发展需要的角度，为高质量发展农业科研机构研究生教育决策提供借鉴。

（一）教育规模发展壮大

1. 研究生教育总体发展概览

我国研究生教育是在1978年恢复研究生教育之后，才有了真正较大的发展。1980年全国人民代表大会常务会员会通过《中华人民共和国学位条例》和1981年国务院批准《中华人民共和国学位条例暂行实施办法》标志着我国正式建立了自己的学位制度。1999年1月13日，国务院批准了教育部1998年12月24日制定的《面向21世纪教育振兴行动计划》。在政府"深化改革，积极发展；分类指导，加强建设；注重创新，提高质量"基本方针的指导下，我国研究生教育也进入了一个急速发展的阶段，招生规模迅速增加。2001年2月15日，第九届全国人民代表大会第四次会议批准的《中华人民共和国国民经济和社会发展第十个五年计划纲要》提出了"加快教育发展，提高全民素质"的发展目标。2001年12月11日，我国正式加入WTO，我国高等教育更加趋于国际化。2002年5月，《中国学位与研究生教育发展战略报告》编写组出台了《中国学位与研究生教育发展战略报告（2002国学位与研）（征求意见稿）》。该《报告》对中国学位与研究生教育的继续发展进行了前瞻性的规划。

从20世纪90年代初开始，我国高等院校按照"共建、调整、合作、合并"的八字方针，针对原有管理体制存在的条块分割，学校规模效益、办学效益低以及单科性院校过多、人才培养模式单一等问题进行了大刀阔斧的改革。截至2000年，这项改革共涉及全国31个省市的900多所高校，其中，有612所高等学校合并组建为250所，原国务院有关部门直接管理的400余所普通高校多数改为由省级政府管理为主、地方与中央共建，我国以中央和省级政府两级管理、以省级政府管理为主的高等教育管理新体制已经形成。

高等农业教育作为我国高等教育的重要组成部分，在培养农业人才、促进农业生产、培育新型农民、支撑农业科技等方面发挥了巨大作用。据有关部门统计，新中国成立以来，全国各类农业院校累计培养农科专业大专以上毕业生160多万人，为我国发展现代农业和新农村建设输送了大批高素质和实用型人才。

高等教育体制改革对广大农业院校影响深远，原属农业部管理的高校划归教育部或地方管理，独立建制的农业院校数量也大为减少。截至2003年年底，原有64所高等农林院校中，有17所合并重组成9所，24所合并成新的非农院校或并入大学，如浙江、上海、贵州、广西等省市的农业院校被合并组建成综合性大学，农业院校原有的农学、土化、植保、园艺、畜牧、兽医、农业工程、水利、农经等院系也被分割成若干学院、中心。

对研究生教育而言，"农科"系指高等院校（含科研院所，下同）设立的农学大门类中的各学科（含作物学、园艺学、农业资源利用、植物保护、畜牧学、兽医学、林学、水产、草学九个一级学科）及各高等院校设立的工学、理学、管理学、经济学、医学、教育学等学科大门类中涉及农业其他"种、养、加、产、供、销"等产业链的学科或专业（如农业工程、林业工程、食品科学与工程、水利工程；生物学、科学技术史；农林经济管理、公共管理中的土地资源管理；中药学等），其他则为非农科。

近年来，我国农科博士培养高等院校数量基本保持稳定在70所左右。农科博士培养院校中综合大学和农业院校所占比重基本相当，但同时理工院校、财经院校等通过院校合并、新增专业等方式开始涉足农科博士培养领域。农科博士院校按性质分类排序依次是综合大学、农业院校、科研院所、理工院校、林业院校、财经院校、师范院校。综合大学和农业院校是农科博士的培养主体。2012年农业院校农科博士招生人数占全国的65%，远超过其他性质院校。综合大学和林业院校所占比重也均超过了10%，科研院所的招生人数占总数的8%。

2. 研究生教育发展的重要阶段

根据国家有关农科研究生教育政策变化及研究生教育本身的发展，将农科研究生教育发展分为以下几个阶段。

（1）研究生教育恢复发展阶段（1978—1988年）。新中国成立之初，我国经济、教育、工农业发展十分缓慢，各行各业百废待兴。1978年12月中国共产党召开十一届三中全会，经过会议讨论决定把全党和国家的工作重心转移到经济建设上来，实行改革开放政策。同时，针对高水平人才严重匮乏的现状，党和国家高度重视研究生教育的培养工作。1978年1月10日，教育部颁布了《关于高等学校1978年研究生招生工作安排意见》，决定将1977、1978两年招生研究生工作合并进行（统称为1978级研究生），标志着停滞已久的研究生招生工作开始恢复。同年7月22日至8月3日，教育部召开了研究生培养工作会议，讨论决定实施二、三、四年制并行的研究生学制。1978年3月，全国科学大会在北京隆重举行，审议通过了

《1978—1985年全国科学技术发展规划纲要（草案）》，同年10月，中共中央正式转发了这个《纲要》。纲要要求，"中国科学院、高等学校，特别是重点大学要逐步扩大研究生的比重，国务院各部门和各省市自治区的专业研究机构，也要逐步招收和培养研究生"，并提出了"八年内共培养研究生八万人"的具体目标。自研究生教育在全国范围内大力度推进以来，获得研究生招生资格的培养单位和学位点数量及招生人数均逐步增加。从1978年到1988年，有研究生招生资格的高校从200所上升至500多所，截至1986年，招生专业已达2 045个，每年招生人数由1980年的6 420人发展到1987年的3.5万人左右，增长了近5倍。1979年，我国开始招收在职研究生并且允许有条件的地方科研机构招收研究生，1980年内招收的6 420名研究生中，在职的仅占16%左右，截至1988年招收的3.6万名研究生中，在职研究生所占比例达到了55.3%。总体而言，1978—1988年是中国的研究生教育在整个研究生事业发展的恢复发展阶段，是研究生教育与中国特色相互适应做出调整的时期，这一时期对研究生培养模式、学习期限、培养方案进行了系统的修改和调整，为中国的学位与研究生教育和发展奠定了坚实基础。

（2）研究生教育巩固发展阶段（1988—1998年）。经过十年改革开放，中国发生了巨大变化，经济条件、基础设施、人民生活水平均得到大幅改善，综合实力大幅提升，人民思想意识显著提高，为研究生教育营造了良好的社会氛围。1988年5月31日，国家教委、国家计委、财政部、人事部联合发布了《关于进一步改进研究生招生工作的几点意见》，将研究生招生计划分为国家招生计划和用人单位委托培养招生计划两类，"高等学校、以基础研究为主的科研机构、国家重点企业、由财政拨款的文化、医药卫生等公益事业单位、党和国家机关，以及人民解放军对研究生的需求，可以列入国家招生计划。国家招生计划服务范围以外的企事业等社会其他各方面的需求，应列入委托培养招生计划"，"高等学校按国家招生计划招收的研究生，由国家核拨全部培养费用"。此后，国家将研究生招生工作重心转向质量优化和控制。1989年，国家教委发布《关于1989年研究生录取工作的补充通知》《关于对1990年研究生招生工作进行若干调整的通知》，要求教育人员对于招收学科、教师、专业等进行资格复查，并且提高应届本科毕业生的招收比例，加强对应届本科毕业生的考核以及实践锻炼。1994年，对于个别单位出现的以筹办为名挂牌成立研究生院等问题，国家教委研究生办公室重申了审批、撤销和调整高等学校以及研究生院的权限和程序，对违规行为予以整改和调整，进一步推动研究生教育迈向脚踏实地、稳扎稳打。1995年，国家教委发布了《研究生院设置暂行规定》，对于研究生院性质、职责、建院条件、审批条件、教学水平、师资力量等做了明确规定，1996年，按照新的规定，先后有33所大学通过资格审查，建立了研究生院，标志着我国研究生院的设置与建设初步得到规范。

（3）研究生教育快速发展阶段（1999—2009年）。进入21世纪，中国经济飞速发展，各行各业不断壮大，使得社会对高质量专业化人才的需求急剧扩张，有力推动了研究生教育事业的规模化、专业化和高质量的发展。据统计，从1999—2009年，十年间我国在校研究生规模从23.26万人增长到140.42万人，各大高校的专业学科类别也从6个增长至19个。2000年教育部印发了《关于加强和改进研究生培养工作的几点意见》，明确了研究生教育工作的基本方针，即"深化改革、积极发展；分类指导，按需建设；注重创新，提高质量"。

一方面，为确保研究生论文的质量，国务院学位办开始对博士论文进行抽检（自2010年起，国务院学位办每年从国家图书馆调取博士学位论文进行随机抽检），一方面，为鼓励研究生论文创新，实行优秀论文评定计划（1998年教育部和国务院学位委员会启动优秀博士论文评选工作）。

2002年，国务院学位委员会、教育部印发《关于加强和改进专业学位教育工作的若干意见》，强调要充分认识发展专业学位教育的重要性，统筹规划专业学位教育，积极、主动适应经济社会发展需要，深化专业学位教育制度改革，提高培养质量，建立和完善专业学位教育评估制度，加强国际交流与合作。2005年，教育部与华中科技大学共同创办了"中国研究生教育创新网"，该平台为研究生教育创新计划提供了交流与参与的信息平台。《关于实施研究生教育创新计划加强研究生创新能力培养进一步提高培养质量的若干意见》的颁布为研究生创新计划的实施的思想、任务，组织等方面提出了具体建议。2009年放宽了对专业硕士研究生招生对象的范围，招生对象包括了在职人员和应届毕业生两类，且把专业学硕研究生也分为了在职专业研究生和全日制专业学位硕士研究生两大类。同年国务院学位委员会办公室还发布了《全日制硕士专业学位（分类别）研究生指导性培养方案》，指出了全日制硕士专业学位研究生指导性培养方案；教育部颁布《教育部关于做好全日制硕士专业学位研究生培养工作的若干意见》该文件对专业硕士学位进行了明确的定位。

（4）研究生教育深化发展阶段（2010年至今）。研究生教育经过较长时间的快速发展，招生人数大大增加，极大地填补了各行各业对高水平教育人才的需求。伴随着研究生教育规模的扩大，我国研究生教育质量不断提高。《国务院学位委员会

2010年工作要点》提出，2010年重点开展研究生教育调研、推进《学位法》立法、改革和完善学位授权审核制度及学位与研究生质量保障与监督制度。2011年学位与研究生教育工作以"完善制度、提高质量，科教结合、支撑创新，适应需求、引领未来"为基本思路，准确开展各项工作。2013年，《学位论文作假行为处理办法》（教育部第34号令）颁布实施，对抄袭、剽窃、论文作假、论文买卖等严重损坏教育风气的不良行为进行严厉惩戒和打击。2014年，国务院学位委员会、教育部引发了《关于加强学位与研究生教育质量保证和监督体系建设的意见》，强调要构建以学位授予单位质量保证为基础，教育行政部门监管为引导，学术组织、行业部门和社会机构积极参与的内部质量保证和外部质量监督体系。2016年，教育部印发《关于进一步规范工商管理硕士专业学位研究生教育的意见》，提出要坚持正确办学方向，严控招生纪律，严格教学管理，强化监督落实。

3. 农科研究生教育的发展特点

在高校的农科研究生培养方面当前，我国涉农高校（不含科研院所）农科研究生培养主要呈现以下几个特点（表6）。

（1）涉农高校是我国农学门类研究生的培养主体。近年来，农科人才培养呈现出多元化的发展态势，越来越多的综合性大学、理工院校凭借其在办学规模、学科建设、人才储备、办学区位等方面的优势，纷纷开设涉农专业，扩展其学科领域。但从目前情况看，涉农高校是我国农学门类研究生的培养主体，其农学门类在校硕士和博士生占全国农学门类在校生的比重均在90%以上。

（2）涉农高校中华东地区高校在培养规模中比重最大。我国各地区人才培养规模分布很不均衡，华东地区凭借其历史、区位和教育资源等优势，在我国涉农人才培养中占有重要地位。华东地区涉农硕士和博士院校数量分别占总数的25.37%和25%，2012年在校硕士生占总数的29.66%，在校博士生占总数的39.86%，农学门类在校硕士生占总数的28.17%，农学门类在校博士生占总数的27.10%，均在各地区院校中占最大比重。

（3）涉农高校中综合大学在培养总规模上占绝对优势，农业院校在农学门类人才培养中居主体地位。从人才培养的总规模来看，综合大学凭借强大的教育实力占绝对优势，其院校数量在涉农高校中所占比重为硕士35.82%、博士39.58%，在校硕士生和博士生分别占总数的61.58%和66.05%。而农业院校在农学门类的人才培养方面占主体地位，其院校数量在涉农高校中所占比重为硕士46.27%、博士47.92%，农学门类在校硕士生和博士生分别占总数的74.40%和70.55%。

(4）涉农高校中中央教育部门所属院校和省级教育部门所属院校是研究生培养的主体。从涉农高校的隶属关系分布来看，中央教育部门所属院校在博士培养方面处于优势地位，省级教育部门在硕士培养方面占有最大比重。中央教育部门所属院校在校博士生占总数的 78.28%，农学门类在校博士生占总数的 54.74%；省级教育部门所属院校在校硕士生占总数的 48.01%，农学门类在校硕士生占总数的 62.64%。而省级其他部门所属院校在院校数量、在校生规模上所占比重均较小。

（5）涉农高校人才培养的学科结构呈现多元化特点。从人才培养的学科分布来看，农学门类人才培养规模的分布不尽相同。按性质类别分析，农业院校和林业院校人才培养依然保持农林学科的特色，二者农学门类在校生的比重较高，而综合性大学更注重多学科、多元化发展，其农学门类在校生比重较低。按隶属部门分析，农学门类人才培养有向地方院校发展的趋势，省级教育部门和省级其他部门所属院校农学门类在校生所占比重较高，而中央所属院校农学门类在校生所占比重较低。

表6 2019年中国农林类院校排行榜（不含科研院所）

序号	学校名称	"双一流"建设高校	总分	综合排名
1	中国农业大学	一流大学A类	42.9	42
2	华中农业大学	一流学科	39.1	67
3	南京农业大学	一流学科	39.0	69
4	西北农林科技大学	一流大学B类	37.8	81
5	北京林业大学	一流学科	36.8	91
6	华南农业大学		34.0	122
7	东北农业大学	一流学科	33.0	138
8	东北林业大学	一流学科	32.5	143
9	浙江农林大学		31.1	158
10	四川农业大学	一流学科	30.9	163
11	南京林业大学	一流学科	29.8	187
12	湖南农业大学		29.6	193
12	上海海洋大学	一流学科	29.6	193
14	福建农林大学		29.1	204
15	安徽农业大学		29.0	206
16	中南林业科技大学		28.8	210
17	河北农业大学		27.9	237
18	沈阳农业大学		27.6	246

(续表)

序号	学校名称	"双一流"建设高校	总分	综合排名
18	浙江海洋大学		27.6	246
20	河南农业大学		27.1	260

4. 以中国农业科学院和中国农业大学为例的研究生教育教育发展历程研究

（1）招生规模不断扩大。就中国农业科学院来说，从1985年开始，招收第一批博士研究生10人，1988年试行在职人员以研究生同等学力申请硕士学位工作，1991年获国务院正式批准，招生类别不断丰富。博士研究生教育的开展带动了中国农业科学院研究生院学科体系的完善，截至2001年，共设有13个博士学位授予点，35个硕士学位授予点。师资队伍在原有基础上稳步发展，稳定在150人左右，每年开设课程80门以上。2002年获得招收农业推广专业学位研究生资格，2003年招收第一批专业学位研究生12人。2003年，研究生招生规模比上年增加近一倍，2004—2007年间，每年以10%的增长率稳步增长。2007年获北京市教育考试院颁发的招生突出贡献奖，2018年获北京市教育考试院颁发的北京市全国硕士研究生招生考试工作先进单位。2006年，经教育部批准，中国农业科学院研究生院获得招收外国留学生资格。2008年，招收首批来华留学生11人。2012年获得招收港澳台研究生资质。2013年，中外合作办学项目获得教育部批准，首批招生18人；2016年，全日制研究生招生突破千人大关，创历史新高；当年留学生招生试行"全年接受申请、春秋两季入学"，当年招生132人，比上年增长180%。2019年中国农科院首次试点博士研究生"申请—考核制"招生选拔方式。兽医学院作为博士招生"申请—考核制"先行试点，制定了《中国农业科学院研究生院兽医学院2019年博士研究生"申请—考核制"招生方案》（试点），在兽医学院及相关7个研究所基础兽医学、预防兽医学、临床兽医学、兽药学等四个专业试点施行。2019年招收各类研究生1 722人，比建院之初增长37倍，在读研究生5 671人，其中在校留学生518人。截至2019年9月，毕业研究生共计12 050人，共授予博士、硕士学位15 317人（图4）。

以中国农业大学为例，改革开放伊始，在招生工作上，积极组织入学考试，根据情况认真调整各专业研究生入学考试科目，探讨接受推荐免试生办法；为满足国家经济建设和社会发展需要，发挥学校潜力，加强与用人单位合作，扩大招收有一定经验的在职人员入学等。1978—1986年，中国农业大学共招收研究生1 557人

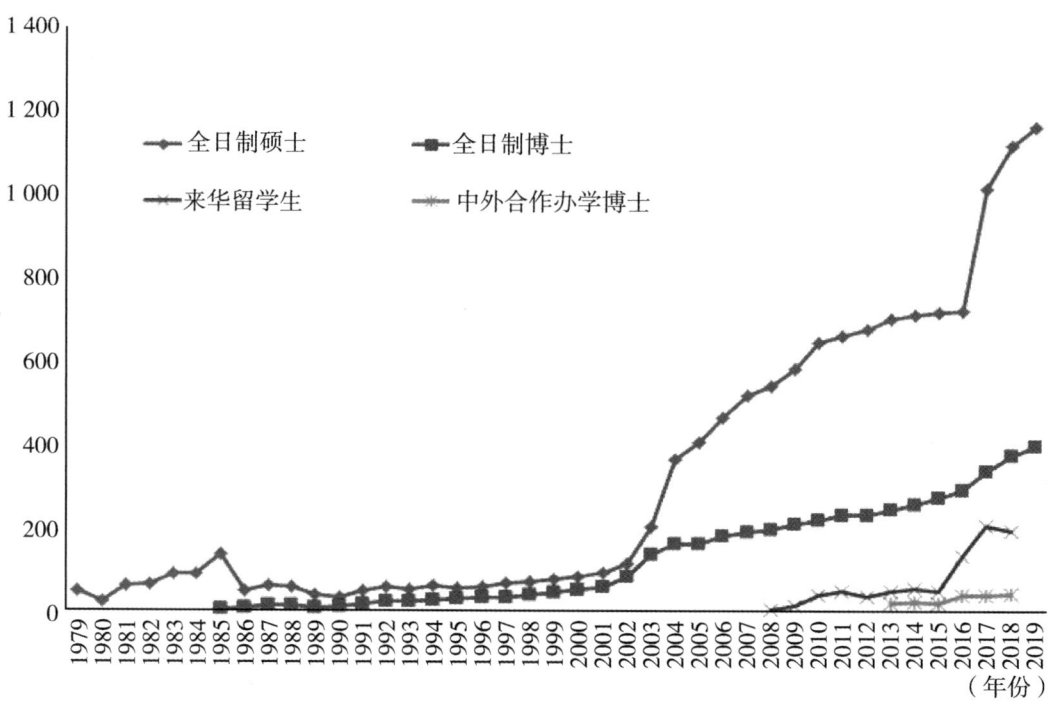

图 4 建院至今招生规模发展变化情况（按全日制招生全口径统计）

（占农科总招生人数的 30%），其中博士生 63 人，委托培养硕士生 136 人。在此期间，学校共有 43 个研究生专业（其中西区 32 个），其中可授予博士学位的学科专业 22 个（其中西区 20 个）；另外还有农科唯一的博士后流动站。招生上，2013 年作为全国首家全面实施博士生"申请考核制"招生的单位，顺利完成了博士生招生录取工作，达到预期目标。2013 年，中国农业大学通过申请考核制招收的博士研究生共 402 人，报名录取数据指向与改革目标一致。改革开放以来中国农业大学研究生招生规模不断扩大，2018 年中国农业大学共录取研究生 3 431 名，其中硕士生 2 511 人，博士生 920 人。

（2）培养教学管理体系持续完善。中国农科院建院初期，实行"两段式"培养，一年级研究生分别去往当时的北京农业大学、南京农学院、西北农学院、浙江农学院、华中农学院、武汉水电学院等院校学习有关课程，第二学年回到各研究所学习专业课、开展科研、撰写论文。1984 年开始筹备课程建设，全年自主建设并开设 28 门课程；初步建立起了教学体系和师资队伍，开始独立组织授课，进行硕士研究生培养。

随着教学培养等条件的不断改善，研究生教育产出质量不断提升。自 1999 年全国优秀博士论文评选开始，连续三年榜上有名；1999年，中国农业科学院研究生院被教育部和国务院学位委员会评为"学位与研究生教育管理工作先进集体"。2002—2019年间，深入推进研究生教育改革，招生规模实现了跨越式发展，培养质量、教学条件、国际合作与交流等方面取得了较大进步。在农业农村部和中国农业科学院的领导、支持和帮助下，中国农业科学院研究生院利用北京地区高校和科研院所集中的地域优势，通过外聘兼职教师的方式为研究生开设基础课和专业基础课，同时，在本院科研人员中选聘了一批专业课、实验课的兼职教师，组建了自己的教师队伍，1985年，开设40余门课程。2012年起，通过实行"大－小"学期制、建立专业课教研室，实行学院制改革等措施，全面提升培养水平。截至2019年9月，全院自主建设课程达到225门，教学体系逐步完善。

在1978年1月，随着教育部研究生学校招生工作会议的召开，中国农业大学在培养工作方面，为了贯彻落实学位条例，积极组织参与全国农科硕士研究生培养方案的制定工作，同时在制定工作中统一全校对研究生培养要求的认识；重点加强课程建设，加快建设步伐。1982年前研究生培养没有统一培养要求，为研究生开的课程很少，1982年后为贯彻实施学位条例，学校加快了课程建设步伐，到1986年已开出了320门课程，占培养方案应开课程的90%以上，基本满足了学生选课的需要。在管理工作方面，为了保证研究生工作的有序进行，这期间制定了有关培养、管理、学位授予等规章制度。1984年经国务院批准，北京农业大学设立研究生院，成为当时首批试办研究生院之一。研究生院成为校长领导下具有相对独立职能的研究生教学和管理机构，研究生院院长由一位副校长担任，下设培养处和管理处，学校研究生教育管理机构得到了充实和加强。改革开放四十周年，中国农大的培养教学体系持续完善。2018年学校被确定为首批学位授权自主审核的20家单位之一，享有更多的办学自主权：一是根据学校发展需要，每年都可自主增列和调整博士、硕士学位授权点。二是学校将具有更大的学科设置权，既可自主设置学科目录规定的一级学科和专业学位类别，还可自主设置交叉学科，按一级学科管理。这为服务国家战略、开展科学研究和培养创新人才，提供了更大的发展空间。

（3）师资队伍不断壮大。中国农业科学院定期举办专兼职教师及新聘任导师培训班，提升课堂教学及指导水平；实行网上教学评估，评选年度"优秀教师"和"教学名师"；严格博导遴选，实施导师资格年审制。截至2019年，有导师队伍2 167人，其中院士13人、博士生导师727人。现有教师队伍493人，其中中国农科院教师277人，占教师总数的56%。

中国农业大学目前拥有 20 个博士学位授权一级学科，97 个二级博士学位授权点，硕士一级学科授权 30 个，硕士二级学位授权点 149 个。9 种专业学位类型，覆盖农学、工学、理学、经济学、管理学、法学、哲学等 7 个学科门类。学校拥有一支实力雄厚、结构合理的研究生导师队伍，拥有专任教师 1 738 人，其中教授（含研究员）635 人、副教授（含副研究员）862 人。研究生导师 1 406 人，其中博士生导师 904 人。学校有中国科学院院士 5 人、中国工程院院士 7 人，"千人计划"人才（含青年项目）17 人，"长江学者奖励计划"特聘教授（含青年项目）34 人，"国家杰出青年科学基金"获得者 45 人，国家"973 计划"项目首席科学家 15 人，"百千万人才工程"国家级人选 27 人，教育部"新世纪优秀人才支持计划"人选 143 人，享受政府特殊津贴专家 82 人。聘请了包括诺贝尔生理或医学奖获得者、"DNA 之父"James Watson 和我国杰出的农业科学家、杂交水稻之父袁隆平院士在内的一批国内外著名学者担任名誉教授。

（4）学科发展由弱到强。以中国农业科学院为例，学位授权点从建院初期的 3 个博士学位授权学科专业、15 个硕士学位授权学科专业发展到 2019 年的生物学、生态学、农业工程、作物学、园艺学、农业资源与环境、植物保护、畜牧学、兽医学、草学、农林经济管理 11 个博士学位授权一级学科、51 个博士学位授权二级学科；16 个硕士学位授权一级学科；1 个博士专业学位授权类别、4 个硕士专业学位授权类别。学科体系日趋完善、学科布局不断优化，实现了农学门类下的 9 个一级学科全覆盖以及工学门类博士学位授权一级学科和博士专业学位授权类别"零"的突破。在全国第四轮学科评估中，作物学、植物保护、畜牧学、兽医学 4 个学科被评为 A+，生物学、农业资源与环境 2 个学科被评为 A−，A+学科数与全国高校相比居于并列第 12 位，A 类学科占参评时具有博士学位授权一级学科的 60%，学科建设取得突出成绩。

通过长期发展，中国农业大学形成了农业与生命科学、资源与环境科学、信息与计算机科学、农业工程与自动化科学、经济管理与社会科学等五大学科群。涉及农学、工学、理学、经济学、管理学、法学、文学、医学、哲学、教育学等 10 大学科门类。学校拥有 11 个博士学位授权一级学科、61 个博士学位授权点、96 个硕士学位授权点（分布在 10 个学科门类，38 个一级学科内）。其中，国家级重点学科 19 个（全国高校排名第八），农业部重点学科 11 个，北京市重点学科 4 个。其基本特点是：以生命科学、农业工程学科为主体，兼有经济学、法学、哲学、管理学、医学等学科，已实现由单一学科向多学科、综合性的过渡。在 2002—2003 年度全国

80个一级学科评估中,共有5个学科(植物保护、农业工程、畜牧学、兽医学、食品科学与工程)名列全国第一,在全国高校排名第三;2个学科(农业资源利用、作物学)列全国第二。中国农大共8个一级学科排全国前5名,处全国高校的前列。2016年开展首届研究生教育教学成果奖评选,共评选校级优秀成果29项,中国学位与研究生教育成果奖实现突破,2014年至今累计获奖3项,2018年康绍忠院士团队教学成果获实践类教学成果特等奖。在第四轮一级学科水平评估中,6个一级学科获评A+,获评A+的学科数量在全国高校中排名第六位。

5. 农科研究生教育发展与政策导向经济发展的关系

(1) 农科高等教育养活中国人。教育部高等教育司司长吴岩强调,新时代高等农林教育大有可为,要紧抓机遇,把各项改革行动落实落实再落实,建设发展好新农科,进一步把高等农林教育质量实实在在提起来,推动高等农林教育创新发展,为打赢脱贫攻坚战、推进乡村全面振兴不断作出新的更大贡献。1995年,美国作家莱布斯·布朗写书发问"21世纪谁来养活中国人",曾引发一时轰动。现在看来,答案显而易见。2018年,中国粮食总产量达到6.5亿吨。我国粮食产量不仅稳步提升,还实现了许多农林领域的技术突破。基本解决粮食供应问题,正是依靠传统农林学科的发展与进步。

(2) 推动高层次创新型农科研究生教育和创新科技人才培养。"创新是一个民族前进的不断动力"。中国作为一个农业大国,只有推进创新科技农业的发展,才能推动中国从农业大国向农业强国迈进。改革开放以来,农林研究生已然成为农业科技创新团队的生产军和主力军,是农业发展不可或缺的科研创新力量,具有较高的思维活跃度和创新精神。农林研究生的教育已经由"量"向"质"有了一个飞跃,从单纯的解决学术上的问题向多维化、复合型开始转变,将农林研究与交叉学科、新兴学科相对接,在注重科技与经济的紧密结合,深入农业生产第一线,加速科技成果的转化应用与产业化的同时,与国际紧密对接,加快培养复合型多层次农林人才。

(3) 加强对外开放,与国际化相接轨。随着改革开放的进行,中国的大门已经打开,各大农科研究生培养单位积极开展农业科技国际合作与交流工作,在引进师资、引进管理经验、培养人才及农业科技"走出去"等方面取得了显著成就,有力地促进了人才队伍建设和学科发展,为不断增强全院自主创新能力,缩短与农业发达国家的差距,大力提升在国际农业科技界的地位和影响力发挥了重要的作用,研究生教育国际交流已成为我国农业科技国际合作的重要窗口。

研究生院始终面向国际农业科技教育发展前沿，积极服务国家科教外交大局和科技创新需求，建立完善国际教育管理和质量保证体系，助力"一流研究生院"和"一流学科"建设，打造了以农业和生命科学为优势、以全日制研究生学历教育为主体、以博士生教育为特色的国际教育品牌。来华留学生教育实现跨越式发展。2007年经教育部批准获中国政府奖学金外国留学生接收资格。建立基于"院所结合，两段式培养"和中外学生 中趋同培养 同的留学生工作管理机制和质量保证体系。2019年10月获得高等学校来华留学质量认证，成为全国首批正式认证院校。截至2019年10月，目前，在校生人数522人，来自全球57个国家，博士留学生规模（466人）位居全国农林类高校首位（图5）。累计毕业留学生343人，分布在全球54个国家。近三年有7名博士生获得中国政府优秀来华留学生奖学金。中外合作办学博士学位教育稳步提升。围绕"高层次、研究型、国际化、有特色"的办学目标，积极探索国际合作新机制，2013年，研究生院与比利时列日大学合作举办国内农业领域首个博士层次的中外合作办学项目，2016年开始与荷兰瓦赫宁根大学合作举办农业和生命科学博士学位教育项目，实行了高层次国际化人才培养新模式新突破，促进国际合作与研究生培养的融合发展。国际教育合作全球布局迈上新台阶。全面拓展国际合作伙伴，持续提升国际合作交流水平，现与52个国家及21个国际组织签署了合作协议，拥有70个国际联合实验室、7个国际参考实验室和5个海外联合实验室，国际合作全球布局和国际教育水平的全面提升，有力支撑了中国农业科学院高层次国际化创新人才培养。

中国农业大学广泛开展国际交流与合作，努力扩大开放，加速国际化进程。学校与东欧、中亚、非洲、拉丁美洲、北美等49个国家和地区的237所大学、研究单位建立了友好合作关系。校内设有国际学院、中德综合农业发展中心、中荷奶业中心、中以国际农业培训中心等国际教育、科研与培训机构。学校与荷兰瓦赫宁根大学、美国加州大学戴维斯分校、康奈尔大学和巴西圣保罗大学合作建设"世界顶尖涉农大学（A5）联盟"，并在此机制下开展各项实质性合作。在加强与世界一流大学合作的同时，学校积极响应 并一带一路"倡议，与"一带一路"沿线国家院校探讨农业科研与教育合作交流计划，成立了"一带一路农业合作学院"和"中国南南农业合作学院"，先后成立了一带一路动物科技创新联盟和"一带一路"与南南合作农业教育科技创新联盟，并依托联盟成立了10个"一带一路"农业合作中心。

2003年，中国农业科学院首次选派10名博士研究生参与荷兰瓦赫宁根大学的联合培养项目，2004年，与美国得克萨斯州农工大学合作开展HACCP培训，

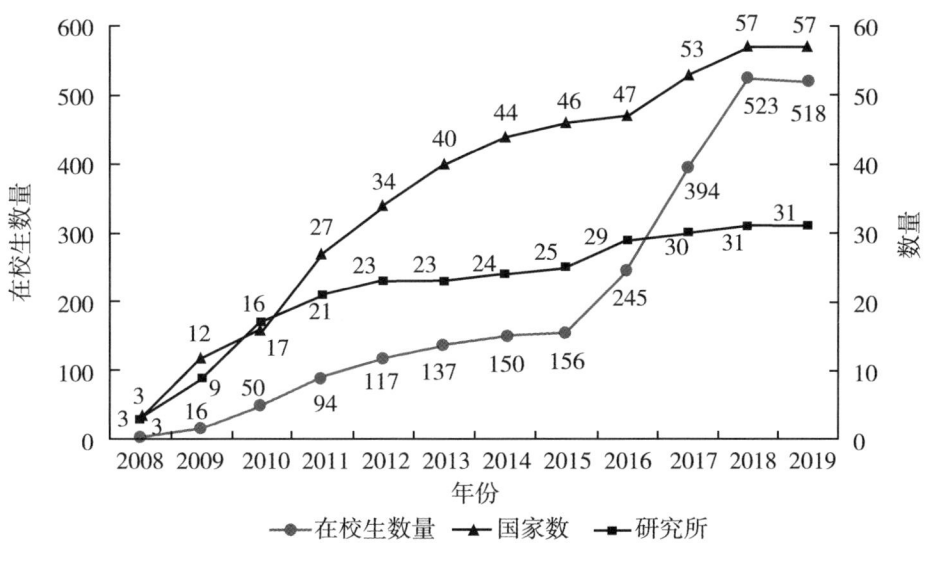

图 5　中国农业科学院研究生院来华研究生情况

举办首届国际 HACCP 中国高级师资培训班。2006 年重新启动了美国俄亥俄州立大学来华学习项目，共接收学生 30 人。2007 年，中国农业科学院研究生院被列为指定接收获得中国政府奖学金来华留学资格学生的院校。2008 年招收首批留学生 11 人。博士和硕士项目的学习期限通常为 3 年。授课语言为英语或中英文双语教学。试行"全年接受申请，春秋两季入学"的招生方式。留学生奖学金类型包括中国政府奖学金、北京市外国留学生奖学金、研究生院奖学金和外国政府及国际组织奖学金。

研究生院积极服务国家"一带一路"和农业"走出去"战略需求，以留学生教育和中外合作博士项目为抓手，扎实做好国际教育合作与交流工作。截至 2019 年秋季学期，在校生规模达 518 人，其中博士 467 人。留学生来自亚洲、非洲、北美洲、南美洲和大洋洲的 57 个国家，分布在全院 31 个研究所、40 个学科专业。毕业留学生 343 人，其中博士 285 人，硕士 58 人。近三年有 7 名博士生获得中国政府优秀来华留学生奖学金。

（二）农科研究生教育结构概览

1. 农科研究生生源结构现状

（1）在现有招生规模的基础上，生源质量有待进一步提升。由于农业行业十分艰苦，生产周期长，回报率较低，愿意学农的研究生越来越少，综合性院校和其他行业院校的毕业生（包括应届本科毕业生）一般都不愿意报考农林院校，而农林院校自己的优秀毕业生报考研究生时，或报考重点大学的相关专业，或更换所学专业，这使得农林院校的研究生生源数量远远不足，整体质量不高，学习成绩处于中等水平的本科生和自考本科毕业生、同等学力考生成为农林院校研究生生源的主体。从表7可以看出，从1998年到2004年，农学门类的研究生考录比（报考人数与录取人数之比）在十二大学科门类中远远排在后面。2004年，全国报考人数超过千人的专业共有179个，而农科类专业只有7个；报名人数排在前100名的专业中，农科类专业没有1个。如表8所示，农林院校硕士研究生考录比大大低于综合院校和其他行业院校。在2003年硕士招生中，全国平均考录比为3∶1，综合性大学大多在5∶1到6∶1，而农林院校大多在2.5∶1以下。2004年，报名人数排在前100名的单位中，农林院校只有两所，一所是中国农业大学，排名第75位，一所是西北农林科技大学，排名第95位。生源数量不足和质量不高，使许多农林院校的研究生招生任务要靠大量录取调剂考生才能完成。

（2）同一学校内部生源分布不均匀，生源向名师及非农专业导师汇聚。农林院校不同专业学生分布不均。例如，2003年江苏省某重点农林院校硕士学位招生复试最低控制线的自主权，其他农林院校的考生集中在这四所高校，学生数量和质量较好。如表9所示，1996年至2002年，金融、食品科学、资源管理、微生物学、预防动物医学等五大考生（占招生总人数的10%），考生人数占考生总数的30%，25个专业不到30人（占考生总数的50%），考生人数仅占考生总数的17%。2005年湖南农业大学硕士研究生36名，其中高等教育、观赏园艺、生态学、动物营养学、饲料科学、企业管理、环境工程、农产品贮藏、加工与工程、植物学、作物栽培等9个专业仅占招生总数的25%，但申请人数接近50%。

表7 1998—2004年硕士生考录比情况统计（学科门类）

学科门类	1998年	1999年	2000年	2001年	2002年	2003年	2004年
哲学	4.034∶1	3.458∶1	2.872∶1	2.305∶1	2.381∶1	2.318∶1	2.318∶1
经济学	6.307∶1	6.777∶1	5.125∶1	4.550∶1	4.489∶1	4.483∶1	4.481∶1
法学	6.479∶1	6.890∶1	5.923∶1	5.548∶1	6.065∶1	6.125∶1	6.147∶1
教育学	4.896∶1	4.702∶1	4.223∶1	4.016∶1	4.834∶1	4.924∶1	4.964∶1
文学	5.541∶1	5.197∶1	4.655∶1	4.117∶1	4.828∶1	4.928∶1	4.928∶1
历史学	4.158∶1	3.881∶1	3.260∶1	2.771∶1	3.109∶1	3.119∶1	3.109∶1
理学	3.055∶1	3.000∶1	2.627∶1	2.365∶1	2.583∶1	2.586∶1	2.582∶1
工学	4.144∶1	3.568∶1	3.253∶1	2.696∶1	2.761∶1	2.691∶1	2.731∶1
农学	2.842∶1	2.481∶1	2.242∶1	1.992∶1	2.407∶1	2.410∶1	2.414∶1

(续表)

学科门类	1998年	1999年	2000年	2001年	2002年	2003年	2004年
医学	5.492∶1	5.102∶1	4.376∶1	3.899∶1	4.323∶1	4.346∶1	4.351∶1
军事学	3.438∶1	3.792∶1	2.871∶1	1.347∶1	1.477∶1	1.417∶1	1.427∶1
管理学		5.967∶1	5.601∶1	4.671∶1	5.252∶1	5.273∶1	5.267∶1
全国平均	4.70∶1	4.44∶1	3.941∶1	3.414∶1	3.692∶1	3.601∶1	3.458∶1

表8 1998—2004年硕士生考录比情况统计（院校类别）

院校类别	1998年	1999年	2000年	2001年	2002年	2003年	2004年
综合院校	4.861∶1	4.581∶1	4.201∶1	3.827∶1	4.155∶1	4.675∶1	4.155∶1
工科院校	4.222∶1	3.937∶1	3.524∶1	2.899∶1	3.084∶1	3.483∶1	3.084∶1
农业院校	2.955∶1	3.075∶1	2.586∶1	2.238∶1	2.496∶1	2.503∶1	2.496∶1
林业院校	3.346∶1	3.186∶1	2.858∶1	2.487∶1	2.950∶1	2.978∶1	2.950∶1
医药院校	5.274∶1	4.895∶1	4.204∶1	3.712∶1	4.109∶1	4.249∶1	4.109∶1
师范院校	4.934∶1	4.887∶1	4.164∶1	3.631∶1	3.895∶1	3.925∶1	3.895∶1
语言院校	5.579∶1	4.421∶1	4.376∶1	3.285∶1	3.909∶1	4.129∶1	3.909∶1
财经院校	7.164∶1	7.132∶1	5.777∶1	4.677∶1	5.433∶1	5.623∶1	5.433∶1
全国平均	4.70∶1	4.44∶1	3.941∶1	3.414∶1	3.692∶1	3.601∶1	3.458∶1

表9 设立研究生院的四所农林院校报考硕士生人数在全国农林院校中的比例

年份 项目	1996	1997	1998	1999	2000	2001	2002
报考农林院校的总人数	5 830	6 640	7 720	9 523	11 844	14 277	19 804
报考四所设立研究生院的农林院校人数所占比例	26.24%	25.27%	24.19%	22.62%	22.94%	23.22%	22.79%

2. 中国农业科学院研究生生源结构简述

中国农业科学院作为国家级农业科研单位，在人才、平台、交流等方面有着独特的优势，但作为农科研究生培养，在生源方面与其他高校存在同样的问题。为了吸引优秀生源，中国农业科学院先后采取了系列举措：组织培养单位招生管理人员分别赴南京林业大学、湖南农业大学等高校开展学术报告式招生宣讲；发挥手机端招生微信公众号平台的优势，发布招生简章和定期推送系列研究生考试的文章，提升公众号的关注度；指导研究所开展特色鲜明丰富多彩的暑期夏令营，扩大社会知名度等，通过一系列措施，在推免生方面取得了一定的成效：2017年，22个研究生培养单位34个专业接受145名推免生（来自46所高校），比2016年117名增加28名，65个来自211高校（含985），占到44.8%；2018年，130人成为中国农业科学院2019年推免生。56个来自211高校（含985），占到43.08%；2019年，接受2020年推免生116人，首次招收直博生6人，54个来自211高校（含985），占到46.6%。

经过多方努力，在一定程度上改善了中国农业科学院的生源质量，但来自"双一流"高校生源仅占招生总数的20%左右。近年来，随着高校对优质生源质量的重视，农科研究生教育面临生源质量的普遍问题。

3. 服务方向及就业去向

（1）农科类研究生的总体就业现状。总体来说，就业情况存在以下一些问题，农科研究生主要从事自然科学研究工作，而自然科学研究很大程度上对实验的时间有一定的要求，很多硕士研究生在规定学习时间内只能参与导师科研工作的某一阶段，很难完整的完成整个课题研究任务，使得硕士研究生在找工作是处于一个尴尬的阶段，科研单位和高校对于发表文章和科研成果有很高的要求，更多地倾向于博士生，而公司、企事业单位对综合素质要求较高，农科研究生单一的学习经历比起综合性院校的研究生没有优势，很多农科硕士研究生最后从事的和本专业毫不相干。博士研究生虽然毕业后能够相对顺利地进入到科研机构和大学，但从导师的角度来讲，遇到一个具有较高素养的研究生很难，非常优秀的博士研究生往往会被导师留在自己的课题组延期毕业，这种情况下导致一方面毕业时间晚，在瞬息万变的当今社会，可能会失去很多机会，另一方面即使不愿意从事科研工作，但由于年龄的限制很多工作已经不适合自己。上述两种情况，导致目前农科院研究生就业情况不容乐观，很多本科生在研究生学科专业选择时会刻意地避开农科相关专业，不利于农科研究生教育长远发展。

近年来，我国的农科类研究生培养工作得到了很大的发展与进步，但是随着农科类研究生的不断扩招，其毕业人数也在不断增多（据统计，全国研究生毕业人数从2001年的6.78万人增至2011年的52.4万人），导致了农科类研究生的就业形势越来越严峻。我们希望通过调查研究，充分认识目前农科类研究生的就业现状，并寻求合理可行的解决办法，以缓解当前农科类研究生所面临的严峻就业形势。

农业科技人才的就业形势越来越严重，就业形势越来越令人担忧。根据我国一些农林院校农业和农业研究的现行就业率，总体就业趋势呈下降趋势。农业科研生大多希望在政府机构、机构、科研机构等岗位上工作。例如，随着国家公务员制度体系的完善，公务员的工资和待遇也得到了很大的提高，工作岗位相对稳定，这些现实可以吸引农业院校的研究生在公务员中工作。同时，在就业困难的压力下，农业部门的一些研究生选择进一步深造，高等教育的目的不是对科学研究感兴趣，而是通过找到更高的教育程度来找到更好的工作，因此，为了缓解就业压力，该比例也在逐年上升，在目前的情况下，这些情况反映在目前的情况下，例如农业部门毕业生的工作选择方向的比较，以及对他们自己的就业观念的改变的需要。在就业领域的选择方面，农业科技类毕业生主要集中在沿海城市、省会城市、直辖市和其他经济发达地区，根据农业和农业科学部的数据，农业科学大学的研究生主要选择在沿海城市或更发达的内陆地区。

（2）中国农业科学院毕业生就业服务概况。以中国农业科学院近3年毕业生就业情况为例。2017年，毕业生共计890名（含定向委培生74人），其中，博士生223人，硕士生667人，毕业生总数比2016年增加了4.43%。截至2017年10月31日，总体就业率为97.98%，相对于去年同期95.78%有所上升。就业去向如下：考取博士和继续做博士后研究187人，出国留学20人，签署三方协议299人，签劳动合同3人，灵活就业363人，总就业人数872人。共有17名毕业生到西部地区工作，其中博士6人，硕士11人；应聘北京村支部书记助理和村主任助理的毕业生共15人，其中共有2人已签订三方协议，奔赴村官岗位。

2018年，毕业生共计872名（含定向委培生46人），其中，博士生211人，硕士生661人。截至10月31日，总体就业率为97.13%，与2017年的97.98%保持高位，就业去向如下：考取博士和继续做博士后研究205人，出国留学34人，签署三方协议270人，签劳动合同16人，灵活就业322人，总就业人数847人。截至10月底，共有19名毕业生到西部地区工作，其中博士6人，硕士13人应聘北京市选调生的毕业生共35人，其中共有10人已签订三方协议，奔赴基层岗位。

2019年，毕业生共计900名（含定向委培生68人），其中，博士生247人，硕士生653人。截至10月31日，总体就业率为95.56%，就业去向如下：考取博士169人，出国留学33人，签署三方协议312人，签劳动合同8人，灵活就业338人，总就业人数860人。截至10月底，共有28名毕业生到基层工作，其中博士8人，硕士20人。应聘河北省选调生的毕业生共35人，其中共有10人已签订三方协议，奔赴基层岗位。312名已签约毕业生的就业去向来看，到党政机关就业11人，科研单位135人，高等教育系统62人，中等、初等教育单位5人，医疗卫生单位2人，一般事业单位28人，企业69人（其中国有企业24人）。

通过上述数据可以看出，农业类高校的去向与本身学历有关，但真正从事农业相关的工作人员比例在毕业生中占的比例不高。

（三）农科研究生教育质量分析
1. 教育质量评价导向

（1）明确评价基本方向。开展影响力评价工作，目的是为了更好地扩大研究生培养单位的知名度和美誉度，用评价这个"指挥棒"规范单位提升外部影响力，进而推动资源合理配置。要按照创新驱动发展战略要求，以引领和推动重大科技创新和成果转化作为抓手，以政府、公众、媒体舆论等作为评价主体，科学评价科研单位这个客体对国家、社会、行业等发展做出的贡献，准确反映出研究生培养单位的社会影响力和外部口碑。

（2）把握科学评价原则。一是以评促建。通过正确引导，推动研究生培养单位努力建设成为面向世界农业科技前沿、面向国家重大需求、面向现代农业建设主战场的现代一流科研院所。二是正确导向。遵循科学研究单位发展的内在规律，综合反映各单位的社会影响。在梳理各类指标时，要避免"四唯"倾向，注重从科技投入维度、产出维度、社会公众影响维度等出发，更加重视科技创新工作的质量、效率和贡献等指标。三是科学公正。选取指标既基于现有科研单位科技评价体系中的核心指标，又要立足单位实际，力求反映单位影响力的主要特征。四是易于操作。抓住少数关键性指标体系，不宜面面俱到，做到高效、简洁、易行、可操作。同时要打通科研、财务、人才等数据库接口，实现各类数据一次性填报，多类别全过程共享共用，进一步为科研人员松绑减负。

（3）客观选取评价指标。要结合研究生培养单位实际，根据影响力评价目标和原则，需从学术影响力、决策影响力、媒体影响力、基层影响力、国际影响力和创新能力等6个方面，科学选取评价指标，综合评价一个科研单位的影响力水平。从影响力角度看，选取学术影响力指标，从各个角度对科研单位的学术声誉、学科影响进行全面衡量，评价其核心影响力。选取决策影响力指标，把握科研单位在公共政策形成的不同阶段对决策过程的影响，评价其对政府部门影响和智囊作用。选取社会影响力指标，评价科研单位新闻传播价值和舆论认知，评价其在媒体传播方面的影响力。选取基层影响力评价指标，分析其在面向现代建设主战场中的作用，评价其基层影响和口碑。选取国际影响力指标,科学分析其国际话语权和地位。科研机构具有自己独特的属性,其自身的科研条件、人才培养、开展研究的科研经费水平等与其影响力之间存在一定的关联。可考虑选取创新能力指标,评价其创新基础发展实力。

(4) 注重评价结果运用。为了使影响力评价工作真正推动研究生培养单位发展,推动评价工作取得实质效果,要注重加强评价结果的运用。加强"正负杠杆"影响,将影响力评价结果与科技评价结果、干部考核等相结合。一是评分结果与科技评价结果挂钩。将影响力评价结果作为开展科技评价、科学衡量科研单位实际竞争力和水平的有效补充。二是依据评价结果配置资源。推动项目经费、人才帽子等资源向创新能力强的单位、科研团队和个人倾斜。三是作为干部考核参考依据。年度影响力评价结果可作为单位党政负责人年度考核及职务调整的重要参考依据。

2. 研究生教育质量——以中国农业科学院为例

根据教育部有关研究生教育质量评价的要求,选取中国农业科学院2019年研究生教育中生源质量、培养过程质量及教育产出质量作为参考。

(1) 中国农业科学院研究生生源质量。2019年,中国农业科学院紧紧围绕提高生源质量这一核心任务,通过继续采取提高推免生接收人数、举办研究所特色大学生夏令营、加强复试监督管理等措施,不断加大招生宣传力度,提高社会知名度和影响力,强化人才选拔机制,促进生源质量稳步提高。

2019年,中国农业科学院录取的850名全日制硕士生中,推免生有130名,占总录取人数的15.3%,录取的394名博士生中,硕博连读生有51名,占总录取人数的12.9%,生源质量显著提升。录取硕士生中本科毕业于"211"或"985"院校的占23.2%,较2018年(20.8%)提高了2.4个百分点;录取博士生中硕士毕业于"211"或"985"院校的占24.1%,较2018年(21.3%)提高了近3个百分点;中国农业科学院本院毕业硕士生占45.9%,较2018年下降了近2个百分点,生源结构显著优化。

(2) 中国农业科学院研究生教育培养过程质量。修订研究生培养方案。组织完成2018年获批新增水产和大气科学硕士一级学科研究生培养方案的制订,以及新增工程硕士食品工程领域、图书情报硕士专业学位研究生培养方案的制定。积极组织教师队伍,按课程设置要求筹建、组织开设了18门新课,其中15门课程为必修课(专业学位课或领域主干课)。

完善课程体系建设。构建科学合理的课程体系,及时更新课程内容,丰富课程类型。针对导师、研究生开展课程需求调研，不断开发、建设反映科研需求的课程类型，实现科研实践与科学教育的"无缝式"衔接。充分发挥教学委员会与教研室的作用，建立规范、严格的课程审查机制。在部分专业基础课教学上采取"基础部分+提高部分"的分层教学模式，满足不同层次学生的学习需求，做好不同阶段课程的衔接。在课程设置上，强化前沿进展专题课程与模块化课程，鼓励由多位教师共同承担一门课程的教学工作，提高研究生课程质量，2019年专题课程占23%，模块化课程占11%。在教学模式上，鼓励小班授课、研讨式教学与实践教学，2019年公共英语课程全部实施小班授课，研讨式教学课程占比27%，安排实习实践的课程占15%。继续实行实施研究生第一外国语（英语）课程免修，满足中国农业科学院研究生对公共英语课程因材施教、个性化学习的需求，同时针对英语免修的研究生以及英语基础较好的研究生筹备高级英语听说与写作选修课。2019年北京集中教学阶段课程网上教学评估优秀率达95%以上。

加强教学质量监控。完善课程质量评价体系，针对专题课、非专题课、公共英语课、实验课设置不同评价指标，获得研究生对于课程教学更加精准的评价与反馈。建立以研究生院培养处管理干部、研究所教研室教学秘书、课代表为主的教学督导队伍，对研究生教学活动全过程和教学效果进行全方位监督，切实保证课程教学过程质量。每学期分学科召开课代表会议，建立课程管理人员与学生代表的直接沟通机制，深入了解学生对课程教学的意见和建议。建立教师奖励激励机制，开展优秀教师与教学名师评选，实行"优教优价"。

强化培养环节管理。加强对研究生培养过程的质量监控，进一步规范和优化研究生课程学习计划、论文研究计划、开题报告、学术活动、中期考核等培养环节的管理，依托"研究生教育管理系统"实现培养环节管理信息化、规范化。在开题报告与中期考核环节建立分流淘汰机制，三次开题未通过或两次中期考核不合格者，终止培养，作退学处理。建立研究所自查与研究生院抽查相结合的研究生科研记录检查机制，培养研究生认真严谨的科学态度和良好的科学素养。

强化学位授予管理。完善学位授予标准。制订"粮食、油脂及植物蛋白工程"二级学科学位授予标准及"图书情报硕士""兽医硕士"2个专业学位授予标准；修订"生物信息学""兽药学"2个二级学科学位授予标准。强化学位授予过程管理。不断加强学位论文评阅、答辩、学位申请材料审核、学术不端行为检测等关键环节管理。在论文评阅阶段，实施学位论文双盲评阅，博士学位论文100%双盲评阅，硕士学位论文超过30%的比例双盲评阅，尽量保证学位论文评阅的客观公正性。对论文评阅中存在问题的学位论文重点把关,到答辩现场进行跟踪督查并在学科评议组会议中引导专家重点审核。对全部学位论文进行学术不端行为检测,2019年进一步严格学位论文复制比要求,全文复制比由不超过15%改为不超过10%;章节复制比由不超过30%改为不超过20%。在学位审核阶段,充分发挥研究所学位评定委员会、学科评议组、院学位评定委员会三级学位管理体制作用,深入实施学位论文分级审查和逐级责任追究制度,对学位论文进行全面审查。学位办对审查中提出的修改意见进行追踪落实,确保学位论文质量。

(3) 中国农业科学院教育产出质量。确保学位论文整体质量。高度重视学位论文质量,逐步完善学位论文质量监控体系,严格开题报告、中期考核、论文评阅、论文答辩等各环节管理。深入实施《中国农业科学院博士硕士学位论文审查办法(试行)》,充分发挥研究所学位评定委员会、学科评议组及院学位评定委员会的审核把关作用,对博士、硕士学位论文进行全面、逐级审查,对存在问题的进行责任追究,确保学位论文整体质量。在2018年全国博士学位论文抽检中(抽检学年度为2016—2017学年度)被抽检的15篇博士学位论文以及在2018年北京地区硕士学位论文抽检中(抽检学年度为2017—2018学年度)被抽检的24篇硕士学位论文全部合格。

发挥优秀论文示范带动效应。

一是优秀学位论文。评选优秀学位论文,是中国农业科学院营造浓郁学术氛围、加强高层次农业科技人才创新能力培养、提高研究生教育质量的重要举措。优秀学位论文评选工作始于2007年,2007—2011年仅评选优秀博士学位论文,年均不超过5篇(含提名);自2012年开始,每年评选优秀博士学位论文不超过10篇、优秀硕士学位论文不超过20篇。优秀博士学位论文奖励作者和指导教师各人民币2万元,优秀硕士学位论文奖励作者和指导教师各人民币1万元。截至2019年,共评选出优秀博士学位论文106篇(含2007—2011年的提名奖)、优秀硕士学位论文166篇。

从优秀学位论文作者发表论文情况来看,2015—2019年,优秀博士学位论文作者以第一作者(含共同第一作者)发表SCI论文总数147篇,人均3.3篇;优秀硕士学位论文作者以第一作者(含共同第一作者)发表SCI论文总数165篇,人均发表1.8篇。

二是高水平学术论文。为鼓励研究生开展原创性科研工作,发表高水平学术论文,自2015年开始在研究生中评选高水平学术论文。高水平学术论文的界定为

"以第一作者、所在培养单位为第一单位在中国科学院期刊分区平台中各学科大类第一区期刊上发表的学术论文"。高水平学术论文按学年评选，至今已评选五年。2015 年、2016 年、2017 年、2018 年和 2019 年分别评选 23 篇、14 篇、35 篇、38 篇和 65 篇，共计 175 篇。2019 年高水平论文数较 2018 年增加了 27 篇，创历史新高。2019 年，中国农业科学院在 Science、Nature、Cell、PNAS 等国际高水平期刊上发表学术论文 6 篇，其中 14 名研究生参与 4 篇。研究生在科技创新中发挥着重要作用。

三是做好研究生就业指导帮扶工作。组织开展就业指导咨询和毕业生双选会，加强与用人单位联系，充分发挥研究所、导师在就业方面的帮扶作用，建立毕业生动态跟踪机制，提高就业质量。中国农业科学院 2019 届毕业生共计 900 人（含定向委培生 68 人），其中博士生 247 人，硕士生 653 人，总就业人数 860 人，总体就业率为 95.56%，居北京地区科研单位前列。就业去向如下：考取博士 169 人，出国留学 33 人，签署三方协议（含继续做博士后研究）312 人，签劳动合同 8 人，灵活就业 338 人。从签约毕业生的就业地区来看，京内就业 80 人，京外就业 232 人，京内就业人数占 25.6%，与 2018 年持平。从签约毕业生的就业去向来看，到党政机关就业 11 人，科研单位 135 人，高等教育系统 62 人，医疗卫生单位 2 人，中等、初等教育单位 5 人，一般事业单位 28 人，企业 69 人（其中国有企业 24 人）。此外，就业领域呈多元化趋势，目前在企业就业和京外就业的硕士毕业生已占大多数；博士毕业生在企业就业比例为 7% 左右。2019 年，中国农业科学院共有 28 名毕业生到基层（西部地区、艰苦边远地区、基层）工作，其中博士 8 人，硕士 20 人。

（四）农科研究生教育发展过程中存在的问题

1. 农科研究生"不姓农"的问题

对于农学相关学科而言，以解决实际问题为主要目的社会实践对于学生的理论学习具有极大的指导意义。目前，很多农业类的科研机构和高校都有较多的研究生培养实践基地和社会实习基地，供学生将理论和实践结合在一起。但在实际运行过程中发现，由于科研经费紧张、基地设施更新换代速度慢等因素，学生在实践基地开展的工作不能完全与社会实际相结合，学生利用假期开展社会实践的人数比例相对较低，到实践基地开展的工作时间短，不能很好地将理论知识应用到实际的农业生产中。此外，农业学科研究生科研压力较大，由于农业科研工作需要大量的数据和时间来分析研究，使得很多的研究生更多的时间在实验室中度过，有的甚至加班加点依然无法很好地完成导师交给的科研工作，高强度的科研任务使得农科研究生参加社会实践的经历相较于其他学科而言存在不足。

随着社会经济的发展，目前我国农林院校面临可持续发展的压力，招生规模不足、生源质量不高，社会竞争力比综合院校有一定差距，为了解决学校长远发展的问题，很多农林高校开设法律、传媒、艺术等专业，吸引学生报考，将教育范围逐渐扩大化、朝综合院校发展，与建校之初的教育目标有所不同。甚至有的高校为了避免涉农影响发展，从而将学校校名中的农字直接去掉，这对于农业类高校发展来讲不是一个良性趋势。

2. 专业学位类型人才培养起步晚，发展缓慢

20世纪80年代中期以后，随着改革开放的深入，单一的学术型学位人才培养模式和社会多元化需求之间的矛盾逐渐显现，研究生教育和高级人才的培养必须面向日益发展的国民经济建设多元化需求的要求越来越迫切。1988年，国务院学位委员会第八次会议提出了设置专业学位的要求。1990年10月，国务院学位委员会第九次会议通过了"关于设置和试办工商管理硕士学位的几点意见"，同意在我国设置和试办工商管理硕士学位。这是我国第一个专业学位——工商管理硕士，即MBA。之后相继设立了建筑学硕士（M. Arch）和法律硕士（J. M）。

专业学位教育在国内发展近十年后，1999年5月正式设立农业推广（暂用名）硕士，1999年设立兽医专业学位，分为兽医硕士和兽医博士2个层次。2000年6月国务院学位委员会批准中国农业大学等24所高等学校开展培养农业推广硕士研究生工作，并行使农业推广硕士专业学位授予权，当年设置了种植业、养殖业、林业和渔业四个领域。兽医专业学位不设领域。

农业推广硕士是与该领域任职资格相联系的专业学位类别，培养目标是为农业技术研究、应用、开发及推广，农村发展、农业教育等企事业单位和管理部门培养应用型、复合型高层次人才。主要招收对象以基层农技骨干、企事业单位的业务技术骨干人员、在农业领域一线的广大工作人员和应届本科毕业生为主。兽医专业学位是具有特定兽医职业背景，且与现代化畜牧业大生产，国家卫生防疫，国家进出口安全，野生动物资源保护等领域任职资格相联系的专业学位。其培养目标和服务领域主要面向大中型畜牧生产企业、国家动物卫生、兽医卫生监管、动物药品生产与管理、动物检疫、动物园及家庭生活需要等方面，培养从事兽医资源管理、技术监督、市场管理与开发和现代化兽医业务与管理的应用型、复合型高层次人才。培养口径分为临床兽医和预防兽医。

从1991年在我国设置第一个专业学位类别，经过19年的慎重发展，至2009年时全国共设置了19种专业学位类别，1 300多个专业学位人才培养点。但随着社会经济的高速发展，社会对人才的结构要求进一步细化和提高，为了使研究生教育结构更加适应我国当前的社会经济发展，2009年3月教育部下发了《关于做好全日制硕士专业学位研究生培养工作的若干意见》，决定增加专业学位类别。2010年国务院学位委员会审议通过了19种新增硕士专业学位，新增学位类别相当于过去19年的总和，基本覆盖了国民经济和社会发展的主要领域；批准新增了1 322个硕士专业学位授权点，也相当于过去19年硕士专业学位授权点的总和。同时决定从2009起，扩大招收以应届本科生为主的全日制硕士专业学位范围，以后新增招生计划也主要用于专业学位研究生招生，在2009年当年全日制专业学位招生比例就由2008年的7%增至30%。

2009—2016年，在职攻读专业学位教育延续之前的培养方式，根据在职人员工作与学习的特征和需求，不断优化课程体系及教学组织方式，逐渐形成增补知识、提升能力、注重实践的特色课程、能力提升课程和实践类专业知识课程。2009—2019年，全日制专业学位研究生教育由无到有，全国硕士研究生结构发生很大变化，截至2019年，专业学位研究生已占硕士生总招生人数的45%以上。各研究生培养单位也经历了从匆忙分类培养到理性分类培养的过程。

3. 培养方式针对性不强

由于各种复杂的原因，专业学位硕士（专硕）的培养方式仍然存在学术化的问题。农林类专业硕士学位培养的目标侧重于对农业生产的应用，在要求其掌握足够的专业理论知识的前提下，期待其能为农业技术推广和农村发展作出贡献。而专业学位硕士起步慢，针对其特异性的教学方式方法还处于不断更新完善的阶段。目前，大部分院校的专业学位硕士的课程依然未突出其特色，通常情况下专硕理论课程安排过多，实践课程受资源或场地等的限制，并未真正发挥出其效用。此外，受调剂的影响，有较多的专业学位硕士研究生的学位论文选题不得不放弃应用化而趋于学术化，将大部分时间用于学术研究，但可能由于其基础较差而造成论文水平不高的情况，同时也使得针对专业学位硕士而实施的双导师制不能发挥其应有的作用，导致专业学位硕士研究生处于较尴尬的境地。

研究生毕业即面临就业问题，党和政府高度关注毕业生的就业问题，多次强调就业是最大的民生。在这样的导向下，各个农科院校应根据培养目标的差异以及学生的特点与意愿，在研究生学习期间，及时组织就业指导，为研究生提供有效信息，解答就业方面的疑惑。但由于时间方面的限制，能进行全面指导的人才较少，同时也存在未能针对性对各个专业研究生进行指导的问题,因此,在学习阶段的研究生未能充分重视或理解就业的问题,导致无法提前对职业生涯进行规划,造成毕业生无法进行正确择业,找不到满意的工作。

4. 教育公平性的问题

目前,优质教育资源的流动聚集在市场条件下较以往更加依赖于经济发展。随着社会经济发展和小城镇化建设步伐不断加快,农民收入大幅增加,但由于从事农业劳动的收入水平依然低于城市居民收入水平,使得很多农村优质教育资源向农村周边的大城镇、县城甚至地级市流动聚集,经济条件好的家庭也愿意把自己的孩子送到县城或更发达的城市上学,农村现有的教育资源质量尚不足以满足普通农村家庭对优质教育的需求,教育公平性无法得到保障,正如很多文章里所说的,由于农村基础教育资源的薄弱,使得自古以来"寒门出贵子"的可能性正逐步变小。

(五) 关于农科研究生教育发展的建议

1. 促进学生思维转变,加强农业职业教育

我国自古以来就是一个农业大国,农业一直是国民经济的命脉。没有农业的快速发展就没有国民经济的持续稳定增长。从长远的观点来说,也就没有我们国家在世界上的地位,因此,农科院校可以组织专家分享交流会,从我国农业发展的大局观,国内外现代化农业的对比等角度出发,扩充研究生的眼界及思维方式,帮助他们充分认识到农业发展的重要性,调动研究生的使命感,提升其对农科研究的兴趣。农科研究生教育应按照高层次创新型人才的培养目标,调整课程结构,重组课程体系,突出系统性和全面性。采用灵活多样的模块化或"平台+模块"的课程结构,构建宽厚基础和专业口径,强化实践,注重个性发展的课程体系。积极改革教学方法手段,推行研究性教学和探索式学习,包括参与式、合作式学习等灵活多样的教学和学习方法,体现师生互动、生生互动、师师互动,促进学生批判性思维和创新意识的培养。

通过与开展农业管理人员培训的高等教育的私立教育机构和培育地方农业管理人员的核心教育机构,如地方农业大学学校合作来提升从事农业者的专业技能,培育新型农业人才。设立了乡镇级农业学院,作为农民教育培训的核心机构,课程设计针对不同学历和不同需求人群。除了专门的培训机构外,鼓励地方综合性学校根据地方特色设计一些实用农业技术方面的课程。此外,加强农业宣传教育,联合地方农科院、知名涉农企业、农业领域知名人士等,经常性的举办一些校园宣传活动,向年轻人宣传现代农业、农业生产经营理念,鼓励年轻人将农业作为职业选择。

2. 发展科技、教育、经济一体化农科教育

现代农业对环境和生产质量提出了更高要求,要求我们少投入、多产出、高质量。随着劳动力成本的提高和单位面积生产效率放缓,传统农林学科将难以支撑未来农业发展。在高等学校专业设置中将设立新的农科专业或改造原有的农科专业,推进农科与理工文学科深度交叉融合,主动适应信息社会对人才需求的转变,新农科被视为对传统农林学科的"提档升级"。进行相应的研究生教育结构调整,包括类型结构和学科结构的调整,进而使得个体层面的追求和地区、国家的发展相一致。具体而言,可以在中部地区和西部地区扩大匹配当地产业结构的学科研究生规模、扩大中部地区和西部地区专业学位的发展,尤其招收工程硕士等在职专业学位学生,并让这些专业学位学生毕业后能够留在当地进行经济社会建设。

针对专业学位培养模式与劳动力市场需求之间的不平衡,解决方案是继续推进高等教育供给侧改革,对专业学位的培养模式进行改革,构建系统的、政产学研相结合的联合培养机制。具体而言,对积极参与专业学位培养的产业界给予不同形式的支持,例如减免这些单位员工进行专业学位学习的学费等,推动产业界积极主动参与专业学位的培养,从而缓解专业学位的供给与需求之间不匹配、不平衡问题。培养应用型农业人才,高校和农业科研院所需要的知识创新和技术创新,在人才培养相结合。知识创新是获取新的自然科学,并通过科研技术科学知识的过程中,科技创新是科学的应用到实际生产过程。鉴于在农业科研院所毕业教育中的具体问题,是很难培养复合应用型人才,学校必须与农业科研机构广泛合作,根据研究的要求和科研单位的标准,更新及时调整专业设置教学内容,制定培训计划和教学计划。另外,研究生的专业课程可以由科研单位的教师来教,因为科研院所的导师一直从事相关的科研工作多年,并能结合专业理论与科研的具体理论,使研究生可以申请,他们已经学会了科学研究的知识。其中,促进知识和技术,培养高素质农业应用型复合型人才的有机结合

3. 引导教师转变角色,加强研究生教育与本科之间的衔接

在本科阶段,应推进"三助"岗位管理,加强导师对学生的人文关怀以及科研指导。近年来教育部提倡导师设置"助研岗位",其主要的工作内容是协助导师从事科学研究、指导本科生创新实践、毕业设计、组织学术研讨等科研任务。导师借助研究生助研活动,应充分发挥研究生的主观能动性,以提高其科研水平为目标。

通过这种、方式不仅能让学生感受到来自导师的人文关怀,还能提升学生对科研理解与兴趣,改善其责任心。

在研究生阶段,导师要注重研究生的科研能力和兴趣的培养。例如,指导研究生把握有关学科发展、研究的新进展、新动态和研究方法,并指导研究生的课题研究与生产实践紧密结合,提高研究生综合水平;引导学生认识到其研究成果对生产的服务作用,以及对相关行业的经济提升作用。

此外,导师在注重培养学生科研能力的同时,应加强学生的社会责任感,引导学生把学术追求和国家发展联系在一起,科研人员有义务利用自身知识优势,帮助国家解决热点问题。将科研与社会热点相结合,不仅能推动科研工作往更高层面发展,还能解决社会亟待解决的问题,同时也推进了社会急需的高层次人才的培养。

4. 改革传统教学培养方式,加强创新意识和创新能力的培养

转变妨碍研究生创新意识和创新能力发展的教育观念和教育方法,改变填鸭式、灌输式的教学方式,要转变以知识为本的观念,树立以人为本的观念,建立以研究生为主体的教学方式,重视和促进研究生个性的健康发展,充分发挥研究生的主动性和自觉性,更多地采用启发式、研讨式、参与式教学方式。农科研究生所从事的往往是与农作物生长有关的科学研究,农作物生长的客观规律要求农科研究生的教育管理要更加灵活,实行弹性学制,同时针对不同的培养类型,制定不同的课程学习方案,使各种规格的人才各有所长,使农科研究生教育培养出的人才能够满足社会发展多种需求。

5. 建立和健全农科研究生培养的质量监督评价机制

评价监督可从三个层面来考虑,一是从农科研究生教育系统内部。如生源状况、导师队伍、培养过程、课程质量、学位论文和思想政治工作等方面情况,通过纵向比较,得出评价结论,督促研究生教育机构内部进行不断的改革创新,提升教育管理水皮。二是对二级研究生教育机构进行横向比较评价。科研机构是指对研究所之间的研究生教育情况进行横向评价,高校是指对学院之间的研究生教育进行横向比较,通过比较建立竞争机制,促使其加大对研究生教育的投入力度。三是建立社会评价体系,对研究生教育的成效和结果进行评价。即由社会、用人单位对我们的毕业生使用情况进行反馈,从而促进研究生教育整体水平的提升。

改革开放四十年,国家需求和时代发展方向发生了巨大变化,农科研究生教育也应该顺应发展趋势,横向多维化延伸,纵向深度化精攻,做到与"三农"产业深度结合,贴合国家需求构建创新性科技人才团队,成为国家"三农"问题和农业科技发展战略研究的学术重镇；突出体制机制创新，进一步提高创新活力和创新效率，着力解决我国现代农业发展重大科技问题。按照面向世界农业科技前沿、面向国家重大需求、面向现代农业建设主战场的总要求，加快建设世界一流学科和一流科研院所，坚持"顶天立地"的科技创新方向，带领全国农业科技力量，不断提升科研创新能力和科技进步水平，加快我国农业科技率先跨入世界先进行列，为保障国家粮食安全、促进农业农村经济发展做出重要贡献。

四、改革开放40年来我国农业农村现代化发展与未来发展思路与途径

自1978年12月党的十一届三中全会作出了对内改革、对外开放的重大决策后，中国的改革开放首先是从农村开始的。我国农业农村经过40年的发展建设，通过逐步调整农业农村生产关系和上层建筑中不适应生产力发展的某些环节和方面，使我国农业农村面貌发生巨大改变，我国农业农村现代化建设已取得很大成效。本文对改革开放40年来我国农业农村现代化建设取得的成效进行回顾，总结和归纳农业农村现代化发展的创新之处及仍亟待解决的问题，并探讨未来我国农业农村现代化发展思路。

（一）改革开放40年来农业农村现代化发展取得成效

改革开放40年来，在党中央和国务院的坚强领导下，始终坚持不断解放思想，坚持农民的主体地位，使我国农业农村现代化发展取得了瞩目的历史性成就，农业农村现代化成果显著。

1. 农村改革取得新进展

自20世纪80年代实行家庭承包经营为基础、统分结合的双层经营体制确立以后，农村土地承包经营制度改革进一步深化。一方面，土地确权颁证工作持续推进，截至2017年6月底，已完成确权面积10.5亿亩。另一方面，土地流转加快，截至2016年年底，全国耕地流转面积达到4.79亿亩，适度规模经营已成趋势。农村集体产权制度改革试点稳步开展。截至2015年年底，全国有5.8万个村，4.7万个村民小组实行农村集体产权制度改革，农民股金分红累计达到2 600亿元。农村集体资产股份权能改革29个试点县（市、区）中，组织开展清产核资、集体经济组织成员身份确认、积极发展农民股份合作，极大激发了农村资产潜能，促进了农

村集体经济的壮大和农民增收（夏英，2018）。农村金融服务综合改革不断深化，农村金融服务水平得到有效改善。我国目前已经形成了政策性金融、商业性金融和合作性金融相结合的多形式、多层次的农村金融服务体系（张乐柱，2016）。自2007年我国首次创立涉农贷款，涉农贷款余额从2007年年末的6.1万亿元增加至2016年年末的28.2万亿元，占比重从22%提高至26.5%（中华合作时报，2017）。截至2016年年末，全国累计为1.72亿农户建立信用档案，约9 248万农户获得银行贷款，贷款余额2.7万亿元，缓解了农民资金短缺问题。农村金融机构针对农业适度规模经营、绿色生态等农业发展新变化不断创新金融产品，探索大型农机具、林权等抵押贷款业务，进一步完善农村金融服务体系。

2. 农业综合生产能力实现新跨越

改革开放40年来，在我国农业农村改革的推动下，我国农业综合生产能力实现新跨越。2017年，全国粮食产量达到61 791万吨，是1978年我国粮食总产量30 476.5万吨的两倍，从2003—2015年实现历史性的十二连增（表10）。主要粮食品种稻谷、小麦、玉米以及棉花、油料、糖料、肉类、禽蛋、水果、蔬菜、水产、天然橡胶等农产品稳定增长，市场供应充足，农产品质量安全水平不断提升。农业物质技术装备水平明显提高，机械化水平显著提升。根据三次全国农业普查结果显示，1996年年末全国联合收割机为11.34万台，2006年年末为55万台，增长391.4%；至2016年年末联合收获机达到114万台，比2006年增长了105.3%。2006年喷灌面积和滴灌渗灌面积占耕地面积的比重分别为1.8%和0.8%。机播面积占播种面积的比重为32.6%，比1996年提高了16.4个百分点。2016年年末，全国灌溉耕地面积6 189万公顷，其中有喷灌、滴灌、渗灌设施的耕地面积1 001.8万公顷，占比16.2%。

表10 1978—2017年我国粮食播种面积及三大主粮产量变化表

年份	粮食作物播种面积（万公顷）	粮食总产量（万吨）	稻谷产量（万吨）	小麦产量（万吨）	玉米产量（万吨）
1978	12 058.7	30 476.5	13 693	5 384	5 594.5
1980	11 723.4	32 055.5	13 990.5	5 520.5	6 260
1985	10 884.5	37 910.8	16 856.9	8 580.5	6 382.6
1990	11 346.6	44 624	18 933.1	9 822.9	9 681.9
1995	11 006	46 661.8	18 522.6	10 220.7	11 198.6
2000	10 846.3	46 217.5	18 790.8	9 963.6	10 600
2003	9 941	43 069.5	16 065.6	8 648.8	11 583

（续表）

年份	粮食作物播种面积（万公顷）	粮食总产量（万吨）	稻谷产量（万吨）	小麦产量（万吨）	玉米产量（万吨）
2005	10 427.8	48 402.2	18 058.8	9 744.5	13 936.5
2010	10 987.6	54 647.7	19 576.1	11 518.1	17 724.5
2015	11 334	62 144	20 825	13 019	22 458
2016	11 302.8	61 623.9	20 693	12 885	21 955
2017	11 222	61 791	20 856	12 977.4	21 589

数据来源：《中国统计年鉴》；国家统计局网站。

3. 农业产业发展取得新成就

改革开放之初，我国农业生产仍以传统的"面朝黄土背朝天"的劳作方式为主，经过几十年的发展，农业产业已经突破了传统意义上的传统农业概念，涌现出许多农业新产业、新业态。1978年，我国几乎还没有设施农业，设施农业栽培面积很小，农产品加工业和休闲农业产值较小。2006年年末，全国温室面积8.1万公顷，大棚面积46.5万公顷，种植蔬菜、食用菌、水果、园艺苗木等多种经济作物。2016年末，全国温室占地面积33.4万公顷，大棚占地面积98.1万公顷（国家统计局）。农业工程技术的进步使设施农业发展壮大，温室种植解决了以往由于自然条件因素所导致的城乡居民农产品需求不足的问题。农产品加工业产业体系已经形成。2016年我国成规模的农产品加工主营业务收入为20.3万亿元，利润总额达到1.34万亿元。加工业与农业总产值之比达到2.2∶1，初级农产品大量销售有所改变，初加工、精加工农产品所占农产品市场比重增大。农村旅游也迈上新台阶。2017年我国休闲农业和乡村旅游类经营主体为33万家，年营业收入近6 200亿元，比上2016年增加了3万多家，有效带动了农民就业和增收。

4. 农民增收实现新突破

从年际变化来看，1978年农民人均纯收入为134元，由于城乡二元体制的存在，农民进城务工受到限制，农民务工收入几乎没有，加上当时政府没有给农民发放农业补贴，农民无法享受到政府提供的财政转移收入，此时农民收入仍以家庭农业经营收入为主，收入来源单一。2016年农民人均纯收入上升为12 363元，扣除物价指数因素影响，年均增长7.2%。农民收入来源结构日趋多元化，2013—2016年，根据国家统计局提供统计年鉴统计数据显示，农民人均可支配收入中，工资性收入、经营净收入、财产净收入和转移净收入都呈现上升趋势（图6）。2016年工资性收入对农民增收的贡献率达到48%，成为增收的主渠道。从与城镇居民的收入差距来看，2017年农村居民人均可支配收入达到13 432元，增速为7.3%，高于城镇居民收入增速0.8个百分点，且为增速连续8年高于城镇居民，城乡收入倍差缩小至2.71∶1。我国现行标准下农村贫困人口从1978年的2.5亿人减少到2016年的4 335万人，贫困发生率下降到4.5%。

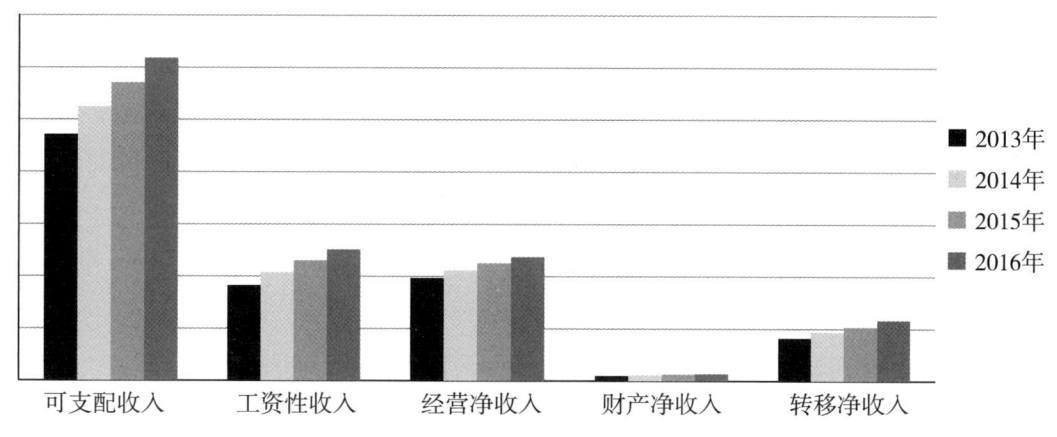

图6　2013—2016年我国农村居民人均收入变化

5. 农村基础设施和公共服务实现新提升

1978年以前，农村基础设施较少，农业生产仍然"看天吃饭"，农业为工业发展提供大量积累和物质基础，但农民生活水平低下，农村基本公共服务缺失。随着改革开放进程加快，这一状况发生明显改观。根据第二次和第三次全国农业普查数据，我国农村基础设施、基本公共服务和农民生活条件明显改善。2006年年末全国有72.3%的镇实施集中供水，19.4%的镇生活污水经过集中处理，36.7%的镇有垃圾处理站，20.6%的村完成改厕。到2016年年末，91.3%的乡镇集中或部分集中供水，17.4%的村生活污水集中处理或部分集中处理，90.8%的乡镇生活垃圾集中或部分集中处理，53.5%的村完成或部分完成改厕。到2006年年末，30.2%的村有幼儿园、托儿所，13.4%的村有图书室、文化站，74.3%的村有卫生室。到2016年年末，32.3%的村有幼儿园、托儿所，96.8%的乡镇有图书馆、文化站，81.9%的村有卫生室。农村实现村村通电话、乡乡能上网、广播电视基本全覆盖。农村教育基础设施继续改善，农村医疗卫生服务体系进一步健全。新型农村社会养老保险与城镇居民养老保险并轨，实现制度全覆盖。

6. 生态保护与修复呈现新局面

改革开放以来党和政府逐步探索生态文明建设，保护生态环境成为我国的一项基本国策,树立科学发展观念,更加重视保护自然生态环境。在农业生产地区已累计营造农田防护林 3 600 多万亩,3.23 亿亩农田实现林网化,占三北地区农田总面积的 65%。农田防护林体系建设大大提高了土地生产力。部分地区采用节水灌溉技术,平均节水达 20%,通过完善斗、农渠工程,老灌区总用水量减少约 1/4,缓解了农业用水紧缺矛盾。2012 年至 2016 年累计造林 3 000 万公顷,1.08 亿公顷的天然林得到有效管护,全国森林覆盖率达到 21.66%,森林蓄积量达到 151 亿立方米。草原综合植被盖度达到 54%,累计治理水土流失面积 26.55 万平方千米,全国沙化土地面积年均减少 1 980 平方千米,石漠化面积年均减少 16 万公顷,近一半湿地得到保护。

(二) 我国农业农村现代化发展的创新之处

改革开放 40 年来,我国在农业农村现代化发展过程中进行了有益的实践和探索,在国家粮食安全保障、农业经营管理制度、农业科技、农业发展方式、培育农业经营主体、城乡统筹与融合发展等方面都有较大创新,具体表现为以下几个方面。

1. 保障国家粮食安全方面有创新

粮食安全关系到国计民生,关系社会稳定,是国家安全的基础。改革开放之初实行的农村家庭联产承包责任制,调动了广大农民的生产积极性,促进粮食产量的大幅度增长。进入 21 世纪以来,我国根据粮食生产能力和国情变化,在保障粮食安全方面作出积极地调整。在政策层面上,2004—2018 年的中央一号文件始终强调粮食安全的紧迫性和重要性,保障粮食安全的警钟长鸣;并于 2008 年编制了《国家粮食安全中长期规划 2008—2020》,是中国粮食安全的最新战略性指导文件。在理论层面上,2014 年提出了实施"以我为主、立足国内、确保产能、适度进口、科技支撑"的新时期国家粮食安全战略(张晓山,2016);习总书记多次强调"保障国家粮食安全是一个永恒课题,任何时候这根弦都不能松",要求严格遵守 18 亿亩耕地红线不动摇。在具体举措上,我国逐步建立健全中央和地方的多级粮食储备体系,增加粮食风险基金、深化粮食流通体制改革,完善粮食价格形成机制,加大对粮食主产县的奖励补助资金,建立健全对粮食主产区利益补偿制度;从 2015 年开始落实粮食安全省长责任制,并对其考核主体、原则、内容、等作了全面部署。新时期在粮食安全方面的理论与实践创新,使我国探索了一条具有中国特色的粮食安全之路。

2. 农村土地经营管理制度有创新

土地是农业生产、农民生活的基本要素，农村土地包含了农村耕地、宅基地、集体经营性建设用地三个部分。我国农村土地经营制度变革逐步释放了土地束缚。一是农村耕地由两权分离转变为三权分置，土地承包关系保持长久不变。改革开放初期实行的家庭联产承包经营责任制，土地所有权归集体所有，农户拥有经营权，实现了两权分离。随着农业适度规模经营的推进，农村土地经营管理逐步演变成在坚持农村土地集体所有的前提下，农村土地所有权、承包权、经营权三权分立，允许经营权流转的格局。与之相对应，土地承包期限也发生变化。1984年一号文件中规定土地承包期延长到15年，党的十九大报告中指出"保持土地承包关系稳定并长久不变"，有利于农业生产的稳定性。二是盘活农村宅基地，增加农民财产性收入。完善农村宅基地制度，探索宅基地有偿使用和自愿有偿退出机制，逐步探索农民住房财产权抵押、担保、转让的有效途径。改革试点开始推行并将范围拓展到了33个地区。三是农村集体建设用地与国有建设用地享有同等权利，允许其出让、租赁、入股。农村土地经营管理制度改革始终坚守土地公有性质不改变、耕地红线不突破、农民利益不受损的底线和方向，激发了土地生产要素的活力。

3. 农业科技进步有创新

经过40年努力，我国农业科技进步成果显著。一是在重大农业科技研发取得突破。2017年袁隆平团队研发的第三代杂交水稻平均亩产1 149.02千克，创造了世界水稻单产的最高纪录，对保障国家粮食安全作出巨大贡献。"十二五"期间我国育成粮食和经济作物新品种3 700多个（中国科学报，2017），农作物基因组学、禽流感疫苗等农业技术领先国际水平，在重大病虫害防治工作取得成效，2017年我国农业科技贡献率升至57.5%。二是中央到省、地、县、乡多层次、多功能的农业技术推广体系初步形成。通过向生产经营者推广施用肥料、病虫害防治、栽培、养殖、农业机械使用等技术，可提高农业生产的经济效益、社会效益和生态效益。三是国家农业科技园区等已经成为农业科技创新与转化的重要基地。截至2017年年底，246家国家农业科技园区核心区面积579万亩，示范区2.0亿亩。园区引进培育的农业企业总数达8 700多家，其中高新技术企业1 555家。累计引进培育新品种4.09万个，推广新品种1.46万个，引进推广各类农业新技术2.2万项，审定省级及以上植物和畜禽水产新品种642项，取得专利授权超过4 000项，带动700多万当地农民就业。国家农业科技园区建设产学研相结合，示范带动作用增强，推动了农业农村现代化进程。

4. 农业发展方式有创新

改革开放 40 年以来，农业农村经济领域在发展方式上也发生了深刻变化。一是由过去依靠扩大农业种养殖规模向依靠科技创新和推广应用转变。科技作为第一生产力，越来越在农业中发挥着重要作用。如高标准农田改造、土壤污染防治、农产品品种的更新换代、农业生产全程机械化的开展都依赖于科技的支撑。二是由依靠产量提高向品质提升转变。城乡居民在解决温饱问题后日益注重农产品质量，而农产品供需矛盾突出促进农业生产调结构、提质量的转变。即更加注重推行农业标准化、品牌化、可溯源化，加强农产品质量安全执法监管。农产品市场绿色食品、有机食品增多，消费者对高质量农产品认可程度与购买程度提高。三是由依靠单一产业向产业融合转变。产业融合即"接二连三"，将种苗繁育、加工销售、仓储流通、旅游观光等众多环节实现一体化经营，大力发展特色农业、休闲农业等新的农业产业形态，有效带动了农民致富。四是由依靠化肥农药投入向绿色发展方向转变。在生态环境容量和资源承载力的约束条件下，农业生产经营更加注重保护环境资源，降低化肥农药的投入量，切实实行低碳循环生产方式，提高资源利用率。2017 年我国三大粮食作物化肥利用率为 37.8%，农药利用率为 38.8%，分别比 2015 年提高 2.6 个和 2.2 个百分点。从 2015 年起农药使用量已连续三年负增长，化肥使用量零增长，实现农业生产的科学化、可持续化、生态化。

5. 培育新型农业经营主体有创新

新型农业经营主体的出现，适应了我国现代农业发展的需要。2012 年中央农村工作会议正式提出培育新型农业经营主体的要求，着力构建新型农业经营体系，并采取一系列措施给予政策扶持。首先，加强基础设施建设。鼓励修建仓储烘干、农机库棚等农业设施、农田水利设施及农村物流设施，提高农业生产的规模化、集约化程度。其次，增强财政扶持力度。综合采用直接补贴、以奖代补等方式，增加对新型经营主体的资金投入；农机具购置补贴、税收优惠等政策向新型农业经营主体倾斜，提高补贴政策的针对性和有效性。最后，提高规范程度。我国在培育新型农业经营主体过程中，注重对家庭农场、农民合作社及龙头企业的内外部监督，采用标准的生产方式和财务记录，实现其自我发展、自我完善。截至 2016 年年底，家庭农场、合作社、龙头企业等新型农业经营主体达到 280 万个，新型职业农民总数超过 1 270 万人（农民日报，2017）。我国农业产业化龙头企业达 13.03 万个，年销售收入约为 9.73 万亿元。全国家庭农场有 87.7 万个，平均经营规模为 215 亩左右。截至 2017 年 7 月底，在工商部门登记的农民专业合作社达 193.3 万家，提供产加销一体服务的合作社超过50%（新华社，2017）。

6. 城乡统筹与融合发展有创新

自十二五规划提出"积极稳妥推进城镇化"以来，我国加快破解城乡二元结构步伐，在实践中逐步形成了一系列城乡统筹与融合发展的新理念。一是确立形成以工促农、以城带乡、工农互惠、城乡一体的新型工农城乡关系。通过实行工业反哺农业、城市带动乡村的方式，逐步缩小城乡居民收入差距、促进城乡居民基本权益和享受到的公共服务均等化。二是遵循以人为本的城乡发展理念。在农民自愿的前提下继续推动农业转移人口市民化，保障好农民的落户及就业问题；为农民提供新型农村合作医疗。加强对农民工的技能培训及解决好其子女上学问题。2011年我国城镇化率位51.27%，首次超过50%，标志着我国社会结构发生巨大变化，城镇化进入快速发展阶段，到2017年我国城镇化率已经达到58.52%。三是坚持工业化、信息化、城镇化、农业现代化四化同步。坚持补足农业农村这块短板，努力实现农民的全面小康才可实现全中国的小康社会。四是加强新农村建设。修建并完善农村道路、饮水、通信等基础设施，加强农村先进文化的宣传和建设，进行环境整治，改变农村面貌。

（三）我国农业农村现代化发展中存在的问题

推进农业农村现代化，需高度重视并着重解决当前我国农业农村发展领域存在的突出问题和发展制约因素。

1. 农业发展受到资源环境双约束

随着我国人口数量增加，农业发展面临着资源短缺和环境污染的压力也持续增大。我国耕地人均占有量少且质量总体偏低，后备资源不足。中国耕地面积18.26亿亩，但人均耕地面积只有世界平均水平的1/3；中低产田占比为78.5%，耕地退化显著；2010—2015年，每年耕地总量减少约为80万亩，耕地后备资源降为8 000万亩左右（姜欢欢，2017）；农业用水需求量大但我国水资源时空分布不均且水质呈恶化趋势（何安华，2012）。2016年全国总用水量6 040.2亿立方米。其中，农业用水占62.4%。水土资源不平衡造成我国旱涝灾害频繁，并由此引发了农业生产的不稳定。除资源环境约束以外，劳动力、资金等生产要素，追逐以利益为导向，使这些生产要素从农村流向城市，使农业发展缺乏动力。

2. 农业生产成本急剧上升

近年来，农业生产成本上升迅速。其中劳动力成本上涨较快的根本原因在于农民收入上升的影响（钟甫宁，2016）。另一方面，农村青壮年劳动力的外流在一定程度上也造成劳动力成本上升。同理，土地资源的有限性使得土地的价值升高。据《全国农产品成本收益资料汇编》数据显示，我国水稻、玉米、小麦三大主粮的每亩主产品总成本、人工成本、土地成本分别由2009年的600.41元、188.39元、114.62元上涨为2014年的1 068.57元、446.75元、203.94元，上涨幅度分别为77.97%、137.14%、77.93%。与美国相比，2015年，中国玉米、稻谷、小麦三大主粮亩均总成本分别比美国高出56.05%、20.82%、210.42%。与美国相比，我国农业生产成本居高不下问题极为突出。

3. 农业支持保护体系亟待完善

随着农业农村经济发展主要矛盾发生改变，农业支持保护体系精准性不足、落实不到位、资金整合力度不足、基础设施投入少、粮食主产区投入少等问题日益突出。农业投入与生产补贴一般按照农户承包土地面积来计算，许多撂荒农民获得补贴但通过土地流转进行规模种植的真正的农业生产者无法获得，不利于种粮农户积极性的提高。农业补贴一般通过基层组织来执行，由于人员有限、监督监管力度不足使农业支持保护政策未完全发挥出其应有的价值。我国现行农业补贴涉及面广、补贴环节多，财政支农资金往往分散于多个部门，交叉重合部分多，整合规划能力差无法使有限的财政资金发挥最大的效果。农业基础农田水利设施薄弱问题仍没有得到根本解决，基础设施服务由2002年的900多亿元增至2010年的2 100多亿元，但在政府的一般服务支出中的比重由75%降至53%，降了22个百分点；粮食主产区地方政府财政收入和农民收入低于全国平均水平，地方财政农业投入有限，主产区对主销区利益补偿与风险分担机制仍需完善（蒋和平，2018）。

4. 农业综合竞争力较低

尽管农业综合生产能力取得了长足进步，但我国农业仍为弱势产业的现状还未改变。"四化同步"中，农业仍为短板。一方面，与二、三产业相比，农业发展基础薄弱，受自然因素影响大，2016年第一产业对国内生产总值的贡献率为4.4%，远远低于第二产业37.4%的贡献率和第三产业58.2%的贡献率。第一产业对国内生产总值增长的拉动为0.3个百分点，与第二产业和第三产业的2.5个百分点、3.9个百分点相比较低。2016年我国农业占GDP比重为8.6%，2017年我国农业劳动生产率为人均31 061.2元（中国农业新闻网，2018），仍远低于二、三产业。另一方面，我国农业国际竞争力较低。农产品生产成本与销售价格双高导致比较利益下降，从国外进口农产品（如大豆）增多，跨国农业集团对我国农业市场的占有率逐步提高。

5. 农民持续增收动力不足

实现农民收入持续增加、提高农民生活水平是解决三农问题的最终目标。传统小农户的家庭经营，市场信息不畅通，抵御自然风险和市场风险的能力较弱使得单纯从事农业收入无法满足家庭需要。由于从事农业比较效益低下，农民务农收入在农民总收入中所占比重下降。外出务工的农民工由于文化水平较低、专业技能掌握不足，一般从事劳动力密集型行业，工资性收入水平低下且收入来源渠道较为单一。由于土地流转市场不完善，农民一般会将土地交于亲戚朋友耕种，收取较少的费用；不愿意把土地流转给农业企业、种植大户和农民专业合作社等其他经济组织，影响了农业适度规模经营。农村宅基地、集体经营性建设用地等资产还未完全激活，农民财产性收入与城镇居民相比增加幅度极其有限。农村集体产权制度改革仍处于起步和试点阶段，农民财产性收入所占比重仍较低。

（四）推进未来农业农村现代化发展的思路与途径

经过改革开放40年，我国农业农村发展发生了翻天覆地的变化，当前我国农业和农村发展已经再度进入新阶段，面临着新的问题和挑战。农业农村现代化是一项复杂而艰巨的系统工程，在新阶段务必要用新理念、新思维、新举措，加快推进农业农村现代化，让农业成为有奔头的产业，让农民成为有吸引力的职业，让农村成为安居乐业的美丽家园。

1. 以顶层设计为引领，探索中国特色农业农村现代化的发展道路

做大做强做优现代农业、推动农村现代化进程必须从我国国情出发，深刻把握时代特征变化，积极探索中国特色农业农村现代化道路。首先，加强顶层设计和谋划布局，发挥好党和政府总揽全局的作用。要以解决问题为导向，以保障国家粮食安全为重点，以推进农业供给侧结构性改革为主线，努力实现农业可持续发展、农民幸福感提升、农村和谐繁荣的三大目标。要从薄弱环节发力，改革试点先行，稳步推进和实施各项政策。其次，对政府与市场在农业农村现代化中进行准确定位，正确处理好政府与市场之间的关系，互补完善、相互配合。使市场发挥在资源配置中的决定性作用，加强农村市场体系建设，减少市场扭曲。最后，要在家庭承包经营的基础上，实现小农户与现代农业的有机衔接。我国农民人数众多，小农户经营仍然是适合我国农业生产的有效方式。所以要在坚持家庭承包经营基本制度不动摇的基础上，在新型农业经营主体的引导下，提高小农户的组织化程度和社会化服务水平，实现农业现代化。

2. 以新型粮食安全观为导向，深化我国粮食产业供给侧结构性改革

新时代应当树立新型粮食安全观念，即"在质与量两方面同时满足全社会对粮食日益增长的需求的基础上逐步改善粮食生产自然环境，促进生态良性循环，使粮食综合生产能力、种粮农民收入和农业资源转化效率稳步提升"。当前，面对人民日益增长的美好生活需要和不平衡不充分的发展之间的矛盾，我国粮食生产必须从"以主攻粮食产量为重"的导向转变为"以保证粮食有效供给为重"的发展导向，未来我国的粮食安全应突出三大有效点。一是有效的粮食生产。在保证市场需求的条件下，注重提高粮食生产质量，提升农业资源转化为粮食使用价值的转化率，保障粮食的无害性，提高营养价值，增加"无公害、绿色、有机"的中高档粮食产量供给；注重优化粮食品种结构，我国粮食品种结构应随着城乡居民粮食需求变化而调整。二是有效的粮食进口。立足"国外粮食市场是补充"的原则，根据国内粮食生产情况，利用粮食配额和关税与非关税措施，合理调控各种粮食的进口量。对于我国产能强、库存大的粮食品种，要少进口或不进口，避免出现"进口粮"把"国产粮"挤进仓库积压的怪现象。三是有效的粮食储备。要优化国家粮食储备布局，在粮食主产区继续执行粮食"去库存"政策，从产加销各环节出发，坚决解决好粮食"超高库存"问题。在粮食主销区强化国家的战略应急粮食储备能力，加大国有企业、民营企业和农民的粮食有效储备，增强粮食储备效率和多元调节能力。

3. 以新的发展理念为指导，实施农业农村现代化发展的"七大工程"

结合当前我国农业农村面临的新形势和新挑战，要加大推进农业农村现代化的实施，重点抓好农业现代化发展"七大工程"。

一是实施农业产业升级工程。坚持"优质、高效、绿色、生态、安全"的发展理念，利用农业高新技术对传统种植业、畜牧业、水产业、农产品加工业等产业进行改造升级，形成新的产业和新的业态与规模效应。大力推动一二三产业的有机融合与发展，通过延长产业链条，大力发展休闲农业与乡村旅游、民俗旅游与文化创意、农村电商与物流配送、农事教育与科普推广、健康养生与乡村养老等新型产业，不断创造出多种多样的新产业、新业态，实现农业价值链提升，扩大乡村劳动力就业，增加农民收入。

二是实施农业金融贷款创新工程。创新财政支农机制，放大财政支农政策效应，发挥好财政支农资金对乡村振兴的引导与支持作用，提高财政支农资金和农业补贴的使用效益。通过健全农村诚信体系和完善农业信贷担保的法律法规为农村金融的发展营造良好的环境，培育新型农村合作金融组织和农村资金互助组织，探索和丰富农村金融机构类型，创新适合农业生产经营者的金融产品。将担保机构与银行相结合，担保机构利用银行的监管和审查优势，可更方便地申请到涉农贷款，银行也可与信贷担保机构共同承担风险。建立健全政策性农业保险工作长效机制，提高财政对重要农产品保险的保费补贴比例，或通过以奖代补的方式支持与鼓励。鼓励保险机构针对区域特色优势农产品开发保险产品，发展互助合作保险，健全农业保险大灾风险分散机制，应注重更多运用农业保险来防范和化解农业生产的风险，减少农业生产经营者的损失。

三是实施乡村人才培育集聚工程。乡村振兴战略是农业农村的一场根本性变革，必须依靠人力资源的集聚和人口知识结构的根本性改变。以乡情乡愁为纽带，大力推进"市民下乡、能人回乡、企业兴乡"工程，鼓励和引导城市市民、企业家、党政干部、技能人才、大学生、社会贤达等，返乡创办实业，利用当地资源，带动农民创业就业，增加农民经营性收入。大力实施农村劳动力技能培训工程、农业职业经理人培训工程，培养一大批懂技术、善经营的新型职业农民和懂农业、爱农村的新农人，让农业真正成为有奔头的产业，让农民真正成为体面的职业。

四是实施农民增收促进工程。着力增加农民经营种养业收入，重视发展粮食和特色农产品生产，优化品种结构，提高单产水平，发展生态循环农业，保障农民种粮收益，在此基础上延长产业链、完善利益链，促进农民从新产业新业态发展中受益。着力增加农民工资性收入，鼓励支持农村富余劳动力外出打工，发展具有特色的农村经济，引导农民工就业创业，拓宽农民增收渠道。着力增加农民财产性收入，促进资源变资产、资金变股金、农民变股东。着力增加政府对农民的转移性收入，全面落实粮食综合直补、耕地保护资金、农业机具购置补贴等强农惠农富农政策，增加农民转移性收入。

五是实施乡村人居环境整治工程。打造优美人居环境是建设美丽中国、实现乡村永续发展的重要基础。以农村垃圾、污水治理和粪污治理提升为主攻方向，强化各种举措，稳步有序推进农村人居环境突出问题治理。要打造农业景观，建设美丽田园，大力提升农村居民生活设施现代化水平，把农村建设成为生态农业景观、最美的公园。

六是实施农村文化现代化建设工程。农耕文明是现代文明的源头，是乡村振兴的根与魂，必须随着时代的发展进程赋予更多现代文化的内涵。要深化乡村公民道德建设，以社会主义核心价值观为引领，推进社会公德、职业道德、家庭美德、个人品德建设。加强农村思想文化阵地建设，坚定农村文化自信，扶持培育一支"懂农业、爱农村、爱农民"的农村人才队伍，让文明乡风滋养美丽农村。

七是实施乡村社区发展治理工程。社区是乡村的基本单元，基层组织、社会力量要协同发力，形成多方参与、共建共治、服务共享的科学化、法治化、精细化的治理体系。创新乡村社区公共服务供给水平，统筹解决乡村社区资源配置与减负增效等问题。加强乡村社区一体化网络建设，坚持自治、法治、德治相结合，把对乡村社区治理工作有效融入社区幸福家园建设中去，确保乡村社区和谐有序。

4. 以实施乡村振兴为抓手，发挥农业科技创新对现代农业的引领作用

实施乡村振兴是党和国家在新时期作出的重大战略决策，也为新时代开展三农工作重点和任务指明方向。要以实施乡村振兴战略为契机，加快建设国家农业科技创新体系。一是农业科技创新的引领。农业高新技术不仅具有提高土地产出率和劳动生产率的支撑作用，更是实现现代农业"接二连三"重要枢纽。用现代农业设施和技术武装农业，提高农业基础设施和物质装备水平，加强农业科技的研发和投入，通过农业科技创新向增强农业技术转化率、提高农业科技进步贡献率，通过机械化、信息化、标准化、科技化建设提高农业综合生产能力。因此，要注重农业科技创新条件建设，建设和改造升级一批农业高新技术产业开发区、国家农业科技园区和现代农业科技创新中心，提高技术集成与组合应用的效率，以形成现代农业技术示范推广体系。二是智慧农业的引领。目前，中国农业进入了大转型与大变革的关键时期，传统农耕"面朝黄土背朝天"的场景将逐步退出舞台，而以互联网、物联网为载体的智慧农业即将引领中国农业农村开启"变革时代"。在实施乡村振兴战略的时代背景下，发展智慧农业和互联网农业已经成为产业兴旺的具体要求。在今后一段时期，加快农业转型升级，大力发展智慧农业和数字农业，加强物联网、智慧装备的推广应用，推进信息进村入户，提升农民手机应用能力，建设全球农业数据调查分析系统，基本建成集数据监测、分析、发布和服务于一体的国家数据平台，实施智慧农业遥感应用工程，加快现代农业发展。

5. 以深化农村改革为动力，激发农业农村现代化发展活力

农村改革关系到农村政治、经济、文化等多个方面，深化农村改革就是释放农村生产要素的原有活力，为农业农村现代化发展提供新动能。一是深化农业供给侧结构性改革。以延长产业链、提升价值链为重点优化农业产业体系，以扩大绿色、有机、无公害农产品供给为重点优化农业生产体系，以发挥土地适度规模经营引领作用为重点优化农业经营体系，以提高资源匹配度为重点提高农业生产效益。二是深化农村集体产权制度改革。大力推进农村土地制度改革、农村集体资产股权化改革，完善农村集体产权交易服务机制。在农村集体成员民主协商、民主决策的基础上形成成员资格认定标准，建立农村集体资产股权管理办法并进行存档备案。农村集体所有制经济的基本制度下，发挥集体经济的优越性，盘活农村资源要素活力，努力打造综合性的农业农村改革平台和农村产权交易平台，因地制宜发展多种农村集体经济形式。三是深化农村金融服务综合改革。以发展农村普惠金融为重点加快完善金融组织体系，以创新金融产品为抓手加快完善农村金融产品体系，以建设"农贷通"等平台为载体加快完善农村金融服务体系，以优化农村金融生态环境为保障加快完善农村信用体系。

6. 以促进城市生产要素下乡为载体，加快培育和壮大现代农业发展的新产业、新业态和新模式

城乡一体化和融合发展的时代背景下，城乡生产要素双向流动已成趋势。紧紧围绕城乡互动融合发展，加快构建新型城乡关系的方向，做好统筹工作。为使生产要素下乡发挥出最大的效果，应制定并实施城市生产要素下乡的优惠政策，做好城市生产要素下乡的机制体制创新工作。积极开展人才、技术、资本等城市先进生产要素下乡工作，制定扶持政策，做好监管。建立创业农民支持体系，吸引城市能人到农村创新创业，壮大新型农业经营主体。建立城乡统一的建设用地市场，严格农村土地征用补偿标准，创新土地收益分配制度，使农村土地增值收益"用之于农"，切实保护农民利益。进一步支持农业嘉年华、农业公园、休闲农业、会展农业等现代农业新产业、新业态。要注重解决现代农业新产业、新业态发展的障碍，如建设用地指标不足、工业用电计费提高成本等问题。通过优化城乡生产要素下乡以及现代农业产业项目配置，处理好生产经营主体与农民之间契约合作关系、利益联结和分配机制，推动现代农业的发展壮大和农民增收致富。

7. 以加快转变农业发展方式为契机，推进农村一二三产业融合发展

面对我国农业领域出现的新变化、新挑战，则应加快转变农业发展方式，实现农业生产由增产导向向提质导向转变，走出一条一二三产业深度融合发展的农业农村现代化发展道路。优化农业生产结构和布局体系，协同推进农产品生产和加工业、服务业协同发展。以建设现代农业产业园、现代农业示范区、农业科技园区为载体，挖掘农业生态价值、休闲价值、文化价值，因地制宜推进农业与文化、信息、教育、旅游、康养等产业深度融合，培育壮大乡土经济、乡村产业，达到一产优、二产强、三产旺，形成相互紧密关联、高度依存带动的完整产业链。增强提质增效新观念，发展农业新业态、新模式。加快引导新型经营主体对接商务平台，探索鲜活农产品、农业生产资料、休闲农业等"互联网+农业"新业态、新模式，推广信息技术与生产、加工、流通、管理、服务和消费各环节的技术融合与集成应用模式，深度挖掘农业的产业新空间。

五、改革开放 40 年中国畜牧业发展：成就、经验及未来趋势

改革开放 40 年来，我国畜牧业体量快速扩大、产业整体素质发生了质的飞越，完全扭转了畜产品供给短缺的局面，畜牧业已经成为农业和农村经济中主体地位不可撼动的主导产业。畜牧业发展到今天，也面临着许多突出的问题及挑战，诸如资源环境压力加大、产品质量安全性问题仍然存在、生产效率仍然不高、生产成本居高不下、国际竞争力不强等。主动适应新时代，未来我国畜牧业如何实现可持续发展？一些方向性的、理念性、战略性的指引必须遵循。

（一）改革开放 40 年畜牧业发展的历史回顾

回顾改革开放 40 年的畜牧业发展，大致经历了如下四个发展阶段。

1. 改革发展阶段（1978—1984 年）

1978 年开始，在全国范围内快速实施的家庭联产承包责任制，使畜牧业生产释放出巨大活力，畜牧业生产除了国有牧场、集体所有的牧场外，专业户、重点户不断涌现，独立自主的多元市场主体开始形成；20 世纪 80 年代初期，全国第一个牧工商联合企业诞生，到 80 年代中期，全国牧工商企业已经达到 600 多个；1984 年 7 月，我国开始改革畜产品的流通体制和价格体制，取消统派购制度，放开畜产品市场，绝大多数畜产品可以随行就市，打破国营牧场独家经营的格局。一系列的改革措施和政策出台，有效释放了畜牧业发展的活力，推动了畜牧业的大发展。如十一届四中全会通过的《中共中央关于加快农业发展若干问题的决定》中提出"大力发展畜牧业，提高畜牧业在农业的比重"，"继续鼓励社员家庭养猪养牛养羊，积极发展集体养猪养牛养羊"；1980 年国务院批转农业部《关于加快发展畜牧业的报告》中，强调"要把一切行之有效的鼓励畜牧业发展的政策落实到各户"，且"取消禁宰耕牛的政策"。这些政策快速释放了农牧民生产经营的自主权，极大调动了他们养畜的积极性，短期内畜牧业即得到快速发展。到 1984 年，肉类总产量达到 1 540.6 万吨，比 1978 年增长 79.9%；生猪出栏达到 2.2 亿头，比 1978 年增长了

36.9%，其他大牲畜的存栏、出栏、人均肉类占有量均有大幅上升。

2. 全面快速增长阶段（1985—1996年）

该阶段畜牧业经营体制实现了根本转变，畜产品市场和价格逐步放开；主要畜禽产品生产快速增长，长期严重短缺的局面得到根本扭转，主要畜产品实现了供求基本平衡。1985年1月，中共中央、国务院发布了《关于进一步活跃农村经济的十项政策》，其中重要内容就是决定取消生猪派养派购，实行自由上市，随行就市，按质论价；同时取消了多数畜产品的统一定价，从而使畜牧业成为农业中最早引入了市场机制的行业部门。1988年，农业部开始实施"菜篮子工程"，建立了一大批中央和地方的肉蛋奶生产基地及良种繁育、饲料加工等服务体系，有效促进了畜牧业向商品化、专业化和社会化的发展。1992年国务院颁布了《我国中长期食物发展战略与对策》，明确提出"要将传统的粮食和经济作物的二元结构，逐步转变为粮食作物、经济作物和饲料作物的三元结构"。随着1992年我国农村改革进入全面向市场经济转轨以及后续各项改革的不断深入，逐步形成了有利于畜牧业发展的社会环境和开放的市场条件，畜牧业生产得到了快速的发展，实现了主要畜产品供求基本平衡的历史性跨越，夯实了在农业中的支柱产业地位。到1996年，我国肉类总产量达到4 584.0万吨，比1985年增长1.4倍，年均增长率达8.2%；禽蛋产量1 965.2万吨，比1985年提高267.5%；奶类产量735.8万吨，比1985年提高154.3%；畜牧业总产值占同期农业总产值的26.9%，比1985年提高4.8个百分点。

3. 提质增效发展阶段（1997—2014年）

随着畜牧业的快速增长，到90年代后期即出现了阶段性、结构性过剩；随着经济的发展，人们对优质畜产品、花色多样的畜产品日渐青睐；随着市场的逐步开放，国际市场竞争的压力越来越大。迫切需要调整畜产品结构、提升畜产品质量和安全性以及提高生产效率和产业效益。在此背景下，国家适时制定和出台了一系列促进畜牧业发展的政策措施，1998年十五届三中全会通过的《中共中央关于农业和农村工作若干重大问题的决定》中提出，"菜篮子"产品生产要推广有新品种，降低成本，提高效益。1999年国务院转发农业部《关于加快畜牧业发展的意见》中提出，稳定发展生猪和禽蛋，加快发展牛羊肉和禽肉生产，突出发展奶类和羊毛生产；加快转变养殖方式，大力调整、优化畜牧业结构和布局，……提高生产效率、经济效益和畜产品质量安全水平；1999年后国家实时启动了农业行业标准专项制修订计划，加快了畜牧业标准化生产；2004年国家设立了首席兽医官制度，之后几年又陆续发布和实施了《国务院关于促进畜牧业持续健康发展的意见》《国务院关于促进奶业持续健康发展的意见》、"振兴奶业苜蓿发展行动",《全国牛羊肉生产发展规划（2013—2020）》等。经过这一阶段的发展,主要畜禽生产规模化、标准化程度显著提升。到 2014 年,我国生猪年出栏 500 头以上规模比重达到 41.9%、肉牛年出栏 100 头以上规模比重为 17.3%、羊年出栏 500 只以上规模比重为 12.9%、肉鸡年出栏 50 000 只以上规模比重为 43.7%、蛋鸡年存栏 10 000 只以上规模比重为 35.8%[①];生猪、肉牛、羊和家禽出栏率分别达到 157.0%、46.3%、94.8% 和 204.3%;牛羊肉占肉类比重达到 13.2%;奶类产量比 1997 年增长 524.6%,是增幅最快的畜产品;畜牧业科技进步贡献率从"六五"时期的 34% 增加到 2014 年的 54% 左右;畜产品生产进入追求质量安全的阶段,并逐步向区域集中、产业整合方向发展,"龙头企业+家庭农场（或养殖大户）"模式已成为我国畜牧业发展的主导力量,如"温氏模式""德康模式""正大模式""襄大模式"等。

4. 以环保为重点的全面转型升级阶段（2015 年以来）

2015 年以来,国家密集出台若干政策方案,以促进畜牧业提质增效实现绿色发展。第一,"粮改饲"和草牧业发展,有效支撑了畜产品的质量安全和生产效率的提升。2015 年中央一号文件提出"加快发展草牧业,支持青贮玉米和苜蓿等饲草料种植,开展粮改饲和种养结合模式试点,促进粮食、经济作物、饲草料三元种植结构协调发展",第一次在农业结构调整中突出了优质饲草的重要地位,突出了种养结合和农牧循环的有效模式,当年农业部即在"镰刀湾"地区的 10 个省进行了粮改饲试点,随后拓展为 17 个省;同年也在河北等 12 个省区组织开展了草牧业发展试验试点,2016 年农业部又发布了"促进草牧业发展的指导意见",具体确定了重点实施区域、各地区草牧业发展重点和经营模式。围绕畜牧业环保和粪污资源化利用,规范和扶持政策不断发力,有效提升了畜牧业环境保护和粪污的资源化利用水平。第二,各项环保政策的落实,有效规范和扶持了畜禽粪污的资源化利用和养殖场的达标排放。2015 年国家发布了《水污染防治行动计划》（以下简称"水十条"）,要求将现有规模化畜禽养殖场（小区）根据污染防治需要,配套建设粪便污水贮存、处理、利用设施,而散养密集区要实行畜禽粪便污水分户收集、集中处理利用;2016 年发布了《土壤污染防治行动计划》（以下简称"土十条"）。严格规范兽药、饲料添加剂的生产和使用,促进源头减量,加强畜禽粪便综合利用,鼓励支持畜禽粪便处理利用设施建设;

---

① 2015 年以前我国各畜种的规模化标准普遍较低,2015 年农业部对各畜种规模化标准作了调整,标准大幅度提升,这是调整后的标准,下同。

2015年，国务院又发布了《关于促进南方水网地区生猪养殖布局调整优化的指导意见》，要求这些区域的生猪主产县以资源禀赋和环境承载力为基础，制定养殖规划，合理划定适宜养殖区域和禁养区，改进生猪养殖和粪便处理工艺，促进粪便综合利用；2016年发布了《中华人民共和国环境保护税法实施条例》，明确从2018年1月1日开始实施。要求达到省级人民政府确定的规模标准并且有污染物排放口的畜禽养殖场，应当依法缴纳环境保护税。

（二）改革开放40年畜牧业发展取得的成就及经验总结

1. 主要成就

（1）主要畜产品生产有效保障了国内需求。经过40年的快速发展，我国主要畜产品人均占有量快速提高。1980年人均肉类、禽蛋、牛奶占有量只有12.3千克、2.6千克和1.2千克，只有当年美国人均肉、蛋和奶的12.9%、15.7%和1.1%；与当年的世界平均水平相比，也分别只有44.8%、45.8%和2.8%。到2016年，人均肉、蛋、奶占有量已分别达到61.9千克、22.4千克和26.1千克，年均增长4.59%、6.16%和8.93%（图7），已经达到美国同期人均占有量的44.2%、121.7%和9.9%；分别已是世界平均水平的140.2%、213.2%和28.0%。可见，我国的人均肉、蛋占有量已超出同期世界平均水平，只有人均奶类占有量与世界平均水平还有差距，但这个差距正在逐步缩小（图8）。

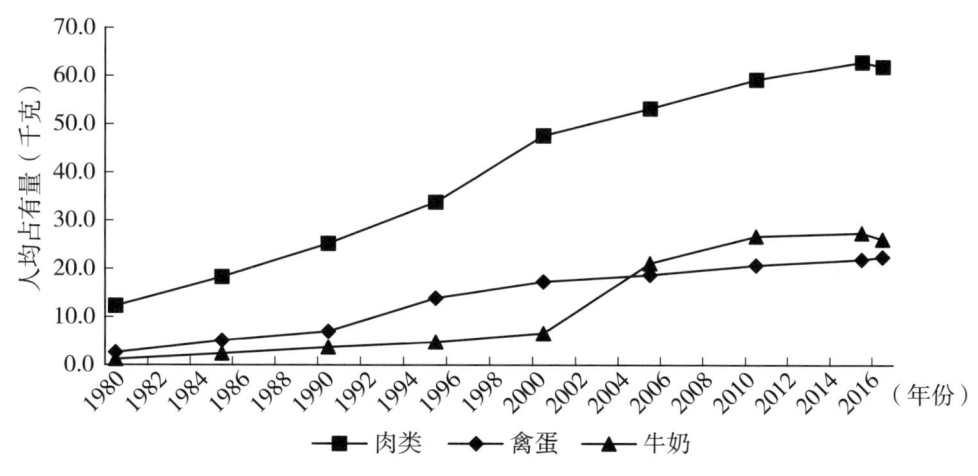

图7 我国肉蛋奶人均占有量

数据来源：《中国畜牧业统计》。

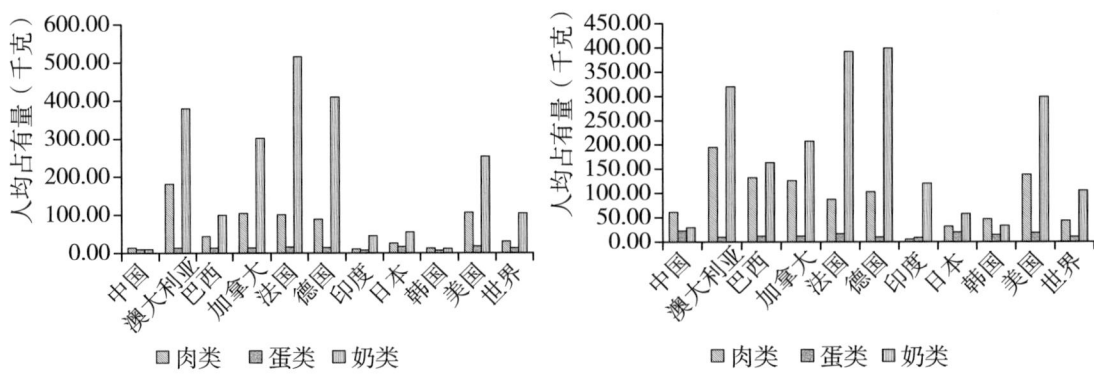

图 8　1980 年和 2016 年主要国家肉蛋奶人均占有量

数据来源：FAO 数据库（http：//www.fao.org/faostat/en/#home）。

（2）畜产品供给结构逐步趋于合理。1985 年①，我国肉类生产中猪肉占 85.9%，牛羊肉只占 5.5%，禽肉占 8.3%；到 2016 年，我国肉类生产中猪肉占比下降到 62.1%，下降了 23.8 个百分点；而同期牛羊肉占比已提高到 13.8%，提升了 8.3 个百分点；禽肉占比更是提高到 22.1%，大幅提升了 13.8 个百分点（图 9）。尤其需要说明的是，牛奶生产经过 20 世纪 90 年代以来的超常速发展，已经成为我国畜牧业生产中的突出重要的力量，在改善居民膳食结构中起到了重要的作用，人均奶类占有量约翻了 10 番。

（3）规模化程度稳步提升，生产效率不断提高。改革开放之初，我国的畜禽养殖以集体饲养和农户饲养为主，只有极少量的国营大牧场。自 20 世纪 80 中期开始，在养殖领域出现了专业户和重点户；到 90 年代中期，专业户和重点户发展已相当普遍，规模化程度快速提高。90 年代中后期以后，随着国家对养殖业的规范力度进一步加强和对规模化、标准化养殖的政策推动，规模化程度显著提高。由于国家统计从 2007 年才开始统计不同规模的生产情况，所以，这里只能从 2007 年开始比较，即使这样，变化也非常显著。2007 年，我国生猪规模化比重为 20.8%、肉牛规模化比重为 8.2%、肉羊规模化比重为 4.7%、奶牛规模化比重为 16.4%、肉鸡规模化比重为 22.0%、蛋鸡规模化比重为 14.9%，到 2016 年，各畜种相应的规模化程度分别达到 44.4%、17.6%、18.9%、49.9%、65.4%和 40.2%。随着养殖规模化、标准化程度的提升，主要畜禽养殖的生产效率也得到有效提升。1980 年，我国生猪出栏

---

① 由于 1985 年之前国家统计局没有专门统计禽肉，这里为了具有可比性，从 1985 年开始分析肉类结构。

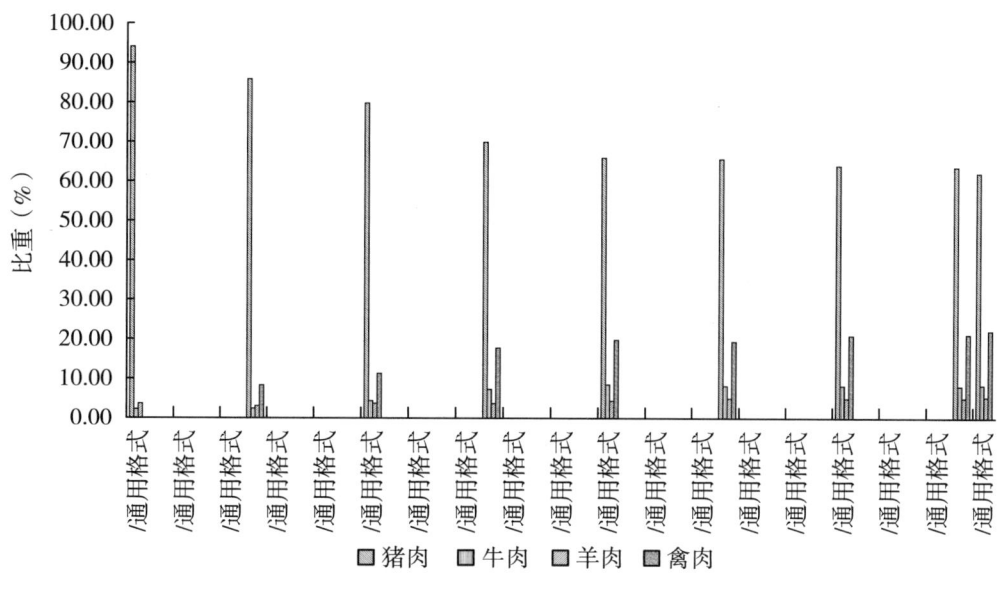

图 9　我国肉类结构走势

数据来源：《中国畜牧业统计》。

率只有 65.0%，胴体重只有 57.1 千克；而 2016 年，我国的生猪出栏率已达 157.5%（图 10），胴体重达到 77.4 千克。每头能繁母猪每年提供的商品猪头数在 1980 年只有 10 头左右，到 2016 年已达 16 头。全群奶牛单产在 1980 年只有 1 780.03 千克/头（图 11），2016 年已达 2 527.33 千克/头（泌乳牛单产平均已达 6 000 千克左右）。蛋鸡产蛋量 1980 年只有 4.2 千克/只，到 2016 年已达 8.9 千克/只。

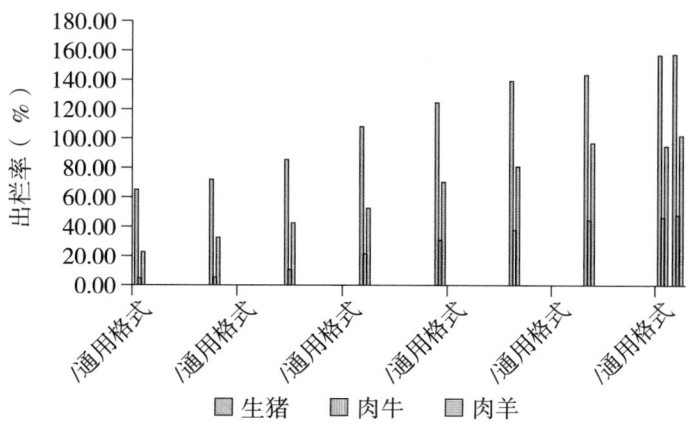

图 10　我国主要畜禽出栏率变化

数据来源：《中国畜牧业统计》。

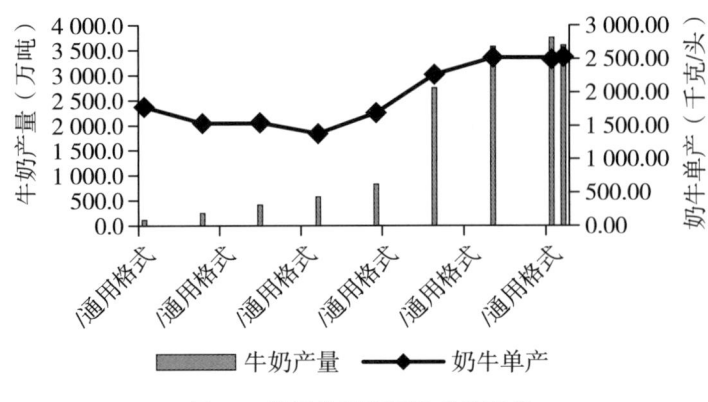

图 11　我国牛奶产量及单产变化

(4) 优质饲草的重要性得到认可，种养结合、农牧循环养殖模式开始推广。决策者和生产者长期忽略了畜牧业中优质牧草的作用。自 2008 年奶业发生"三聚氰胺"事件以后，优质牧草的重要性才逐步得到重视。2008 年国家启动现代农业产业技术体系，第一次将牧草作为一个产业进行研发支持。在市场的拉动与行业科技支撑下，牧草产业在国内开始逐步发展；2012 年国家正式启动实施"振兴奶业苜蓿发展行动"；2015 年中央一号文件中提出实施"粮改饲"试点，推动发展草牧业。牧草产业的快速发展，有效支撑了国内奶业的转型升级，泌乳奶牛平均单产水平由 2008 年不足 3 吨快速提高到目前的 6 吨左右，不到 10 年时间单产水平翻了一番。随着行业内对牧草的重要性认识不断深入和环保压力的加大，种养结合、农牧循环正在成为畜牧业发展的新趋势。

(5) 有效壮大了农业农村经济，提升了农牧民收入。经过 40 年的快速发展，畜牧业已经成为我国农业和农村经济发展的重要支柱产业，成为农民收入的主要来源，更是成为广大中西部地区脱贫致富的首选产业。2016 年我国畜牧业产值达到 3.17 万亿元，占农业总产值的比重达到 28.3%；带动上下游产业（屠宰加工、乳品加工、蛋品加工、饲料、兽药等）产值约 3 万亿元（辛国昌，2018）。畜产品加工业在我国农产品加工业中更是独树一帜，国内农产品加工有影响力的品牌和企业大多在畜牧行业，如伊利、蒙牛、三元、双汇、温氏、新希望、科尔沁等在国内甚至国际都是很有影响力的品牌企业。2016 年农牧民从畜牧业获得的收入为 573.7 元；对牧民来说，畜牧业收入更是其几乎唯一的收入来源。2016 年，全国牧区县人均纯收入为 8 462.6 元，其中畜牧业收入为 5 615.9 元，占其收入的比重高达 66.4%。

2. 经验总结

(1) 必须根据不同区域的资源条件实施适度规模养殖。畜牧业必须走规模化养殖的道路,这是实现专业化、标准化和现代化的基础。但畜禽养殖的规模化,必须是适度规模养殖,不能不考虑当地自然经济条件,不切实际地大规模养殖。在我国奶牛、肉牛和生猪规模化养殖中,都曾出现过不切实际的贪大求洋,最终导致当地自然条件难以容纳那样的单体大规模,造成治理环境污染的难度加大,养殖成本提高,很难持续下去,最后不得不停产的窘境。相反,根据区域内自然条件,选择种养结合、生态循环的适度规模养殖,走"龙头企业+家庭农牧场"的群体大规模道路,是很有生命力的发展模式。如温氏集团、襄大集团、正大集团等,既通过少量投资(轻资产发展模式)短期实现大规模扩张,又带动了农民致富。

(2)必须实施猪、牛、羊、禽全面发展的多元化畜种结构。我国是农业大国,又是人口大国,主要畜禽产品的供应必须主要依靠国内。应新时代"两步走"战略目标的要求,必须满足居民对畜禽产品消费花色品种多样化。更为重要的是,我国农业体量全球第一,主要农作物副产品以及农产品加工品的副产品总量都很大。据估算,每年产生酒糟1 500万吨,醋糟200万吨,马铃薯渣150万吨,果渣150万吨,番茄渣30万吨,还有大量有营养价值的各类秸秆。尽管我国每年牛肉产量700多万吨,羊肉产量400多万吨,两者相加也只有肉类总产量的13%多,单从经济角度,可以依赖从国际市场进口解决。但是,从整个农业生产系统来看,只有肉牛、肉羊产业才能把这么多的农作物副产品及农产品加工副产品消纳掉。若没有肉牛肉羊产业,则这些副产物将成为环境的一大公害。所以,肉牛肉羊产业是整个农业生产系统中的重要中枢,是农业生产系统良性循环的必备产业。对于我国如此大的农业体量,猪、牛、羊、禽产业都应发展,相互协调,不可偏废。

(3)健康养殖是保障畜牧业生产优质高效和安全的基础。畜禽健康养殖是通过一系列工程、技术措施,实现圈舍环境良好、饲料营养充足、粪污资源化利用、疫病防治及时有效,达到畜禽本身健康、畜产品安全和环境友好的目的(王明利,2008)。畜禽本身的健康首先是保障畜牧业生产效率提升的关键,也是保障畜产品优质安全的基础。只有畜禽所处圈舍及周边环境良好,饲料营养供应及时充足,疫病防控及时有效,才能保证畜禽本身的健康。若这些基本条件不能满足,畜禽就会产生各种应激反应,体内产生毒素,既影响畜禽生产效率的提升,也影响畜禽产品的质量安全水平。保障畜禽健康,并不是圈舍建设越高档豪华越好,也不是给动物提供饲料越精细越好,而是应根据不同畜禽的自然生产和生活习性去提供起居环境和安排饲草料给养,该精细的一定要精细,该粗放的一定要粗放。如畜禽也需感受阳光雨露、风吹日晒,就要提供这样的场所,牛羊的围栏和挡风墙足矣,不一定需要高档圈舍,既节约了固定资产投资,又保障了畜禽的舒适场所;草食动物以草为主食,精饲料是补材料,就应提供充足的优质饲草,精饲料作为营养补充适量供给,既可节约饲料成本,也能提高生产效率;牛羊在冬季饮用温水,替代传统的冷水,可显著提升生产效率;牛羊母畜提供放牧场条件,替代圈舍,既节约人力投资,又显著提升母畜的繁殖率和仔畜的成活率,还可保障母畜体质健康,最终提升生产效率和经济效益。这些恰恰是我国过去饲养管理中忽略或没有引起足够重视的方面,也是导致与发达国家畜禽生产效率和产品竞争力差距大的主要原因。

（4）优质饲草的有效利用是提升畜牧业生产效率的重要途径。优质饲草是草食家畜的"主食",而中国长期农耕文化是更多追求作物的"籽实",忽视了作物的全株利用;对草食动物大都采用"秸秆+精料"的饲喂模式,一方面导致精料消耗很大,另一方面草食家畜的营养健康也得不到保障,进而生产效率不高,畜产品质量安全水平较低。根据相关专家的测算,同样一亩耕地,适时收获植物的地上部分营养体所获得的营养物质一般是籽实的3~5倍。如在同样条件的耕地上,按照粗蛋白计算的农田当量,苜蓿草为4.9,黑麦草为3.1,即1亩苜蓿草相当于4.9亩水稻、7.0亩小麦或6.4亩玉米;1亩黑麦草相当于3.1亩水稻、4.4亩小麦或4.0亩玉米。若按照代谢能计的农田当量,1亩苜蓿草相当于1.6亩水稻、3.6亩小麦或2.3亩玉米;1亩黑麦草相当于1.3亩水稻,3.0亩小麦或1.9亩玉米（表11）。地上植株部分全株利用,营养吸收,过腹还田,不会留下污染公害;若只利用籽实,单位面积耕地上产生的营养大量减少,秸秆被废弃或燃烧,成为一大污染公害,且为此付出的监管成本增加很多。我们过去将饲草和饲料混为一谈,统一被称作"饲草料",其实两者不管是在种植制度、收获方式、贮存条件、利用方式,还是产品功能等各方面性质都完全不同的两类作物,必须将饲料和饲草产业分开分别施策才能促进牧草产业尽快发展起来,突出牧草的地位和作用。

表11 粮食作物与饲草的干物质、粗蛋白、代谢能产出及农田当量折算

作物种类	稻谷	小麦	玉米	苜蓿	黑麦草
干物质产量（kg/hm²）	5 500	2 500	3 800	14 400	12 000
利用系数	1	1	1	0.8	0.8
干物质可利用量（kg/hm²）	5 500	2 500	3 800	11 520	9 600
粗蛋白含量（%）	8.5	13	9.5	20	15
粗蛋白产量（kg/hm²）	467.5	325	361	2 304	1 440
按粗蛋白计的农田当量	1	0.7	0.77	4.93	3.08
代谢能含量（MJ/kg）	13	13	13	10	10

(续表)

作物种类	稻谷	小麦	玉米	苜蓿	黑麦草
代谢能产量（MJ/hm^2）	71 500	32 500	49 400	115 200	96 000
按代谢能计的农田当量	1	0.45	0.69	1.61	1.34

注：根据任继周等（2007）研究的结果进行整理。

（5）产业化是拉动畜牧业提质增效的重要抓手。由于资源条件的限制，总体看，我国的畜牧业不能走单体大规模的"美国式"规模化道路。但面对国际大市场的竞争，又必须将分散的中小规模养殖组织起来，集中统一地在市场上讨价还价；同时，为了有效实现产品的标准化，有效实现全产业的利润留在产业内部，必须实现全产业链的一体化经营。畜牧业产业化在我国整个农业中一直处于领先地位，从20世纪80年代出现的牧工商联合公司，到目前的以奶产品加工、肉类加工、饲料加工等为龙头的"龙头企业+合作社+养殖场户"或"龙头企业+家庭农牧场"等产业化经营模式，都在提升畜牧业的组织化、规模化、标准化方面，以及提升产品质量和安全性方面，强化先进实用技术推广和品牌经营、抵御市场风险等方面起到了积极的推动作用。不过，目前来看，畜牧业产业化在利益联结机制等方面还很不规范，特别是奶业方面，由于原奶不耐贮存，容易受到龙头企业的压级压价等"卡脖子"现象，但这不能否定产业化的整体优势，而是国内市场监管不到位、标准不科学等问题引起的。目前在生猪养殖行业，产业化势头很好，迎合了国内资源和环保约束下的生猪养殖模式，前景广阔，如温氏模式、襄大模式、正大模式等，今后随着这些龙头企业一体化经营的深入推进，预期将会使生猪产业化提升到更高程度。此外，肉牛、肉羊的产业化程度普遍较低，今后必须在规范市场和强化法治的基础上提升产业化水平。

（三）新时代畜牧业发展面临的挑战及未来趋势判断

1. 新时代畜牧业发展面临的挑战

（1）资源条件约束趋紧。我国人多地少，水土资源短缺将长期存在，直接影响着发展畜牧业所需饲草料的充足供应。我们预测到2020年和2030年中国的饲料粮占粮食的比重将分别达到50%和55%，所以，中国的粮食安全问题本质上是饲料粮的安全问题。2017年，我国进口大豆9 541万吨，大麦886万吨，高粱502万吨，玉米274万吨，此外还进口酒精副产物（DDGS）38万吨[①]。除进口大量饲料原料

[①] 2010年以来我国每年进口DDGS的量达到几百万吨，2016年以来快速下降。

外，饲草进口也快速增加。2008年以前，我国基本不进口草产品，还大量出口。在此之后，草产品进口大幅提升。到2017年，我国进口草产品达到185.6万吨，比2008年增长92.7倍。土地资源的短缺也直接影响着畜禽养殖场用地的科学选择，从而直接影响着标准化规模养殖的顺利推进。一方面，养殖场用地审批困难；另一方面，即使审批通过，流转成本高企，大多地区每亩每年流转成本得五六百元，部分地区已经达到千元以上，使许多养殖场望而止步，不少地区畜禽养殖不得不向大山深沟发展，楼上养猪、地下养鸡等模式也屡见不鲜。此外，劳动力资源的短缺也影响着畜牧业的持续发展。自2004年发端于沿海地区并向全国蔓延的劳动力短缺现象，预示着中国经济发展的"刘易斯转折点"正逐步呈现。近年来中国城市经济的快速发展，吸收大量农村劳动力进入二三产业，从事养殖业的劳动力越来越少，素质越来越低。而畜牧业本来是个劳动力密集型的产业，并且劳动强度很高，许多方面机械难以代替，最终导致畜牧业生产的劳动力成本居高不下。

（2）环保约束趋严。国家出台的"水十条"中，要求严格划定畜禽养殖禁养区，并要求在2017年底前，依法关闭或搬迁禁养区内的畜禽养殖场（小区）和养殖专业户，京津冀、长三角、珠三角等区域提前一年完成。要求对现有规模化畜禽养殖场（小区），必须配套建设粪便污水贮存、处理、利用设施；在散养密集区必须实行畜禽粪便污水分户收集、集中处理利用；自2016年起，新建、改建、扩建规模化畜禽养殖场（小区）要实施雨污分流、粪便污水资源化利用。2016年发布的"土十条"，要求加强畜禽粪便综合利用，要求到2020年，规模化养殖场、养殖小区配套建设废弃物处理设施比例达到75%以上。2015年发布了《关于促进南方水网地区生猪养殖布局调整优化的指导意见》，根据珠江三角洲、长江三角洲、长江中下游、淮河下游、丹江口等五个重点水网区域的水环境保护要求和土地承载能力，科学确定了禁养区和限养区，这些地区的许多养殖场发生了停养或搬迁。据调查，珠江三角洲某县已关掉2 774个养殖场户，减少生猪养殖10万多头。

（3）疫病防控形势仍较严峻。近年来，各类重大疾病在中国时有发生，每年带来的直接经济损失近1 000亿元，特别是2004年暴发的高致病性禽流感给家禽业养殖户造成了严重损失；2005发生在四川猪链球菌病和2006年蔓延到全国的高致病性猪蓝耳病，引起了生猪生产下降和价格的剧烈波动，严重影响着生猪业的健康发展，成为拉动2008年全国CPI快速上升的重要因素，也牵动了国家领导人的多次关注。2012年秋冬季节发生的H7N9流感，初步测算，截至2013年4月21日，中国家禽业约已损失230多亿元；2014年H7N9流感又给国内的家禽业损失了400亿元。前几年全国范围内发生的仔猪的流行性腹泻，一直困扰着国内生猪生产效率的提升，基本上每一次猪价的大幅波动背后都有疫病流行的影子（图12）；2014年发生的家畜小反刍兽疫，成为其后几年国内肉羊价格大跌和养殖户亏损的直接原因。近年来随着疫病防控体系进一步健全和防控力度的不断加大，尽管疫情总体稳定，但局部地区出现的一些人畜共患病仍不可小觑，特别是从种畜开始的疫病源头净化工作长期而艰巨。

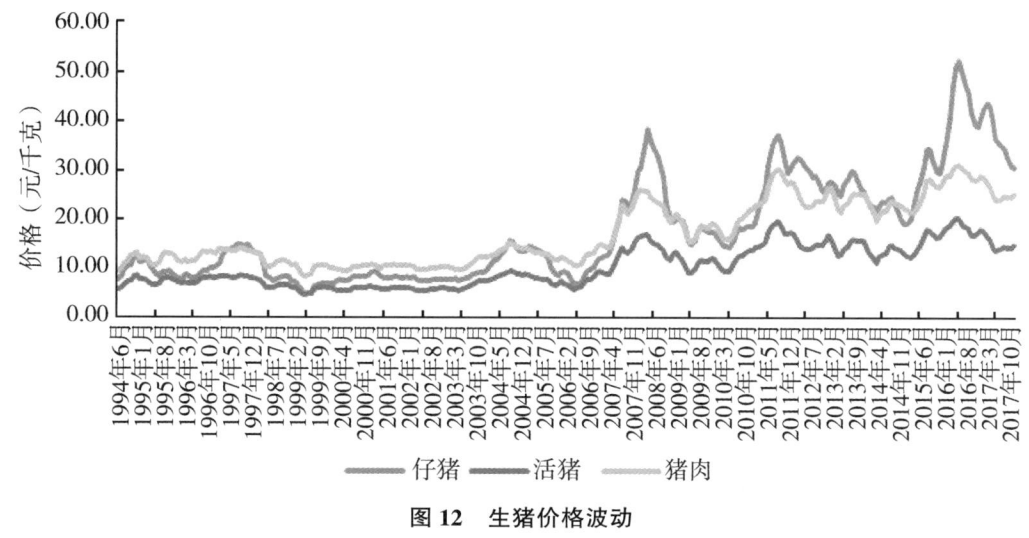

图12 生猪价格波动

（4）核心科技对外依存度高。我国畜牧业生产的一些关键环节科技创新任务艰巨，对外依存度大。第一，我国畜禽及牧草种质资源对外依赖大。国内种猪市场"洋三元"已成主流，市场份额占80%以上，国内地方品种市场份额不到20%；白羽肉鸡种源全部依赖进口，肉鸭品种中进口的"樱桃谷鸭"国内市场占有率超过80%，禽蛋产量50%左右由国外蛋鸡品种提供；肉牛中西门塔尔、利木赞、夏洛莱、和牛、安格斯等优质肉牛品种都源自国外；黑白花、娟珊等主要高产奶牛品种都是从国外引进；波尔、杜泊、陶赛特、萨福克等肉羊品种都来自国外；2017年苜蓿、三叶草、羊茅及黑麦草种子进口量分别达到1 237吨、2 932吨、15 202吨和31 279吨，分别是2010年进口量的3.4倍、1.5倍、1.2倍和2.1倍。第二，畜牧业生产各环节的机械设备许多都依赖进口。近年来，尽管我国畜禽养殖及饲草料生产机械设备生产取得一定成效，但与国外机械相比还存在很大差距，对外依赖程度依旧较高。从奶业生产机械进口来看，1994年其进口额就突破千万美元；2014年进口额达到历史最高，为5 403万美元；到2016年有所下降，但也达到2 956万美元。在2010—2016年间，我国动物饲料配制机械累计进口8 914台套，家禽孵化器及育雏器累计进口21 619台套，家禽饲养机械累计进口36 735台套，干草制作机械、牧草打包机累计进口7 410台套和40 630台套（孔平涛，2018）。

（5）国际竞争力不强。第一，我国主要畜禽养殖的生产效率仍不高，比欧美、日韩等发达国家普遍为低。从出栏率看，2016年我国生猪、肉牛、肉羊和肉鸡的出栏率分别为156.4%、58.3%、88.9%和182.2%，而美国为165.5%、33.9%、29.5%和451.8%[①]。从主要畜禽个体生产能力看，2016年我国生猪、肉牛、肉羊和肉鸡的胴体重分别为76.7千克、142.3千克、16.3千克和1.4千克，美国为95.7千克、367.8千克、30.2千克和2.1千克；我国泌乳奶牛的单产为2 905.7千克，而美国为10 330.1千克；我国产蛋鸡个体产蛋量为8.9千克，美国为16.5千克；我国能繁母猪每年提供的育肥猪头数（MSY）为16头，而美国等发达国家普遍都在20头以上。第二，我国主要畜禽生产的成本普遍比国际上的主要畜禽主产国高，导致在国际市场上没有成本优势，竞争力不强。由于资源禀赋差异，特别是养殖技术差异、饲养管理水平和理念等多方面差异，导致我国主要畜禽生产的成本普遍比国际上相应畜禽的主产国高很多。

2. 畜牧业发展趋势判断

（1）畜牧业必须进一步做大做强。2016年我国畜牧业总产值占农业的比重为28.3%，而目前，主要发达国家畜牧业占农业的比重都在40%以上，我国畜牧业比重继续上升的趋势不可逆转。从国内经济发展及人民生活改善的需求看，总人口仍在增加，农村城镇化仍在加速推进，且目前人均肉蛋奶占有量与发达国家相比差距还很大，人均肉蛋奶消费量和占有量都还有很大增长空间。从生产和供给来看，尽管受到的资源、环境等约束越来越大，但通过实施畜牧业转型升级，通过科技进步的提升，不断提升资源的利用效率和生产效率，提升畜禽的个体生产能力来提供更多的肉蛋奶。目前与发达国家在这方面的差距仍然很大，潜力也很大。此外，充分利用"两种资源和两个市场"，实施"走出去"，以满足国内消费者的需求。

（2）部分畜产品进口的规模将继续扩大。近年来我国猪肉和牛羊肉的进口量越来越大，且增长比较迅速。这种趋势预期将继续存在。主要基于如下判断：一是我国主要畜禽产品生产的比较优势及国际竞争力较低，且短期难以扭转。导致我国畜

[①] 我国在肉牛和肉羊方面的出栏率高于美国，主要是因为我国的专业化短期强度育肥及出栏量重复计算所导致。

禽产品比较优势及国际竞争力低的原因主要是生产成本较高且短期难以下降。目前，我国大多数畜禽产品的生产成本比国际上相应畜禽产品的主产国都要高40%以上，国内外成本的巨大差距直接导致大量进口。二是满足消费者更多的花色品种、调剂余缺需要扩大进口。随着居民生活水平的提升，对国际上优质的、具有丰富差异化的畜禽产品需求量也快速增加；此外，应对国内畜禽产品生产的波动也需要利用国际市场来调剂余缺。

（3）优质、环保、安全、高效将是未来发展的基本方向。适应新时代我国现代化分两步走的战略，畜牧业生产只有不断转向绿色、安全、营养、高效，确保在2035年之前完成全面转型升级，才能为城乡居民实现美好生活提供充足、营养、安全的肉蛋奶来源，才能为社会主义现代化的基本实现和2050年全面实现现代化提供坚实的经济和物质基础，才能为建成富强民主文明和谐美丽的社会主义现代化强国提供现实可能。其中，环保是畜牧业发展的必备条件，优质和安全是畜牧业生产的基本前提，高效是畜牧业持续发展的最终保障。

（4）种养结合、农牧循环将是未来畜牧业生产的主要模式。欧美、日韩等发达国家畜牧业走过的道路，特别是作为世界沼气发电鼻祖的德国的实践经验，以及我国大规模、集约化养殖场所面临的问题反复证明，只有实施种养结合和农牧循环，才是畜禽粪污消纳和环境污染治理的最有效方式。自20世纪90年代，德国就开始大规模实施沼气发电来达到畜禽粪污的资源化利用。经过多年的实践，最终抛弃了沼气发电，重新捡起了过去的"种养结合和农牧循环"。我国已经发展起来的大型沼气发电，大多也是"面子工程"，亏损严重，难以持续运行。我国不能再重走被国内外实践反复证明是失败的老路，必须在科学测定和评价的基础上，根据不同区域的自然条件和生态特点，重新布局和统筹规划种养业，以实现良性循环。

（5）"龙头企业+家庭农场"的群体大规模将是未来的主要经营模式。人多地少的基本国策决定了我国畜牧业生产总体上不能走集约化单体大规模经营的道路，必须走"龙头企业+家庭农场"的群体大规模路子。当然，这并不排除个别资源条件丰富的地区采取集约化的单体大规模经营道路。首先，适度规模的家庭农场既可有效实现种养结合和农牧循环，又可保障一定经营规模的农户通过直接从事农业生产即可获得稳定收入，保障农村劳动力的稳定，保障畜牧业的稳定发展。其次，"龙头企业+家庭农场"的经营模式也是提升组织化的有效形式。畜禽产品总体上是生活必需品，需求弹性小，"增产不增收的现象"经常会出现，这就要求生产必须组织起来，具有一定的计划性，不能扩大规模，只有这样才能保障生产者获得一定的利润。

(四) 适应新时代畜牧业发展的建议

1. 转变观念、创新理念有时胜于科技创新

改革开放 40 年我国畜牧业发展的实践证明，很多情况下转变观念、创新理念比科技进步还重要！目前国内应用的许多科技成果，也是当今世界正在应用的科技成果，但我国的畜牧业与国际先进水平相比，仍然差距较大。仔细分析，还是观念、理念和思路的问题。今后的畜牧业发展，必须要树立根据不同畜种的自然习性来进行科学饲养管理的理念。国外先进的养殖理念是"该精细的必须精细，该粗放的一定粗放"。如国外圈舍建设不一定豪华，许多圈舍只有围栏和挡风墙，没有顶棚，既保障了牛羊的风吹日晒，也大幅节约了固定资产投资，但在饲草料供给上是"货真价实"，绝对优质；而国内大多数大中型养殖场，建设得都比较豪华，但在饲草料供应方面普遍比较吝啬。另外，国外许多养殖场在冬季给牛羊供应温水，而国内大多数养殖场是做不到这一点的。此外，国外对于牛羊母畜，必然是采取放牧养殖，没有天然草场的地区也要建设人工放牧场，既保障了母畜的健康，提升了生产效率（提高了母畜的繁殖率和仔畜的成活率），又节约了人工、机械等成本，从长期算总账效益是提高的；而我国大多养殖场都是舍饲养殖。

2. 强化重视草的作用，构建"粮+经+饲+草"四元结构

长期以来，传统农耕文化一直在影响着关于发展牧草产业的认识。我国多少年来从事农业生产的目标就是收获籽实，特别是在长期粮食安全的目标指引下，更是如此。直到 21 世纪前 10 年，特别是 2008 年的"三聚氰胺"事件后，业界才对牧草的重要性有所认识。2008 年国家启动的"现代农业产业技术体系"，将牧草作为 50 个产业之一同步启动，标志着国家第一次将牧草真正作为一个产业来对待和决策。其实在畜牧业发达国家，长期以来一直将牧草作为"作物"来对待，美国就一直将苜蓿草作为其仅次于大豆之后的第四大作物，详细地设置于其农业统计体系中。基于牧草产业在畜牧业转型升级中的重要意义，今后我国的农业生产中，必须将牧草作为作物对待，将牧草生产作为农业产业对待。目前的"粮+经+饲"三元结构，其实在 1992 年我国就提出来了，但饲草一直没有发展起来，究其原因，主要是饲草的地位没有突出出来。这里的"饲"尽管指"饲草料"，但饲料和饲草不管在种植制度、收获方式、贮存条件、利用方式，还是产品功能等各方面性质都完全不同的两类作物，不能将其混为一谈，必须突出牧草的地位和作用，全面构建

"粮+经+饲+草"四元结构。

3. 每一个产业的发展，不能仅从经济角度考虑，应从整个农业生产良性循环中定位

从发达国家走过的道路来看，农业的发展都不是单纯从经济角度定位，农业的多功能性早已被国内外学界、产业界认同。对于畜牧业中的生猪、肉牛、肉羊、奶牛、肉鸡和蛋鸡等产业，尽管个别产业从产量的贡献和经济的贡献看都不够大，且资源消耗较多，即使这样，也不应轻易放弃而由国际市场来解决。比如肉牛肉羊产业，尽管两者加起来每年仅供应国内1 100多万吨肉，占国内肉类产量的不到15%，但其重要性仍不可低估。第一，牛羊产业是改善居民膳食结构、提升居民健康营养水平的重要产业，更是边疆少数民族地区居民赖以为生的重要产业。第二，从整个农业生产循环系统看，牛羊产业又是保障我国农业生产良性循环的中枢产业。我国的农业体量世界第一，许多农作物副产物和农产品加工副产物都依赖牛羊产业来消纳转化，然后还田，进入下一轮循环。若没有这个中枢环节，这些副产物不仅不会成为可利用资源，反而又会成为环境污染一大公害。第三，从生物多样性来看，畜牧业生产中的猪、马、牛、羊、禽一个也不能少，只有这样才能保障整个生态系统的良性循环。

4. 扎实推进以种业为核心的科技创新，强化科技推广的广度和深度

畜禽种业和畜牧业生产机械装备是我国畜牧业的短板和瓶颈。必须下大力气持之以恒推进以种业和机械为核心的科技创新。这些方面的全面创新和自主研发不是单靠一两个项目或一两个五年计划就能实现的，建议单独对这些方面的研发组建国家级、省级和地区级的创新研发团队；各层级的创新研发团队实行分工负责、紧密协作；在财政资金支持上实行定向、长期、稳定支持。在科技推广方面，坚持实施政府推广部门为主导，龙头企业、合作组织、科研院校等共同推进的多元科技推广体系。在推广技术的选择上，政府推广部门深入分析和严格审核不同区域制约不同畜禽产业发展的关键技术，在人员培训和技术示范等方面集中发力，并定期测算和评估推广的广度和农民掌握的程度，扎实推进、持续推广；龙头企业、合作组织等根据市场所需产品的标准，选择一整套先进适用的技术体系全面推广；科研院校应针对某一产业全产业链的技术需求进行重点攻克和集成示范，重点应聚焦在服务地方政府部门、龙头企业和合作组织上。

5. 重构畜牧业发展的支持保护体系

一是推动畜牧业支持保护政策措施的精准化。主要包括政策制定的精准化、政策实施精准化和部门权责的精准化;二是应区分畜牧业支持保护的市场化与公益性。充分利用市场化机制推进畜牧业支持保护体系建设,强化基础设施、环保及防灾减灾等公益性政策扶持。三是推进畜牧业支持保护政策实施的制度化。具体包括推进支持保护制度化建设,实现支持保护制度的层次化,推进制度建设的系统化。四是推进畜牧业支持保护政策实施的法制化。建议及时启动制定有关畜牧业支持保护的相关法律或法规,推动支持保护方式方法、政策工具、补贴标准、监督管理等方面的明确化和常态化,提高支持保护政策的稳定性和连续性。此外,应加快畜牧业投资立法,明确各级政府在畜牧业投资中扮演的角色,明确各级政府权力范围,规范各级政府权力行使,规范各自的行为,促进畜牧业投资规模不断扩大、投资结构更加完善合理、投资质量和效益持续提高。

六、改革开放40年我国粮食安全:成就、问题及建议

农业是国民经济的基础,粮食是农业的基础。改革开放以来,我国率先在农村实行家庭联产承包责任制改革,大力推进粮食市场化进程,特别是2004年以来,中央连续多年以中央"一号文件"形式高度关注粮食安全问题,粮食综合生产能力不断提高,粮食产量稳居6亿吨以上,不仅解决了全体居民吃饱饭的问题,而且正从"吃饱"向"吃好"转变。深入总结改革开放以来粮食安全所取得的成就与经验,对新时代"把饭碗牢牢端在自己手里"具有重要战略意义。

(一)我国粮食改革开放的阶段及政策变迁

1. 家庭联产承包责任制确立时期(1978—1984年)

改革开放以前,我国粮食生产采取人民公社的集体生产方式,粮食流通实行统购统销的计划经济管理方式,严重抑制了广大粮食生产经营者的积极性。1978年小岗村的十八位农民在土地承包责任书上按下了红手印,率先发起了粮食生产"大包干",拉开了农村甚至全国经济体制改革的序幕,到1984年,全国农村基本实行了家庭联产承包责任制。家庭联产承包责任制的实行,极大调动了广大农民的生产积极性,粮食产量由1978年的3亿多吨,一举达到1984年的4.07亿吨,粮食产量达到历史最高水平,较1978年增长33.64%,年均增长率5.45%。人均粮食占有量也由316.61千克增至1984年的391.1千克,基本解决了全国人民的生存和温饱问题。

2. 市场化改革时期(1985—1996年)

在粮食取得丰收后,为建立和培育市场体系、搞活商品流通,1985年我国对农

产品流通体制进行了改革，彻底放开蔬菜和畜产品价格，取消粮食统购，实行合同和市场收购的双轨制，定购以外的粮食可以自由上市，使粮食生产向市场靠拢。粮食流通体制改革后，针对粮食产量波动、价格倒挂和"卖难买难"问题，1991国家又颁发《关于进一步搞活农产品流通的通知》，在全国建立粮食等重要农产品储备调节制度和风险基金制度，进一步缓解粮食供需地区平衡、结构平衡和价格双轨制的矛盾。1993年《国务院关于加快粮食流通体制改革的通知》颁发，取消统销制度，放开粮食价格和经营，实行了40年的城镇居民粮食供应制度（即统销制度）被取消，1994年全国各地基本取消粮票，第二货币时代终结。在市场力量的刺激下，到1996年粮食产量又一次取得大丰收，突破5亿吨，人均粮食占有量扩大到412.24千克，我国粮食进入供需总量基本平衡、丰年有余的新阶段。

3. 农业战略性调整时期（1997—2003年）

在我国农业进入新阶段后，粮食连年丰收、库存积压严重，国家负担加重，农业结构矛盾日益突出，我国农业发展进入了以增加农民收入为中心、以农业结构战略性调整为主线的发展时期。1998年国务院颁发《关于进一步深化粮食流通体制改革的决定》，玉米、稻谷退出保护价范围。该时期也正是我国入世谈判关键时期，为满足WTO的原则性要求，国家对粮食关税税率进行了更大范围的调整。农业战略性结构调整虽然对畜牧业、蔬菜等产业发展起到了积极促进作用，人民膳食水平不断改善提高，但由于在粮食生产方面过度放松，粮食播种面积连续下降，2003年播种面积降至历史最低，仅有9 941万公顷，粮食产量严重滑坡，总产量降至4.3亿吨，国家粮食安全状况一度处于严峻状态。

4. "反哺与支持"时期（2004年以来）

针对粮食生产中出现的严重滑坡，从2004年开始，国家确立了工业反哺农业、城市支持农村、多予少取放活的方针，中央连续以"一号文件"的形式，出台了一系列强农惠农政策，不仅取消了农业税，而且直接向农民发放粮食补贴、农资综合补贴、良种补贴、农机补贴，极大地提高了农民种粮积极性，粮食连年高位增产。为确保粮食生产不滑坡，

2011年国家再次发布《中共中央国务院关于加快水利改革发展的决定》，大力加强水利建设，粮食生产跨上新台阶，产量出现12连增的局面。2016年国家实施藏粮于地、藏粮于技战略，进一步确保了粮食产能。从2004—2017年，粮食增长1.48亿吨，增幅达31.55%，13年年均增长率为2.68%。

(二) 我国粮食安全所取得的成就

1. 粮食产量连续五年稳定在 6 亿吨以上

为了增加粮食生产，国家持续施行支农惠农政策，农田水利等基础设施建设进一步完善，粮食生产在 1984 年、1996 年和 2013 年分别跨上 4 亿吨、5 亿吨和 6 亿吨三大台阶。特别是 2004 年以来，随着粮食"四补贴、一奖励"政策的实施，农民种粮积极性大幅提高，粮食产量出现稳定上升的可喜局面，从 2013 年开始连续 5 年保持在 6 亿吨以上的丰收势头。由于良种技术的不断突破，12 连增期间粮食单产提高了 832 千克/公顷。我国用世界 9% 的耕地、6% 的淡水养活了 20% 的人口，成就举世瞩目。

2. 粮食生产现代化水平进一步提高

机械化水平不断提升。1978 年我国大型拖拉机为 55.73 万台，小型拖拉机为 177.3 万台，农业机械总动力为 17 750 万千瓦，到了 2016 年大中型拖拉机为 645.4 万台，小型拖拉机为 1 671.6 万台，农业机械总动力达 97 245.6 万千瓦，增长 5.47 倍。农田水利设施建设上了新台阶，1978 年我国耕地灌溉面积为 6.74 亿亩，到 2017 年达 10.29 亿亩，耕地灌溉面积扩大 1.69 倍，极大地稳定了粮食生产。我国粮食单产从 1978 年 2 527 千克/公顷，提高到 2017 年的 5 506 千克/公顷，提高 2.71 倍。粮食生产综合应灾能力显著提升，1978 年粮食受灾面积为 7.62 亿亩，到了 2017 年下降为约 3 亿亩。在科技创新引领驱动下，2016 年农作物耕种收综合机械化率达到 66%，农田有效灌溉面积比重达到 55.83%。粮食生产同信息技术、金融、国际市场进一步融合，空间布局不断优化，现代化水平大幅度提高。

3. 粮食供给侧结构性改革取得明显进展

为解决我国粮食"三量齐增"的问题，国家大力实施供给侧改革，进展显著。2016 年中央财政共拨付农业支持保护补贴资金 1 442 亿元，粮食收储制度改革取得成效，尤其是玉米收储制度改革取得重大突破，取消玉米临时收储政策，实行市场化收购加补贴的新机制。化肥农药减量增效深入推进，优质加工专用品种品质导向更加突出，绿色发展和提质增效导向更加清晰。2015 年农用化肥施用折纯量为 6 022.6 万吨，达到历史最高，随着化肥零增长行动的开展，2017 年化肥施用折纯量为 5 864.42 万吨，降幅 2.63%，农药也从 2012 年历史最高点的 180.61 万吨减少至 2017 年 170.57 万吨。粮食功能区和保护区划定工作初步展开，粮食种植结构调整初见成效，2017 年籽粒玉米播种面积比 2015 年调减 5 200 万亩，大豆播种面积比 2015 年增加 1 746 万亩。

4. 国家粮食安全战略体系框架基本确立

我国确立了"以我为主、立足国内、确保产能、适度进口、科技支撑"国家粮食安全战略，为我国粮食安全工作拟定了施政框架。为确保谷物基本自给、基本农田划定工作已全面结束，粮食播种面积稳定在 16 亿亩目标已经明确，粮食生产功能区和重要农产品生产保护区的空间战略部署逐步推进，粮食综合生产能力不断提升。为统筹利用国内国际两个市场，国家充分利用关税配额调解农产品进出口平衡，并进一步完善了粮食贸易反补贴、反倾销和保障措施法律法规，保护国内粮食市场。粮食安全内涵也随之发生变化，从满足"量"的需求到满足"质"的需求，确保粮食品种结构、品质安全是今后时期粮食安全战略重点。

5. 粮食安全形势处于历史最好水平

习近平总书记在 2013 年中央农村工作会议上指出，中国人的饭碗任何时候都要牢牢端在自己手上，必须确保谷物基本自给、口粮绝对安全。在国家政策强力支持下，粮食安全形势迎来了历史最好水平。从供给看，连年丰收，库存充裕，年供给量在 8 亿吨左右，充分保障了国内粮食数量稳定供给。从需求看，粮食总消费量稳定增长，2017 年稻谷、小麦食用消费分别为 1.57 亿吨和 8 750 万吨。同时肉制品进口对饲料粮需求产生替代作用，短期内我国粮食供需基本平衡，粮价稳定。此外，国际市场粮食供应充足，国际粮食价格连续 5 年下行，价格优势明显，进一步强化了我国的粮食安全状况。

(三) 确保我国粮食安全的主要经验

1. 农田设施是基础

农田基础设施建设是粮食安全的基本保证。20 世纪 80 年代，我国农田有效灌溉面积仅为 4.5 亿亩，2017 年有效灌溉面积超过 10 亿亩，达到历史最高，有效灌溉面积位列世界首位。大规模农田基础设施建设，一方面直接促进粮食单产的提高，为我国粮食安全提供坚实的保证，另一方面也大幅度提升了我国北方地区粮食供给能力，直接将"南粮北调"的格局扭转为"北粮南运"，为东南沿海地区改革提供了有力支撑。

2. 科技创新是动力

农业科技创新体系、现代农业产业技术体系以及农业科技推广体系的不断完善为农业现代化提供了坚实支撑，特别是种业创新，为我国粮食增产提供了坚实有力支持。改革开放至今，我国集成推广了一批粮食绿色高产高效模式，杂交水稻、耐密型玉米等品种大面积推广，小麦精量半精量播种、测土配方施肥、一喷三防等实用技术广泛应用，为粮食现代化生产起到了良好的带动引领作用。据研究，在家庭联产承包责任制确立时期（1978—1984年），科技创新对水稻单产增长的贡献接近40%，而在战略调整期（1997—2003年），农产品全要素生产率年均增长率达3%左右，其中水稻接近3%，小麦2%左右，玉米在1.8%。我国主要粮食作物的全要素生产率年均增长率位于世界前列，技术进步是农产品生产力增长的主要驱动力，对粮食增产的贡献率达到68%。

3. 市场化改革是路径

要从根本上确保粮食安全，必须进行粮食市场化改革。从1978年家庭联产承包责任制确立时期开始，粮食市场化改革就在探索中前行，从初期以计划为主、市场为辅到全面放开粮食市场，我国粮食市场由分割逐步走向一体化，为全面深化农村改革奠定了基础。同时，也与国际市场对接，充分利用国际市场，补充国内大豆需求缺口，保证了国内粮食供给安全。我国粮食安全问题的解决，必须灵活巧妙地利用国内、国外两个市场，确保口粮绝对安全、谷物基本自给。

4. 确保农民种粮利益是核心

农民是粮食生产的主体，农民收入上不去，不仅影响粮食生产和农产品供给，而且也关系社会主义现代化强国建设。我国粮食之所以能从吃不饱转变到吃好状态，是与我国从实行家庭联产承包责任制，到取消农业税，再到增加种粮补贴，切实维护农民利益分不开的。发达国家农业发展经验也表明，农业稳定发展离不开政府对农民利益的切实维护。粮食安全政策制定只有从保护农民的切身利益出发，才能真正地保障国家粮食安全。粮食安全问题必须站在实现好、维护好、发展好广大农民群众根本利益的高度寻找解决方案。

（四）我国粮食生产存在的问题

1. 结构性矛盾突出

目前，我国粮食连年丰产，国内粮食能够实现口粮自给，加上进口，短期内粮食供给充盈，但也面临严重的结构性矛盾。一方面，由于食用油消费和饲料需求不断扩大，大豆进口连年剧增，但国内大豆产量低，与国外品质差距较大，从2000—2017年大豆单产每公顷仅提高了162千克，大豆播种面积不增反降，供需缺口极大。与此同时，我国玉米播种面积却连年增加，从2004—2017年玉米播种面积增加

1.13亿亩,增幅达39.12%,产量增加8 562.6万吨,粮饲结构亟待优化。另一方面,由于单纯追求高产,产品质量不高,产生了一边国内滞销、库存增加,一边进口连增的怪象。

2. 生态安全压力增大

统计显示,1978年我国化肥使用为884万吨,到2017年增长到5 864.42万吨,40年间化肥增长6.63倍。农药使用量从1991年的76.53万吨到2017年的170.57万吨,25年间增长2.23倍。农药、化肥的过度使用,不仅导致了土壤板结、农业面源污染严重,还导致了农产品存在农药残留、重金属超标等现象,严重影响粮食质量安全,粮食产业绿色发展之路任重而道远。

3. 国际竞争力严重不足

任何贸易的竞争,归根结底是商品质量和成本的综合之争。从入世至今,我国虽然对小麦、玉米和大米采取关税配额管理,但包括大豆在内的粮食进口连续3年超过1亿吨。更值得关注的是,进入21世纪以来,我国粮食生产资料、劳动力和土地价格刚性上涨,粮食价格普遍高出进口粮食价格30%,给未来的农业发展带来了很大的风险。目前,我国劳动生产率与国际相比差距很大,经营主体组织化水平不高,加之水土资源短缺、人口增长压力大、经营细碎化问题严重,严重制约了我国粮食的竞争力提高。

4. 长期供需偏紧的矛盾依然存在

随着经济社会发展和人民生活水平的提高、城乡结构变化和食物消费升级,我国粮食需求量不断增加,据估算,到2020年,我国粮食供求关系基本平衡,能够为全面建成小康社会提供有力保障;到2035年,人均粮食消费量将达到450千克左右,粮食自给率降低的风险将加大。从长期来看,我国粮食播种面积将继续保持下降的趋势,饲料粮和加工用量仍将持续增加,粮食供需仍然偏紧。此外,粮食国际市场形势多变,将进一步加大粮食供给风险。

(五) 确保我国粮食安全的政策建议

党的十九大报告提出"确保国家粮食安全,把中国人的饭碗牢牢端在自己手中"。农业发展进入高质量发展的新阶段,粮食安全也从总量不足、吃不饱,转变为吃好、吃出营养健康的新时代。新时代新环境下,确保粮食安全必须以立足国内、确保口粮绝对安全为前提,必须在积极探索农业发展道路和模式上取得新进展,必须在改革开放、支农惠农政策上不断创新,必须在节约成本、提升质量、保护生态、增加效益的方向上下功夫。

1. 充分发挥比较优势，走差别化竞争发展之路

目前，我国农业劳动生产率的提升有很大潜力，要尽快立足于资源禀赋和产业优势，走差异竞争化发展的道路，大幅度提升农产品竞争力。在平原广袤地带，采用现代技术手段，进行规模化粮食生产，走种粮规模化发展道路，确保国家粮食安全。在自然景观优美的区域开发休闲观光农业，在山区丘陵地带可以开发优质特产、有机绿色食品等，以优质化、高档化、生态化抵抗国外产品的廉价竞争。充分发挥南方农业潜力，进一步缓解"北粮南运"对我国北方生态所带来的压力。

2. 深化农村土地制度改革，大力发展粮食土地股份合作

针对当前我国农业土地经营规模小、耕作细碎化特征，大力推进多种形式的适度规模经营。一要深化三权分置的土地制度改革，规范流转程序，建立土地交易平台，切实维护农民土地合法权益。二要大力发展耕种、施肥、打药、收割等社会化服务组织，充分发挥"农户家庭经营+社会化大服务"的协助优势，大力提高粮食市场竞争力。三要多措并举推进土地股份合作社发展，加大财政税收、基础设施建设、金融信贷、保险、人才培养等多方面政策对粮食土地股份合作社的支持力度，加快提升粮食生产土地规模化经营水平。

3. 深入实施"两藏"战略，进一步完善强化粮食支持保护政策

坚持贯彻"藏粮于地"战略，加快高标准农田建设，大力实施农田水利和土壤有机质提升工程。坚持贯彻"藏粮于技"战略，加快粮食科技创新，加快突破大型农机、绿色种植、农产品仓储物流等关键核心技术，重点实施种业工程，充分发挥科技对粮食安全的引领支撑作用。持续推进"三项补贴"，加大补贴力度，提高农民种粮积极性，稳定农民种粮意愿。结合目标价格改革，在充分吸收国外经验的基础上，对粮食开展收入保险试点。进一步深化粮食市场化改革。

4. 大力推广节本提质增效模式，促进粮食生产向绿色生态可续持发展转变

为适应市场需求、确保粮食品质，粮食生产必须向绿色生态可持续发展转变。大力开展有机肥（药）替代化肥（药）行动，尽量减少化肥、农药过度使用，把粮食生产成本降下来，把粮食质量提上去，把农业环境改善好，大幅度提升粮食的国际竞争力。大力发展种养结合模式，以养定种、以养促种。大力推进三元结构改革力度，适度增加青贮玉米和牧草种植面积。加大畜禽养殖废弃物肥料化还田力度，尽量减少环境污染代价，促进农业可持续发展。要尽快建立绿色发展为目标的新型农业科技创新体系,加快研发出一批节水、控肥、减药、农机农艺相融合的农业新技术,为节本增效、绿色发展提供支撑。

5. 加快构建粮食安全预警体系,进一步提升粮食宏观调控能力和水平

在汲取国外先进经验的基础上,按照"职责明晰、责权统一、运行顺畅、管理高效"的改革目标,加快建立粮食一体化多部门协调管理体制。加大粮食安全大数据建设力度,尽快将国内外粮食生产、加工、储存、销售、市场、人口、政策、天气、自然灾害等方面数据进行整合,充分利用遥感、航天、地理信息、云计算、人工智能等现代技术,对全球及我国粮食安全状况进行科学监测、预警和形势判断,并对各种外生冲击做出科学预案,进一步强化粮食安全宏观调控能力。

第二篇 质量兴农重要技术发展战略研究

一、质量兴农战略的实施状况及其标准体系研究

当前，我国社会主要矛盾已经转化为人民日益增长的美好生活需要和不平衡不充分的发展之间的矛盾，我国经济已由高速增长阶段转向高质量发展阶段。以习近平同志为核心的党中央深刻把握新时代我国经济社会发展的历史性变化，明确提出实施乡村振兴战略，加快推进农业农村现代化。习近平总书记指出，实施乡村振兴战略，必须深化农业供给侧结构性改革，走质量兴农之路。只有坚持质量第一、效益优先，推进农业由增产导向转向提质导向，才能不断适应高质量发展的要求，提高农业综合效益和竞争力，实现我国由农业大国向农业强国转变。本研究按照高质量发展的要求，围绕推进农业由增产导向转向提质导向，突出农业绿色化、优质化、特色化、品牌化，坚持问题导向，重点推进农业绿色变革、标准化生产、产销对接、产业融合、质量型科技创新，大力提升农业产地环境质量、产品供给质量、市场流通质量、产业融合质量、技术装备质量、经营主体质量、合作共赢质量，打造质量兴农升级版。

（一）质量兴农的提出背景与政策内涵
1. 提出背景

党的十八大以来，以习近平同志为核心的党中央坚持把解决好"三农"问题作为全党工作重中之重，不断推动"三农"工作理论创新、实践创新、制度创新，农业发展取得巨大进步，推动农业进入高质量发展阶段。粮食产量连续7年稳定在1.2万亿斤以上，农业综合生产能力大幅提高。主要农产品质量安全监测合格率保持在97%以上，质量安全水平稳中向好。化肥农药使用量实现"负增长"，农田灌溉水有效利用系数提高到0.548，畜禽粪污综合利用率达到70%，农业资源利用率

明显提高。建成高标准农田6.4亿亩，主要农作物耕种收综合机械化率达到67%，农业科技进步贡献率达到58.3%，设施装备和技术支撑更加有力。新型经营主体总量达到850万家，土地适度规模经营比重超过40%，适度规模经营格局初步形成。农产品加工业产值与农业总产值之比达到2.3∶1，休闲农业和乡村旅游总产值年均增长超过9%，产业效益稳步提升。现在我们完全有条件有能力来推进农业高质量发展。

随着城乡居民消费结构不断升级，优质农产品和服务需求快速增长，"有没有"已经不成问题，"好不好""优不优"逐步成为主要矛盾。随着我国经济进入高质量发展阶段，补齐农业短板、促进农业高质量发展的要求更加迫切。加快实施质量兴农战略，既是满足城乡居民多层次、个性化消费需求，增强人民群众幸福感、获得感的重大举措；又是提高农业发展质量效益，推进乡村全面振兴、加快农业农村现代化的必然要求。要紧紧抓住乡村振兴战略实施的重大战略机遇，遵循农业发展规律和时代要求，顺势而为，乘势而上，着力破解农业产业链条短、产销衔接弱、质量效益低等突出制约，全面推进农业发展质量变革、效率变革、动力变革，努力开创质量兴农新局面。

在党的十九大以后首次召开的中央经济工作会议上，提出实施乡村振兴战略。要科学制定乡村振兴战略规划。健全城乡融合发展体制机制，清除阻碍要素下乡各种障碍。推进农业供给侧结构性改革，坚持质量兴农、绿色兴农，农业政策从增产导向转向提质导向，这对"三农"的工作由数量增长导向提质增长，通过质量的提升促进"三农"发展，是"三农"工作一次深刻的变革。质量兴农是中央首次提出，它极大地促进"三农"由数量增长向质量提升转变，"三农"为民众提供更多更好的优质农产品及其相关的服务，提升民众"舌尖上"的安全感，惠及广大民众，是重大的民生。

2. 政策内涵

实现农业高质量发展，就是更好满足人民日益增长的美好生活需要的发展，就是体现新发展理念的全方位发展，直白地讲，就是从"有没有"转向"好不好"。我们要牢牢把握高质量发展的要求，坚持以农业供给侧结构性改革为主线，坚持质量兴农、绿色兴农，深入推进结构调整，优化生产力布局，突出农业绿色化、优质化、特色化、品牌化，既要产得出、产得优，也要卖得出、卖得好，不断提升我国农业综合效益和竞争力。归纳起来，就是要做到"六个高"。

一是产品质量高。就是生产的农产品在保障人的健康安全的基础上，口感更好、品质更优,营养更均衡、特色更鲜明。这就要求我们大幅提升绿色优质农产品供给,不断丰富农产品的种类、花样,更好满足个性化、多样化、高品质的消费需求,实现农业供需在高水平上的均衡。

二是产业效益高。就是搞农业不仅要有赚头,还要有奔头,与从事二三产业相比,农业经营的收入水平大体相当。这就需要全面构建现代农业产业体系、生产体系、经营体系,加快推进农村一二三产深度融合,充分挖掘农业多种功能,促进农业业态更多元、形态更高级、分工更优化,农业增值空间不断拓展。

三是生产效率高。就是生产更加绿色,资源更加节约,环境更加友好,劳动生产率、土地产出率、资源利用率全面提高。这就要求我们加快推进资源利用方式由粗放向节约集约转变,增强科技创新的驱动作用,释放农业农村改革发展活力,推动农业绿色低碳循环发展。

四是经营者素质高。就是从事农业生产的主体不再是老人妇女儿童,而是有一批爱农业、懂技术、善经营的新型职业农民;农民不再是身份的象征,而是成为有吸引力的职业。这就要求我们以吸引年轻人务农、培育职业农民为重点,加快培育新型经营主体,壮大农业社会化服务组织,发展多种形式的适度规模经营,示范引领农业高质量发展。

五是国际竞争力高。就是我国的农业生产,与国外相比,要实现同样的产品我们价格有优势,同样的价格我们品质有优势,同样的品质我们服务有优势。这就要求因地制宜实施差别化发展,大宗农产品要在上规模、降成本上下功夫,特色农产品要在增品种、提品质上下功夫,做到人无我有、人有我优、人优我特,实现由农业贸易大国向农业贸易强国的转变。

六是农民收入高。就是要让农业发展成果更多惠及广大农民,不仅让新型经营主体受益,还要让小农户平等分享农业高质量发展的成果。这就要求我们既要发挥新型经营主体的示范引领作用,又要引导推动他们与小农户建立紧密的利益联结机制,通过保底分红、股份合作、利润返还等,带动农民分享农业产业链增值收益,实现小农户与现代农业发展有机衔接。

3. 形势要求

当前,我国经济已由高速增长阶段转为高质量发展阶段,农业农村经济发展也到了这个阶段。这些年,我国农业综合生产能力显著提高,一个突出的标志,就是粮食总产连续5年超过1.2万亿斤,肉蛋菜果鱼等产量稳居世界第一。这些成就是在我国农村劳动力特别是高素质青壮年劳动力持续转移、耕地特别是高质量耕地不断减少的背景下取得的,说明我们的生产能力确实有了很大提高,过去我们是 8 亿人"吃不饱",现在是 14 亿人"吃不完"。这为我国农业发展由增产导向转向提质导向提供了物质基础和社会条件,我们有条件有能力推进农业转型升级、朝着高质量发展的方向迈进。同时加快农业转型,推进农业高质量发展也是形势所迫、发展所需。

一是缓解农业资源环境压力,必须加快推进质量兴农工作。这些年,我国农业发展方式转变取得了长足进步,化肥农药实现了零增长,但农业资源环境这根弦始终绷得很紧,从本质上讲,还是依靠拼资源拼消耗实现数量增长。比如,耕地资源超强开发,东北地区黑土地不断退化,南方红黄壤酸化加速,设施农业土壤板结、盐渍化加重;用水总量虽然没有增加,但用水方式还很粗放、大水漫灌比较普遍;还存在围海造地、过度养殖、过度捕捞、过度放牧等现象。这些都倒逼我们必须加快转变农业生产方式,把绿色发展摆到突出位置,加快发展资源节约型、环境友好型农业,走高质量绿色发展道路。

二是满足人民群众不断升级的消费需求,必须加快推进质量兴农工作。随着人民收入水平的提高,城乡居民消费结构日益升级,对农业发展提出了更高期待和更多要求,对"有没有""够不够"不太关注,而是更加关注"好不好""优不优"。大路货摆在路边无人问,品质一般的苹果、柑橘价格很低也卖不出去,优质、绿色、品牌农产品即使价格高也抢着买。这就要求我们不仅要满足量的需求,还要提供多层次、多样化、个性化、优质生态安全的农产品,同时还要提供清新美丽的田园风光、洁净良好的生态环境。

三是应对激烈的国际竞争,必须加快推进质量兴农工作。近年来,随着农产品国际市场的融合加深,我国农产品国际竞争力不强的问题愈发凸显。这两年,稻米、大豆、油菜籽进口持续增长,2017 年进口量均居世界第一。其中,稻米进口近 400 万吨,产量、库存量、进口量"三量齐增";大豆进口 9 553 万吨,创历史新高,进口依存度达 86%。提升农产品国际竞争力、保护国内产业健康发展已迫在眉睫,这就要求我们加快推进农业高质量发展。

可以说,大力推进质量兴农、绿色兴农,实现农业高质量发展,既是中央的明确要求,也是农业自身发展的内在需要,更是推进农业供给侧结构性改革、提高农业国际竞争力的紧迫任务。

(二) 质量兴农工作的发展状况

1. 基本思路

加快实现由农业大国向农业强国转变，必须走质量兴农之路。我国多数农产品产量稳居世界首位，是一个名副其实的农业大国。但是，由于农产品生产成本和市场价格偏高，要牢牢把握国家粮食安全主动权，必须坚持立足国内保障自给方针。降低农产品价格和生产成本虽然是提高农业国际竞争力的途径之一，但这不是解决我国"三农"问题的根本途径。走质量兴农道路，主要依靠提高农产品质量增强农业竞争力，提高农业全要素生产率，这才是实现乡村产业兴旺从而最终实现农业强国的长远之计。

(1) 走质量兴农之路，加快推进农业由增产导向转向提质导向。长期以来，农产品生产者增收主要靠提高单产增加产量。每当某个农产品价格能够让生产者有利可图的时候，生产者往往一哄而上，不计资源环境代价和投入成本片面追求增产，带来该农产品相对过剩，造成滞销和价格低迷，走入增产不增收困局。实践反复证明，增产导向的农业发展很难持续。新时代人民追求美好生活需要更高质量更加安全和绿色生态农产品的供给；让农业成为有奔头的产业，让农民成为有吸引力的职业，让农村成为安居乐业的美丽家园，无不要求我国农业发展必须坚持质量兴农和绿色兴农。

(2) 走质量兴农之路，必须加快构建优质优价机制。只有彻底改造好坏不分和真假难辨的农产品市场机制，才能强化优质绿色农产品生产的激励机制。要推进农产品质量分等分级，强化质量塑造品牌，克服农产品市场信息不对称弊端，促进农业标准化生产。要加快现代农业产业体系建设，促进农牧业循环发展和农村新产业新业态发展，推进农村一二三产业融合发展，使优质绿色农产品的价格在产业链和价值链中充分反映出来。

(3) 走质量兴农之路，必须深化农业供给侧结构性改革。要通过深化体制改革加大机制创新，实现农业结构优化和发展方式转变。要巩固完善农村基本经营制度，完善承包地"三权"分置办法，促进土地流转，发展农业适度规模经营，培育新型农业经营主体和职业农民，培养质量兴农骨干队伍。要通过社会化服务和订单农业等途径促进小农户和现代农业发展有机衔接，形成质量兴农经营体系。要深化粮食收储制度改革，在以保障国家粮食安全为底线的基础上，更加注重发挥优质优价机制，为绿色优质农产品发展创造更大空间和有利条件。

（4）走质量兴农之路，必须创新兴农之路。无论是农业生产者行为，还是农业科技服务，目前都受增产导向影响；无论是现有的市场机制，还是农业支持政策，也是不同程度地由增产导向形成。只有加大科技创新，为优质绿色农产品生产流通提供科技支撑；只有强化制度性供给，探索健全质量兴农体制机制和政策体系，走质量兴农的道路才能迈开实质性步伐。

2. 技术路径

（1）绿色化。推进投入品减量化，建立健全测土配方与按方施肥有效机制，持续推进化肥农药减量增效。推进生产清洁化，集成推广节水节肥节药等清洁生产技术，加强畜禽养殖污染防治，加快推广水产健康养殖。推进废弃物资源化，大力推进畜禽粪污治理，全面开展农膜"白色污染"防治和秸秆综合利用，基本实现秸秆、畜禽粪污、废旧农膜资源化利用。推进产业模式生态化，积极推广"猪—沼—果"、稻渔综合种养等种养结合模式，发展粮改饲和种养结合型循环农业。

（2）优质化。构建优势区域布局，实施专业化生产，打造一批特色农产品优势区。推进重大科研联合攻关，培育推广一批适应机械化生产、优质多抗广适的新品种。扩大优质稻米、强筋弱筋小麦、高油高蛋白大豆等优质大宗农产品生产，加快发展优质水果茶叶蔬菜，因地制宜发展优质饲草料。以"菜篮子"大县、畜牧大县为重点大力推进标准化生产，加快建设一批小麦、生鲜乳等农产品精深加工示范基地，促进农产品适销对路、优质优价。

（3）特色化。立足县域资源禀赋、土壤类型和气候条件，以粮棉油、果菜茶、食用菌、杂粮杂豆、薯类、特色养殖等产业为重点，每个县选准适合本县的优势主导产业，聚集现代生产要素，从现代种养到加工流通、品牌营销、休闲旅游，推进全产业链开发，建设现代农业产业园，形成农业优势主导产业集群，打造乡村产业兴旺的支点和平台。

（4）品牌化。加快推进农产品绿色、有机等农产品认证，加强国家农产品地理标志保护。分类推进农业品牌建设，以特色农产品优势区为重点，塑强一批区域公用品牌；以"两区"为主要载体，培育一批"大而优"的大宗农产品品牌；以新型农业经营主体为主，创建一批地域特色鲜明的特色农产品品牌；以农业企业为主，打造一批具有较强竞争力的企业品牌。

3. 主要成效

在各级农业农村部门的共同努力下，自2018年以来，以乡村振兴战略为总抓手，以农业供给侧结构性改革为主线，全面推进农业高质量发展，全面唱响质量兴农、绿色兴农、品牌强农的主旋律，全面提升农业质量效益竞争力，农业绿色化、优质化、特色化、品牌化发展不断开创新局面，农产品质量安全水平实现了新提升，质量安全监管能力取得了新突破，农业绿色发展取得了新进展，农业质量效益迈上了新台阶，质量兴农理念成了新共识。

（1）农业生产标准化水平不断提高。主要加强了三个方面工作。一是推进标准制修订。全面清理我部制定的农业国家标准和行业标准，废止了与农业绿色发展不相适应的《饲料级混合油》等标准，新制定农兽药残留限量及检测方法国家标准3 629项、农产品品质等农业行业标准293项。完成2018版《食品安全国家标准 农药残留最大限量》（征求意见稿）、《食品安全国家标准 兽药最大残留限量》（报批稿），推动修订肥料中、农用污泥中有毒有害物质限量标准和农膜国家标准。二是强化农业标准化推广示范。制定控制稻米镉的生产技术规程，发布了一批适应绿色发展的种植技术规程，选择325个粮棉油糖及园艺作物生产大县和优势县，开展绿色高质高效整建制创建，示范推广绿色节本高效技术模式，推进规模化种植和标准化生产。印发《生猪屠宰标准化建设实施方案》，起草《生猪屠宰标准化建设规范》，推进生猪屠宰标准化创建。组织开展水产健康养殖示范场和畜禽养殖标准化示范场创建。部署开展国家级稻渔综合种养示范区创建和循环水养殖示范。三是开展养殖用药减量化行动。组织辽宁、江苏等14个省（区、市）开展水产养殖用药减量行动试点工作。启动实施全国兽用抗菌药使用减量化行动。

（2）农产品质量安全监测有序开展。重点推进了四个方面工作。一是实施农产品质量安全例行监测。调整完善国家农产品质量安全例行监测计划，增加农药和兽用抗生素等影响农产品质量安全水平的监测指标，监测指标由2017年94项增加到2018年122项，增幅近30%。同时对粮食、油料等10多类未纳入例行监测的产品和参数持续开展专项监测。2018年共抽检了31个省（区、市）153个大中城市5大类产品92个品种29 769个样品，总体抽检合格率为97.5%。按2017年同口径统计，同比上升0.3个百分点，农产品质量安全水平继续保持稳中向好发展态势。二是加强质检体系建设管理。启动全国部县农产品质检机构"双百"对接帮扶活动，组织392家检测机构参加2018年全国农产品质量安全检测技术能力验证初验工作，建立省级监测信息报告制度。三是深入开展农产品质量安全风险评估。围绕粮油、蔬菜、果品、畜禽、水产等15大类农产品或风险因子开展风险评估，摸查风险隐患，做好监测预警。组织开展农畜水产品中持久性环境污染物、鸡蛋中农药残留等专项风险评估。四是加快国家农产品质量安全追溯平台推广运用。出台了《关于农产品质量安全追溯与农业项目安排、农产品优质品牌推选、评定等工作挂钩的意见》，明确了追溯挂钩的具体内容、操作办法和实施步骤。将"三品一标"产品全部纳入追溯管理，推动国家追溯平台在全国范围内推广应用。

（3）农产品质量安全执法更加严格。重点开展五个方面工作。一是积极推动《农产品质量安全法》及配套法律法规修订。全面总结梳理了《农产品质量安全法》实施情况，配合全国人大常委会开展《农产品质量安全法》执法检查。加快推进《农产品质量安全法》《生猪屠宰管理条例》《农作物病虫害防治条例》修订工作。二是扎实开展专项整治。部署开展了农药、"瘦肉精"、兽用抗生素等7个专项整治行动，严防、严管、严控农产品质量安全风险，切实解决面上存在的风险隐患。截至目前共出动执法人员277.5万人次，检查生产经营企业142万家次，查处问题4.6万起，责令整改1.96万起。通过质量考核、食品安全考核和绩效延伸考核，推动各地加大执法办案力度，加强日常巡查工作规范，督促生产经营主体落实四项制度。三是积极推进农兽药追溯体系建设。完善中国农药数字监督管理平台产品追溯功能，已有270家企业在平台上线，赋予农药生产企业产品二维码29亿多个。完成兽药二维码追溯系统升级重构工作，实现100%兽药生产企业和99%的兽药经营企业入网。四是加快建立农产品质量安全信用档案。推动在国家和省级农产品质量安全县率先建立农资和农产品生产经营主体信用档案，已有1 100多个县的33万个规模生产经营主体建立信用档案。积极推动信用信息公开共享，向全国信用信息共享平台推送信用信息16.4万条。五是开展农产品质量安全宣传活动。在全国部署开展质量兴农万里行系列活动，遍及全国20多个省份，线上线下累计参与人数超过100万人次。上线运行"中国农产品质量安全"微信公众号，举办质量兴农新闻发布会、放心农资下乡进村宣传周等活动，积极回应社会关切，增强质量兴农社会影响力。

（4）农产品质量安全县创建亮点纷呈。重点推进了四个方面工作。一是加强国家农产品质量安全县考核培训指导。组织各地开展农产品质量安全县创建交叉互查，举办3期农产品质量安全县创建培训班，加强创建指导，强化县域间的学习和交流，推动创建水平不断提升。二是支持农产品质量安全整省创建。支持北京、江苏创建农产品质量安全省（市）。签署《农业部与北京市人民政府共建北京农产品绿色优质安全示范区合作协议》，突出优质绿色生产、首都"菜篮子"安全、区域联动、机制创新，把北京市打造成农产品绿色优质安全的标杆样板。充分发挥安全县金字招牌作用，促成首批107个安全县与140余家大型商超进行对接，现场签约金额 26.94 亿元。三是大力支持国家现代农业示范区、产业园建设。起草国家现代农业示范区主题示范方案，加强示范区质量兴农典型案例总结，打造质量兴农先行先试区。会同财政部联合向胡春华副总理报送了《关于遴选创建国家现代农业产业园引领乡村产业振兴的报告》，公布了 2018 年国家现代农业产业园创建名单，评价 2017 年批准的 41 个产业园创建绩效，认定首批 20 个国家现代农业产业园。四是积极构建农垦绿色发展先行示范区。组织实施"油菜产业新业态创建工程"和"农垦现代节水农业新概念示范工程"，探索农业产业绿色高质量发展新模式，促进垦区一二三产业融合发展。在黑龙江、辽宁、江苏等 8 垦区选择集中连片的水稻基地，开展稻米质量提升试点工作，推动农垦企业开展全面质量管理。

（5）产地环境质量逐步改善。重点推进五个方面工作。一是深入实施化肥农药减量使用和绿色防控。在 300 个县开展化肥减量增效示范，在 150 个县开展果菜茶病虫全程绿色防控试点，新增 50 个有机肥替代化肥试点县，在 5 个省开展蜜蜂授粉与绿色防控技术集成基地建设，强化农企合作共建，推动实施化肥农药减量实施和绿色防控技术加快推广应用。二是组织实施畜禽废物资源化利用项目。财政支持 204 个畜牧大县整建制推进畜禽粪污资源化利用，粪污综合利用率达 70%，协同推进生产发展和环境保护，促进畜牧业转型升级和绿色发展。三是抓好秸秆综合利用试点。支持 12 个省（区）开展秸秆综合利用试点。开展县域秸秆综合利用典型模式研究，总结形成 17 套典型模式。举办东北地区秸秆处理行动技术对接活动，组织创新联盟成员单位和 20 个样板县开展一对一技术对接服务。四是推进农膜回收行动。在甘肃、新疆、内蒙古 3 个重点用膜区建设 100 个地膜回收示范县，先后召开生产者责任延伸试点县实施进展情况调度会和工作推进会。研究起草《农膜管理办法（送审稿）》，推动将地膜打假列入 2018 年全国农资打假和监管工作要点。五是加强耕地质量保护。充分利用 4 万个国控监测点，开展农产品产地环境土壤—农产品协同监测。在江苏、河南、湖南启动耕地土壤环境质量类别划分试点。继续开展湖南长株潭地区重金属污染耕地修复及农作物种植结构调整试点。深入实施《东北黑土地保护规划纲要（2017—2030 年）》，择优选择 8 个县开展整建制推进试点，每县示范实施保护面积 50 万亩以上。

（6）农业品牌影响力有效提升。重点开展四个方面工作。一是强化农业品牌顶层设计。印发《农业农村部关于加快推进品牌强农的意见》，进一步明确农业品牌建设的主攻方向、目标任务和政策措施。二是开展特色农产品优势区创建。启动第二批中国特色农产品优势区申报认定工作，共有 86 个特色鲜明、优势集聚、产业融合、市场竞争力强的中国特色农产品优势区入选。在重点城市升级改造了9家中国农垦绿色产品体验中心。三是积极开展农业品牌营销推介。利用农交会、茶博会等农业展会平台，创新品牌营销，有力提升农业品牌影响力。第十六届农交会首度与湖南卫视合作，推出了"乡人乡味——全国品牌农产品推介活动"，节目黄金时段收视率全国排名第八。同期举办了30多场农产品产销对接推介活动，推选出299个金奖产品。第二届茶博会共组织了76场品牌茶叶推介活动，发布了108个茶叶金奖产品。全面启动2018年全国贫困地区农产品产销对接行动，先后在北京、甘肃兰州、新疆和田等地举办7场产销对接活动。举办"春风万里，绿食有你"绿色食品宣传月活动。登记发布农产品地理标志135个。四是加强农业品牌宣传。在《农产品市场周刊》开设"百强品牌故事"专栏，讲好农业品牌故事，传播中华农耕文化。出版《百强农业品牌故事》和《中国特色农产品精粹》图书，在农交会向社会正式发布。

（7）质量兴农科技支撑越发强劲。重点推进了三个方面工作。一是加快农业绿色发展技术体系构建和示范推广。编制《农业绿色发展技术导则（2018—2030）》，推出10项重大引领性农业技术，推广70项绿色高效适用的农业主推技术，组织农技人员开展指导服务，促进主推技术入户到田。二是深化作物良种联合攻关。在北京召开2018年国家良种重大科研联合攻关部署会，组织举办种业理论和前沿技术高端论坛，在四大作物的基础上启动马铃薯等11种特色作物联合攻关。三是加快推进农业机械化全面发展。印发《2018—2020年农机购置补贴实施指导意见》《2018年推进农业机械化全程全面发展重点技术推广行动方案》，支持引导农业机械化全面高质高效发展。开展县域主要农作物生产全程机械化发展水平评价，打造152个基本实现全程机械化的示范县。

（8）农业生产经营主体能力明显提高。重点推进五个方面工作。一是落实财政扶持政策。在"农业生产发展资金"中安排了5亿元用以支持家庭农场发展。重点支持6 200多户家庭农场有序流转土地、健全管理制度、应用先进技术、加强基础设施建设等。二是强化调查研究。对全国30个省91个县的2 947户家庭农场2017年度生产经营情况数据进行了分析汇总，形成了监测报告。在安徽天长、湖南汉寿、山东德州、宁夏平罗开展加强土地流转与农地适度规模经营管理服务试点。三是强化指导服务。启动开展2018年国家农民合作社示范社评定和第八次农业产业化国家重点龙头企业监测。加快家庭农场名录系统运行，目前系统中的家庭农场数量已经达到35万户。四是推进全面建立职业农民制度。组织起草了《关于建立职业农民制度的指导意见》，经农业农村部深改工作领导小第二次会议审议并原则通过，目前正按程序征求有关部门意见建议并开展报批工作。推动地方积极探索建立职业农民制度，加快完善配套政策。18个省（区、市）先后出台了专门政策文件，开展了制度探索和政策创新，为全面建立职业农民制度奠定了实践基础。五是壮大新型职业农民队伍。实施新型农业经营主体带头人轮训、现代青年农场主培养、农村实用人才带头人培训、农业产业精准扶贫培训四大计划。大力推进现代青年农场主和农业职业经理人培养，全年培养超过3万人，各省（区、市）已部署培育各类职业农民91.9万余人。

（三）质量兴农的标准体系

目前我国粮食等重要农产品供给充裕，人们已经从吃的"数量"问题转向更加关注吃的"质量"问题。从农产品安全角度看，整体是安全的、有保障的。目前我国的质量标准正在与国际对接，上市销售的农产品96%以上是符合食品安全标准的。但隐患仍然存在，一些地区、个别品种上还比较突出，个别农产品质量安全事件还时有发生。不管是从安全角度，还是从发展角度，都对抓质量提出了更高的要求。而走质量兴农之路，至为关键的一个环节就是标准，要打好标准化基础。

1. 质量兴农标准体系升级的必要性

一是农业产业结构调整以及农民收入增长，需要标准化提供有力支撑。农业标准化涉及农业产前、产中、产后多个环节，以食用安全和市场需求为目标制定农业标准，通过实施农业标准，综合运用新技术、新成果、普及推广新品种，在促进传统优势产业升级的同时，促进农业生产结构向优质高效品种调整，实现农业资源的合理利用和农业生产要素的优化组合，促进农业素质的整体提高，为提高农业效益奠定了基础。农业标准化的实施将全面改善农产品品质、提高农产品内在和外观质量，成为品牌、名牌产品的质量保证，是实现优质优价、增加农民收入的基本保障。

二是加强农产品质量安全监管，离不开标准化。随着人民生活水平的不断提高，农产品质量、安全问题越来越被广大消费者所关心和重视，对农产品消费安全的呼声越来越高。但由于长期以来片面追求数量和分散、粗放的农产品生产经营方式，有些生产者使用违禁农药、不合理使用化肥，导致农产品有害物质残留问题比较突出，不仅威胁消费安全，而且破坏生态环境。解决这些问题的根本措施就是通过推行农业标准化，不断提高农民科学合理用药、用肥的能力和自觉性，用标准规范农业生产、加工行为。同时，标准化生产与加工技术的推广，也为农产品质量监管提供了标准支撑，使农产品质量安全监管主体明确、环节清晰、依据充分，提高了监管效能。

目前我国农业标准化还存在不少问题亟待解决。比如，标准不全、不统一、质量不高，标准贯彻实施力度不够，检测体系不够完善，合格评定程序存有不足等。这些问题恰恰成为今后开展标准化工作的导向。要加快完善农业标准化体系，提高标准质量。应根据中国目前现有的农业标准短缺、不统一、质量不高的实际情况，统筹规划，组织制定和完善包括国家标准、行业标准、地方标准和企业标准在内的农业标准体系。在标准制定过程中，要考虑适应农业生产技术发展的需要，参照国际农业标准，注意吸收发达国家的先进农业技术。同时，要根据实际情况适时适当修改标准，不能让标准常遭"滞后"之疑。

2. 农业标准体系的发展现状

（1）标准体系框架已经形成。经过70多年的建设和发展，我国农产品质量安全标准经历了从无到有，从单项标准向标准体系过渡的发展进程，农产品质量安全标准体系框架已经形成。涉及农业领域的国家、农业行业、其他行业标准目前尚没有准确数据统计，不同来源信息标准统计数据不同。根据食典通数据库统计，现有农业国家标准、行业标准、部分地方标准共16 526项，其中农业部制定8 646项，卫计委制定569项，商务部制定497项，质检总局制定2 962项，林业部制定28项。截至目前，农业农村部共制定发布农业国家标准和行业标准12 695项，其中国家标准6 678项，农业行业标准6 017项。国家标准中农药残留限量标准4 140项，兽药残留限量标准1 548项，饲料安全标准67项，检测方法等标准757项。

从农业总体标准体系来看，现有农业标准贯通了从农业产地环境、投入品、生产规范、产品质量、安全限量、检测方法、包装标识、储存运输等方面，全过程农产品质量安全标准体系框架基本构建完成，初步形成了以国家和行业标准为骨干、地方标准为基础、企业标准为补充的4级标准体系结构。

（2）关键领域有标可依。围绕保障农产品消费安全，以农兽药残留限量及其检验方法和规程标准为重点，制定了387种农药在284种（类）食品中3 650项限量值，对135种兽药做出了禁限用规定，制定限量值1 548项，并配备了相应的检测方法标准；围绕粮食安全和优势农产品区域布局规划，针对大宗粮食作物、优势和特色果蔬畜禽制定了一大批产品标准；围绕重大动植物疫病防治，针对禽流感、口蹄疫等制定了一系列动植物疫病测报和诊治标准；围绕农业生态安全，配套制定了转基因生物安全评价与检测标准和外来生物入侵防控标准；围绕生产过程控制，制定了一系列产地环境标准和过程控制技术规范标准。目前，农产品质量安全标准基本覆盖了百姓日常消费的植物性和动物性食品种类。

（3）标准技术水平日益提升。随着全社会标准化意识的增强和农业科技成果转化的加快，农产品质量安全标准科技含量明显提升，色谱-质谱联用技术、酶联免疫技术、分子生物技术等一批高新技术在检测方法标准中得到普遍应用，多残留和快速检测方法标准为农产品质量安全监管提供了有力支撑。同时，我国农产品质量安全标准的国际接轨程度和国际影响力不断提升，我国农残限量标准中，针对已有CAC标准部分，符合或严于CAC标准的比例达到90.6%。2006年，我国成功当选国际食品法典农药残留委员会（CCPR）主席国，目前已推动茶叶上硫丹和稻米上乙酰甲胺磷等8项我国农药残留限量标准转化为CAC标准，主导提出茶叶上农药残留评估引入茶叶浸出率的概念获得多个国际组织和权威机构认可，并且在茶叶评估中得到应用，我国参与国际标准化活动的话语权明显增强。

（4）实施成效日渐显著。近年来，适应农业全产业链一体化发展的产前、产中、产后标准相继配套制定，集成和推广了一批节本增效的技术规程，农业标准化示范区建设卓有成效。20年来，共建设8批4 272个国家级农业标准化示范区，省级农业标准化示范区5 728个。通过开展示范区建设，规范了农业生产、农产品加工和贸易，保障了农产品质量安全，实现农业增效、农民增收，提高农业可持续发展能力。以无公害食品标准、绿色食品标准、有机食品标准为代表的全程控制标准体系在有效指导和规范农业生产行为、提升农业产业化水平和质量安全水平方面发挥了积极的引导和促进作用，在范围扩大、参数增加的情况下，蔬菜、畜禽和水产品监测合格率分别达到96.3%、99.2%和93.6%。

3. 标准体系存在问题

（1）标准"乱"，重复交叉矛盾问题突出．标准"乱"主要体现为同类标准数量多，并且重复交叉和矛盾问题突出，这主要在产品标准和生产过程技术规范标准方面表现突出。

标准"乱"在产品标准上主要表现为同一类产品有2个以上甚至更多的产品标准，并且标准之间存在指标重复矛盾的问题。例如，玉米相关的产品标准多达17项，包括食用玉米、饲料用玉米、淀粉发酵工业用玉米、糯玉米、高油玉米、高淀粉玉米、优质蛋白玉米、笋玉米、甜玉米等，这些标准之间就存在内容交叉重复甚至矛盾的问题，如其中的糯玉米和高油玉米既有国家标准（《糯玉米》（GB/T

22326-2008)、《高油玉米》(GB/T 22503-2008),又有农业行业标准(《糯玉米》(NY/T 524-2002)、《高油玉米》(NY/T 521-2002),而国标和行标中糯玉米的直链淀粉含量要求不一致、高油玉米的不完善粒和脂肪酸值要求不一致。又如涉及苹果相关产品标准有11项,产品种类包括加工用苹果、鲜苹果、绿色食品苹果、红富士苹果、地理标志苹果等,其中涉及鲜苹果质量分级的标准有《鲜苹果》(GB/T 10651-2008)、《苹果等级规格》(NY/T 1793-2009)和《仁果类果品流通规范》(SB/T 11100-2014),涉及加工用苹果分级的标准有《加工用苹果分级》(GB/T 23616-2009)和《加工用苹果》(NY/T 1072-2013),这些标准在规范对象和适用范围上均存在高度甚至完全重复和交叉现象。

标准"乱"也同样出现在生产规范标准上,主要表现为生产过程各环节间生产规范以及分品种分区域生产规范的重复交叉。如柑橘栽培相关标准《柑橘生产技术规范》(GB/Z 26580-2011)、《柑橘栽培技术规程》(NY/T 975-2006)、《无公害食品柑橘生产技术规程》(NY/T 5015-2002)和《浙南-闽西-粤东宽皮柑橘生产技术规程》(NY/T 976-2006)间存在明显的重复;从具体环节和内容来看,《柑橘栽培技术规程》(NY/T 975-2006)规定了柑橘品种与砧木选择、病虫害防治、果实采收等技术和要求,而《柑橘无病毒苗木繁育规程》(NY/T 973-2006)、《柑橘主要病虫害防治技术规范》(NY/T 2044-2011)、《柑橘采摘技术规范》(NY/T 716-2003)又对柑橘的苗木、病虫害防治、采摘等又分别进行了规定,造成标准重叠繁多。又如苹果生产技术规范方面,既制定了全国性的《苹果生产技术规程》(NY/T 441-2013),又制定了区域性标准《渤海湾地区苹果生产技术规程》(NY/T 1083-2006)和《黄土高原苹果生产技术规程》(NY/T 1082-2006);此外,还针对红富士苹果制定了生产技术标准《红富士苹果生产技术规程》(NY/T 1084-2006);苹果蠹蛾检疫鉴定方法既有国家标准《苹果蠹蛾检疫鉴定方法》(GB/T 28074-2011),又有商检行业标准《苹果蠹蛾检疫鉴定方法》(SN/T 1120-2002)。大量重复的、类似标准制定不仅造成制修订资源的浪费,也使标准使用者无所适从。

(2)标准"缺",关键环节标准尚很欠缺。标准"缺"主要表现在监管急需的农兽药等危害因子残留限量和配套检测方法、农业环境面源污染防控、农产品污染因子安全管控以及支撑农业产地流通监管职能的包装贮运等方面标准尚很缺失。

一是农兽药等危害因子残留限量和配套检测方法与我国实际监管需求和国外发达国家相比还有较大差距。从农药残留限量标准数量上分析,目前我国《食品安全国家标准食品中农药最大残留限量》(GB 2763-2014)规定了387种农药在284种

(类) 食品中 3 650 项农药最大残留限量标准, 而国际食品法典委员会 (CAC) 制定了 199 种农药的 4 351 项限量标准, 欧盟制定了 460 种农药的 15 万多项限量标准, 美国制定了 372 种农药的 1.2 万项限量标准, 日本制定了 800 多种农药的 5 万多项限量标准。从农药残留标准覆盖食品农产品种类来看, 我国食品农产品种类复杂多样, 已制定的农药残留限量仅涉及 284 种 (类) 食品农产品, 远远少于我国实际生产和消费的产品种类, 尤其是蔬菜、特色农产品、动物源产品及饲料中农药残留限量缺失严重。从制定残留标准的农药品种来看, 世界上使用的农药有 1 000 多种, 我国批准登记使用的农药有 600 多种, 已制定残留标准的只有 387 种。从配套的农药残留检测方法标准来看, 颁布实施的 GB2763-2014 仅配套了 162 个检测方法标准, 仍有 59 种农药 264 项限量标准没有配套检测方法, 造成有限量标准但无法检验评价的局面。残留限量标准和检测方法缺失的问题也同样出现在养殖业产品的兽药残留监管上。目前已批准使用兽药 359 种, 需要制定最大残留限量的兽药有 156 种, 已制定限量标准的兽药有 114 种, 尚有 42 种兽药缺少最大残留限量标准; 已制定残留限量标准的 16 种兽药还存在涵盖动物种类及组织不全的问题; 此外, 兽药残留配套检测方法也不能满足监管需求, 已发布的 457 项需要清理整合。

二是农业环境面源污染综合防控标准尚不能满足我国农业资源环境保护新阶段的需要。我国长期以来重视农业产地环境相关标准制定, 主要包括农产品产地土壤环境质量、种植养殖用水、农区空气以无公害食品和绿色食品等农产品产地环境标准。种植业产地环境相关标准 83 个, 畜牧业养殖环境标准 27 个, 渔业资源环境标准 52 个。但随着我国工矿企业排放、生活污染及化肥、农药等农业投入品长期不合理使用, 以及畜禽粪污、农作物秸秆和农田残膜等农业废弃物的不合理处置, 农业环境面源污染问题相当严重。国家对此十分重视, 提出打好农业面源污染治理攻坚战的决心, 但目前我国在对农业环境污染综合防控方面的技术标准还十分欠缺甚至几乎为空白。

三是以污染物削减控制为目标的安全管控标准十分缺乏。农产品不是"检出来"的, 而是"产出来"和"管出来"的。国际组织和发达国家都十分重视对食品农产品中污染物的控制, CAC 针对预防和减少食品中微生物、化学品、重金属、生物毒素等污染, 制定一系列针对性很强的操作准则; 欧盟 (EU) 的 GLOBALGAP 体系针对初级农产品分别制定了保证生产安全的一套规范体系; 美国通过颁布 HACCP 系统建立生产全过程危害分析控制预防体系。而我国目前生产过程规范大部分都是针对传统农业保产量生产, 针对污染物控制的安全生产标准十分欠缺。我国参考 EU 的 GLOBAIGAP 形成的 31 项标准中仅有 4 项涉及安全技术规范；参考 CAC 建立的 20 项 HACCP 体系标准，大部分针对食品加工，仅有 4 项针对鲜活农产品生产；其他涉及安全管控标准只有非常有限的针对无公害生产过程的相关标准。安全农产品的获得不可能脱离生产过程的规范，随着我国农产品安全需求形势的发展，现有的保数量为主的生产过程技术规范体系已不能满足农产品生产过程安全监管的需要。

四是采后包装保鲜及贮运技术标准尚不能支撑鲜活农产品产地流通监管职能的需要。近年来，随着我国农产品商品化处理和初加工比例的不断增高，以及远距离运输和产品卖相对鲜活农产品的旺盛需求，保鲜剂（保活剂）、防腐剂、添加剂（统称"三剂"）被大量用于产后收、贮、运环节，成为新鲜果蔬、冷鲜畜禽产品、鲜活水产品保持鲜活和产后减损的重要手段。但我国目前尚未建立针对产后收贮运环节"三剂"使用的标准体系，仅在农药和食品添加剂相关标准中有个别农药和食品添加剂的保鲜使用规范要求。贮运标准也都是作为产品标准的一部分，专用标准很少，尤其是鲜活农产品储存运输规范管理的标准缺失。现有的包装标准标龄过长、实用性差；标签标识方面也缺乏针对农产品的具体细化要求和标识方法等。

（3）标准"旧"，标准制修订严重滞后．发达国家的标准基本上以 5 年为周期进行 1 次修订，标准的技术内容能够根据产业发展和市场变化及时进行调整。在我国，为加强国家标准的管理，根据《中华人民共和国标准化法》和《中华人民共和国标准化法实施条例》的有关规定，"标准实施后，制定标准的部门应当根据科学技术的发展和经济建设的需要适时进行复审。标准复审周期一般不超过五年。"然而，由于复审机制的缺失，我国标准复审工作并未全面落实，标准发布实施后，其科学性、实用性和先进性极少受到跟踪评价，致使标准修订不及时，影响了标准的有效性和应用效果。统计显示，现行粮油产品标准中标龄超过 20 年的标准占 10%；现行的水果标准中，标龄在 5 年以上的标准高达 53.2%，标龄在 5~10 年的标准占 35.1%，标龄在 10 年以上的标准占 18.1%。

技术内容过时的标准和存在重大技术缺陷的标准不但不会促进产业发展，反而会带来不可忽视的负面影响。以《土壤环境质量标准》（GB 15168-1995）为例，与国外相比，中国土壤中镉的标准限值偏严是学术界公认的，其原因在于当时中国食品中镉的卫生标准偏严，而其后几乎所有的产地环境标准中的土壤环境质量指标均是依据《土壤环境质量标准》（GB 15168-1995）制定的，其结果是导致几乎所有的产地环境标准中土壤镉的标准定值偏严，这个问题在中国加入 WTO 以后已经影响到中国农产品的进出口贸易。此外，不少产地环境标准中对土壤中的六六六、滴滴涕做了规定，而这两种农药从1983年全国停产禁用至今已有20多年时间，过去投放进入土壤的这两种农药绝大部分对土壤已不构成污染，各地采样分析结果也很少发现这两种物质超标。随着时间的推移，土壤中这两种农药的影响会越来越小，再对这两种农药做出规定意义不大。

（4）标准"差"，适用性可操作性差。标准"差"即标准质量不高。标准质量不高一方面表现为指标不合理，不适应产业发展，标准适用性差。制定时没有全面的考虑产业发展和贸易需要，标准所覆盖的范围不够，分类指导性不强，制定、发布和实施的全过程缺乏连贯性，重制定、轻维护，缺乏及时的修正机制，缺乏相互间的协调统一。我国很多标准值的制定，主要是参考国内外的标准，没有进行或很少进行科学研究和实验，使标准值的制定科学性不强，不合理，可执行性太差，甚至无法执行。以产地环境标准为例，比如现行有效的《土壤环境质量标准》（GB 15618-1995）统一规定了土壤中重金属的含量，却忽视了地域性差异，另很多研究表明，影响农产品重金属含量的并非重金属总量，而是其有效态，但标准中仍限定的是总量值；多数标准中都对环境空气质量做了要求，提到污染物的日平均值和小时平均值，但这些指标在监测是很难执行，而且时空变化太大，很难真实的反应空气质量；再如《无公害食品畜禽饮用水水质》（NY 5027-2008）中对禽类饮用水中硝酸盐含量做了严格的限制，含量要求不大于3mg/L，这比人饮用水标准（10mg/L，农村地区20mg/L）还严，并且从水源和处理技术及成本来看很不现实，事实上也不可能达到，标准值也就失去了意义。此外，指标值不科学、适用性差在农产品安全限量标准中也表现突出，有很多限量值缺乏科学风险评估，照抄照搬国外指标值，完全不适应我国农产品实际生产消费状况，给我国农产品生产、消费和监管造成很多困扰。

标准质量不高另一方面表现为标准可操作性差。标准可操作差在农产品质量或分等分级标准、生产过程技术规范及部分检测方法标准中表现突出。在农产质量和分等分级标准中，国际组织（如UN/ECE、OECD）和国外发达国家（如美国等）都对产品质量指标规定数值化，或与相应产品质量标准相配套，制定产品质量标准评定实施或操作手册。如苹果质量标准中，我国主要以精炼的文字表达，而UNECE标准中针对各个等级的果品色泽、品种特征果锈、损伤、缺陷、成熟度、容许度、包装一致性、标识等给出了图例；又如芹菜质量标准中，我国对"机械伤""整齐度"都没有明确解释，无法掌握尺度，而在美国标准中将"机械伤"规定为"当切除的根太多致使叶柄失去支持；当超过 4 个叶柄被严重擦伤；当叶柄在第一节点以上断裂严重影响外观；或超过 4 个叶柄在第一节点以下断裂，除非所有的叶柄在第一节点以下被切断使植株具有特殊的长度"，同样对"整齐度"规定比较详细，具有较强的可操作性。检测方法标准可操作性目前存在一个较大的问题就是在技术内容上试样制备部分不详细，许多国家或行业只是把样品分成干样和鲜样，没有按 GB 20001.4 中规定写清楚试样制备时需要多少实验室样品，试样制备时的取样部位，制备的具体过程和要求，以及试样制成后保存的容器和储存条件，造成试样缺乏代表性，可操作性差。生产过程技术规范由于不同地区自然气候和地理环境迥异或者不同企业生产条件差别很大，因此针对种植、养殖业生产技术制定的全国性国家或行业标准往往可操作性较差。检测方法标准可操作性差主要表现为操作过程规定不规范，如配制标准溶液，应将标准品称到烧杯中溶解后再进行定容，但部分标准是直接把标准品称到容量瓶中，实际无法操作；又如硝酸盐和亚硝酸盐国家标准中，将容量瓶当成前处理器皿，放到水浴锅中加热等等。

4. 问题原因分析

（1）管理体制不畅。按照《标准化法》规定，国务院标准化行政主管部门负责统一管理全国标准化工作；国家标准是规定需要在全国范围内统一的技术要求，行业标准是对没有国家标准而又需要在全国某个行业范围内统一的技术要求进行规定，行业标准是由国务院有关行政主管部门制定。但长期以来，国务院标准化行政主管部门没能很好地协调、统一管理全国标准化工作，使得我国农产品标准制修订分布在多个部门和多个系统，各自为政。由于缺乏统一、完善、清晰的标准框架体系的指导以及缺乏部门和系统之间的良好沟通和协调，相关标准化技术委员会以及有关部委在农业标准研究与制修订的职责和业务范围方面仍多有重叠和交叉，导致标准重复交叉和缺失问题突出，标准系统性、互补性、配套性和一致性较差。以农业环境标准为例，标准任务的下达部门、标准的颁布及归口部门有很多，大致有住建部（建设部）、环保部、国家质检总局、国家标准委、农业农村部等，标准很难统一，标准名目太多，造成重复甚至冲突，即使是同一个部门颁布的标准也有矛盾。此外，目前随着《中华人民共和国食品安全法》的实施，卫计委自成一套国家食品安全标准体系，从标准结构上与国家标准化技术委员会规定 GB/T 1.1—2009 不一致，在安全指标的选择上，由于对《中华人民共和国食品安全法》中"与食品安全有关的质量要求"的理解不同，许多非安全性指标也列入，并成为强制性标准。目前产品标准和检测方法标准形成了两套体系，一套是国家标准化技术委员会的，另一套是卫生计生委的。由于涉及农产品标准制定的有关非行政主管部门和科研人员缺乏对产业的深入了解,导致制定出的一些标准产业适用性和可操作性较差。

(2) 制定主体责任不明。我国目前标准存在重复交叉、适用性和可操作性差问题的另一主要原因就是标准制定主体所应承担的责任不明。标准从立项、制定、审定到发布结束就算完成了标准制修订全部工作,没有制定标准实施试行阶段,标准发布后也缺乏有效的标准应用评价体系,标准制定者和使用者之间缺乏有效的沟通平台,标准的采用率、实施效果等得不到有效反馈,造成标准制定数量多,但后期管理少。因此,一方面,与产业脱节的非行政主管部门或其他标准制定者在标准制定后并没有承担起应有的标准实施应用后续责任,导致适应性差的标准继续制定。另一方面,现有科研评价体系绑架了标准,将标准作为科研成果的重要体现之一。标准往往被当为科研项目考核指标之一,好多项目承担人员为了完成科研项目的考核任务而利用各种关系争取标准项目立项,标准制定也是为制定标准而制定标准,与产业需求脱节问题突出,标准一经发布后就被作为科研成果束之高阁,没能起到真正规范和指导产业发展的作用,而标准制定者也不对后续标准实施应用承担相应责任和义务。

(3) 技术储备不足。标准质量不高的重要原因就是基础研究不够,技术储备严重不足。标准制修订中缺乏基础研究和数据支撑的现象比较普遍,这突出表现在安全限量、检测方法和安全管控标准的制定上。以农药残留限量和兽药残留限量为例,我国现行农药残留限量和兽药残留限量大多照抄照搬国外指标限量值,没有结合我国生产和消费实际进行科学风险评估,缺乏制定这些限量值有力的数据支撑,给参与国际标准制修订和解决国际贸易纠纷带来一定的阻碍。例如,冷冻蔬菜由于毒死蜱限量出口受阻的问题,脱水蔬菜和冷冻蔬菜在蔬菜出口中占有很大比例,但这两类产品没有农药残留限量标准,在标准执行时只能引用新鲜蔬菜的标准,而脱水蔬菜和冷冻蔬菜的成品重比新鲜蔬菜少很多,采用新鲜蔬菜标准意味着提高了限量标准要求,日本就以冷冻蔬菜中毒死蜱限量不符合适用于新鲜蔬菜的限量标准为由拒绝我国冷冻蔬菜进口,而我国又没有相关研究数据支撑,导致我国冷冻蔬菜出口受阻。同样,在安全检测方法标准制定方面,由于某些化学物质在动植物体内残留代谢特点不同,而对动植物体内残留代谢目标物和靶组织缺乏前期基础研究,导致制定的只针对化学物质原型的检测方法标准缺乏针对性,不能对安全指标进行有效监测。此外,安全管控标准,由于大量危害物在种植业和养殖业产品中代谢规律缺乏基础研究,因此也无法制定具有切实可行的安全生产过程控制技术规范。

（4）竞争性市场不成熟。党的十八届三中全会通过的《关于全面深化改革若干重大问题的决定》（以下简称《决定》）指出，经济体制改革是全面深化改革的重点，核心问题是处理好政府与市场的关系，使市场在资源配置中起决定性作用。"决定性"的意思是，由市场决定生产什么、生产多少、产品质量如何、决定采用什么方法生产，决定产品和服务的初次分配。在市场经济体制下，标准化应实现以市场为导向，在制定和运行过程中突出市场化原则，市场需要什么标准，就制定什么样的标准，使标准真正能够符合国内市场需要，并符合国际贸易规则。市场化行为成立的必要条件是竞争性市场的形成，而很长一段时间内我国国内农产品市场供大于求，属于非竞争性市场，除作为强制性安全限量标准必须满足外，其他产品质量标准、生产技术规范标准等并不是农产品市场准入的必备条件，导致在我国境内销售的农产品标准化生产实施效果较差。随着我国经济的发展和人民生活质量要求的提高，优质农产品供不应求，农产品进出口状况发生巨大变化，国外农产品大量入境，对我国农产品生产与消费形成巨大冲击，农产品生产标准化实施也会得到越来越大的重视。

5. 标准体系的提升方向

在食物日益富足、"质量兴农"成为农业发展主旋律的今天，我们不禁回想起改革开放进入第二个 10 年的时候，彼时，中国社会正处于从温饱向小康过渡的历史阶段，13 亿中国人的温饱问题基本解决，老百姓的生活日渐宽裕，品质消费的趋势开始萌芽，传统农业转型升级对于优质、高效的诉求，城市化、工业化对于清洁生产的需要，都日益凸显。与此同时，发轫于 20 世纪 70 年代的国际农业可持续发展运动影响不断增大，世界各国对过度使用化肥农药的"石油农业"展开深切反思，纷纷探寻农业可持续发展新路。正是在这一背景下，农业农村部从 1990 年开始首创了"绿色食品"，开启了对优质农产品事业的持续探索。

一是全面发展绿色食品将是新路径。绿色食品事业始终坚守"出自优良生态环境、带来强劲生命活力"的发展理念，始终聚焦"绿色"、突出"优质"，提出了从土地到餐桌全程质量控制理念，创建了产地环境、生产过程、产品质量和包装贮运全程控制的标准体系，质量安全标准达到国际先进水平，体现了清洁化、减量化、优质化和生态化的高度融合。如今，绿色食品已经具备了较为完整的标准体系、工作体系、管理体系和产业体系。这些探索和创新推动了"吃好"问题的解决，极具农业发展的制度创新价值。

绿色食品不仅是老百姓眼中安全优质农产品代名词，还是引领绿色消费的风向标，更是农民增收的带动者。目前，绿色食品企业达到 13 161 家，产品 30 781 个，原料标准化生产基地 678 个，基地面积 1.6 亿亩。绿色食品产品质量稳定可靠，产品质量抽检合格率持续多年稳定在 98% 以上，消费者对其认知度超过 80%，在各类认证农产品中位居第一，其平均价格比普通农产品高出 10%~30%，亿万农民通过种植养殖绿色食品发家致富。

二是绿色食品标准体系将是新标杆。绿色食品秉承可持续发展理念，着眼于提升供给质量和效益，全面体现了农业高质量发展的要求，高度契合质量兴农、绿色兴农、品牌强农主旋律。要坚持绿色发展铸底色。无论绿色食品事业将来怎样演变，绿色发展始终是其必须牢牢坚守的底线。农产品并非贴上"绿色"的标签就有竞争力，关键在于将绿色发展的理念落到实处。新时代，绿色食品要紧扣农业绿色发展主线，加快创新和集成一批绿色生产关键技术和共性技术，研发和推广一批生态环保、高效低毒的农业投入品，大规模开展生物防治和有机肥替代化肥行动，组织制定一批区域性绿色食品生产操作规程，加强对新型生产经营主体和农民的培训，打通绿色食品标准推广"最后一公里"的"梗阻"，促进绿色标准落地生根、开花结果。

6. 完善标准体系的重点措施

标准是质量的核心，质量兴农首先要标准先行。健全完善标准体系，引进国际先进标准，全面推进农业标准化生产。完善的标准是评价质量好坏的基础，是现代农业发展的重要支撑。要加快标准领域的改革创新，及时清理废止与农业绿色发展、高质量发展不相适应的标准，构建科学、严谨、适用的标准体系。

一是健全完善农业质量标准。完善农业标准体系，着力构建全要素、多层次的农业全产业链标准体系。清理废止与农业高质量发展不相适应的标准和行业规范。全面完善食品安全国家强制标准体系，加快制定农兽药残留、屠宰畜禽等国家标准，到 2022 年，制修订 3 500 项各类农业强制性标准。加快制定农产品品质、营养和评价方法标准。补充完善种子、农兽药等农业投入品质量标准、质量和安全性评价技术规范及合理使用准则。建立健全农产品产地初加工、农产品包装、田间塘头冷库与冷链物流标准体系。构建现代农业工程标准体系，提高工程建设质量和投资效益。

二是全面推进农业标准化生产。建立生产记录台账制度，加快推进规模经营主体按标生产。实施农产品质量全程控制生产基地创建工程，促进产地环境、生产过程、产品质量、包装标识等全流程标准化。在"菜篮子"大县、畜牧大县和现代农业示范园区全面推行全程标准化生产,创建 100 个国家区域性良种繁育基地、800 个绿色食品原料标准化生产基地、120 个有机农产品生产基地、500 个畜禽养殖标准化示范场、2 500 个以上水产健康养殖示范场,大力发展绿色、有机、地理标志等优质特色农产品。

二、农业质量变革的路径与生产技术体系研究

(一) 我国农业高质量发展的战略需求分析

1. 加速农业发展质量变革是新时代保障国家粮食安全、推进农业供给侧结构性改革的战略支撑

我国是一个人口大国,国以民为本、民以食为天,动植物农产品安全、有效供给始终是关系国计民生、社会安定和经济发展的重要战略影响因素。改革开放以来,我国动植物农产品的总产量连续创造新的纪录,为保障国家粮食安全做出了突出贡献。1978 年全国粮食总产量仅有 6 000 多亿斤,1984 年达到 8 000 多亿斤,1993 年全国粮食产量突破 9 000 亿斤,1996 年达到 10 000 亿斤,2012 年全国粮食总产量达到 1.2 万,比 1978 年增长 1.0 倍,评价年均增长达 2.1%。2015 年我国粮食总产量再上新台阶,首次突破 13 000 亿斤,之后三年一直稳定在这一水平上。我国肉类、蛋类等农产品产量多年稳居世界首位,各种畜产品供给能力稳步提高,供需基本平衡。据测算,到 2030 年我国人口规模将达到 14.5 亿,随着社会经济发展转型,人们对动植物农产品的需求将呈刚性增长的态势。

在以增产为导向的生产技术体系和模式下,我国动植物农产品的持续增产为社会经济发展做出了巨大贡献,但是,这与我国农业投入品(如水、化肥、农药、兽药等)用量持续增加密切相关,因此累积了资源要素过量投入、资源利用率较低、资源浪费、生态环境恶化等问题,同时也带来了农产品产量、库存量、进口量"三量奇增"的现象。在中国特色社会主义进入新时代的历史方位下,加速农业生产由增产导向向提质导向转变,深入推进农业供给侧结构性改革,实现农业高质量发展,确保动植物农产品有效供给为促进我国经济发展、实现社会稳定和乡村振兴提供重要的物质基础。

2. 实现农业高质量发展是增强我国农业核心竞争力的基础

大而不强是当前我国农业发展的主要特征。以种业发展为例,到 2018 年,我国农作物种子市值逐步增至 1 170 亿元以上,同时,中国种业市场也是潜在的世界

最大的种业市场。如今，中国种业面临的是一种全新的产业发展模式和强大的全球竞争，据统计，2000 年以来，世界排名前 10 位的跨国种业企业已全部进驻中国，中国市场 70% 种子的源头均被外资公司控制，我国动物品种对进口品种依赖性也很高，规模化养殖的主要畜禽品种的种源 80% 以上需进口，如瘦肉型猪核心种源、奶牛的精液和胚胎等，这对我国农业基因资源保护、种业产业可持续发展以及国家粮食安全均构成了极其严重的威胁。例如，我国棉花年播种面积目前为 5 000 万亩左右，总产量在 550 万吨左右，占世界棉花总产的 1/4，然而，当前重产量不重品质的定价标准使得棉花混储现象严重，最终导致加工和纺织企业使用的原棉质量下降，面对优质进口棉，国内棉花失去竞争力。澳棉只有 500 万亩，但在全世界棉花定价过程中的地位举足轻重，澳棉、美棉已经成为全球优质棉的代名词。

2018 年，《农业农村部关于加快推进品牌强农的意见》中明确指出，当前我国农业发展进入了新阶段，核心任务是实现农业高质量发展。要增强品牌意识，提升品牌建设水平，通过坚持不懈的努力，力争使农业品牌规模、质量、含金量、影响力都有较大幅度的跃升，促进农业增效、农民增收。要把农业品牌建设放在突出位置，以"安全、优质、绿色"为基本要求，深入实施品牌强农，加快推进农业由增产导向转向提质导向。因此，通过农业科技持续创新，加快建立以提质增效为导向的生产技术体系模式，使农业生产朝优质、绿色、可持续方向发展，促进我国农业核心竞争力的大幅提升。

3. 推动农业高质量发展是促进农业发展战略转型的核心和关键

没有农业农村的现代化，就没有国家的现代化。当前，我国农业发展正处于由传统向现代转型的关键历史时期，不仅承受着需求刚性增加、资源持续短缺、整体生产效率不高、国际竞争日趋加剧等多重压力，还面临着环境污染加剧、食品安全重大事件频发、疫病防控困难等诸多挑战。国际经验和改革开放实践证明，只有实现农业现代化，才能实现国民经济各产业的全面现代化。从总体需求、资源承载能力、生态环境状况、科技发展等诸多因素来看，加强科技创新、聚集先进生产要素，推动农业由高速发展向高质量发展快速转变，是促进我国农业发展战略转型的核心和关键所在。

(二) 我国高质量动植物农产品发展的重点方向

1. 进一步巩固并提高动植物农产品生产能力

人口规模的不断增长、城镇人口比率的连续扩大、生活水平的持续提升、食品和营养结构的改变等因素决定了我国未来对动植物农产品数量的刚性需求仍将持续增长。当前,我国人口每年增长比例超过 0.5%,人均粮食需求增长超过 0.5% 左右,合计为每年粮食总需求至少增长 1%,到 2030 年需要增产粮食 1 000 亿公斤左右以满足需求;我国年均食用植物油总产不到 1 100 万吨,需要年均进口 8 000 万吨以上的油料作物以满足国内需求,缺口依然巨大;2017 年,我国人均乳制品消费量折合成生鲜乳为 36.9 公斤,消费水平只有世界平均水平的 1/3,我国奶业发展潜力巨大;近三年来,我国棉花年度需求总量基本稳定在 850 万吨左右,占世界棉花消费量的 40%,年平均缺口 300 万吨左右。因此,通过强化科技创新,进一步巩固并提高动植物农产品的生产能力,对保障新时期国家粮食安全具有重大的战略意义。

2. 加快建立以提质增效为核心的农业生产模式

深入实施乡村振兴战略,实现农业强、农民富、农村美,是党的十九大做出的重要战略部署。在"创新、协调、绿色、开放、共享"发展思想的指引下,加速农业生产由增产导向向提质导向转变,加快建立以提质增效为核心的农业生产模式是实现国家战略目标的重要抓手和保障。转变我国传统动植物农产品生产过程由拼资源、拼消耗、拼投入的发展模式,通过强化农业科技创新,建立以强化生产效益、促进资源节约、发展生态友好、保障产品安全为特征,以提质增效为核心的农业生产模式。适度提升标准化规模种养水平、发展壮大现代种养业产业体系、优化农产品生产结构与区域布局、创新产业化经营模式、完善信息化监测预警调控机制等为重点,加快产业结构的战略性调整,形成现代化特征显著的现代动植物农产品生产体系。继续以保障农业基础生产能力和提升产业核心竞争力为重点,围绕良种繁育、标准化生产、产品质量安全、疫病防控、现代社会化服务、信息化管理、生态环境保护等体系建设,加大产业保护扶持政策实施力度,促进持续健康发展。

3. 强化农业科技创新,抢占农业科技制高点

习近平总书记指出,农业的根本出路在于加快农业科技进步。要实现发展方式的转变,一是依靠传统产业技术与设备的换代升级和在产业链上向技术含量高、附加值高的领域延伸;二是创建新兴产业,用更先进的产业门类颠覆、替代传统产业。而后者更具有"质变"特征,是推动经济增长、社会进步的新兴力量。生物育种产业已经成为国际科技竞争的重点,而生物兽药产业和动植物生物反应器产业等也正逐步形成新兴产业。与世界农业科技发展形势相比较,我国存在跟跑、并跑和领跑共存的发展形式。当前,以生物技术、信息技术、制造技术为代表的科技突飞猛进、快速交叉融合,深刻影响着农业领域的发展。因此,我国应该通过不断强化农业科技创新，推动前沿引领技术、共性关键技术和颠覆性突破技术的研发，抢占农业科技制高点，为推动农业实现高质量发展奠定坚实的科技基础。

（三）当前动植物农产品生产以增产为导向的技术体系现状与制约因素分析

1. 动植物农产品生产技术体系现状分析

长期以来，我国粮食供应处于紧平衡状态，对动植物农产品生产一直以增产为导向，过度追求产量目标和性状，忽视品质、生态与安全，目前农产品质量难以满足差异化、个性化的大健康产业需求，无法有效支撑对农产品生产效益的需求。主要体现在以下两个方面：

（1）动植物农产品品种类型单一。当前，我国动植物农产品存在高产品种多、优质品种少，资源消耗型品种多、资源高效型品种少，劳动密集型品种多、适宜轻简化栽培措施品种少等结构性矛盾，无法满足多元化的市场需求。

（2）企业规模小、创新能力弱。以种业为例，我国有玉米种业企业 2 000 余家，但是普遍存在市场规模小、主导市场能力差的问题。动物种业方面，我国作为养殖业大国，对种用动物需求巨大，逐渐形成了国际上最大的动物种业市场。经过多年发展，我国良种供应能力显著提高，种畜禽数量已基本能满足当前畜牧业生产需要。但是，大多数种畜禽场养殖的原种仍以进口为主，缺乏品种培育自主创新能力，尚未完全走出"引进国外原种—扩繁和销售种畜禽—进口种源退化—再次引进国外原种"的恶性循环。企业规模小、研发投入少等是制约我国种业企业创新能力提升的主要因素。国内企业研发投入仅为销售额的 2%～3%，而美国杜邦、孟山都等公司研发投入占销售额 10% 以上。

2. 动植物农产品高质量发展的制约因素分析

在长久以来以增产为导向的生产模式指引下，实现我国动植物农产品的高质量发展尚存在诸多制约因素，主要表现为以下几个方面。

（1）品种审定标准过度强化产量指标。目前品种审定办法主要针对增产导向而设立，过度强化产量性状和指标，未对具有提质增效潜力的品种设立评价标准，导致育种家仍然遵循增产目标开展工作，继续忽视品质性状。

（2）缺乏特色动植物新品种。在当前审定标准下，新品种产量性状突出，特色性状明显不足。例如，优质机采棉品种缺乏，关键配套技术落后。棉花机采过程中，现有品种不适宜机采，配套技术不完善，农艺农机不融合，机采后纤维长度变短 1mm 左右，短纤维含量高，棉结多，株型不适应机采，株型结构松散，第一果枝偏低，脱叶效果差，导致机采后尘土、叶屑、地膜等杂质多，原棉品级下降。导致机采异性纤维多，含杂率高，绒长变短，纤维品质一致性差，难以满足纺织工业需求。

（3）农业生产机械化装备难以满足生产要求。以油菜为例，目前精量播种机、割晒机、捡拾脱粒机、联合收割机等农机装备的价格偏高，生产量较少，如精量播种机每年生产约 2 000 台，油菜收获机产量也很低，目前我国设计生产的油菜播种机、收获机设计生产速度仅 50 亩左右/天，远远低于国外 1 000 亩左右/天的作业速度。作业质量不稳定、成苗低等问题收获损失率较大。

（3）优质不优价，生产与消费明显脱节。以棉花生产为例，高衣分是轧花厂定价的重要因素，为获得植棉效益，高产高衣分成为棉花生产者根深蒂固的观念和目标。以高产为目标的生产方式和高衣分为指标的收购政策，致使棉农更倾向于选用结铃性强，衣分高，生育期相对较长，增产潜力大的棉花品种，为按时收获，以牺牲纤维品质为代价，在棉铃吐絮 30%~40% 喷洒脱叶剂，棉株上近一半的棉铃纤维强力不足、成熟度差，严重影响棉花纤维高质量发展。高成本、低品质使我国原棉价格比澳棉到岸价每吨高 2 000 元左右，国际竞争力差。

（4）动植物疫病严重威胁农产品质量。我国养殖业经济效益远低于世界平均水平，主要原因是动物疫病问题。据全国 36 种动物疫病调查，我国每年因疫病导致 1 160 万头猪、45.3 万头牛和 5.3 亿只禽发病。据此测算，我国每年仅动物发病死亡造成的直接损失近 400 亿元，加上饲料、药物、人工等方面的间接经济损失上千亿元。同时，动植物疫病还导致农产品的微生物污染和抗生素等药物残留量超标，成为食品安全问题的重要根源，直接威胁人民健康。

（四）促进我国动植物农产品高质量发展的技术需求与创新

1. 现有技术体系发展与完善

以现有技术体系为基础，通过科技创新，逐步建立适应并促进农业高质量发展的技术体系，并不断促进动植物农产品产业结构、产品结构、品质结构和布局结构的完善和优化。至 2035 年，建议重点发展以下几方面的技术。

（1）构建多元化的农作物新品种创制技术体系。高产是植物新品种培育永恒的主题，是保障粮食安全的重要基础。强化杂种优势评估与利用，培育耐密植、高光效、产量要素协调提高的新品种仍将是今后育种的重要发展方向和目标。优质是新品种培育的重要目标，是提高生产效益的重要基础和保障。在保证一定产量的基础上，重点改良农产品的外观品质、营养品质、加工品质等，提高农产品的商品属性，培育符合现代加工需求的作物新品种，强化农产品的经济价值属性。功能专用、广适多抗、资源高效、适宜轻简化栽培是未来新品种选育的重要目标和特征。

（2）完善作物全程机械化技术体系。近年来，我国农作物机械化生产技术的研究和集成示范取得了显著进展。建立了品种、农机、农艺配套的全程机械化绿色节本增效生产模式，降低了生产成本，提高了种植经济效益。2016年中国农科院油料所在湖北黄梅组织了"油菜绿色增产增效集成技术"示范现场会，通过利用高产适应机械化油菜品种、旱地轻简高效种植技术、新型植物生长调节剂使用技术、新型农药使用技术、无人机田间管理技术、油菜新型化学干燥技术、联合收获技术等，在原有基础上成功实现了提早油菜收获、提高收获效率、提高油菜质量，由此完全可以实现油菜的规模化收获、节本增效、促进粮食生产的目的。相关报告得到了国务院领导同志的批示。

（3）发展现代动物种业。以我国动物品种优势资源挖掘和国外高性能品种引进为基础，培育更多具有中国特色、强大市场竞争力的畜禽新品种。建立健全健康高效、布局合理、层次分明、监管有效的良种繁育体系，提高畜禽品种资源保护能力、科技创新育种能力和良种生产及推广能力，进一步加强和完善良种繁育基础设施建设，构建与现代畜牧业生产相适应的育、繁、推一体化生产供应体系；建立和完善种用动物性能测定体系，健全种公猪站、种公牛站和人工授精体系等；加强地方品种的保护、选育与利用。遵循"养殖业需求导向，加强基础研究，提升原始创新能力，开展全产业链技术与机制创新，引领现代动物种业"的指导思想，按照种质资源挖掘、育种与繁殖技术、品种培育等种业产业链条，进行全产业链科技创新。

（4）优化适度规模养殖模式。我国畜牧业发展的主要方向是逐步降低散养户比例、引导向适度规模饲养发展。要坚持服务小农户，加快建设标准化、集约化和产业化的现代畜牧业；在专业养殖户和大型养殖场建立标准化生产体系，重点对专业户推行标准化生产规程；积极吸引现代化大企业进入到养殖业，与农户建立稳固的利益联结机制，提升对农户的带动能力；建立与农户散养相适应的服务体系，为散养户提供及时、优质的全方位服务。此外，应加快实施优势畜产品区域布局发展规划。针对不同区域的比较优势，加强优势产业带建设；加强优势区畜牧业标准化生产基地和优势畜产品出口基地建设；积极推进畜牧业循环经济发展。

2. 未来前沿性技术的分析预测

通过整合利用生物技术、信息技术、制造技术、经济技术等手段，实现动植物农产品生产的颠覆性发展，并以此促进农业高质量发展、实现乡村振兴。

(1) 精准高效分子设计育种技术。育种程序化，智能组配，提高选育效率，减少实践选育工作量。功能基因发掘规模化，通过重测序，把优质性状与基因和标记关联起来；分子标记选择实用化，SNP 标记具有高通量，自动化优势，确保优质基因选择的准确和快速；品种设计工程化，分子设计育种把各种新技术集成在一起；形成自动化、程式化模式，核心高品质亲本系的前期培育都在室内以流水线进行；稳定规模化，由"百里挑一"提高到"万里挑一"；决策数据化，建立高质量基因型、表现型数据库，环境数据库和大数据分析，对高质量材料进行精确定向改良。

(2) 作物品种多功能利用技术。大力推广油菜等油料作物多功能优势，扩展油菜花旅游、菜用、饲用、肥用等促进乡村经济综合发展的优势，促进乡村振兴。研究油料油脂品质和加工特性，开发油料调质增香技术和装备、低残油低温压榨技术和装备、油脂清洁炼制技术，水酶法制油新工艺及全程品质控制技术，培育产地化加工小型企业，技术改造开发安全健康浓香型菜籽油、花生油等产品，就地转化加工，促进一二三产业融合。

(3) 智能化作物杂交制种技术。充分挖掘具有自主知识产权的新型不育系高质量聚合潜力，通过组合配置，筛选出高优势高品质组合。利用智能识别与授粉技术，颠覆杂交育种和制种过程中，大量投入人力的局面，逐步实现无人化和智能化杂交过程。

(4) 动物生物育种技术。我国动物分子育种技术已进入应用阶段。分子标记辅助选择在小型褐壳蛋鸡新品种、中国瘦肉猪新品系 DⅣ系等畜禽新品种（系）中发挥重要作用。与发达国家相比，我国在多基因聚合、全基因组选择技术和干细胞技术等前沿技术上差距较大，急需发展规模化基因挖掘技术；分子育种技术体系还有待完善，育成品种比较少，全基因组选择技术有待重点发展；安全高效转基因技术需要更加重视。

(5) 生物兽药技术。近年来国际上创新药物的研究发展迅速，一方面表现为生命科学前沿技术与药物研究紧密结合，基于生物组学的新靶标发现和药物分子设计技术逐步成熟，为新一代兽药研发开创突破口；另一方面表现为新兴学科及现代生物工程技术越来越多地渗透到新药的创新发现和前期研究中。这些，促使了动物用干扰素等生物兽药的兴起，也为开发新型安全、低毒、无残留的抗微生物绿色化学兽药开辟了新的高通量途径。而对传统疫苗进行改进、研制基因工程新型疫苗已成为紧迫的重大现实需求。

（6）生物反应器技术。国际上应用前景突出的新型生物表达系统包括动物乳腺生物反应器、动物血液生物反应器等。随着动物干细胞技术的兴起，其与体细胞技术和转基因技术结合，已经成为制备新型生物表达系统的新途径。实现重组蛋白高水平稳定表达是动植物生物反应器的关键技术环节，目前我国重组蛋白表达水平处于国际先进水平。而发展高效低成本的重组蛋白纯化技术，是动植物生物反应器实现产业化的关键；我国与国际先进水平还存在不小差距，是制约我国动物生物反应器生产蛋白类药物的主要瓶颈之一。

（7）基因编辑技术。基因编辑技术是最近十几年发展起来的一种新兴生物技术，已经迅速实现了在动植物育种领域的应用，带动了生物育种产业发展的新方向，孕育了巨大的社会经济价值。作为一种颠覆性的创新技术，基因编辑技术将从根本上改变传统育种模式，进而对全球种业产生革命性影响。目前基因组编辑技术主要是产生内源基因功能缺失的突变体，对植物内源基因进行更为精确地修饰，如基因定点替换以及基因的定点插入等，仍然具有极大的挑战性，还没有建立可以实现高效的基因替换和基因定点整合等精准编辑技术体系，这严重限制了基因组编辑技术在植物基因组学研究和农作物分子设计育种中的应用。因此，对现有基因编辑工具技术体系进行进一步的改造，开发新的基因编辑系统，特别是要研究并利用同源重组机理，建立高效基因替换和基因定点整合等精准编辑技术体系，大规模发掘可以编辑的基因，以实现在基因组上任意位点的精准修饰，从而推动调控作物有利性状基因的精准编辑。

（8）全基因组选择技术。全基因组选择已成为动植物育种领域的一种革命性新技术。目前，全基因组选择的理论和技术研究已有诸多突破，在跨国公司玉米和奶牛品种培育中得到重点应用；我国奶牛全基因组选择达到国际先进水平，但动植物全基因组选择总体上处于跟跑阶段，亟需原始创新和推广应用。同时，为强化我国动植物品种自主创新能力，抢占生物种业国际竞争战略高地，构建独立自主的全基因组选择技术体系十分紧迫。因此，结合联合组学信息和环境参数等多维度大数据，基于人工智能和大数据技术，建立预测模型，进一步提高预测精度；构建相应的信息管理系统，建立一整套育种服务决策体系，开发专用基因组选择芯片，实现品种的智能化精准创制，使全基因组选择成为动植物育种的主流技术。

（9）合成生物学技术。目前世界各国积极开展农业合成生物学技术原理与创新产品研究，将合成生物学未来市场的发展及其对全球经济带来的影响提升到了战略高度。合成生物育种技术进入了快速发展阶段，从单一基因元器件的设计，迅速拓展到对多种复杂性状的元器件和模块进行整合。未来通过深度挖掘高效功能元器件，重构代谢网络，优化元器件与底盘的适配性，并对代谢网络流量进行精细调控，从而构建基于人工基因线路的定制化品种来实现高产优质、营养健康、资源节约、环境响应的大规模生产及应用，推动育种模式向新一代定向合成生物育种转变，更加精准地调控复杂农艺性状，开创按照需求设计和创制智能生物品种的新时代。

（五）政策保障措施与建议

1. 突出公益，完善财政投入，稳定增长机制

要充分认识到现代农业发展的长期性、基础性和公益性，避免过分市场化倾向，明确科研院所和高等院校是从事基础性公益性研究和创新活动的主体。建立和完善以政府为主体、社会力量广泛参与的多元化科研投入机制。合理配置科技资源，加大对公益性农业高新技术的研发投入，不断拓展研发范围和研发深度。

2. 大力鼓励并保护农业原始科技创新

打破当前农业知识产权保护技术体系，大幅提升知识产权保护标准，加大对农业新基因、新种质、新品种保护力度，建立实质性派生品种审查标准体系，鼓励原始创新。

3. 建立完善农业产业发展政策支持保护体系

大幅提高作物种植补贴标准。实行主要农产品功能区保护价政策，适度加大功能区内种养植规模，强化农业产业发展的金融、保险政策支持。支持龙头企业收购加工。

4. 培植民族品牌，引导健康消费

重点打造一批中国知名品牌和驰名商标。对大型农产品加工企业实行浮动补贴制度，加大力度扶植国产优质品牌，培育有社会责任心、在全球具备影响力和竞争力的大型民族企业。

5. 推进"一带一路"，协调国际知识产权保护绿色通道

共建"一带一路"是构建人类命运共同体的中国方案。棉花是推进"农业走出去"优势作物，中国农业科学院棉花研究所广泛联合全国棉花科研教学单位，积极响应"农业走出去"，推进"一带一路"建设。"一带一路"建设实施以来，农业科技创新是农业走出去的重要推动力，成为农业走出去能否成功的重要因素。但具有自主知识产权的科技创新成果，当前尚缺乏在沿线国家申请国际知识产权保护的绿色通道。

三、农产品优质优价市场机制建立与制度创新研究

农产品优质优价问题历来是政府关注的重点。过去经验表明，实现农产品优质优价对于乡村振兴、生活改善、市场功能意义重大。第一，实现农产品优质优价是助推乡村振兴的有效举措。实施乡村振兴战略，是党的十九大提出的重大任务，是新时代做好"三农"工作的新旗帜和总抓手。乡村振兴，产业兴旺是重点；而农村产业兴旺的一个重要前提，就是农产品既要产得出、产得优，也要卖得出、卖得好。只有实现农产品优质优价，确保销路，不同农业经营主体才有条件、有能力不断改进生产方式，农村产业才能持续健康发展。第二，实现农产品优质优价是满足人民美好生活需要的重要抓手。随着经济社会的不断发展，人民对于绿色优质农产品的需求越来越大，但市场上优质农产品的供给还难以满足人们的需要，从有机农产品、绿色食品、进口农产品的热销可见一斑。只有实现农产品优质优价，才能充分激发农民、农业生产经营主体的积极性，产出更多品种、更加优质的农产品。第三，实现农产品优质优价是发挥市场在资源配置中的决定性作用、实现高质量发展的根本路径。经济体制改革是全面深化改革的重点，经济体制改革的核心问题仍是处理好政府和市场的关系。现阶段亟需充分发挥价格机制作用，全面提升发展质量。只有实现农产品优质优价，市场充分竞争，产品优胜劣汰，才能推动高质量发展，建设现代化经济体系。

尽管"优质优价"的理念早在20世纪80年代就已出现，但明确提出"优质优价"概念和政策却要到20世纪90年代；进入21世纪，在推行优质优价政策过程中，人们对"优质优价"机制有了更加清晰的认识，并逐步与供给侧结构性改革挂钩，从而对农产品"优质优价"有了更加全面的认识，并意识到"优质优价"是国家质量兴农战略的重要内容。2019年2月，国家正式实施《国家质量兴农战略规划》。在实施质量兴农战略背景下，如何通过完善市场机制和制度创新，从而为实现2022年质量兴农发展目标提供强有力的抓手，显得迫切而重要。为此，本报告将从市场机制和制度创新两个角度，在回顾我国主要农产品优质优价政策和研究基础上，梳理农产品优质优价理论及其形成内在机理；在剖析农产品市场运行现状基

础上,深入分析农产品市场价格的影响因素;结合国内外经验,提出加快完善农产品优质优价市场体制和机制的政策建议。

(一)农产品优质优价政策及研究回顾

对我国农产品"优质优价"的深层次探索必然建立在回顾系列政策基础之上,因为"改革开放"的逻辑思维和政策推进一直贯穿于农产品市场发展整个进程。无论是学者型政府官员,还是学者科研工作者,都尝试分别从"优质""优价"和"优质优价"等视角,对国内农产品市场的问题、挑战和改革思路等进行了深入研究和探索。因此,政策与研究的互融互促构成了对农产品"优质有价"认识过程的主旋律。

1. 政策和研究的发展历程

(1) 1985—1996年:解决农产品积压的有效途径。20世纪80年度中期,1985年中央对大宗农产品市场进行了改革,取消了实施多年的统购统销制度,由原来的统购制度改为合同订购制度。但合同订购价明显降低,一定程度上打击了农民生产积极性,也出现了农产品积压问题。为此,一些研究开始探讨如何激励更多农民通过更新品种找到合适的国内销路和国际出口,从而有效解决主要农产品结构性积压问题重要手段(周贻昶[1],1985;司洪文[2],1985)。为此,《国务院关于发展高产优质高效农业的决定》曾对八十年代中期以来的农村改革进行了总结:"实践证明,把农产品放开,推向市场,是实现优质优价、加快发展高产优质高效农业的基本动力"。

(2) 1997—2004年:农业结构调整的重要抓手。1997年后,面对宏观经济形式的不景气和大宗农产品连年丰收造成供大于求,最终导致农产品价格持续走低,这直接导致了2004年中央一系列农业支持政策的出台。期间,中央提出了调整农业生产结构的政策导向(《关于当前调整农业生产结构的若干意见》),并明确要求落实农产品优质优价政策(《关于进一步落实农产品优质优价政策的通知》。针对如何调整农业产业结构、如何落实农产品优质优价政策,学术界展开了讨论(吴立平[3],

---

[1] 周贻昶. 优价与优质——提高农产品质量的关键何在? [J]. 瞭望周刊,1985 (04):6.
[2] 司洪文. 提高农产品质量 扩大外贸市场 [J]. 农业技术经济,1985 (10):21-22.
[3] 吴立平. 落实农产品优质优价政策的几点建议 [J]. 价格理论与实践,1999 (11):20-21.

1999；丁声俊、傅延福[①]，2000；孙文博[②]，2000；刘导波[③]，2000）。此后粮食流通体制改革和区域布局规划都一脉相承，继续强化了优质优价政策思路（《国务院关于进一步深化粮食流通体制改革的意见》《国务院关于进一步深化粮食流通体制改革的意见》，农业部《优势农产品区域布局规划（2003—2007年）》）。

（3）2005—2013年. 客观认识优质优价机制。尽管理论上和行动上都认为农产品优质必然优价，通过一系列政策，必然能够培育出健康发育的农产品市场。然而，理想很丰满，现实却骨感，农产品优质优价政策实施起来却是举步维艰。为此，学术界用信息不对成所导致的"柠檬市场"来解释农产品优质不优价的现实（郑晶[④]，2005；王伟新[⑤]，2015）。然而通过完善供应链产业链管理（修文彦[⑥]，2010；陈艳红[⑦]，2014）、加强企业内部质量控制（方伟等[⑧]，2013）、优化原料投资模式（陈梅、茅宁[⑨]，2015）来完善优质优价机制。与此同时，有些从产品视角对优质优价市场参与主体的职责进行了讨论（吴浩宁[⑩]，2016）。总体看，该阶段是前一个阶段的反思和总结，有益于对优质优价机制形成更加全面的认识。

（4）2014—至今：供给侧结构性改革的再认识。2014年，中央"一号文件"开始试点目标价格试点；2015年，中央提出了供给侧结构性改革的思路；2019年发布实施了《国家质量兴农战略规划（2018-2022年）》。为此，如何认识优质优价机制的作用，如何改革推进优质农产品形成机制，就成为新时期农产品优质优价的讨论重点。为此，有的学者从农业发展动能（李国祥[⑪]，2017）、助力乡村振兴

---

① 丁声俊，傅延福. 对粮食优质优价政策的思考［J］. 商业经济与管理，2000（01）：5-8.
② 孙文博. 全面落实优质优价政策 积极优化农产品品质［J］. 中国物价，2001（06）：3-7.
③ 刘导波. 实施优质优价 调整农业结构［J］. 湖南财经高等专科学校学报，2000（02）：10-12.
④ 郑晶. 农产品优质优价问题的经济学思考［J］. 华南农业大学学报（社会科学版），2005（01）：6-10.
⑤ 王伟新. 小农经营、交易关系与农产品价格形成研究［D］. 华中农业大学，2015.
⑥ 修文彦. 我国猪肉质量安全问题研究［D］. 中国农业科学院，2010.
⑦ 陈艳红. 黑龙江省稻米优质优价产业链整合研究［D］. 东北农业大学，2014.
⑧ 方伟，梁俊芬，林伟君，万忠. 食品企业质量控制动机及"优质优价"实现状态分析——基于300家国家级农业龙头企业调研［J］. 农业技术经济，2013（02）：112-120.
⑨ 陈梅，茅宁. 不确定性、质量安全与食用农产品战略性原料投资治理模式选择——基于中国乳制品企业的调查研究［J］. 管理世界，2015（06）：125-140.
⑩ 吴浩宁. 黑龙江省稻米优质优价实现路径研究［D］. 东北农业大学，2016.
⑪ 李国祥. 论中国农业发展动能转换［J］. 中国农村经济，2017（07）：2-14.

（郑丽[①]，2018）、撬动农业供给侧结构性改革（韩伟、刘学文[②]，2018）的角度论述了优质优价市场机制建立的重大意义，有的探讨了发挥政府职能（黄季焜[③]，2018）、用好技术和优化环节（郑丽，2018）、完善产品标志和品牌声誉（周适等[④]，2018；付文彪等[⑤]，2019）对于完善优质优价市场机制的积极作用。

期间，地理标志、电子商务和区块链等技术的应用和推广，在一定程度上增强了信息透明度，而冷链技术和现代物流和进一步缩小了市场买卖双方的空间距离，使得优质农产品面对全国市场更有可能实现优价的可能。

2. 发展历程简要评述

总体看，对我国优质优价农产品的学术研究和政策演变进行梳理，放在"农业重大改革"逻辑思维和推进框架下显得格外清晰。1985—1996年，研究和政策聚焦寻找解决农产品积压的有效途径；1997—2004年，研究和政策重点在于农业产业结构调整和落实农产品优质优价政策；2005—2013年，研究着力于寻找农产品优质不优价的原因，并从不同角度来完善优质优价机制；2014年以来，顺应时代发展和政策导向，学者更加关注优质优价市场机制建立的意义和完善优质优价市场机制的方法。梳理农产品市场改革的脉络，可以发现，一旦农业发展进入一个新的瓶颈，对农产品优质优价认识的深度也会迈上一个新的台阶。与此同时，新技术的运用也会在一定程度上加快优质农产品优价目标的实现。

当前中国经济正处在高速增长转向高质量发展阶段，经济结构、产业结构和发展动能面临巨大转型。在实施质量兴农战略背景下，市场机制的完善和体制机制的创新，对于实现2022年质量兴农发展目标显得尤为迫切。从已有文献来看，学者在相关领域的研究相对不足，尤其是对农产品优质优价形成的内在机理方面研究尤为不足。同时，已有文献对于农产品优质优价市场体制和机制的研究还不够深入，仍需要继续研究。优质优价农产品市场机制的理论基础研究

---

① 郑丽. 实现农产品优质优价 [J]. 浙江经济，2018（08）：50-51.
② 韩伟，刘学文. 中国农产品价格形成机制的当前实践与法治完善——以农业供给侧结构性改革为导向 [J]. 中国海洋大学学报（社会科学版），2018（05）：110-117.
③ 黄季焜. 农业供给侧结构性改革的关键问题：政府职能和市场作用 [J]. 中国农村经济，2018（02）：2-14.
④ 周适，刘泉红，付文彪. 实现优质优价的问题、根源和对策研究 [J]. 价格理论与实践，2018（09）：14-19+73.
⑤ 付文彪，周适，刘泉红. 实现优质优价的国际经验及启示 [J]. 当代经济管理，2019，41（03）：25-31.

从 1985 年学术界最早提出农产品"优质优价"的概念，到 1992 年国家肯定了发展优质农业的方向，再到 1999 年国家落实农产品优质优价政策，最后从供给侧结构性改革和乡村振兴的视角对农产品优质优价市场机制的再认识，应该说，优质优价理论既有内核的一脉相承，又有内涵的拓展深化。

（二）优质优价农产品市场机制的理论基础研究

1. 优质优价的内涵

"优质"是指某产品或服务相对其他同类产品或服务具有更高的质量。优质可以通过两个方面得到体现：一是体现在价值方面，优质产品或服务比同类普通产品的生产或获取需要更多的时间投入、更多或更高强度的劳动投入、更多的物质和材料投入、更高的科技含量，具有更高的价值；二是体现在使用价值方面，优质产品或服务能够比同类普通产品更好地满足消费者的需要，具有更高的使用价值。

"优价"是指某产品或服务与其他同类产品或服务因为质量的差别而出现合理的价差。这部分价差是一般由市场形成，既能补偿生产者对优质产品或服务更高的成本和投入，又能体现消费者对产品或服务的价值和使用价值的判断。同时，在一定程度上调节和反映供求关系。

"优质优价"是指某种产品或服务相对其他同类产品或服务具有更高的质量和价格，且高出的差价处于合理范围。也就是说，优质优价是价格与质量的合理匹配，农产品的"优质"是农产品实现"优价"的基础，只有在生产农产品的过程中消耗更多的成本，以更高的标准要求，进而使产品达到相对更高的品质才有可能实现"优价"，而"优价"是市场中消费者为了获取品质更高产品而付出相对普通产品的高价格，并且"优价"也是生产者生产优质产品的动力。

值得注意的是，优质优价有自己的一定内涵。第一，优质优价不同于质优价廉，后者是指随着生产率的提高，生产同样的、甚至更高使用价值的产品所花费的社会必要劳动时间减少，成本降低其价格也会相应地降低。第二，优质优价的标准也是动态变化的：随着技术进步，单位投入的产品功能或服务效果或不断提升，从而先前的具有优质优价的产品或服务会被新的产品或服务所替代，从而优质优价的含金量会不断提升。第三，农产品优质优价不仅只表现在终端销售环节的优质优价，而且也表现在产业链各环节优质优价，包括农产品的生产、加工、流通、销售等多个环节，而且只有每个环节都实现优质优价，产业链条运行才能稳固。

2. 相关概念辨析

（1）质量兴农。走中国特色社会主义乡村振兴道路，必须深化农业供给侧结构性改革，走质量兴农之路。走质量兴农之路，一言以蔽之，就是农业生产不能再单纯地瞄准产量，而是应着眼于调结构、降成本、补短板和增效益，实现农业供需的有效对接。为此，《国家质量兴农战略规划（2018—2022年）》确定了七项重点任务，其中一项就是要提高农产品质量安全水平。

（2）农产品质量安全。农产品质量安全的概念在《中华人民共和国农产品质量安全法》中有明确规定。农产品，是指来源于农业的初级产品，即在农业活动中获得的植物、动物、微生物及其产品。农产品质量安全，是指农产品质量符合保障人的健康、安全的要求。

（3）优质农产品。优质农产品是指某农产品相对其他同类农产品具有更高的质量。随着经济社会的不断发展，城乡居民对于营养丰富、绿色安全、形味俱佳的优质农产品的需求越来越大。质量安全是优质农产品的基本要求。

综上，农产品质量安全和优质农产品是质量兴农的两个重要方面，是质量兴农的重要任务。

3. 优质优价的作用机理

农产品市场一般可以由供应者、消费者和政府简化组成（图1）。市场中，初级农产品生产者、农产品加工商、储运物流企业、经营商是农产品的主要供应者。对于这些主体，其可以选择基本生产、加工、储运、销售条件来参与农产品的生产、加工、储运和销售环节，也可以选择增加更多投入参与优质农产品的供应。对于一个良好的农产品市场，政府在其中的作用不可忽视。一方面，政府会对不同主体参与农产品供应的不同环节设定基本的条件，从而保证农产品质量达到国家标准准予销售。另一方面，政府也会对优质农产品提供不同的条件和标准，从而有助于市场消费者更加容易识别和区分优质农产品，从而尽可能地减少因为信息不对称导致优质不优价或优价不优质问题的出现。

根据经济学理论，只要消费者能区分农产品质量的不同，价格机制就能够自动调节供需，使高质量农产品能够维持相对较高的价格，低质量农产品只能获得与其质量相匹配的低价格，最终实现农产品的优质优价。其作用机理如下：农产品供应主体（生产者、加工商、经销商和物流企业）采用提高售价策略都会增加机会成本，高价格会引起需求量下降，最终使农产品供应主体损失部分市场份额和收入。对于高质量产品，其会给消费者带来额外效用，消费者会选择再次选择消费，周围获得该质量信息的人也会加入购买群体，从而增加高质量农产品的购买量，使初期的需求量和收入劣势不断得到补偿，再到获得额外超额收益，最后再被新的优质优价产品所逐步替代。对于低质量、高售价的产品，消费者没有得到高效用，因此消费者将选择不再消费。农产品供应主体采用高售价引起的需求量下降和收入减少将不能通过连续交易来弥补，理性的农产品供给主体就会选择与低质量匹配的低价格。只要交易具有重复的性质，即使是使用后才能判断质量的经验性商品，也能通过价格机制实现优质优价。

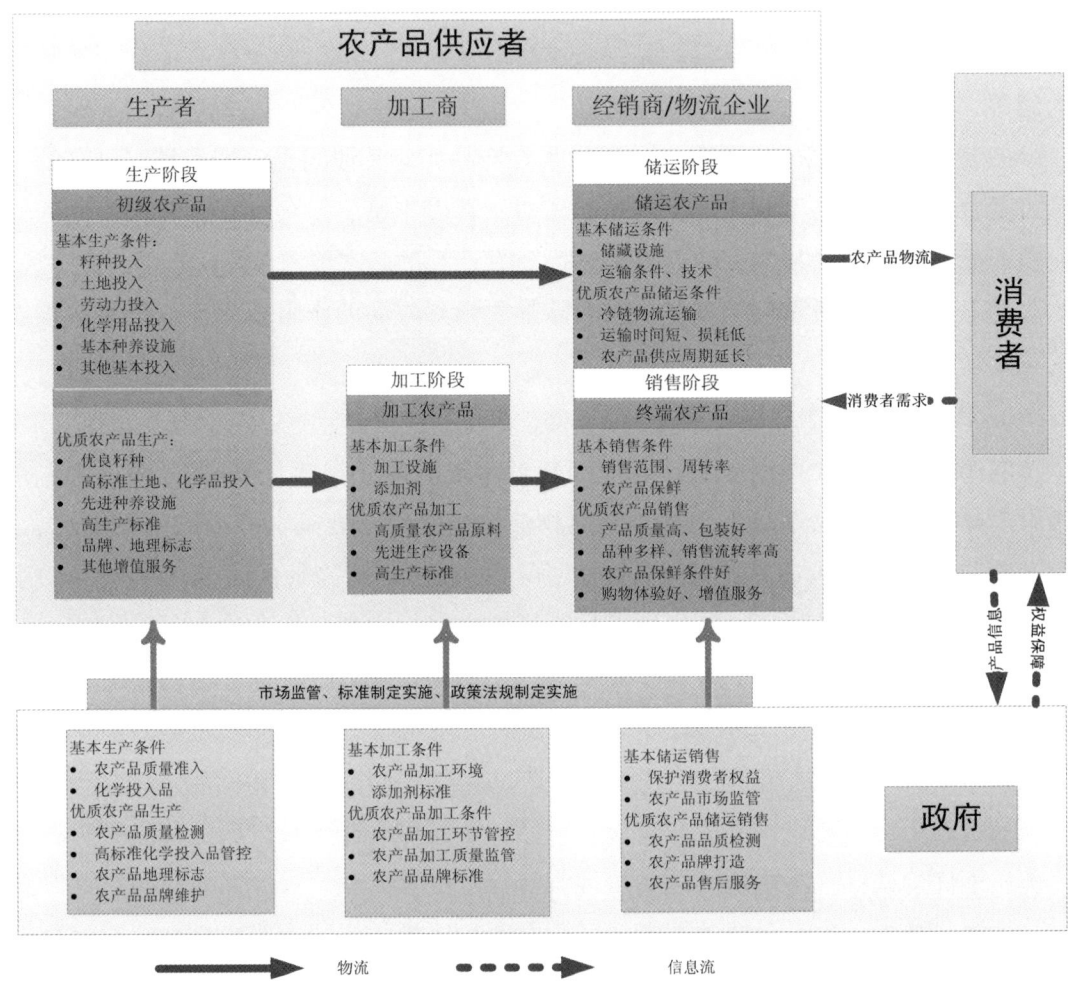

图1 农产品优质优价作用机理

（三）我国主要农产品优质优价市场运行现状

1. 农产品生产供给总体充足，但同时存在结构性过剩与短缺，供给侧结构调整为农产品实现优质优价提供有力保障

当前，我国农产品生产供给结构性短缺渐成新常态，其主因源于农产品生产存在结构性矛盾以及不同农产品的需求量各异。在有限的资源环境约束下，我国农业生产经营方式若无根本性变革，预计短缺农产品的范围和程度将逐渐扩大，除大豆、棉花和食用油外，玉米、糖、奶制品和牛羊肉等都将成为短缺农产品，并对国际市场形成高度依赖。此外，我国农产品供应存在的"六多六少"问题也是结构性短缺的重要表现。即：初级农产品和粗加工农产品多，精深加工农产品少；一般性农产品多，特色、功能性农产品少；低端农产品多，中高端农产品少；无牌、杂牌农产品多，名牌农产品少；单一农产品多，系列农产品少；非标准化农产品多，标准化农产品少。

尽管如此，近年我国坚持以改革创新为动力，以供给侧结构性改革为主线，以高质量发展为目标，加快实现"优产、优购、优储、优加、优销"的"五优联动"，主要农产品供给在结构调整中不断优化。2018年，我国粮食总产量为65 789万吨，虽同比下降0.6%，但仍处于高水平，且连续四年稳定在6.5亿吨以上。大豆播种面积为840万公顷，同比增长1.9%，产量为1537万吨。油菜、花生等油料作物种植面积有减、有增，但产量均有不同程度的增加。蔬菜种植面积约为2 260万公顷，同比增长0.3%；总产量为83 336万吨，同比上涨2.2%，供给总体充足。猪牛羊禽肉产量为8 517万吨，同比下降0.3%，其中，猪肉产量5 404万吨，下降0.9%；牛肉产量644万吨，增长1.5%；羊肉产量475万吨，增长0.8%；禽肉产量1 994万吨，增长0.6%。禽蛋产量3 128万吨，增长1.0%。牛奶产量3 075万吨，增长1.2%[①]。

2. 农产品消费量低位增长，消费需求结构转型升级加快，为实现农产品优质优价营造有利外部需求环境

我国农产品消费总量与结构变动主要受经济增速、人口总量与结构变化、城乡居民收入增长、农产品加工业发展以及产业政策调整等因素影响。伴随国民经济的快速增长和社会事业的全面进步，我国开始进入从中等收入国家向中高收入国家迈进、从匮乏型社会向富裕型社会过渡、从传统农业向现代农业转型的关键阶段，消费者的健康意识、安全意识、环保意识、体验意识以及时尚意识不断增强，总体上对农产品的消费需求呈现"七化"特征。

一是特产化。由于来自不同产地的同种农产品，其品质、口感可能会大相径庭，使得消费者对农产品的生产区域性（地理标识）要求变得越来越苛刻，出现明

---

① 数据来源：《2018年国民经济和社会发展统计公报》。

显的地域偏好。"橘生淮南则为橘，生于淮北则为枳"即为此意。二是精致化。精致化是特产化的延伸，美观的外形、精美的包装已成为消费者购买农产品时越来越看重的因素。三是功能化。消费者开始注重通过食用具有特定功能的农产品来达到补充营养、提高免疫力、延缓衰老、强壮骨骼、抑制癌症、保护皮肤等效果。四是多样化。主要体现在不同层次和类型的消费者对不同品种、品牌、规格、等级的农产品的选择各异。五是便捷化。便捷化包含食用农产品的缩量化，即少量一点就能补充充足的营养素。那些既能带来方便体验，又可通过加工技术保持功能物质活性、效力的农产品正逐渐受到消费者的青睐。六是体验化。农产品消费体验主要包括惬意性体验（食用简单、易食）、服务性体验和功用性体验三种，强调消费者的参与性（如采摘），以调动"五觉"（视觉、听觉、味觉、嗅觉、触觉），引起情感共鸣，进而拉近农产品与消费者的距离。七是个性化。即消费者提出需求，种养户按照要求或高标准进行生产。实现农产品个性化消费相当于农产品系列化的无限细分，细分至每个人甚至每个人的不同时间或状态，旨在避免消费大同。

虽然我国农产品消费结构转型升级加快，但近年农产品消费量呈低位增长态势。据《中国农业展望报告（2018—2027）》数据，2018年，我国稻米、小麦、玉米消费量同比分别增加0.2%、0.9%和2.3%；食用油消费量同比增加2.2%；蔬菜消费量同比增加3.7%；猪肉、牛肉及羊肉消费量同比分别增加0.9%、2.6%和2%，其中，猪肉消费的安全性、多样化和便捷性等越来越受重视，牛肉消费以饭店、快餐为主，人均消费量仍较低。

3. 农产品市场运行总体平稳，新技术新主体、新业态新模式不断涌现，为实现农产品优质优价打通信息传递路径

我国是农产品生产和消费大国，大致经历了"追求数量增长""强调数量与质量并重"以及"在保证数量的基础上突出质量、安全和效益"三个阶段。当前，我国以集贸市场、批发市场、超市、社区菜店、电商、直销店等为主导的兼具统一开放、布局合理、竞争有序特征的现代农产品市场体系已初步建立并且发展迅速。众所周知，影响农产品市场运行的因素很多，主要包括供需基本面、调控政策、进出口贸易以及宏观经济等多个方面。近年，由于农业供给侧结构性改革、粮食价格形成机制和重要农产品收储制度改革取得新进展、新成效，我国农产品市场运行总体平稳。

以农产品价格总水平为例，2018年全年变化呈"V"形走势，与居民消费价格指数（CPI）波动基本一致。据农业农村部监测，2018年我国"农产品批发价格

200 指数"最高值为 2 月的 115.1，最低值为 7 月的 97.2，全年均值为 104.4（以 2015 年为 100），比上年高 4.2 个点，价格水平在 2017 年下跌后温和恢复。分主要农产品品种来看，稻谷、小麦最低收购价不同程度下调，产量小幅降低，市场化购销活跃；玉米临储粮消化进度较快，超出预期，但库存依然充足，市场价格涨中趋稳；油料、棉花、食糖等进口可能有所增加，部分品种下行压力加大；大豆及豆油、豆粕在中美经贸摩擦背景下，市场供给仍较为充足，价格波澜不惊，未出现大涨；牛羊肉等畜产品价格有望稳中有升；猪肉市场受非洲猪瘟影响有限，价格总体水平仍低于上年，但波动不大、区域间有所分化；蔬菜春、秋两季出现部分地区、个别品种价格大跌及滞销现象，但总体仍符合季节性波动规律。

物联网技术在农业产业链的应用正在改变中国农业产业面貌，也使得优质农产品更易于卖出好价钱。据经济参考报报道，江西丰城市秀市镇雷坊村的雷应国是全国水稻种植大户，种植规模达到 1.8 万亩，他种植的富硒大米包装上有二维码，用手机扫一扫，大米产地的气候状况、环境条件、土壤品质等信息一目了然。因为记录水稻播种、成长、抽穗、成熟、收割的每个环节，实现了从田间到餐桌的全过程监控，雷应国种植的生态富硒大米"身价"看涨，价格目前卖到 18.8 元一斤，比当地普通大米高出 5 倍，市场上仍供不应求。仅就江西省而言，物联网技术在大田种植、设施农业、畜禽水产养殖、农产品质量安全监管、农产品电子商务等领域得到广泛应用，目前有 160 多家农业企业或基地接入江西省农业物联网平台[①]。

电商助推农业品牌结构升级，开辟农产品优质优价新路径。随着国家对农村信息化建设的重视和流通配送业的快速发展，使农产品网络营销成为不可逆之势。作为一种新型销售方式，电商是促进本土农产品实现优质优价的最有效途径之一，可使消费者足不出户、舒适便捷地选择到自己心仪的农产品，充分发挥了本地产销企业流半径小、安全控制能力强的比较优势。从农产品电商销售的模式来看，主要有两种：一是以农业企业自身的网站、微博、微信等自媒体为平台，宣传农业企业的产品和文化，并通过不同方式与消费者互动；二是农业产销企业与第三方电商联姻，通过专业购物网站建立自己的网络旗舰店，利用专业的物流和仓储资源，节约运营成本。然而，无论何种电商模式，均对农产品的标准化生产、专业化管理、企业化运营提出了更加严格的要求。

---

① 沈洋、陈毓珊. 物联网技术改变农业生产面貌[N]. 经济参考报，2019-05-14.

（四）存在的问题及主要成因

除"优质优价"外，农产品市场交易存在"优价不优质""优质不优价"以及"不优质不优价"三类问题（图2）。

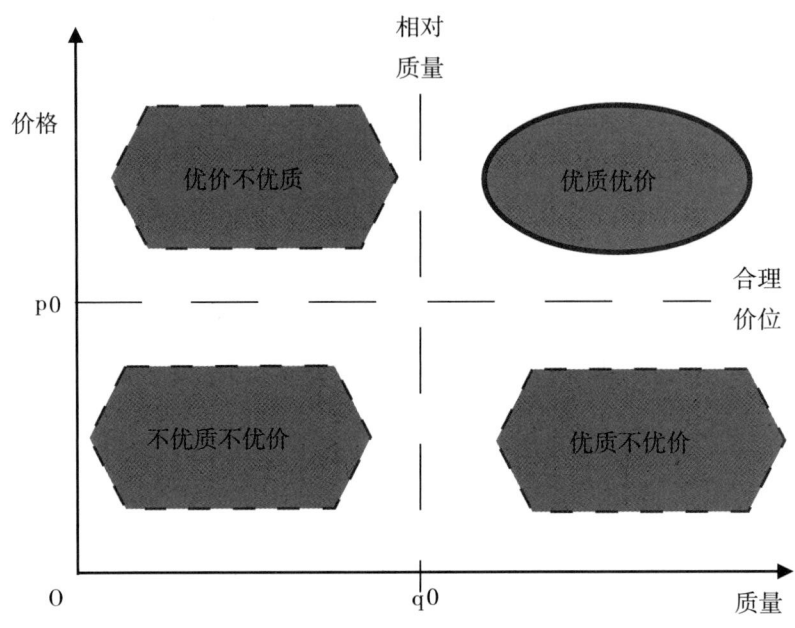

图2 农产品的质量与价格关系

1. 农产品优价不优质

农产品优价不优质是指某种农产品的价格接近或高于其他同类农产品，但质量却过分低于其他同类农产品。其不良后果是刺激生产者做出"道德风险"行为，引发消费者逆向选择，导致价格信号失灵，促使农产品市场陷入"柠檬困境"。

就此而言，其根本原因在于农产品供需方信息不对称。众所周知，农产品具有"感观前置，消费滞后"的特点，是典型的经验型商品①，而且易受自身生长规律和自然环境条件的影响。同一品种的农产品可能因产地或加工工艺的不同，而在营养、色泽、风味、质地、口感等质量特征上表现出极大的差异性。正是由于农产品的"经验型"特征或生物学特性，使得只有生产者知道农产品的真实质量，而消费者要么无法准确感知、评价其嫩度、口感、味道以及农药、激素、抗生素残留量等信息，要么辨别成本太高。因此，在农产品消费市场上，如果生产者与消费者之间

---

① 根据纳尔逊的研究，那些只有在人们使用后才能度量品质的商品，被称为经验型商品。

始终存在信息不对称，将会出现以下"劣币驱逐良币"现象："信息不对称→消费者作为信息劣势方不愿意支付相对高价→优质农产品不能优价→收益低、成本高→生产积极性减弱→优质农产品供给减少→市场价格持续下降→农产品质量更差，直至整个市场被普通农产品、甚至劣质品取代"。

2. 农产品优质不优价

农产品优质不优价包括两种情况：一是某种农产品的质量显著高于其他同类农产品，但价格却相差不大。二是某种农产品的质量显著高于其他同类农产品，但其价格也过多地高于其他同类农产品（高出部分不在合理区间内）。其不良后果是影响生产者的积极性，阻碍特色农产品品牌做大做强做优。

对此现象，究其成因主要有三点：一是农产品同质化严重，定位差异化不足，品牌经营不到位，产品创新力度滞后于消费需求升级，导致市场过度竞争。市场过度竞争又会促使农产品经营者行为短期化，为争夺当下市场份额竞相降价，不惜破坏优质优价的市场原则。二是消费者对优质农产品价格的承受能力较低。据测算，消费者的绿色农产品消费意愿不够强，有较明显的犹疑心理，意愿溢价不高，平均溢价在20%左右，远低于市场溢价（张海英、王厚俊[①]，2009）。换言之，消费者对优质农产品的有效需求不足。三是优质农产品上行通道不畅。尽管我国农村物流市场化程度持续提升，规模日益扩大，但由于农村居住相对分散，交通基础设施发展不均衡，加之优质农产品种类分散、产销地分散、易损耗腐烂，物流尤其是冷链物流成本高、效率低等原因，我国"优质农产品上行"之路至今依然艰难。

3. 农产品不优质不优价

农产品不优质不优价是指某种农产品的质量低于其他同类农产品，但价格却显著高于其他同类农产品，且高出部分不在合理区间内。究其原因，可能是生产经营成本增加、市场定位不准确、价格政策不合理以及监管不到位等。

综上，农产品三类非优质优价问题背后的共同根源是政府与市场关系的越位与缺位（周适等[②]，2018）。主要体现在两方面：

其一，政府对市场失灵的领域未能有效发挥补充作用。例如，监管不到位，未提供减少信息不对称的质量分级、认证和标志制度等。为此，必须采取积极有效的

---

① 张海英、王厚俊．绿色农产品的消费意愿溢价及其影响因素实证研究——以广州市消费者为例［J］．农业技术经济，2009（6）：62-69.
② 周适、刘泉红、付文飙．实现优质优价的问题、根源和对策研究［J］．2018（9）：14-73.

应对措施。一是严厉打击假冒伪劣、强买强卖、夸大宣传等损害优质农产品正常交易的行为,及时"曝光"生产、销售假冒优质农产品的经营主体。二是建立优质农产品从种植、加工、流通、仓储至销售等环节全程追溯平台,让消费者可随时查询农产品产地、真伪、投入品等情况,为实现优质优价提供诚信、透明、安全、高效的信息服务平台。

其二,政府行为干扰了市场机制的正常运行。例如,不合理的价格政策、监管不到位、行政性垄断等。政府行为(如种植补贴)对市场信号的干扰会严重影响了农民或农业企业的生产经营决策,而这在很大程度上将加剧市场波动,进而影响农产品价格的正常走势,更勿论实现优质优价。

(五) 农产品优质优价体制机制创新的对策建议

1. 主要结论

在当前乡村振兴和农业供给侧结构性改革的视角下,实现农产品优质优价对于乡村振兴、生活改善、市场功能意义重大,只有实现农产品优质优价,才能推动高质量发展,建设现代化经济体系。为此,本报告将农产品优质优价作为本文主要研究内容,探讨实现农产品优质优价的主要路径。首先,本报告梳理了我国主要农产品优质优价政策的历史脉络,并总结了农产品优质优价的内在机理;其次,剖析农产品市场运行现状、问题及其原因;再次,以主要大宗农产品为研究对象,根据大宗农产品特点研究政府宏观调控对大宗农产品的作用,并提出相应的政策建议;最后,总结国内外政策经验,提出加快完善农产品优质优价市场体制和机制的政策建议。本文的主要结论与政策建议如下:

农产品政策演变可分为4个阶段,分别为第一阶段(1985—1996年)研究和政策聚焦寻找解决农产品积压的有效途径;第二阶段(1997—2004年)研究和政策重点在于农业产业结构调整和落实农产品优质优价政策;第三阶段(2005—2013年)研究着力于寻找农产品优质不优价的原因,并从不同角度来完善优质优价机制;第四阶段(2014年以来),顺应时代发展和政策导向,学者更加关注优质优价市场机制建立的意义和完善优质优价市场机制的方法。总体而言,现在对于农产品"优质优价"的定义是指农产品相对其他同类产品具有更高的质量和价格,且高出的差价处于合理范围。可以看出,随着经济的发展,对农产品优质优价认识的深度便会迈上一个新的台阶,因此优质优价理论既有内核的一脉相承,又有内涵的拓展深化。

通过对相关概念辨析以及农产品价格形成理论的总结，本报告分析出了农产品优质优价的作用机理，农产品优质优价的作用机理在于政府一方面可以对不同主体参与农产品供应的不同环节设定基本的条件，从而保证农产品质量达到国家标准准予销售，另一方面，对优质农产品提供不同的条件和标准，从而有助于市场消费者更加容易识别和区分优质农产品。在消费者能够区分农产品质量的情况下，价格机制就能够自动调节供需，使高质量农产品能够维持相对较高的价格，低质量农产品只能获得与其质量相匹配的低价格，最终实现农产品的优质优价。

当前我国主要农产品运行现状表现为农产品生产供给总体充足，但同时存在结构性过剩与短缺；农产品消费量低位增长，消费需求结构转型升级加快；农产品市场运行总体平稳，新技术新主体、新业态新模式不断涌现。虽然农产品市场总体运行平稳，但是农产品市场交易存在"优价不优质""优质不优价"以及"不优质不优价"三类问题。三类非优质优价问题背后的共同根源是政府与市场关系的越位与缺位，主要体现在两方面：其一，政府对市场失灵的领域未能有效发挥补充作用，其二，政府行为干扰了市场机制的正常运行。

大宗农产品主要指粮食、棉花、油料、肉类、蛋奶、渔产品，以及果蔬等。除谷物外，全部农产品的经营都已实现了市场化，但是由于市场机制具有本身无法克服的自发性和盲目性，导致出现市场波动和价格失灵的消极现象，因此需对粮油等大宗农产品因地制宜，因势谋划，因品而定，选择宏观调控良措是建立健全大宗农产品市场体制和市场机制是必然的大逻辑。对此建议：第一，"适时"提高大宗农产品价格；第二，"适情"放开大宗农产品价格；第三，"适品"运用和调整价格机制。

欧美等国通过多措并举的方式对本国农产品进行有效的政策干预与指导，有效促进了本国农业有效生产。美国通过完善的立法、灵活运用政策实现科学调控；欧盟通过对农产品价格支持的不断改革，结合有效的边境调控，保障了农民收入，实现了供给安全；日本通过价格限制、价格补贴等制度对与人们生活密切相关的农产品进行调控；印度通过最低支持价政策为主的多项价格支持政策的协调配合，实现粮食安全和价格稳定。在对国外农产品优质优价经验的总结下，对此提出政策建议如下：第一，完善的农业立法；第二，灵活规范的目标价格支持政策；第三，多措并举调控农产品市场；第四，提高农产品品质；第五，国内价格调控要与进出口调控相结合。

2. 关于农产品优质优价体制机制创新的对策建议

建立农产品优质优价机制和创新制度，是攸关农业粮食高质量持续发展乃至健全完善农业粮食市场经济的重大步骤。当前，我国要站在新时代的高度，采取以下重大对策举措：树立"一项新理念"，为引领先导；兼用"两手"，为调控手段；推进"三转"，为重要关键；健全"四项机制"，为抓手主攻；推进"五优联动"，为基本途径；狠抓"六大创新"，为强大动力，加快实现民生全面小康化和农业农村全面现代化。

（1）树立"新理念"，即全面树立"创新、协调、绿色、开放、共享"等"五大新发展理念"。新发展理念是管总的、管方向的"统领"，引导和指导大宗农产品发展思路、发展方向、发展着力点。关于创新发展，就是把创新摆在大宗农产品生产经营全局的核心位置，增强新动力问题。关于协调发展，就是实现大宗农产品辩证发展、系统发展，解决其发展不平衡和单一发展偏好问题，打破路径依赖，实现整体发展。关于绿色发展，就是将绿色发展置于更加突出的位置，通过生态革命、解决人与自然和谐问题。关于开放发展，就是积极利用"两个市场、两种资源"，融入世界经济，特别是"一带一路"，解决大宗农产品如何提高对外开放的质量和发展的内外联动问题。关于共享发展，就是着力增进人民福祉，增强他们的获得感、幸福感，解决社会公平正义问题，实现人民对美好生活的向往。

（2）"两手"并用，即兼用"有形的手"和"无形的手"，以更有效强化和规范宏观调控。正确处理政府与市场的关系、即政府"有形的手"和市场"无形的手"的关系，是建设和创新农业粮食乃至整个现代市场经济的根本问题。"两手并用"是正确定位与充分发挥两者作用的最佳途径和选择。中国特色市场经济的独特之处就在于，改革从一开始就不是遵循西方经济学传统思路来处理政府与市场关系的，而是兼用政府与市场的力量，共同服务于实现经济现代化目标，逐步构建起二者之间优势互补、相互补充、相得益彰的关系。在充分发挥市场配置资源决定性作用的同时，还注重更好发挥政府的作用，主要包括：以法律和经济手段为主进行宏观调控，保障经济体制的平稳转型；推动市场体系、市场经济制度的建立和健全，保障其正常运行；创造公开、公平、公正的"三公"的竞争环境，规范市场秩序，防止市场扭曲。总之，必须"两手都强""两手并用"，才能建立科学化和市场化的优质农产品价格形成机制。

（3）实现"三转"，即导向转变、产业转型及发展方式转新。一是导向转变。适应绿色发展、质量兴农的需要，大宗农产品要由"重数量型"向"重质量型"

的导向转变。这是当前关系农业生产和农村经济发展全局的大转变。换言之，农业粮食生产经营在稳定提高数量的同时，要更加全面注重优化产品质量，把质量置于首位。现阶段要以大宗农产品"供给侧"结构性改革为主线，促进"需求侧"结构升级，使二者相互协调。二是产业转型。其含义就是农业粮食产业结构高级化，向更有利于经济、社会发展的方向发展。其途径主要包括技术升级、市场升级、管理升级，以及传统产业改造升级、促其实现现代化等。其中，关键是技术进步和升级，要在引进先进技术的基础上消化吸收，加以研究、改进和创新，建立属于自己的技术体系。三是方式转新。即把农业粮食产业由"拼资源"的"粗放型"发展、转新为节约资源的"集约型"发展方式，把"高投入、高消耗、高污染、低产出、低质量、低效益"转为"低投入、低消耗、低污染、高产出、高质量、高效益"。如是，通过"三转"，提高生产经营集约化水平，不断提高生产效率和经济效益，提高全要素生产率。

（4）健全"四大机制"，即政府宏观调控要创造充分发挥市场机制决定性作用的环境。即创造公开、公平和公正竞争环境。这里着重阐述"四大机制"：一是价格机制。它是市场机制中发挥核心作用的主导机制，需要把握其基本要素，即科学形成机制，规范约束机制和必要干预机制；二是供求机制。它是市场机制的主干，其作用表现为调节总量平衡、结构平衡、地区平衡和时间平衡等"四平衡"；三是竞争机制。它通过价格竞争或非价格竞争手段，调节市场运行，是促进农业粮食产销的动力、活力与生命力的重要手段；四是风险机制。由大宗农产品具有自然风险和市场风险大的特点所决定，建立风险防范机制极为重要，特别是要建立起完善的农业风险预警体系。其基本点包括：农产品信息采集分析会商发布制度，实行大宗农产品市场监测预警信息月度发布制度；建立农产品市场监测预警体系；构建农产品市场监测预警系统平台，确保监测预警系统稳定高效运行；建立农业风险应急处理体系，及时补救和尽量降低风险损失；给予财政资金支持等。

（5）探索"五优连动"新路径，即建立科学化、市场化的优质农产品、特别是优质粮食价格形成机制，实施"五优联动"的系统工程。所谓"五优联动"，是采取以"优品优产、优品优购、优品优储、优品优加、优品优销"等优质农产品的产业链有机结合和融合、连动发展的新路径。它把绿色发展、高质量发展的红线贯穿到农业粮食产业经济发展的各环节和全过程，成为稳健提升农产品供给质量、并提高其效率和效益的新路径。探索开拓粮食"五优联动"，是优化资源配置形式的创新，构成新的一体化产业体系。即把原来分散、孤立的产业链通过垂直或横向的形式建立健全完整的产业体系，使粮食"产购储加销"等产业链有机有序衔接、形成完整的产业体系，促使各类主体活力强化，产能结构优化，物流成本减化。"五优联动"是统一整体，具有内在的规律性联系：①打牢"优产"是基础；②抓好"优购"是核心；③加强"优储"是关键；④加强"优加"是龙头；⑤实现"优销"是目标。检验"五优联动"取得成效的重要标志，就是建立顺畅高效的大宗农产品流通机制，让优质产品卖出好价钱。适应新时代消费升级的新特点，要探索创新流通新模式、经营新形式，创造名、优、特、新大宗农产品的新市场。

（6）强化"科技六创新"，实现大宗农产品高质量发展。就需要采取"科技兴农"和"创新驱动"的战略措施，大力开展"大众创业、万众创新"行动，着力科技创新：其一，创新研发资源节约保护、综合开发利用、发展循环经济的技术；其二，创新研发产业链条相结合、相融合发展的技术；其三，创新研发确保储备粮安全、绿色化和智能化储粮保鲜技术，促进提高现代物流效率和效益的体系化、现代化的技术研发；第四，创新研发大宗农产品信息化、大数据和网络技术；第五，创新提高大宗农产品现代化、普及新业态和电子商务技术，促进其流通新模式"互联网+"技术的推广普及；第六，创新建立健全大宗农产品安全预警系统和预警机制、加强其产销、市场、消费的变化，及储备检测技术的研发。唯有持续强化创新，方能不断发挥大宗农产品优质优价的效能。

第三篇 中国农业绿色发展专题研究

一、中国农业绿色发展评价报告

(一) 农业绿色发展的内涵

农业是立国之本、安民之基。农业绿色发展是绿色发展的重要组成部分,也是生态文明建设的重要组成部分,对于实施乡村振兴战略意义重大,农业的绿色和发展无法割裂,我们既要追求绿色,也要推动发展,没有发展,也就没有农业真正的绿色。"十三五规划"关于绿色发展的阐述中提到,绿色是永续发展的必要条件和人民对美好生活追求的重要体现,坚持可持续发展,坚定走生产发展、生活富裕、生态良好的文明发展道路。尹成杰(2016)认为农业绿色发展的关键在于资源利用高效、生态系统稳定、产地环境良好、产品质量安全。魏琦等(2018)强调突出农业产地环境、生产过程和农产品均要实现绿色化。中办国办印发的《关于创新体制机制推进农业绿色发展的意见》将农业绿色发展定义为,以绿水青山就是金山银山理念为指引,以资源环境承载力为基准,以推进农业供给侧结构性改革为主线,尊重农业发展规律,强化改革创新、激励约束和政府监管,转变农业发展方式,优化空间布局,节约利用资源,保护产地环境,提升生态服务功能,全力构建人与自然和谐共生的农业发展新格局。

《国家质量兴农战略规划(2018—2022)》中指出,大力推进农业绿色化、优质化、特色化、品牌化,故农业的绿色发展是国家质量兴农的重要内容。绿色化发展的具体内容是大力推进投入品减量化、生产清洁化、废弃物资源化、产业模式生态化。加快推广节水节肥节药绿色技术,积极推动水土资源节约和化肥、农药高效利用,全面开展农业环境污染防控,着手推进农作物秸秆、畜禽粪污、废弃农膜、农药包装废弃物、农林产品加工剩余物资源化利用,加快发展资源节约型、环境友好型、生态保育型农业。同时规划还同时确定了加快农业绿色发展的4大重点任务。一是调整农业生产布局，重点发展高标准农田建设和特色农产品优势区创建；二是节约高效利用水土资源，重点开展耕地质量保护与提升和高效节水灌溉；三是科学使用农业投入品，重点推进化肥施用增效、推进测土配方施肥、农作物病虫害专业化统防统治和绿色防控替代化学防治行动；四是全面加强产地环境保护与治理。重点开展污染耕地分类治理、农作物秸秆综合利用、畜禽粪污综合利用、废旧农膜回收和农药包装废弃物回收、生态循环农业发展。可知我国绿色发展需要要素投入、生产、环境保护等三方面。

研究团队根据《关于创新体制机制推进农业绿色发展的意见》《国家质量兴农战略规划（2018—2022）》等文件精神和各研究学者对绿色农业的理论成果，借鉴国际经验，结合我国农业绿色发展目标要求和实际情况，认为农业绿色发展是以发挥农业生态服务功能为核心，通过农业产前、产中、产后的过程的绿色化，形成以绿色投入为前提、绿色生产为条件、绿色环境为保障、提高生产效率为目标的农业发展新路径。农业绿色发展是建立在综合协调资源、环境、经济、政府管理以及人民生活水平基础之上的发展模式。这种模式要求各地区能够切实走保护环境和节约资源的科学发展道路，提高资源的利用效率，达到一种经济社会与资源环境相和谐的状态。

习近平总书记曾指出，推进农业绿色发展是农业发展观的一场深刻革命。党的十八届五中全会提出了"创新、协调、绿色、开放、共享"的五大发展理念，绿色发展理念追求的是人与自然和谐相处、低碳循环发展、生态环保、资源节约、产能高效的发展方式，对我国农业现代化面临的难题具有强烈的针对性和指导性。绿色发展理念为农业现代化提供了新的发展思路和方向。

（二）农业绿色发展评价指标体系构建

在特别注重农业生态服务功能的基础上，根据科学性、系统性、可操作性和可比性等基本原则，查阅大量资料和统计数据，结合我国农业绿色发展实际情况，在筛选初始指标库的基础上，最终建立了农业绿色发展评价指标体系。包含"资源节约、环境友好、生产高效、产品安全、美好生活"5个一级指标及其15个具体指标。

1. 筛选初始指标库

农业绿色发展评价已有研究不多，崔元锋等（2009）在《我国绿色农业发展水平综合评价体系研究》中构建了包括生态效益水平、经济效益水平和社会效益水平等三个方面在内的 27 个具体指标；郭迷（2011）在《中国农业绿色发展指标体系构建及评价研究》中，提出绿色生产水平、绿色产品水平、经济效率水平和生活水平等方面 20 个具体指标；魏琦（2018）在《中国农业绿色发展指数构建及区域比较研究》中，提出资源节约、环境友好、生态保育和质量高效等方面 14 个具体指标；金赛美（2019）在《中国省际农业绿色发展水平及区域差异评价》中，从驱动力、压力、状态、影响和响应方面提出 25 个具体指标。参考已有关于农业绿色发展评价研究中的指标体系设置，结合我们的研究，初步筛选出 47 个农业绿色发展评价指标（表 1）。

表 1 初始指标筛选

序号	二级指标	序号	二级指标
1	农药减量增效水平	25	地膜回收利用率
2	（主要农作物农药利用率）规划	26	水土流失治理比例
3	化肥施用增效水平	27	除涝面积比例
4	（主要农作物化肥利用率）规划	28	地膜使用强度
5	农业信息化率	29	农林水支出比重
6	农业科技进步贡献率	30	耕地成灾比例
7	高标准农田建设面积（比例）	31	卫生厕所普及率
8	特色农产品优势区面积（比例）	32	无害化卫生厕所普及率
9	农田灌溉水有效利用系数（规划）	33	农村改水累计受益率
10	节水灌溉面积比例	34	农村人均生活污水净化池个数
11	万元农业增加值耗水	35	生活污水处理率
12	万元农业增加值耗能	36	对生活垃圾进行处理的村占比
13	农业劳动生产率	37	受污染耕地安全利用率
14	农业土地产出率	38	畜禽养殖粪污综合利用率
15	农作物耕种收综合机械化率	39	规模养殖场粪污处理设施装备配套率（％）
16	单位耕地面积机械总动力	40	建制镇绿化覆盖率
17	测土配方施肥技术推广覆盖率（％）	41	村庄供水普及率
18	农作物病虫害绿色防控覆盖率（％）	42	燃气普及率
19	农作物病虫害专业化统防统治覆盖率（％）	43	具备条件的建制村通硬化路比例
20	生态循环农业指标（没有考虑清楚）	44	质量安全例行监测合格率

(续表)

序号	二级指标	序号	二级指标
21	自然保护区面积比重	45	绿色、有机、地理标志、良好农业规范农产品的认证等级数量年均增长
22	湿地保有率	46	农村居民人均可支配收入
23	森林覆盖率	47	户均休闲农业和乡村旅游接待人次
24	秸秆综合利用率		

2. 评价指标

在初步筛选出的47个农业绿色发展评价指标的基础上，结合数据的可获得性，通过与多位专家多次讨论，本文构建了中国农业绿色发展评价指标体系。

3. 指标解释及说明

（1）节水灌溉面积比例。节水灌溉是农业绿色发展的重要指标，它提高了农业用水效率，减少了水资源的浪费情况。根据节水灌溉面积计算公式：节水灌溉面积比例＝农业节水灌溉面积/有效灌溉面积，可知2017年节水灌溉面积比例为51%。经推算到2020年，全国节水灌溉面积达到3 985.9万公顷，如果按照有效灌溉面积2020年达到7 083.795万公顷（根据2015—2017年推算），则2020年节水灌溉面积比例达到56.3%。综合考虑，确定该指标目标值为60%。

数据来源：《中国统计年鉴》《中国环境统计年鉴》。

（2）万元农业增加值耗水。减少水资源的消耗是农业绿色发展的重要目标，为衡量该指标，其计算公式为：万元农业增加值耗水＝农业用水量/农林牧渔业增加值。2017年，全国万元农业GDP耗水为582立方米。《全国农业现代化规划（2016—2020年）》提出到2020年全国农业灌溉用水总量基本稳定。2012年国务院发布的《关于实行最严格水资源管理制度的意见》指出，中国将实行最严格水资源管理制度，严格实行用水总量控制。到2020年全国用水量控制在6 700亿立方米，到2030年，控制在7 000亿立方米，用水效率达到或接近世界先进水平。2015—2017年农业增加值平均增长率4%，以2017年农业增加值为基数，2020年全国万元农业GDP耗水为526立方米。通过国际统计年鉴相关数据的计算，水资源短缺、节水灌溉技术非常发达的以色列万元农业GDP耗水为200～400立方米。综合考虑，结合我国的特点，确定该指标目标值为300立方米，这对减少农业水资源的消耗，实现我国绿色农业发展具有至关重要的作用。

数据来源:《中国统计年鉴》。

(3) 万元农业增加值耗能。较少农业能耗是农业绿色发展的重要目标。该指标计算公式为:万元农业增加值耗能=能源消耗总量/农业增加值。其中,能源消耗总量=农业能源实物消费量×能源折标准煤参考系数。2017年,我国万元农业增加值耗能为0.09吨标准煤。2016—2018年,全国农业增加值年均增幅推算出2020年我国农业增加值将达到76 532亿元。2016—2018年三年数据显示,农业能源消耗总量以年均3%的速度增加,可以推算,到2020年,农业生产全过程的能量消耗总量为9 854.55万吨标准煤。据此,到2020年,万元农业增加值耗能0.128 76吨标准煤。综合考虑提高农业增加值和可持续发展,确定该指标目标值为0.10吨标准煤/万元。减少农业能耗的排放量,以促进我国绿色农业的可持续性发展。

数据来源:《中国统计年鉴》《中国能源统计年鉴》。

(4) 农药减量水平。农药过量施用与农药残留严重是影响农产品质量安全和农业产地环境的重要因素,农药减量是未来一段时间农业绿色发展的重要因素之一。计算公式:农药减量水平=(本年农药用量-2012年至2016年农药用量平均值)/(2012年至2016年农药用量平均值)。2017年,我国农药减量水平为7.42%。根据《全国农业现代发展水平评价报告(2016年)》各省发展不平衡,综合考虑,将目标值定为10%,对于农药用量增加的省份给予一定的基本值。农药减量化是衡量农业绿色发展的重要指标,是实现农业绿色发展的不可或缺的因素。

数据来源:《中国统计年鉴》《中国农村统计年鉴》。

(5) 化肥施用水平。化肥过量施用是造成农业面源污染的首要因素,化肥施用量的减少可以降低农业污染,实现农业绿色、安全发展,化肥零增长在我国已经取得一定成就,化肥施用将在未来绿色发展中发挥重要作用。计算公式:化肥施用水平=本年农用化肥折纯用量/农作物总播种面积。2017年,我国化肥施用水平为352千克/公顷,比国际规定的每公顷农用化肥施用量225千克高出127千克。一些省份甚至更高,综合考虑,将目标值定为国际化肥基准线225千克/公顷。

数据来源:《中国统计年鉴》《中国农村统计年鉴》。

(6) 地膜使用强度。我国农户使用的主要是不可降解的地膜,其使用是造成我国农业土质肥力下降的主要原因之一。其计算公式:地膜使用强度=地膜使用量/耕地面积。2017年,我国地膜使用强度为10.65千克/公顷。综合考虑,将目标值定为5千克/公顷。控制地膜的使用强度,控制农业污染源,推进农业绿色发展。

数据来源:《中国环境统计年鉴》。

(7) 畜禽粪污承载力。未经过处理的畜禽粪污是造成农业用地、地下水等污染的主要因素，计算公式：畜禽粪污承载力＝播种面积猪单位/土地平均承载力。其中，参考畜禽养殖业污染物排放标准（GB 18596—2001），换算比例为：30 只蛋鸡换成 1 头猪，60 只肉鸡折算成 1 头猪。该指数大于 100% 为超载，该项不得分，30% 为满分为目标值，每增加 1 个百分点扣 2%，到 100% 扣完为止。2017 年全国承载力指数为 40.1%。分省单位面积土地承载力计算：按照单位播种面积承载力计算，根据农业部办公厅关于印发《畜禽粪污土地承载力测算技术指南》的通知，不同植物土地承载力推荐值，小麦、稻谷、玉米公顷单产分别按照 4.5 吨、6 吨、6 吨计算（承载力单产分别以 y_{10}、y_{20}、y_{30}），实际单产分别以 y_1，y_2，y_3 代表，播种面积分别以 a_1，a_2，a_3 代表，为粪肥全部就地利用，（土壤氮养分水平 II，粪肥比例 50%，当季利用率 25%，以氮为基础）土地承载力每亩当季承载力分别为 1.2，1.1，1.2（c_1，c_2，c_3）。

土地平均承载力＝[（$c_1 \times y_1/y_{10} \times a_1$）+（$c_2 \times y_2/y_{20} \times a_2$）+（$c_3 \times y_3/y_{30} \times a_3$）]/（$a_1+a_2+a_3$）；播种面积猪单位＝猪单位/农作物播种面积；畜禽粪污承载力＝播种面积猪单位/土地平均承载力。

数据来源：《中国环境统计年鉴》《中国农村统计年鉴》。

(8) 农业劳动生产率。农业劳动生产率是反映农业现代化水平的重要指标，农业现代化水平的提高必然伴随着农业劳动生产率的提升。目前，中国的农业劳动生产率仍处于较低水平。该指标用平均每个农业劳动力创造的农林牧渔业增加值衡量，计算公式为：农业劳动生产率＝农林牧渔业增加值/第一产业就业人员数。2017 年，我国劳均农林牧渔业增加值 3 万元。从国外情况看，韩国 1985 年农业工人人均增加值已达 4 142 美元（约合 28 538 元），1995 年达到 7 195 美元（约合 49 574 元）；日本 1980 年农业工人人均增加值为 11 358 美元（约合 78 257 元）；美国 1980 年为 12 167 美元（约合 83 830 元）。全国农业现代化规划（2016—2020 年）提出 2020 年超过 4.70 万元，综合考虑确定该指标目标值为 6 万元/人。推进绿色农业的同时，也要促进农业的发展，实现生产高效，推进农业现代化的发展。

数据来源：《中国统计年鉴》。

(9) 农业土地产出率。土地产出率也是反映农业现代化水平的重要指标，农业现代化水平的提高必然伴随着土地生产率的提升。该指标用单位耕地面积的农林牧渔业增加值衡量。计算公式为：农业土地产出率＝农林牧渔业增加值/耕地面积。我国 2017 年每公顷耕地的农林牧渔业增加值为 4.79 万元。2015—2017 年期间，全国农林牧渔业增加值年均增幅达 4%,依此推算 2020 年为 5.30 万元。2010 年韩国的土地产出值为每公顷 20 520 美元(约 137 484 元)。综合考虑,确定该指标目标值为 8 万元/公顷。

数据来源:《中国统计年鉴》。

(10)劳均休闲农业接待人次。休闲农业是绿色农业的重要组成部分,提高劳均休闲农业接待人次,增加农民收入,推进农业高质量发展。发展休闲农业是发展现代农业、增加农民收入、建设社会主义新农村的重要举措,是促进城乡居民消费升级、发展新经济、培育新动能的必然选择。其计算公式为:劳均休闲农业接待人次=休闲农业接待人次/休闲农业从业人数。我国 2016 年劳均休闲农业接待人次为 248 人次,人均消费水平为每人次 93 元。按照休闲农业人均消费水平为 100 元,为了实现与城镇居民相媲美的收入水平,综合考虑各省实际,本文将该指标目标值确定为 400 人次。

数据来源:《中国休闲农业年鉴》。

(11)万元农业增加值有效用标绿色食品产品数。有效用标绿色食品产品数指标能够反映出我国农业产品质量水平的提升,2017 年我国有效用标绿色食品单位与产品数为 25 746 个,每万元农业增加值平均为 0.4 个,上海最高为 2.4 个。综合考虑确定该指标目标值为 3 个。有效用标绿色食品产品数不断增长,反映出农产品消费观念趋于自然健康,农产品质量的不断提升,农业结构趋于绿色化、高级化,农业生产更加满足居民日益变化的需要。

数据来源:《绿色食品统计年报》。

(12)农产品质量安全例行监测合格率。农产品质量安全例行监测合格率指标在很大程度上反映了农产品的质量安全问题,2017 年农产品质量安全例行监测总体合格率大于 97.50%。根据《全国农业现代化发展规划(2016—2020 年)》,"十三五"期间主要农产品质量安全抽检合格率要稳定保持在 97% 以上。综合考虑该指标目标值为 98%。提高农产品质量安全例行监测合格率,能够保证我国农产品质量的安全性,也符合农业绿色发展的目标。

数据来源:各省区市农业农村厅官网。

(13)农民人均可支配收入。农业绿色发展是生态、生产、生活全方位全过程的绿色化,农民可支配收入是衡量农村住户获得的经过初次分配与再分配后的收入,也是衡量农民生活水平的一个重要指标。2017 年,全国农民人均可支配收入 13 432 元。考虑到我国正处于工业化的中后期阶段,农民收入将快速增长,按照全国农业现代化规划提出的增长水平,2020年全国农民人均可支配收入将达到15 000元以上,综合考虑地区间的差异,确定该指标目标值为30 000元。农民可支配收入的增加表明农民生活质量得到改善,对于实现绿色农业的发展目标有着积极的作用。

数据来源:《中国统计年鉴》。

(14) 人均粮猪菜自给率。发展绿色农业的根本还是要确保我国粮食、肉类以及蔬菜的自给率,这也是维护社会稳定的基石。确保我国谷物基本自给,口粮绝对安全,并提高人均粮食、猪肉和蔬菜产量,其权重分别占本部分的50,30,20。标准:粮、猪、菜分别按470千克、40千克和570千克(全国平均),各省分别与标准作比值,每项最大值为100%。综合考虑各省实际,考虑到略有盈余将目标值设定为105%。

数据来源:《中国农村统计年鉴》。

(15) 湿地占辖区面积比重。2015年《中共中央国务院关于加快推进生态文明建设的意见》把"湿地面积不低于8亿亩"列为到2020年我国生态文明建设的主要目标之一,随后该目标被纳入国家"十三五"规划纲要。这意味着我国生态文明建设过程中,湿地占辖区面积比重不应低于5.56%,考虑各省实际情况,本文将湿地占辖区面积比重目标值定为8%。

(三) 测算方法及测算结果

1. 指标权重

学者对于指标评价体系进行了丰富研究,主要由两类构成,其区别主要在于采用主观赋权还是客观赋权。为了保证指标赋权过程中,尽可能地规避主观因素与客观局限,本报告利用平均权重法确定各指标权重。

2. 指标标准化说明

数据标准化——目标值法。采用目标值法对评价体系中正指标与逆指标分别进行标准化处理,计算公式如下

$$\text{正指标}: S_i = \frac{X_i \text{实际值}}{X_i \text{目标值}}$$

$$\text{逆指标}: S_j = \frac{X_j \text{目标值}}{X_j \text{实际值}}$$

S 表示 X 的标准化值。

3. 指标得分

利用公式 $u_i = \sum_{j=1}^{n} w_j S_{ij}$，可以计算出第 i 区域的农业绿色发展水平指标评价值，如表 3 所示。

4. 阶段划分

农业绿色发展阶段划分：60 分及以下起步阶段；大于等于 60 分小于 75 分为发展阶段；大于等于 75 分小于 85 分为转型跨越阶段；大于等于 85 分小于 95 分为基本实现阶段，大于等于 95 分为全面实现阶段。

（四）结果分析

1. 农业绿色发展总体评价

（1）农业绿色发展水平整体偏低。图 1 显示了我国农业绿色发展评价结果。根据 2017 年的数据测算得出全国农业绿色发展综合水平得分为 67.7 分，其中农业资源节约水平得分为 15.7 分，环境友好得分 19.0 分，生产高效 7.3 分，产品安全 11.7 分，生活美好 14.0 分，说明我国农业绿色发展已经完成了起步阶段的奠基过程，正处于加快农业绿色发展的关键阶段，在这一时期，生产高效和产品安全水平低下是制约我国农业绿色发展的最大短板，这也直接导致农民收入增长乏力，生活美好水平亟待提升。

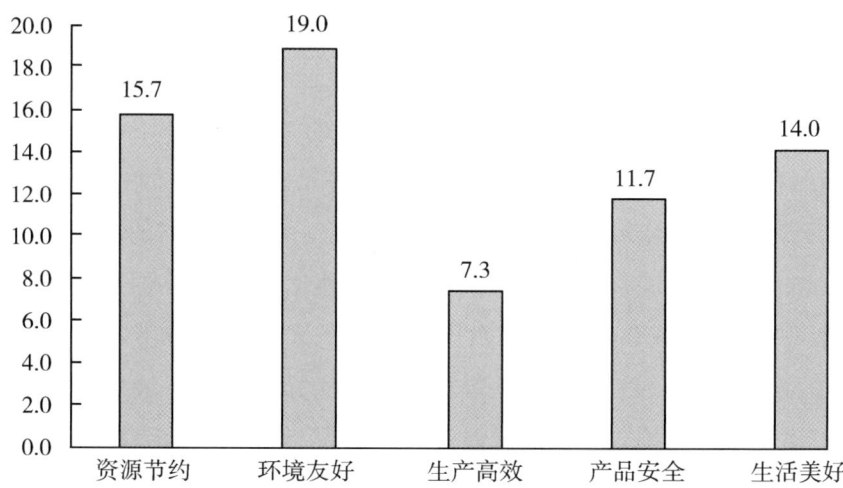

图 1 全国农业绿色发展评价结果

图 2 展示了全国与各省农业绿色发展综合得分情况，农业绿色发展综合得分高

于 75 分的省份只有山东和江苏两省，占比 6.5%，高于全国水平但是低于 75 分的包括湖北、上海、浙江、四川、安徽和辽宁 6 省市，占比 19.3%，低于全国水平但是高于 60 分的包括河北、重庆、天津、福建、黑龙江、贵州、青海、山西、江西、河南、湖南、海南、北京和广西 14 省区市，占比 45.2%，这些省份绿色农业正处于积累发展阶段；得分低于 60 分的省份是甘肃、内蒙古、宁夏、吉林、云南、广东、西藏、山西和新疆 9 省区，占比 29.0%，这些省份农业绿色发展正处于起步阶段。农业绿色发展水平较高的省市不多，大部分处于全国水平之下，介于 50~67 分，说明我国农业绿色发展水平偏低，大多地区还处于为绿色发展打基础的阶段。

(2) 分区域看，东北、东部整体发展水平好于其他地区。表 4 比较了 2017 年不同区域农业绿色发展水平得分情况①。从农业绿色发展水平总体得分来看，从高到低依次是东北地区—东部地区—华北地区—西部地区—中部地区，东北和东部地区农业绿色发展水平整体高于其他地区，华北次之，西部和中部发展水平略低。

图 2 显示了分区域农业绿色发展评价结果。东北农业绿色发展综合水平较高，得分为 69.3。尤其生产高效水平好于全国其他地区，但是资源节约水平不高成为制约该地区农业绿色发展主要因素。

东部地区总体得分为 68.7 分，略高于全国平均水平。东部在资源节约方面表现优异，人民生活美好水平较高，但环境友好方面表现有所欠缺，产品安全水平低下是制约其农业绿色发展的重要原因。

华北地区农业绿色发展综合水平得分稍低于全国水平，为 67.4 分，生产高效水平好于其他地区，仅次于东北，但是资源节约表现不佳，环境友好水平较低，都是制约华北地区农业绿色发展的短板，这说明华北地区农业土地和劳动要素报酬高是促成地区农业绿色发展水平较高的重要原因，但是华北地区同时面临农业能耗和水耗较大，化肥农药减量推进困难，畜禽粪污过载等困境，绿色和发展的矛盾比较突出。

西部地区农业绿色发展整体水平低于全国整体水平，2017 年西部地区的农业绿色发展综合水平得分为 66.0 分。除了四川和重庆，大多西部省市农业绿色发展综合得分波动在 60 分左右；西部产品安全方面表现优异，但在环境友好、生活美好方面得分低于其他地区，这表明乡村旅游和绿色食品产业的良好发展极大推动了西

---

① 区域省份划分：东部地区包括北京、天津、河北、上海、江苏、浙江、广东和海南；中部地区包括山西、安徽、江西、河南、湖北和湖南；西部地区包括内蒙古、广西、重庆、四川、贵州、云南、西藏、陕西、甘肃、青海、宁夏和新疆；东北部地区包括辽宁、吉林和黑龙江；华北部地区包括北京、天津、河北、山西和内蒙古。

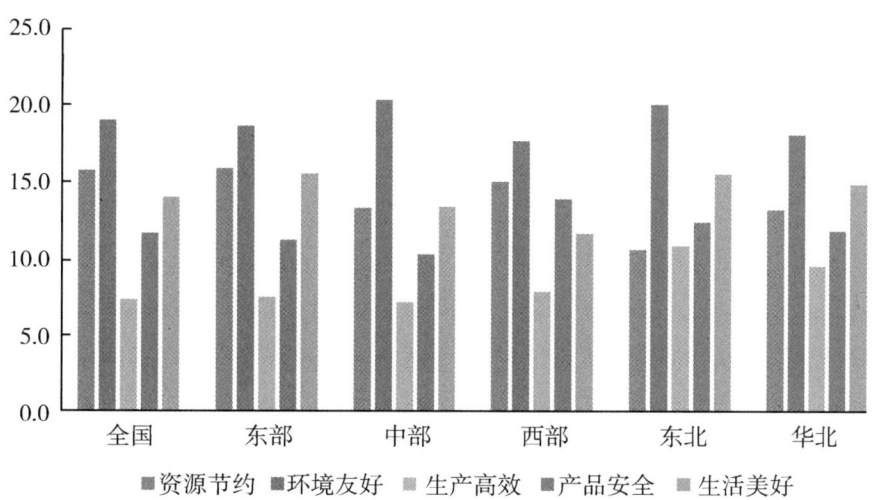

图 2　分区域农业绿色发展评价

部农业绿色发展，但是农民收入增长乏力是西部生活美好水平偏低的重要原因。

中部地区农业绿色发展水平最低，2017 年中部地区的农业绿色发展整体得分为 64.4 分，处于发展阶段。中部在环境友好方面得分最高，在生产高效方面表现一般，产品安全水平也不高，这些都制约了中部农业绿色发展进程（表 2）。

表 2　2017 年不同区域农业绿色发展水平得分比较

区域	农业绿色发展水平综合得分
全国	67.7
东部	68.7
中部	64.4
西部	66.0
东北地区	69.3
华北地区	67.4

（3）大多数省份农业绿色发展水平集中在低层次。图 2 展示了全国各省农业绿色发展综合水平，可以看出全国各省农业绿色发展水平集中于低水平层级。

在农业绿色发展综合水平高于全国水平的 8 个省份中，有 62% 是东部沿海省市；25% 是中部省市，13% 是西部省市；在综合发展水平处于全国水平之下的 23 个省份中，48% 是西部省市，26% 属于东部省市，17.3% 来自中部，8.7% 来自东北。

由此看来，全国大部分省绿色发展水平集中在低水平层级，分层现象比较明显，区域间发展差距较大。

（4）总体来看，生产高效和产品安全水平低下是制约农业绿色的短板，区域之间存在一定差异。从全国评价结果来看，生产高效和产品安全水平低下是制约我国农业绿色发展的最大短板，这直接导致农民收入增长乏力，生活美好水平亟待提升。各区域农业绿色发展不均衡，突出表现在发展短板不同上。东北地区在生产高效方面表现良好，但是东北在资源节约方面得分较低，资源节约成为东北地区农业绿色发展突出的短板，资源利用提质增效不足极大影响了东北地区农业绿色发展进程；东部地区在生产高效和生活美好方面显著优于全国其他地区，在环境友好方面有所欠缺，具体而言大部分东部省份农业土地产出率和农业劳动生产率较高，农民收入较高，但农业化肥和地膜减量推进困难，畜禽粪污承载力不足；华北地区在生产高效方面表现良好，但其农业耗能较大、化肥施用推进困难，资源节约和环境友好方面有待提升，绿色和发展的矛盾突出；西部地区尚处于为绿色发展积累物质基础的阶段，在环境友好和生活美好方面存在明显的短板，表现为土地、劳动水资源和其他资源禀赋报酬率低下，农民增收乏力；中部地区省份化肥农药减量水平、畜禽粪污承载力、人均粮猪菜自给率方面普遍表现良好，但在生产高效和产品安全两方面位居全国最末，主要在于中部各省农业劳动生产率偏低，以及休闲农业和乡村旅游对农业绿色发展的贡献不大。

2. 分梯度各省农业绿色发展水平评价

表3展示了不同梯度省份分布情况。比较各个梯度省份农业绿色发展水平，我们发现第一、第二梯度省份农业绿色发展各方面更均衡，第三、第四梯度省份突出优势不足，且面临更多约束和短板。

第一梯队的省份综合得分超过75分，仅有山东和江苏两省，其农业绿色发展普遍存在发展均衡，短板少，优势显著的特征。比如，江苏虽然在产品安全上稍有欠缺（主要是劳均休闲农业接待人次较少），但在资源节约、生产高效和产品安全优势突出，其中农业土地和劳动等要素产出率和农民收入水平等高于全国平均水平。

同在一个梯队，省际比较可以更深刻理解一个省市农业绿色发展的比较优势和突出短板。以山东和江苏为例，两者在环境友好、生活美好两方面水平相当，但是山东在资源节约、产品安全方面优势显著，具体表现为山东万元农业GDP耗水低于江苏，绿色食品产业发展好于江苏；江苏在产出高效方面更胜一筹，2017年江苏农业劳动生产率为7.2万元/人，土地产出率为9.4万元/公顷，相比之下，山东农业劳动生产率只有 3 万元/人，土地产出率仅有 6.7 万元/公顷。这部分反映出江苏省和山东省农业绿色发展的短板和未来发展的着眼点。

第二梯队省份在综合得分上高于全国平均水平，低于第一梯队 75 分的水平，发展的短板比较明显。比如上海农业耗水耗能较多，资源节约水平较低；安徽和四川则主要受制于农业要素报酬偏低，农民增收乏力。综合来看，第二梯队省份农业绿色发展的短板较少，但同时劣势比较明显。

第三梯队绿色发展差异水平较大，西部省市在资源节约和环境友好方面表现良好，东部和中部省市则表现不佳，但在生产高效和生活美好方面得分较高。

第四梯队省份普遍存在短板较多，优势不足，劣势突出的特点，提升和改进的空间很大。比如第四梯队的甘肃和内蒙古在资源节约、环境友好和生产高效方面表现欠佳，具体表现在两省存在农业耗水耗能较大、地膜过量使用、农业土地和劳动等要素报酬偏低等情况，这些影响了第四梯队省份农业绿色发展整体水平。

表3 不同梯度省份的分布情况

得分	省份
>75	山东、江苏 2 省
68~75	湖北、上海、浙江、四川、安徽和辽宁 6 省市
60~68	河北、重庆、天津、福建、黑龙江、贵州、青海、山西、江西、河南、湖南、海南、北京和广西 14 省区市
<60	甘肃、内蒙古、宁夏、吉林、云南、广东、西藏、山西和新疆 9 省区

3. 农业绿色发展的分类特征

农业绿色发展可以从资源节约、环境友好、生产高效、产品安全、生活美好五个方面进行反映。资源节约和环境友好助推了我国农业绿色发展进程，生产高效、产品安全和生活美好水平低下是制约我国农业绿色发展的短板。

表4 农业绿色发展评价指标描述性统计量

描述统计量	N	极小值	极大值	均值	标准差
1. 节水灌溉面积比例（%）	31	11.6	173.8	55.0	31.8
2. 万元农业增加值耗水（立方米）	31	195.3	3 136.0	753.9	648.7
3. 万元农业增加值耗能（吨/标准煤）	31	0.1	3.4	0.3	0.6
4. 农药减量水平（%）	31	-34.4	13.1	-7.3	10.8

(续表)

描述统计量	N	极小值	极大值	均值	标准差
5. 化肥施用水平（千克/公顷）	31	156.7	750.7	380.9	156.8
6. 地膜使用强度（千克/千公顷）	31	2.0	41.9	11.9	7.7
7. 畜禽粪污承载力	31	0.1	1.8	0.5	0.4
8. 农业劳动生产率（万元/人）	31	1.5	12.6	3.6	2.2
9. 农业土地产出率（万元/公顷）	31	1.6	17.2	5.8	3.8
10. 劳均休闲农业接待人次（人次）	31	31.9	777.4	342.6	195.3
11. 万元农业增加值绿色食品产品数（个/万元）	31	0.0	2.4	0.6	0.5
12. 农产品质量安全例行监测合格率（%）	31	96.3	99.1	97.6	0.8
13. 农民人均可支配收入（元）	31	8 076.1	27 825.0	13 999.6	4 807.5
14. 人均粮猪菜自给率	31	11.6	100.0	73.6	26.4
15. 湿地占辖区面积比重（%）	31	1.0	73.3	9.1	13.3
有效的 N（列表状态）	31				

分指标来看，各省在万元农业增加值耗水、化肥施用水平、农业劳动和土地产出率、劳均休闲农业接待人次、万元农业增加值、有效用标绿色食品产品数、农民人均可支配收入和湿地占比 8 个二级指标上存在显著差异（表4）。这也是制约我国农业绿色发展的主要因素，具体表现为我国农业水资源消耗巨大，水资源生产率不高；化肥施用严重超标，减量增效水平较低；农业劳动和土地等禀赋报酬水平偏低，这直接导致农民持续增收乏力；农业多功能拓展不足，休闲农业和乡村旅游对农业绿色发展贡献还不大；各地区万元农业增加值有效用标绿色食品产品数差异较大，一些地区农产品绿色供给不足。

（1）资源节约方面，提升水资源利用效率迫在眉睫。资源节约由节水灌溉面积占比、万元农业增加值耗水和万元农业增加值耗能三个指标衡量。根据 2017 年数据测算得到全国农业资源节约水平得分为 15.7 分，分区域来看，东部、中部、西部、东北、华北地区的农业绿色发展资源节约水平得分别为 15.9 分、13.3 分、15.0 分、10.6 分和 13.2 分，东部和西部地区的资源节约水平显著高于其他地区，东北、华北和中部地区的资源节约水平最低（表5）。

节约资源，提高资源利用率是推进我国农业绿色发展的重点任务之一。全国超过55%的省份节水灌溉应用不足60%，其中包括吉林、黑龙江、湖北、湖南、山东、内蒙古、四川等7个粮食主产区。湖北、湖南两省节水灌溉面积占有效灌溉面积均较低，分别为15.2%和12.6%；四川、河南和黑龙江节水灌溉各占比59.3%、35.9%和34.6%，与全国50.6%的平均水平尚有很大差距。这极大影响了我国农业水资源利用效率，限制了农业绿色发展水平。这表明加强粮食主产区节水灌溉设施建设，提高水资源利用效率是当前我国农业绿色发展的重要任务。

表5 不同区域农业绿色发展资源节约水平得分比较

区域	资源节约得分
全国	15.7
东部	15.9
中部	13.3
西部	15.0
东北	10.6
华北	13.2

（2）环境友好方面，化肥施用制约我国环境友好水平提升。环境友好由农药减量增效水平、化肥施用水平、地膜使用强度和畜禽粪污承载力四个指标衡量。根据2017年数据测算得到我国环境友好水平得分为19.0，得分最高的是中部地区，为20.3分，其次是东北、东部、华北和西部（表6）。42%的省份环境友好水平处于全国整体水平之上，表明我国农业清洁生产取得一定成效，但仍有进一步提升的空间。环境友好水平主要受到一些省份化肥施用水平的影响。全国化肥施用量符合国际225千克/公顷标准的省份仅有黑龙江、贵州、西藏和青海，北京、福建、广东、海南、河南和陕西六省市化肥施用量超过目标值两倍以上，这表明，我国化肥施用减量是一场持久战，任重道远。

表6 不同区域农业绿色发展环境友好水平得分比较

区域	环境友好得分
全国	19.0
东部	18.6
中部	20.3
西部	17.6

（续表）

区域	环境友好得分
东北	20.0
华北	18.0

（3）生产高效方面，土地和劳动要素报酬低下制约多数地区生产高效水平。生产高效水平由农业土地产出率和农业劳动生产率两个指标加以衡量。经2017年数据测算，全国生产高效水平为7.3分，其中农业劳动生产率为3万元/人，农业土地产出率为4万元/公顷，而其目标值分别为6万元/人、8万元/公顷，相比较之下，可以看出我国农业生产高效水平总体仍然比较偏低，是农业绿色发展的短板之一。各地区在生产高效水平表现出较大差异，得益于农业要素产出率较高，东北、华北东部地区的生产高效水平最高，分别为10.8、9.5分，东部地区为7.5分，中部地区为7.2分；西部地区为7.8分（表7）。

总的来说，我国农业劳动生产率和农业土地产出率总体偏低，只有少数省市表现良好。例如，从农业劳动生产率可以看出，只有黑龙江、上海、江苏、海南4个省份满足目标值，其余地区低于目标值，这表明我国在农业生产过程中农业劳动、技术、机械等投入产出率不理想，要素报酬率偏低。

从农业土地产出率来说，只有江苏、浙江、福建、广东、海南5个省份达到目标值；从农业劳动产出率来看，达到6万元/人目标值的省市仅有上海、江苏和黑龙江，这可能与这些省份经济状况、农业机械化水平和土地交易市场发育比较完善等因素相关。

表7 不同区域农业绿色发展生产高效水平得分比较

区域	生产高效得分
全国	7.3
东部	7.5
中部	7.2
西部	7.8
东北	10.8
华北	9.5

(4) 产品安全方面,农业多功能拓展不足,绿色供给水平偏低。产品安全由劳均休闲农业接待人次、分地区有效用标绿色食品单位与产品数和农产品质量安全监测合格率三个指标测度组成,经测算,2017年我国产品安全综合水平为11.7,劳均休闲农业接待人次为248.5人次,每万元农业增加值绿色食品产品数为0.4个,农产品质量安全例行监测合格率为97.5%,总体呈现良好发展态势。但是,该三项具体指标的目标值分别为400人次、3个和98%,根据数据对比可以得出,我国在劳均休闲农业接待人次以及每万元农业增加值绿色产品数上与目标值之间还存在较大差距,差值分别为151.5人次、2.6个。

各地区在产品安全水平上存在显著差异。表8展示了不同区域产品安全水平评价结果,东部地区的产品安全得分为11.2分,中部地区为10.3分,西部地区为13.9分,东北地区为12.4分,华北地区为11.8分,从数据中可以看出,西部和东北部地区的产品安全水平高于其他地区,东部和华北地区较低,主要原因是近年西部休闲农业和乡村旅游产业增长比较迅速,东北绿色食品产业发展良好。

分省来看,绝大部分省市的劳均休闲农业接待人次和绿色食品单位数与产品数指标水平低,少数在该方面表现良好。例如在劳均休闲农业接待人次上,只有北京、上海、福建、广东、海南、贵州6个省市达到目标值,这反映出大部分省份在拓展农业新功能,培育农业农村新产业新业态,推进农村产业融合方面的不足;在绿色食品单位数与产品指标水平上,只有黑龙江、江苏、浙江、安徽、山东、湖北、湖南、四川8个省份满足目标值,这表明我国农业绿色供给水平低,农业高质量发展方面仍需加强。

表8 不同区域农业绿色发展产品安全水平得分比较

区域	产品安全得分
全国	11.7
东部	11.2
中部	10.3
西部	13.9
东北	12.4
华北	11.8

(5) 生活美好方面,绿色与发展矛盾突出。生活美好由农民人均可支配收入、人均粮食、猪肉、蔬菜自给率和湿地占辖区面积比重三个指标测算。表9显示,我

国 2017 年生活美好测算得分为 14.0 分，东部和东北得分最高，为 15.5 分，华北和中部次之，西部最低，为 11.6 分。生活美好指标极大反映了我国目前面临的发展和绿色的矛盾关系。绝大部分地区存在绿色和发展的矛盾，如北京、上海、江苏、浙江等经济强省市农业要素报酬率高，农民收入水平处于全国前列，但是在人均粮食、猪肉和蔬菜自给率上有所不足。尤其在农产品主产区，其在环境友好、产品安全方面表现良好，能够充分实现粮食、肉类和蔬菜自给，但同时面临农业土地和劳动产出率偏低，农民增收乏力的现实问题。

表 9　不同区域农业绿色发展生活美好水平得分比较

区域	生活美好得分
全国	14.0
东部	15.5
中部	13.4
西部	11.6
东北	15.5
华北	14.8

4. 分区域农业绿色发展水平评价

（1）东、中、西部比较分析。全国农业绿色发展水平分层明显，大部分地区农业绿色发展水平集中于低水平层级。东南省市农业绿色发展水平总体好于西北省市。

东部地区农业绿色发展综合评价高分较多，但是高分和低分分化明显，中部和西部各省农业绿色发展水平差异不大。分析表明，东部整体向好，要素报酬高、资源利用提质增效助推地区农业绿色发展；中部地区大部分省份综合水平已经突破 60 分，农业多功能拓展不足和农业要素报酬低下限制了地区农业绿色发展进程；西部资源环境较好，大多数西部省份尚挣扎在 60 分线上，处于为绿色发展积累物质基础的阶段，面临要素报酬低下，农民增收乏力等困局。

东部地区在环境友好水平普遍低于其他地区，具体表现为化肥施用水平偏高、畜禽粪污承载力较低；中部地区在资源节约和生产高效两方面表现不佳，主要归因于中部各省节水灌溉覆盖面不大，以及农业劳动和土地报酬偏低；西部地区整体发展水平偏低，受土地、劳动水资源和其他资源禀赋报酬率低下影响较大，农民持续增收乏力。

一是东部整体表现较好,省际差异大,资源利用提质增效助推地区农业绿色发展。

东部地区农业绿色发展整体好于全国整体水平,综合评价高分省份多,但是省市间差异很大。对东部10个省市农业绿色发展综合评价的描述性分析表明,东部农业绿色发展整体得分为68.7分,东部省份中最高得分为75.7分,最低得分为54.6分。其中不乏山东和江苏等综合得分在75分以上的省份,也有得分低于全国平均的广东、北京、天津等省市。

分指标来看,东部地区在生产高效和生活美好方面显著优于全国其他地区,在环境友好方面有所欠缺,具体而言大部分东部省份农业土地产出率和农业劳动生产率较高,农民收入较高,但农业化肥和地膜减量推进困难,畜禽粪污承载力不足。

分省看,东部各省在环境友好、生产高效和产品安全三个方面存在显著差异,具体表现为畜禽粪污承载力、农业土地产出率和绿色食品单位与产品数的省际差异较大,河北、浙江等地畜禽粪污承载力较高,而北京、福建、广东等承载力很低,甚至为0;山东、浙江和江苏等地绿色食品单位与产品数居全国前列,但北京、天津和上海等在此方面没有突出优势。这些都使东部农业绿色发展存在显著省际差异。

二是中部整体水平偏低,但省际发展均衡,要素报酬率低和农业功能拓展不足制约农业绿色发展。

中部农业绿色发展综合得分为64.4分,整体发展水平偏低,低于全国其他地区。对中部6个省市农业绿色发展综合评价的描述性分析表明,中部地区农业绿色发展省际差异不大,省际发展比较均衡,除了山西得分52.2分,其他省份得分在65分左右。

中部地区在环境友好方面明显表现较好,在资源节约和生产高效方面有所欠缺。具体来看,中部地区省份化肥农药减量水平、畜禽粪污承载力、人均粮猪菜自给率方面普遍表现良好,而节水灌溉应用不足,休闲农业和乡村旅游对农业绿色发展的贡献不大。

分指标看,中部地区各省在生产高效和产品安全三方面表现平平,具体体现在农业土地和劳动要素报酬、休闲农业接待游客人次方面,山西农业劳动生产率为1.5万元/人、土地产出率为1.9万元/公顷、劳均休闲农业接待人次为218人次,河南农业劳动生产率为2.3万元/人、土地产出率为5.3万元/公顷、劳均休闲农业接待人次为125.3人次,湖南为农业劳动生产率为2.5万元/人、土地产出率为7.6

万元/公顷、劳均休闲农业接待人次为348.8人次，与6万元/人、8万元/公顷和400人次的目标值尚有较大差距。

三是西部整体水平不高，尚处于为绿色发展积累物质基础的阶段。

西部农业绿色发展整体得分为66.0分，西部省市中最高综合得分为70.2分，最低得分为50.7分，大多数西部省市集中在农业绿色发展的低层级水平，各省市之间绿色发展水平差异不大，尚处于为绿色发展积累物质基础的阶段。

西部地区在生产高效和生活美好两方面表现不佳，具体体现为西部各省在土地、劳动产出率和农民收入方面差异较大，如四川、重庆等西部经济大省，其在土地产出率分别为6.5万元/公顷和5.5万元/公顷、劳动生产率分别为2.8万元/人，2017年农民人均可支配收入为12 226.9元和12 637.9元，整体好于全国4.8万元/公顷、3.0万元/人和13 432.4元的平均水平，但是贵州、云南、甘肃、青海等省份在农业土地和劳动产出率上普遍介于1万~3万元，在农民人均可支配收入方面低于10 000元，总之西部绝大部分省市在要素投入报酬方面远低于全国整体水平。

(2) 东北省际差异明显，节约资源和资源提质增效不足成为制约东北农业绿色发展的主要因素。2017年东北地区农业绿色发展得分为69.3分，整体高于全国其他地区。辽宁、吉林和黑龙江得分分别为68.6分、58.5分和64.5分。辽宁、吉林和黑龙江在环境友好、产品安全和生活美好方面没有显著差异，但在资源节约和生产高效方面，三者存在诸多差别。从资源节约方面来看，黑龙江2017年的万元农业增加值耗水和万元农业增加值耗能均为东三省最高，达到1 041.85立方米和0.21吨/标准煤，而节水灌溉比重在东三省里最低，仅为34.6%。除此以外，吉林节水灌溉比重为40.1%，较全国平均节水灌溉比重低10.5%。可以看出，资源节约成为东北地区农业绿色发展突出的短板，资源利用提质增效不足极大影响了东北地区农业绿色发展进程。在生产高效方面，东北具有较高的农业劳动生产率，全国农业劳动生产率为3万元/人，吉林为3.7万元/人，黑龙江为6.6万元/人，这很大程度上归功于较高的机械化水平；但是在农业土地产出率上，东北表现不佳，辽宁每公顷土地仅实现了1.6万元，黑龙江仅有1.9万元，低于全国整体水平4.8万元。

(3) 华北地区发展水平不均衡，绿色和发展的矛盾突出。华北五省市农业绿色发展综合评价得分为67.4分，最高的省份是河北，为66.3分，最低得分省份是山西，为52.2分，华北地区在生产高效方面表现良好，但在资源节约方面有所不足，且省际差异较大。华北地区农业耗能较大、化肥施用推进困难，且五省在大部分指标层面存在显著差异，绿色和发展的矛盾突出。

分指标来看，在资源节约方面，华北地区在节水增效方面表现较好，但农业耗能较多，其中北京、山西和内蒙古等地区万元农业增加值耗能超过 0.33 吨标准煤，高于全国 0.09 吨标准煤的平均水平；在环境友好方面，除内蒙古外，农药和化肥施用水平好于其他地区；在生产高效方面，华北五省市存在显著差异，其中山西农业劳动生产率和农业土地产出最低，北京最高。从产品安全指标来看，除北京、内蒙古外，均低于平均水平，其中河北农产品质量安全例行检测合格率 96.3%，居全国最低。在生活美好方面，河北、天津排名靠前，北京、山西居全国末尾，其中北京主要受到人均粮猪菜自给率低的影响。

华北五省在大部分指标层面呈现两级分化，绿色和发展的矛盾突出。比如北京畜禽粪污承载力、人均粮猪菜自给率等较低，但农业土地和劳动产出率较高，内蒙古、山西和河北承担着全国较多的畜禽养殖份额，同时却面临农业劳动产出率或土地产出率偏低的问题；北京和天津农民人均纯收入比河北、山西和内蒙古的多了近一倍，但是北京和天津的人均粮食、猪肉和蔬菜自给率远远低于河北和内蒙古等省份。

北京农业绿色发展综合评价得分为 62.3 分，排全国第 21 名，在生产高效、产品安全方面有突出优势，主要表现为北京农业土地和劳动要素报酬率较高，休闲农业和乡村旅游等农业新功能新业态发展良好，农民收入较高。但是在环境友好和生活美好方面有所欠缺，主要原因是化肥、农膜施用水平偏高、畜禽粪污承载力不足和人均猪粮菜自给率偏低；天津排在第 12 名，其在环境友好和生活美好等方面表现良好，突出表现为天津农药化肥减量成效显著，湿地生态环境良好，农民收入较高。但在资源节约和生产高效方面有所不足，主要归因于农业能耗和水耗大，土地和劳动要素报酬偏低；河北的情况与华北其他省市有所不同，作为粮食、生猪调出大省，河北资源节约和环境友好水平好于华北其他省市，也好于全国平均水平，但产品安全水平偏低，主要表现为河北农业节水灌溉应用广泛、农业耗水较少、农药和化肥工作推进平稳、畜禽粪污承载力较强、人均猪粮菜自给率达到 99.1%，但河北休闲农业与乡村旅游发展滞后，劳均休闲农业接待人次、万元农业增加值有效用标绿色食品产品数和农民收入水平低于全国水平。

（五）农业绿色发展问题分析

1. 农业绿色发展省际间发展不平衡

西部欠发达地区农业绿色发展短板在于要素报酬低下，地区绿色发展的物质基础亟待加强；东北部农业水资源消耗巨大，制约了地区农业绿色长效发展；绝大部分地区存在绿色和发展的矛盾，尤其在农产品主产区，其在环境友好、产品安全方面表现良好，但同时面临农业土地和劳动产出率偏低，农民增收乏力的问题。未来如何推进省份之间均衡发展，提高农业要素报酬，促进农产品主产区农民增收，是推进农业绿色发展的关键。

2. 资源节约水平较低

根据 2017 年数据测算得到全国农业资源节约水平得分为 15.7 分，节约资源，提高资源利用和产出水平是未来推进农业绿色发展的重点任务之一。全国超过 55% 的省份节水灌溉应用不足，其中包括吉林、黑龙江、安徽、江西、河南、湖北、湖南等 7 个粮食主产区，平均节水灌溉面积比重约为 30%，与全国 50.6% 的整体水平尚有很大差距。这极大影响了我国农业水资源利用效率，限制了农业绿色发展水平。这表明加强粮食主产区节水灌溉设施建设，提高水资源利用效率是当前我国农业绿色发展的重要任务。

3. 生产高效方面有待提高

生产高效水平由农业土地产出率和农业劳动生产率两个指标加以衡量，经 2017 年数据测算，全国生产高效水平为 7.3 分，生产高效水平低下已经成为制约我国农业绿色发展的最大短板。2017 年全国农业劳动生产率约为 3 万元，距离目标值 6 万元相距较远。农业土地产出率是 4.8 万元/公顷，距离目标值 8 万元/公顷较远。由此看出，我国农业劳动和土地等要素报酬偏低，需要进一步提高。

（六）对策建议

基于上述结论，本研究提出当前阶段推进农业绿色发展的建议。

1. 推进资源利用提质增效

农业水资源消耗大和化肥、农药、农膜等化学制品不合理使用、"重使用、轻回收"的状况是阻碍农业绿色发展的重要原因。为此，依托资源高效利用和生态循环理念，把控关键资源投入的同时，促进资源循环利用和高效利用。第一，要在东北地区、中部地区等农产品主产区推进高效节水灌溉，提高水资源生产效率，破解地区农业绿色长效发展的短板。第二，进一步促进化肥农药减量使用、高效使用和环保使用。应分地区、分阶段进一步推进化肥农药减量化工程，通过测土配方施肥，有机肥替代化肥，研发推广高效缓释肥料、生物肥料等措施减量、高效、环保使用肥料；同时，通过开展跨学科、跨领域的技术协作，增强减肥减药的技术支撑，增强联防联控的协同效应等。第三，继续推进农业秸秆和畜禽废弃物资源化利用。应尽可能采取干湿分离或者沼气转化等方式，防治粪污环境污染的同时，实现资源化利用；农作物秸秆利用方面，推进秸秆肥料化、饲料化等多途利用，加强新技术、新工艺及新设备的研发，提高资源化利用效率；在农膜使用回收方面，一方面通过增加专项资金拨付，构建完善农户收集、乡镇转运、县级处理的农膜回收体系，另一方面探索"谁生产、谁回收"的地膜生产者责任制度。

2. 构建和完善农业绿色发展的制度体系

完善制度体系是破解农业绿色发展面临的难题，导引农业生态化发展的关键。第一，改革创新价格机制、奖惩机制、考评机制等，导引农业绿色发展趋向。探索建立反映市场供求、资源稀缺、生态环境损害成本和修复效益的资源环境定价机制，逐步形成反映资源价值和环境成本的新型价格机制。积极探索完善农业生态补偿和环境污染责任追究和惩罚机制，纠正外部性缺陷。结合生态文明建设的考评，将农业生态化发展内化到绿色发展的地方政府考评中，导引地方政府促进农业生态化发展的趋向和标准。第二，改变财政支农趋向，为农业绿色发展提供政策支持。一方面要通过较少石化资源生产和使用补贴，提高石化资源使用成本，降低石油农业比较优势；另一方面增强对生产、流通等诸多环节的生态化发展补贴，提高生产经营主体的积极性。第三，加强法规、标准体系建设，增强制度的制约力和导引力。借鉴日本、欧盟等国家经验，完善法规体系建设工作，在《农业法》《环境保护法》《食品安全法》《循环经济促进法》等有关法规修订过程中不断强化绿色发展要素，尤其完善耕地保护、投入品管理、农业生态保护、节约用水等方面的法制要求。在现有标准体系的基础上，一方面完善多层级的农业生态化发展的标准体系，另一方面完善生产资料标准、管理过程标准、农产品标准等全流程标准体系，提高标准的规范指导作用。

3. 加强农业绿色发展的全方位服务支撑体系建设

加强多层次、全方位的服务支撑体系建设，降低生产经营主体的机会成本，提高农业绿色发展的服务支撑能力。第一，加强农业科技体系建设，提高农业绿色发展的科技支撑水平。明确技术研发和创新的重点方向，研发要注重应用性和创新性，突出资源高效利用技术、病虫害生态防治技术、农业生态保育技术等研发和创新工作；构建教育、科研、推广机构、行业协会多方参与的科技服务组织，形成农科教、产学研一体化的新型农业科技推广体系；要加强专业人才的培养工作，依托各层次院校以及"互联网+"、大数据、共享经济、定制农业等技术平台和手段，加强

表 10 农业绿色发展评价指标数据

	资源节约				环境友好			生产高效			产品安全		生活美好	
	1.节水灌溉面积比例(%)	2.万元农业增加值耗水(立方米)	3.万元农业增加值能耗(吨标准煤)	4.农药减量水平(%)	5.化肥施用强度(千克/公顷)	6.地膜使用水平(千克/千公顷)	7.畜禽粪污承载力	8.农业劳动生产率(万元/人)	9.农业土地产出率(万元/公顷)	10.劳均休闲农业接待人次(人次)	11.万元农业增加值绿色食品产品数(个/万元)	12.农产品质量安全例行监测合格率(%)	13.农民人均可支配收入(元)	14.人均粮食自给率	15.湿地占辖区面积比重(%)
全国	50.6	582.5	0.1	-7.4	352.3	10.7	0.4	3.0	4.8	248.5	0.4	97.5	13 432.4	100.0	5.6
北京	173.8	415.3	0.3	-22.3	703.1	11.0	1.8	5.0	5.7	726.9	2.2	98.3	24 240.5	11.6	2.9
天津	76.8	614.9	0.5	-34.4	409.6	8.6	0.7	2.6	4.0	266.2	0.9	97.1	21 753.7	35.5	23.9
河北	76.3	382.4	0.1	-8.2	384.2	9.4	0.5	2.7	5.1	164.2	0.2	96.3	12 880.9	99.1	5.0
山西	53.7	595.5	0.3	-5.8	313.1	7.8	0.3	1.5	1.9	218.0	0.2	98.0	10 787.5	63.9	1.0
内蒙古	88.2	823.2	0.4	13.1	260.7	8.4	0.1	3.5	1.8	372.6	0.4	96.5	12 584.3	91.8	5.1
辽宁	57.7	407.9	0.1	-2.8	348.7	7.6	0.8	3.7	4.0	258.2	0.5	98.1	13 746.8	98.1	9.4
吉林	40.1	789.3	0.2	-0.4	379.5	4.3	0.3	2.9	1.6	253.6	0.7	97.8	12 950.4	91.0	5.3
黑龙江	34.6	1041.9	0.2	-0.3	170.1	2.0	0.1	6.6	1.9	212.2	0.8	98.0	12 664.8	88.7	11.3
上海	76.6	1450.9	3.4	-26.1	312.4	19.8	0.4	12.6	6.0	634.7	2.4	97.4	27 825.0	13.8	73.3
江苏	63.8	650.4	0.1	-8.2	402.2	9.8	0.3	7.2	9.4	126.4	0.5	97.6	19 158.0	87.9	27.5
浙江	76.1	410.1	0.2	-20.1	416.9	14.6	0.4	3.7	10.0	204.4	0.6	97.5	24 955.8	33.5	10.9
安徽	21.7	584.5	0.1	-12.1	365.2	7.3	0.3	2.5	4.6	264.7	0.8	96.5	12 758.2	94.7	7.5
福建	61.8	397.5	0.1	-7.9	750.7	23.8	1.3	4.0	17.2	559.5	0.2	98.0	16 334.8	55.4	7.2
江西	26.7	823.3	0.1	-8.8	239.4	10.8	0.4	2.9	6.2	31.9	0.3	98.6	13 241.8	90.8	5.5
山东	61.9	262.0	0.1	-9.4	396.1	15.1	0.7	3.0	6.7	203.0	0.7	97.0	15 117.5	100.0	11.1
河南	35.9	284.9	0.1	-6.3	479.7	9.0	0.4	2.3	5.3	125.3	0.2	98.4	12 719.2	100.0	3.8
湖北	15.2	401.3	0.1	-13.1	399.6	7.2	0.4	4.7	7.0	187.8	0.4	98.5	13 812.1	100.0	7.8
湖南	12.6	611.9	0.1	-5.3	294.8	13.6	0.5	2.5	7.6	348.8	0.4	98.4	12 935.8	97.7	4.8

（续表）

	资源节约			环境友好			生产高效			产品安全		生活美好	
	1.节水灌溉面积比例(%)	2.万元农业增加值耗水(立方米)	3.万元农业增加值耗能(吨/标准煤)	4.农药减量水平(%)	5.化肥施用水平(千克/公顷)	6.地膜使用强度(千克/千公顷)	7.畜禽粪污承载力	8.农业劳动生产率(万元/人)	9.农业土地产出率(万元/公顷)	10.劳均休闲农业接待人次(人次)	11.万元农业增加值绿色食品产品数(个/万元)	12.农产品质量安全例行监测合格率(%)	13.农民人均可支配收入(元)	14.人均粮猪菜自给率	15.湿地占辖区面积比重(%)
---	---	---	---	---	---	---	---	---	---	---	---	---	---	---	---
广东	18.4	593.4	0.1	0.1	611.0	10.3	0.9	3.3	14.3	529.7	0.2	98.4	15 779.7	41.4	9.8
广西	64.0	660.5	0.1	-1.9	441.9	8.3	0.6	2.3	6.8	246.7	0.1	96.8	11 325.5	79.8	3.2
海南	30.8	335.2	0.3	-15.1	724.6	23.0	0.9	6.0	13.8	662.5	0.1	97.5	12 901.8	65.9	9.1
重庆	33.6	195.3	0.1	-5.1	286.0	10.4	0.4	2.8	5.5	292.3	0.6	97.5	12 637.9	87.4	2.5
四川	59.3	367.7	0.1	-6.0	252.7	13.5	0.5	2.8	6.5	295.9	0.3	99.1	12 226.9	93.3	3.6
贵州	29.9	275.2	0.1	-2.6	169.1	7.1	0.2	2.2	4.7	777.4	0.0	96.4	8 869.1	85.3	1.2
云南	46.9	454.2	0.1	1.3	341.5	15.5	0.4	1.7	3.8	463.3	0.3	96.7	9 862.2	85.2	1.4
西藏	11.6	2 136.6	0.1	4.9	216.5	3.3	0.1	1.5	2.8	377.7	0.3	97.4	10 330.2	43.4	5.4
陕西	73.7	317.9	0.1	2.5	571.1	5.6	0.2	3.0	4.6	717.2	0.2	97.4	10 264.5	67.3	1.5
甘肃	76.7	1 030.1	0.2	-31.2	225.2	20.2	0.2	1.6	1.7	246.2	0.8	96.9	8 076.1	79.1	3.7
青海	55.8	793.4	0.1	-2.2	156.7	11.4	0.2	2.3	4.1	246.0	1.2	98.2	9 462.3	39.1	11.3
宁夏	70.2	2 129.2	0.1	-3.8	360.2	9.0	0.1	2.6	2.1	319.4	0.9	98.7	10 737.9	79.8	4.0
新疆	80.7	3 136.0	0.3	10.7	425.9	41.9	0.1	5.3	3.1	287.5	0.3	96.7	11 045.3	81.0	2.4
东部	63.3	451.7	0.1	-8.9	442.8	12.8	0.6	3.7	4.1	218.9	0.4	97.5	19 094.8	72.5	18.1
中部	26.1	498.7	0.1	-8.9	375.0	9.0	0.4	2.6	5.1	165.4	0.4	98.1	12 709.1	100.0	5.0
西部	67.6	733.4	0.1	-5.9	319.0	14.4	0.3	2.5	6.1	396.2	0.3	97.4	10 618.5	96.7	3.8
东北	39.6	790.0	0.2	-1.1	250.8	3.6	0.3	4.5	7.1	250.1	0.7	98.0	13 120.7	93.1	8.7
华北	77.9	539.2	0.2	-4.3	323.0	8.6	0.3	2.6	8.1	266.0	0.3	97.2	12 590.0	90.1	7.6

· 267 ·

表 11 农业绿色发展评价结果

指标 地区	资源节约			环境友好				生产高效			产品安全		生活美好			综合得分
	1.节水灌溉比例	2.万元农业增加值耗水	3.万元农业增加值耗能	4.农药减量水平	5.化肥施用水平	6.地膜使用强度	7.畜禽粪污承载力	8.农业劳动生产率	9.农业土地产出率	10.劳均休闲农业接待人次	11.万元农业增加值有效使用标绿色食品产品数	12.农产品质量安全例行监测合格率	13.农民人均可支配收入	14.人均猪肉自给率	15.湿地占辖区面积比重	
全国	5.6	3.4	6.7	4.9	4.3	3.1	6.5	3.3	4.0	4.1	0.9	6.6	3.0	6.3	4.7	67.6
北京	6.7	4.8	2.0	6.7	2.1	3.0	0.0	5.5	4.8	6.7	4.9	6.7	5.4	0.7	2.4	62.3
天津	6.7	3.3	1.4	6.7	3.7	3.9	6.2	2.9	3.3	4.4	2.0	6.6	4.8	2.3	6.7	64.7
河北	6.7	5.2	4.7	5.5	3.9	3.5	6.4	2.9	4.2	2.7	0.6	6.6	2.9	6.3	4.2	66.3
山西	6.0	3.4	2.1	3.8	4.8	4.3	6.7	1.6	1.6	3.6	0.5	6.7	2.4	4.1	0.8	52.2
内蒙古	6.7	2.4	1.9	0.0	5.8	4.0	6.7	3.9	1.5	6.2	0.8	6.6	2.8	5.8	4.2	59.2
辽宁	6.4	4.9	4.6	1.8	4.3	4.4	6.1	4.1	3.4	4.3	1.1	6.7	3.1	6.2	6.7	68.0
吉林	4.5	2.5	3.8	0.3	4.0	6.7	6.7	3.3	1.4	4.2	1.5	6.7	2.9	5.8	4.4	58.5
黑龙江	3.8	1.9	3.2	0.2	6.7	6.7	6.6	6.7	1.6	3.5	1.8	6.7	2.8	5.6	6.7	64.5
上海	6.7	1.4	0.2	6.7	4.8	1.7	6.6	6.7	5.0	6.7	5.2	6.6	6.2	0.9	6.7	71.9
江苏	6.7	3.1	6.5	5.5	3.7	3.4	6.5	6.7	6.7	2.1	1.0	6.6	4.3	5.6	6.7	75.1
浙江	6.7	4.9	3.3	6.7	3.6	2.3	6.6	4.1	6.7	3.4	1.3	6.6	5.5	2.1	6.7	70.4
安徽	2.4	3.4	6.7	6.7	4.1	4.5	6.6	2.8	3.8	4.4	1.8	6.6	2.8	6.0	6.2	68.9
福建	6.7	5.0	6.7	5.3	2.0	1.4	0.0	4.5	6.7	6.7	0.5	6.7	3.6	3.5	6.0	65.2
江西	3.0	2.4	6.7	5.9	6.3	3.1	6.5	3.2	5.1	0.5	0.7	6.7	2.9	5.8	4.5	63.2
山东	6.7	6.7	6.7	6.3	3.8	2.2	6.2	3.4	5.6	3.4	1.4	6.6	3.4	6.3	6.7	75.2
河南	4.0	6.7	6.7	4.2	3.1	3.7	6.5	2.5	4.4	2.1	0.3	6.7	2.8	6.3	3.1	63.2
湖北	1.7	5.0	6.7	6.7	3.8	4.6	6.5	5.2	5.9	3.1	1.0	6.7	3.1	6.3	6.5	72.7

（续表）

指标	资源节约			环境友好				生产高效			产品安全		生活美好			综合得分
地区	1.节水灌溉比例	2.万元农业增加值耗水	3.万元农业增加值耗能	4.农药减量水平	5.化肥施用水平	6.地膜使用强度	7.畜禽粪污库载力	8.农业劳动生产率	9.农业土地产出率	10.劳均休闲农业接待人次	11.万元农业增加值有效使用绿色食品标产品数	12.农产品质量安全例行监测合格率	13.农民人均可支配收入	14.人均粮猪菜自给率	15.湿地区面积占辖区面积比重	
湖南	1.4	3.3	5.1	3.5	5.1	2.4	6.4	2.7	6.4	5.8	0.8	6.7	2.9	6.2	4.0	62.7
广东	2.0	3.4	6.7	0.0	2.5	3.2	0.0	3.7	6.7	6.7	0.3	6.7	3.5	2.6	6.7	54.6
广西	6.7	3.0	6.7	1.3	3.4	4.0	6.3	2.5	5.6	4.1	0.2	6.6	2.5	5.1	2.7	60.6
海南	3.4	6.0	2.5	6.7	2.1	1.4	0.0	6.6	6.7	6.7	0.2	6.6	2.9	4.2	6.7	62.6
重庆	3.7	6.7	6.7	3.4	5.2	3.2	6.5	3.1	4.6	4.9	1.3	6.6	2.8	5.5	2.1	66.4
四川	6.6	5.4	6.7	4.0	5.9	2.5	6.4	3.1	5.4	4.9	0.6	6.7	2.7	5.9	3.0	69.9
贵州	3.3	6.7	6.7	1.7	6.7	4.7	6.7	2.5	3.9	6.7	0.1	6.6	2.0	5.4	1.0	64.5
云南	5.2	4.4	6.7	0.0	4.4	2.2	6.5	1.8	3.2	6.3	0.7	6.6	2.2	5.4	1.2	57.1
西藏	1.3	0.9	4.6	0.0	6.7	6.7	6.7	1.6	2.4	6.7	0.6	6.6	2.3	2.8	4.5	53.8
陕西	6.7	6.3	6.7	0.0	2.6	5.9	6.7	3.4	3.8	6.7	0.4	6.6	2.3	4.3	1.3	63.5
甘肃	6.7	1.9	3.9	6.7	6.7	1.7	6.7	1.7	1.4	4.1	1.9	6.6	1.8	5.0	3.1	59.8
青海	6.2	2.5	6.7	1.4	6.7	2.9	6.7	2.6	3.4	4.1	2.6	6.7	2.1	2.5	6.7	63.8
宁夏	6.7	0.9	4.8	2.5	4.2	3.7	6.7	2.9	1.7	5.3	2.0	6.6	2.4	5.1	3.3	58.8
新疆	6.7	0.6	2.3	0.0	3.5	0.8	6.7	5.8	2.6	4.8	0.7	6.6	2.5	5.1	2.0	50.7
东部	6.7	4.4	4.8	5.9	3.4	2.6	6.3	4.1	3.4	3.6	0.9	6.6	4.2	4.6	1.3	68.2
中部	2.9	4.0	6.4	5.9	4.0	3.7	6.5	2.9	4.2	2.8	0.9	6.7	2.8	6.3	4.2	64.3
西部	6.7	2.7	5.6	3.9	4.7	2.3	6.6	2.8	5.1	6.6	0.6	6.6	2.4	6.1	3.1	66.0
东北	4.4	2.5	3.7	0.7	6.0	6.7	6.7	5.0	5.9	4.2	1.5	6.7	2.9	5.9	6.7	69.3
华北	6.7	3.7	2.8	2.9	4.6	3.9	6.7	2.9	6.7	4.4	0.8	6.6	2.8	5.7	6.3	67.4

对绿色农业科技人员和生产经营人员的培养。第二，加强全方位服务支撑体系建设，形成完整的、强有力的农业生态化发展的服务支撑。创新服务形式，依托专业合作社、公益性创新服务平台，充分发挥政府、协会、合作社等关键服务主体的作用；依托食品短链思想、"渠道—品牌—追溯检测体系"，推动供应链体系和终端拉力建设，"双管齐下"缓解农业生态化发展过程中的信息不对称难题；依托农业绿色食品市场供需信息平台、农业绿色发展保险体系和金融支持体系，着力构建风险分散和保障体系，降低生产经营风险。

4. 因地制宜，根据农业不同发展阶段和其资源禀赋，提高农业绿色发展水平

东北地区的资源利用方式必须调整，耕地、水资源、投入品利用方式亟待改进。以提升耕地质量和农业废弃物资源化利用为重点，推进农业绿色发展。着力推进东北黑土地保护、秸秆地膜综合利用、畜禽废弃物资源化利用和废旧地膜回收。以粮食生产功能区、重要农产品生产保护区和特色农产品优势区建设为重点，巩固提升农业综合生产能力。着力打造绿色优质农产品主产区。

东部地区要从更深层次上推动农业转型，注重农业资源利用提质增效。引导工商资本和金融资本加大投入。要强化制度创新，着力在创新农业经营方式、科研组织方式、市场调控方式上下功夫，深入推进重大科研联合攻关，促进农业绿色发展。

华北地区要以种养结合为重点，推动农牧循环发展。重点是合理规划种养区域，推动集约化规模化发展，推动产业集群发展。以加快发展农产品加工物流为重点，提升农业综合效益。推进绿色食品加工业发展。

西部地区要注重要素报酬低下，农民增收难的这一发展短板，通过积极引进外来投资，扩大市场开放，激活农业农村要素，缩小各省发展差距，促进农民增收。

中部地区要在稳步推进单位耕地面积农药使用量、化肥施用量、农用塑料薄膜使用量减量的基础上，不断提升农业科研能力，支撑产业结构合理调整，改善农业生产环境，提高农业要素报酬，保障绿色农产品有效供给。

二、农业绿色发展环境管控制度研究

（一）我国农业绿色发展环境基准

1. 环境基准

（1）环境基准的提出。2014年4月24日第十二届全国人民代表大会常务委员会第八次会议通过修订的《中华人民共和国环境保护法》第二章第十五条规定：国家鼓励开展环境基准研究。这是环境基准首次在我国法律中得到明确。

2007年启动了我国环境基准领域的第一个国家项目——国家"973"项目"湖泊水环境质量演变与水环境基准研究"[①]。2009年环境保护部牵头组织了国家环境基准研究计划编写。2010年傅家谟院士与10多位环保领域院士共同写信给当时的温家宝总理，建议开展包括环境基准研究在内的三个环境科技专项研究。2010年启动的环保公益重大项目"我国环境基准技术框架体系与典型案例预研究"于2014年年底通过专家验收，该研究成果奠定了我国环境基准研究的框架与格局。2011年，环境基准与风险评估国家重点实验室正式获批建设。新修订的《中华人民共和国环境保护法》明确了环境基准的法律地位；水环境基准作为攻关研发前瞻技术列入为保障国家水安全而颁布的水污染防治行动计划（简称"水十条"）。"我国水环境质量基准基础数据调查和整编"项目列入了国家科技基础性工作专项。2015年，环境基准业务化工作启动，成为国家环境保护重点工作之一，列入政府部门预算，有了长期稳定的经费支撑，标志着环境基准从理论技术研发到实际应用的重大转折。

（2）环境基准定义。环境基准是环境质量基准的简称，是环境污染物对环境介质中的人、生物或生态系统等保护对象不产生不良或有害影响的最大限值，即"最大无害剂量"[②]。环境基准是纯自然科学的概念，是一种客观的研究结果[③]，是基于科学实验和科学推论所获得的客观结果，由环境物质与特定对象之间的剂量—效应关系确定，不包含社会、经济、技术等人为因素，也不具有法律效力，但它是制定环境标准的基础和科学依据，是环境质量标准的"底线"，环境标准规定的环境有害化学组分或物理因素的容许浓度（或剂量、强度）原则上应小于或等于相应的环境基准值。环境基准是国家进行环境管理、制定环境管理政策和法律的科学基础，也是进行环境质量评价和环境风险管理的重要技术支撑。

环境基准旨在依据科学推演明确回答生态环境保护工作"做到什么程度"的问题，是环境质量评估的目标、尺度和准绳，是生态文明建设的科学目标之一，也是

---

① 吴丰昌，赵玉杰，赵晓丽. 缅怀中国环境科学研究院环境基准与风险评估国家重点实验室学术委员会副主任傅家谟院士 [J]. 生态毒理学报，2016，11（2）：3-5.

② 熊跃辉，谷雪景. 环境基准研究工作的问题与对策 [J]. 环境保护，2015，43（15）：12-15.

③ 周启星. 环境基准研究与环境标准制定进展及展望 [J]. 生态与农村环境学报，2010，26（1）：1-8.

对"天更蓝""山更绿""水更清"目标的科学化解读①。

不同的环境要素存在各自不同的基准,例如,大气中二氧化硫年平均浓度超过0.115毫克/立方米,对人体健康就会产生有害影响,这个浓度值就称为大气中二氧化硫的基准。

(3)世界各国环境基准研究开展情况。世界各国的发展经验表明,加强环境基准研究至关重要。众多发达国家已将构建国家环境基准体系作为环境安全的优先发展战略。环境基准需要多方实验,是耗资大、费时长的基础性研究,每个环境基准资料的获得需要较长时间做大量而细致的科学研究工作,其成果是一个国家科研实力的体现。

北美、欧洲等发达国家,以及世界卫生组织(WHO)、联合国环境规划署(UNEP)等国际组织开展了大量的环境基准研究,不断出版发布一些具有广泛影响的基准资料和文件。世界卫生组织分别于1984年、1993—1997年和2004年出版了《饮用水水质准则》的第1至第3版②,2011年7月4日又发布了第四版《饮用水水质准则》③,还于2005年发布了《全球空气质量指南》。美国20世纪60年代以来,投入巨资开展了系统的环境基准研究。在水质基准方面,美国环境保护局自1968年发布《绿皮书》后,相继对基准进行多次修订和补充完善,发布了《蓝皮书》《红皮书》《金皮书》,1999年、2002年、2004年、2006年、2009年及2012年等一系列水质基准,以及《国家推荐水质基准》。在土壤环境基准方面,美国环境保护局1996年发布《土壤筛选导则:用户指引》和《土壤筛选导则:技术背景文件》,2003年发布了《生态土壤筛选值制定导则》。在大气环境质量基准方面,美国的大气质量基准以颗粒物为主,发布了《颗粒物空气质量基准文件》。总体上,美国已经形成了比较完整的环境基准体系,奠定了在国际环境保护领域中的领先地位。日本、加拿大、澳大利亚等也相继开展了环境基准研究,构建了各国自己的环境基准体系。

(4)我国环境基准研究开展情况。在我国,最早由一些科研人员对环境介质中

---

① 白英臣,葛峰,黄薇. 进一步推进国家环境基准体系建设. 中国环境报,2018年6月18日,第003版.

② 李宗来,宋兰合. WTO《饮用水水质准则》第四版解读[J]. 城镇给排水,2012,38(7):9-13.

③ World Health Organization. Guidelines for drinking-water quality. Fourth edition. Geneva, 2011.

的污染物安全阈值、生物健康效应等进行探索研究①。2005 年国务院明确提出"科学确定基准"的要求，随后中科院、相关高校以及环保系统的重点科研单位在环境基准领域开展了一些基础研究工作。如中国科学院生态环境研究中心、中国科学院南京土壤研究所、中国农业科学院、南开大学、南京大学、中国环境科学研究院、环境保护部南京环境科学研究所等，均开展了大量环境基准研究工作。2016 年，原环境保护部在部门内启动了国家环境基准管理项目，并组织中国环境科学研究院等科研单位启动了相关研究，基准研究上升为国家统一规范阶段，使构建我国国家环境基准体系成为可能。

环境基准研究是一个涉及众多科学领域的庞大课题。当前，环境基准工作的重点是大气、水、土壤三种环境介质中的环境基准研究。

水环境基准。在水环境基准研究方面，我国已设立多个项目，开展基于我国区域特征和国情的水环境基准研究，如环保公益专项"我国环境基准技术框架与典型案例预研究"、国家重大水专项中的"流域水环境质量基准与标准体系研究""973"项目"湖泊水环境质量演变与水环境基准研究"等，并且于 2011 年经科技部批准，在中国环境科学研究院建立了我国环境基准与风险评估国家重点实验室。相关研究者在总结已有研究成果的基础上提出了我国环境基准体系中长期路线图，还有研究者提出了保护人体健康基准的理论与方法学。原生态环境部科技标准司组织中国环境科学研究院等技术支撑单位在前期研究的基础上，确定了水质基准制定技术方法和规范，完成了水质基准目标污染物清单筛选，发布了《淡水水生生物水质基准制定技术指南》《人体健康水质基准制定技术指南》《湖泊营养物基准制定技术指南》等水质基准技术指南，并正在开展水环境污染物质基准值制定工作，初步建立了具有我国特色的水环境基准技术方法体系。

大气环境基准。在大气环境基准研究方面，我国至今未发布环境空气污染物基准文件；环境流行病学方面开展了关于大气污染物对公众健康影响的研究，包括空气污染对死亡率、呼吸系统疾病发病率等方面的影响。在国家环保公益专项中已经设置了"基于健康风险评价环境空气铅质量标准限值制定方法研究""我国大气颗粒物环境基准预研究""我国大气污染健康影响前瞻性队列调查的关键技术、方法与应用研究"等研究项目。总的来说，研究成果还比较薄弱，我国《环境空气质量

---

① 白英臣，葛峰，黄薇. 进一步推进国家环境基准体系建设. 中国环境报，2018 年 6 月 18 日，第 003 版.

标准》(GB 3095—2012)主要参考国际上的环境空气质量基准研究成果,如 WHO 发布的空气质量准则以及美国环境空气质量污染物基准的研究成果。

土壤环境基准。我国土壤环境基准研究已积累了一些经验。我国土壤环境基准的研究起步较晚[1],在 20 世纪 80 年代末和 90 年代初,周启星[2]利用土壤环境背景值调查研究开展土壤环境质量基准的研究。此后,Wuetal[3][4]在土壤环境背景值研究的基础上,考虑作物生态效应,提出了我国土壤污染物 Cd、Hg、Pb 及 As 的土壤环境质量基准值。国内一些研究者还根据污染物的土壤背景值确定了我国河套地区[5]、冀东地区[6]、江淮流域[7]、山东省东部地区[8]、成都市[9]等地区的土壤中以重金属为主的环境质量基准值。成杭新等[10]对中国 31 个省会城市 4 810 件土壤样品中 52 种化学元素数据进行分析计算,得到它们的基准值。通过全国范围内的研究,发现不同地区土壤环境质量基准值存在很大差异,因而需要建立适用于我国各地区使用的土壤基准值。

在相关研究的基础上,1995 年编制了《土壤环境质量标准》(GB 15618—1995),2018 年 6 月 22 日生态环境部发布了《土壤环境质量 农用地土壤污染风险管控标准(试行)》(GB 15618—2018)和《土壤环境质量 建设用地土壤污染风险管控标准(试行)》(GB 36600—2018)两项国家环境质量标准,同时宣布废止

---

[1] 张耀丹,邱琳琳,杜文超,等.土壤环境基准的研究现状及展望[J].南京大学学报(自然科学),2017,53(2):209-217.

[2] 周启星.用土壤环境背景值资料订立土壤 Hg、Cd 的环境基准.博士论文.沈阳:中国科学院沈阳应用生态研究所,1989.

[3] Wu Y, Zhou Q, Adriano DC. Interim environmental guidelines for cadmium and mercury in soils of China. Water, Air, and Soil Pollution, 1991, 57-58 (1): 733-743.

[4] Wu Y, Tina J, Zhou Q. Study on the proposed environmental guidelies for Cd, Hg, Pb and As in soil of China. Journal of Environmental Sciences, 1992, 4 (1): 66-73.

[5] 王喜宽,黄增芳,苏美霞,等.河套地区土壤基准值及背景值特征.岩矿测试,2007,26(4):287-292.

[6] 郭海全,马忠社,郝俊杰,等.冀东土壤地球化学基准值特征及研究意义.岩矿测试,2007,26(4):281-286.

[7] 陈兴仁,陈富荣,贾十军,等.安徽省江淮流域土壤地球化学基准值与背景值研究.中国地质,2012,39(2):302-310.

[8] 代杰瑞,庞绪贵,喻超,等.山东省东部地区土壤地球化学基准值与背景值及元素富集特征研究.地球化学,2011,40(6):577-587.

[9] 唐文春,金立新,周雪梅.成都市土壤中元素地球化学基准值研究及其意义.物探与化探,2005,29(1):71-83.

[10] 成杭新,李括,李敏,等.中国城市土壤化学元素的背景值与基准值.地学前缘,2014,21(3):265-306.

《土壤环境质量标准》（GB 15618—1995）。2018年生态环境部发布了《生态安全土壤环境基准制定技术指南（征求意见稿）》《人体健康土壤环境基准制定技术指南（征求意见稿）》和《农产品安全土壤环境基准制定技术指南（征求意见稿）》三项国家环境保护标准。

总体上，我国环境基准研究与世界发达国家相比存在很大的差距，且缺乏系统性。

2. 农业绿色发展环境基准

（1）农业环境基准的提出。经文献检索，未查到"农业环境基准"一词，但有"农业土壤质量基准""污染土壤修复基准""农用地土壤环境基准"。"农业环境基准"一词似乎为本课题首创。

（2）农业环境基准定义。因文献检索未查到"农业环境基准"一词，所以也无现成的"农业环境基准"的定义。

根据"环境基准"定义，我们将"农业环境基准"定义为：农业环境基准是指农业环境中的污染物及某些特定环境条件对人、生物、整个生态系统，以及生产作业不产生不良或有害影响的最大限值，是制定农业绿色发展环境质量标准的基础和科学依据，是国家进行农业环境管理、制定农业环境管理政策和法律的科学基础，也是进行农业环境质量评价和环境风险管理的重要技术支撑。

（3）农业环境基准的主要要素。根据环境基准定义，环境基准不包含社会、经济、技术等人为因素，主要是指自然环境。本文在定义"农业环境基准"时也不包含社会、经济、技术等人为因素。为此，农业环境基准主要包括农业土壤环境基准、农业水环境基准、农业大气环境基准、农业作业环境基准四大方面。

农田土壤环境基准。主要考虑农田土壤污染物和农田土壤肥力限值。目前，人们考虑的重点是农田土壤污染物限值，因为农田污染物不仅影响农产品质量，还影响区内人们的生存环境质量。农田土壤肥力质量的好坏，直接影响农产品产出，农田土壤肥力一旦降低到某一极限值，农田将失去农产品生产功能，为此，也应将农田土壤肥力要素纳入农田土壤环境基准。

农业水环境基准。主要考虑农业用水污染物和农业用水保障率限值。目前，人们考虑的重点是农田用水污染物限值，因为农业用水一旦受到污染物，不仅污染灌溉农田、农作物、畜禽水产品，还影响区域内人们的生存环境质量。农业用水保障率的高低直接影响农业生产的发展，农业用水一旦降低到某一极限值，农田将失去农作物生产功能，畜禽水产生产也将难以存在，为此，也应将农业用水保障率纳入农业水环境基准。

农业大气环境基准。主要考虑对农田、农作物、畜禽水产品具有明显影响的大气污染要素。

农业作业环境基准。主要考虑对农业生产具有突出影响的特定环境要素，如农田坡度、农田破碎度、农田土壤侵入体。当农田坡度达到某一极值时，农业机械将无法作业；当农田达到某一破碎极值时，农业机械也将无法作业；当农田土壤中固体侵入物达到某一极值时，农田也将失去可耕性，为此，应将农业作业环境要素纳入农田环境基准。

（二）我国农业绿色发展环境管控制度

1. 农业绿色发展面临的主要环境问题

农业绿色发展是以资源环境承载力为基准，以资源利用节约高效为基本特征，以生态保育为根本要求，以环境友好为内在属性，以绿色产品供给有力为重要目标的人与自然和谐共生的发展新模式。农业绿色发展更加注重资源节约、生态保育、环境友好，但在现阶段农业绿色发展过程中，农田土壤环境退化问题日渐凸显，水资源不合理的开发和利用日益加剧，农业投入品过量使用问题突出，农业废弃物不合理处置形势严峻，对农业绿色发展的环境管控提出了严峻的挑战。

（1）农田土壤环境退化问题日渐凸显。一是土壤有机质含量依然偏低。全国农田耕层土壤有机质平均含量为24.65克/千克，其中小于20克/千克的农田面积占比高达50.4%，而大于30克/千克的农田面积占比只有22.4%[1]。

二是耕地土壤污染问题日益突出。由于污水灌溉、大气污染物沉降、无序堆放的固体废弃物及生活垃圾和不合理的农业生产过程等原因[2]，我国农田土壤环境质量日趋恶化。根据《全国土壤污染状况调查公报》，耕地土壤点位污染超标率为19.4%，相当于近1/5的耕地受到了污染，其中轻微、轻度、中度和重度污染点位比例分别为13.7%、2.8%、1.8%和1.1%，污染物主要为镉、镍、铜、砷、汞、铅、滴滴涕和多环芳烃。从污染分布情况看，长江三角洲、珠江三角洲、东北老工业基地等部分区域土壤污染问题较为突出，部分地区土壤污染较重，耕地土壤环境

---

[1] 杨帆，徐洋，崔勇，孟远夺，董燕，李荣，马义兵. 近30年中国农田耕层土壤有机质含量变化[J]. 土壤学报，2017，54（5）：1047-1056.

[2] 陈印军，杨俊彦，方琳娜. 我国耕地土壤环境质量状况分析[J]. 中国农业科技导报，2014，16（2）：14-18.

质量堪忧。

（2）水资源不合理的开发和利用日益加剧。一是农田灌溉用水效率较低。根据《2017年中国水资源公报》[①]，2017年我国农业用水量为3 766.4亿立方米，占全国总用水量的62.3%，耕地实际灌溉亩均用水量377立方米，农田灌溉水有效利用系数为0.548，与发达国家0.7~0.8的利用系数差距很大。

二是地下水超采问题突出。2015年，全国地下水超采总面积近30万平方千米，年均超采近170亿立方米[②]，其中，华北地区地下水超采问题最严重，已形成了跨京、津、冀、鲁的世界上最大的地下水漏斗区。

（3）农业投入品过量使用问题突出。一是化肥过量使用。2017年，全国化肥使用量5 859.4万吨[③]，尽管化肥使用总量连续两年减少，并且化肥利用率也有所提高（其中三大粮食作物化肥利用率增至37.8%），但单位面积农田化肥施用量仍偏高，施肥不均衡现象仍存在，不仅增加农业生产成本、浪费资源，也造成耕地土壤板结、土壤酸化、环境污染。

二是农药过量使用。2017年，全国农药使用量165.5万吨，尽管连续三年实现负增长，并且农药利用率上升至38.8%，比2015年提高2.2个百分点[④]，但农药不合理使用现象仍然存在，影响了农产品质量安全和生态环境安全。

三是抗生素不合理使用。畜禽、蜂和水产养殖过程中抗生素滥用的情况普遍存在，造成环境中耐药性细菌蔓延、土壤和水体抗生素污染以及动物性食品药物残留。

（4）农业废弃物不合理处置形势严峻。一是农作物秸秆不合理处理造成环境污染。2017年我国秸秆理论资源量为8.84亿吨，可收集资源量约为7.36亿吨，秸秆综合利用率为82%左右，当前秸秆利用主要以就地还田为主。由于秸秆离地处理成本高，还田秸秆降解慢，下茬作物病虫害加重等原因，秸秆无序利用造成环境污染的情势依然严峻。秸秆焚烧造成大气污染的现象依然存在，2017年秋收秋种期间，环保部监测到全国秸秆焚烧火点3 638个，同比增加73%；农村地区秸秆无序堆放和随意废弃现象仍较普遍，秸秆堆放容易进入水体造成水环境污染。

---

① 中华人民共和国水利部. 2017年中国水资源公报. ［EB/OL］. http：//www. mwr. gov. cn/ sj/tjgb/szygb/201811/t20181116_1055003. html

② 夏红真. 全国人民代表大会常务委员会执法检查组关于检查《中华人民共和国水法》实施情况的报告. ［EB/OL］. http：//www. npc. gov. cn/npc/xinwen/2016-10/12/content_1999020. htm.

③ 国家统计局. 中国农村统计年鉴［J］. 北京：中国统计出版社，2018，3-9.

④ 国家统计局. 中国农村统计年鉴［J］. 北京：中国统计出版社，2018，3-9.

二是畜禽粪污无序堆放造成环境污染。全国第一次污染源普查公报数据,全国畜禽养殖业排放的化学需氧量占农业源排放总量的96%,是造成农业面源污染的首要污染源。2017年,全国畜禽粪污总量将近40亿吨,畜禽粪污综合利用率为64%,仍有约14亿吨畜禽粪污未能得到有效利用[①],对环境造成污染的形势依然严峻。

三是残膜在局部地区造成"白色污染"。截至2017年年底全国的农用塑料薄膜已达到252.8万吨[②],从2013年农膜使用增长量开始下降,在2016年首次达到负增长,但目前我国当季农膜回收率不足70%,回收处置技术服务和加工利用体系尚不完备,局部地区地膜残留污染严重。

2. 农业绿色发展环境管控的主要内容

根据上述农业绿色发展及其面临的主要环境问题,农业绿色发展环境管控的主要内容包括:农田土壤环境管控、农业用水管控、农业生产投入品管控、农业副产物管控四个方面。其中农田土壤环境管控主要对农田土壤有机质和农田土壤污染进行管控;农业用水管控主要对干旱缺水区和地下水超采区的农业用水总量和用水效率进行管控;农业生产投入品管控主要对化肥、农药、抗生素和农膜的合理使用进行管控;农业废弃物管控主要对农作物秸秆和畜禽粪污的废弃物处理和资源化利用进行管控。

(1)农田土壤环境管控。一是农田土壤有机质管控。有机质是土壤肥力的核心指标,其含量和组成影响土壤团粒结构、微生物种群与活性、土壤保肥能力和缓冲性等,对农作物长势和产量具有决定性作用[③]。农田土壤有机质管控主要是针对我国农田土壤有机质含量总体偏低问题提高土壤有机质含量;针对部分区域土壤有机质继续下降问题,采取综合措施扭转继续下降局面。

二是农田土壤污染管控。主要是针对污水灌溉、固废无序堆放、重金属污染等问题,强化污染物管控机制,控制农田污染。

(2)农业用水管控。一是地下水漏斗区农业用水管控。主要是针对过度利用地下水加剧地下水漏斗问题,强化地下水利用管控机制,提高用水效率,控制用水数量。

---

① 刘淼. 农业部就整县推进畜禽粪污资源化利用有关情况举行发布会. [EB/OL] http://www.gov.cn/xinwen/2017-08/30/content_5221475.htm#1
② 国家统计局. 中国农村统计年鉴[J]. 北京:中国统计出版社,2018,3-9.
③ 徐明岗,卢昌艾,张文菊,李玲,段英华. 我国耕地质量状况与提升对策[J]. 中国农业资源与区划,2016,37(7):8-14

二是干旱缺水区农业用水管控。主要是针对干旱半干旱地区过度发展高耗水农业所带来的水资源环境问题，强化降水利用与灌溉水管控机制，提高用水效率，控制用水数量。

（3）农业生产投入品管控。一是农业生产投入品数量管控。农业生产投入品数量管控主要对化肥、农药和抗生素数量的控制，包括实现化肥和农药总量负增长的管控机制，以及实现抗生素总量负增长和饲料零添加的管控机制。

二是农业生产投入品质量管控。农业生产投入品质量管控主要包括肥料、农药和农膜质量控制。

三是农业生产投入品废弃物管控。主要包括化肥与农药包装物和残膜的控制。

（4）农业废弃物管控。一是农作物秸秆管控。主要是针对农作物秸秆无序堆放、焚烧和资源化利用几个问题，强化秸秆无害化处理与资源化利用管控。

二是畜禽粪污管控。主要管控畜禽粪污无序堆放、重金属和抗生素含量、环境容量（养殖规模—粪污总量控制）和资源化利用几个方面。

3. 我国已出台的相关农业环境管控制度分析

（1）农田环境管控制度。面对严峻的土壤环境形势，国家已经采取一系列管控措施加强土壤环境保护和污染治理，坚决向土壤污染宣战。一是建立了农田土壤质量标准体系，为土壤质量调查监测与评价提供了科学的指标和方法。二是编制了《土壤污染防治行动计划》，为推进土壤和地下水污染防治法律法规体系建设提供基础支撑。三是制定了《中华人民共和国土壤污染防治法》，填补了土壤立法的重要的空白。四是制定了国家《农用地土壤污染风险管控标准》，确定了污染物的风险筛选值和风险管制值。五是实施土壤修复工程，建立土壤污染治理试点，并逐步完善土壤污染治理修复技术体系。国家还将出台土壤污染治理与修复终身责任追究办法，以强化土壤环境监管职能，建立土壤污染责任终身追究机制。

农田土壤质量标准体系。2012年6月9日，由自然资源部起草的《农用地质量分等规程》《农用地定级规程》《农用地估价规程》三个国家标准发布，2012年10月1日正式实施，正式取代了2003年发布的农用地分等、定级、估价行业标准。《耕地质量等级》经国家质检总局、国家标准委批准发布，于2016年12月30日起实施，这是我国首部耕地质量等级国家标准，该标准将全国耕地质量划分为10个等级。2018年《土壤质量 土壤采样技术指南》和《土壤质量 自然、近自然及耕作土壤调查程序指南》等国家标准相继出台，进一步规范土壤质量状况的调查、分析和评估。

土壤污染防治行动计划。2016年5月28日,《土壤污染防治行动计划》由国务院印发,自2016年5月28日起实施,是当前和今后一个时期全国土壤污染防治工作的行动纲领。《计划》提出,到2020年,受污染耕地安全利用率达到90%左右,污染地块安全利用率达到90%以上。到2030年,受污染耕地安全利用率达到95%以上,污染地块安全利用率达到95%以上。并计划在浙江省台州市、湖北省黄石市、湖南省常德市、广东省韶关市、广西壮族自治区河池市和贵州省铜仁市建设土壤污染综合防治先行区。

土壤污染防治法。2018年8月,十三届全国人大常委会第五次会议通过了《中华人民共和国土壤污染防治法》,于2019年1月1日正式实施。相比《大气污染防治法》和《水污染防治法》,《土壤污染防治法》对政府、土地使用权人和土壤污染人等相关利益人的责任规定十分详细,对农业投入品生产者、销售者和使用者都有明确的规定。

农用地土壤污染风险管控标准。2018年6月22日,生态环境部发布《土壤环境质量 农用地土壤污染风险管控标准(试行)》(GB 15618—2018),对镉、汞、砷、铅、铬5种重金属制定风险管制值,对镉、汞、砷、铅、铬、铜、锌、镍、六六六、滴滴涕、苯并[a]芘11个污染物项目制订风险筛选值。当土壤中污染物低于风险筛选值时,农产品超标等风险很低,可以忽略;当土壤中污染物高于风险管制值时,农产品超标风险很高,且难以通过农艺调控、替代种植等措施降低超标风险,该农用地需要严格管控。介于筛选值和管制值之间的,农产品存在超标风险,一般可通过农艺调控、替代种植等措施达到安全利用。该标准与2018年8月1日正式实施。

土壤污染治理试点。主要在湖南省长株潭重金属超标的重度污染区,采取"一边休耕,一边治理,一边培肥"的休耕模式,建立防护隔离带、阻控污染源,采取施用石灰、翻耕、种植绿肥等农艺措施,以及生物移除、土壤重金属钝化等措施,修复治理污染耕地。2014年开始,中央安排专项资金,在湖南省长株潭地区选择17个县(市、区)开展重金属污染耕地修复及农作物种植结构调整试点。试点面积由2014年的170万亩扩大到2017年的272万亩。

(2)水环境管控制度。为实现水资源的可持续利用,国家已经出台了一系列农业水资源管控法律和制度。一是最严格水资源管理制度,对用水总量和用水效率进行双控。二是颁布了《农田水利条例》,进一步强化农田灌溉用水要求,为农业灌溉水源和农田水利提供了法律保障。三是建立了水权与水价制度,促进了农业节水。四是建立了地下水漏斗区季节性休耕试点制度,减少了灌溉水使用,优化了种植结构。国家还将出台新的《农田灌溉水质标准》,保障灌溉水质安全。

最严格水资源管理制度。2010年12月31日,国务院发布《关于加快水利改革发展的决定》,提出要建立最严格水资源管理制度。2012年1月12日,国务院印发《关于实行最严格水资源管理制度的意见》,对实行该制度作出的全面部署和具体安排,具体包括用水总量控制制度、用水效率控制制度、水功能区限制纳污制度以及水资源管理责任和考核制度。该《意见》确立了"三条红线",即水资源开发利用控制红线、用水效率控制红线和水功能区限制纳污红线,到2030年,全国用水总量控制在7 000亿立方米以内,农田灌溉水有效利用系数提高到0.6以上,水功能区水质达标率提高到95%以上。该《意见》是指导当前和今后一个时期我国水资源工作十分重要的纲领性文件。2016年10月水利部发布《"十三五"水资源消耗总量和强度双控行动方案》,进一步实施水资源消耗总量和水资源消耗强度双控行动,提出到2020年,全国用水总量控制在6 700亿立方米以内,农田灌溉水有效利用系数提高到0.55以上。

《农田水利条例》。为了进一步强化农田灌溉用水要求,加快农田水利发展,2016年5月17日国务院发布《农田水利条例》,于2016年7月1日起施行。《条例》对农田水利的规划、建设、运行维护等环节进行规范,并在农田灌溉排水、加大扶持鼓励社会力量参与等方面作了规定。主要贡献在于统一了农田水利工程建设标准、完善了农田水利工程管理体制机制和推进了农业水权水价的改革。

水权制度。2014年7月开始,水利部选择河南、宁夏、江西、湖北、内蒙古、甘肃和广东等7省区进行水权试点,主要包括水资源使用权确权登记、水权交易和水权制度建设内容。经过3年多实践,探索了不同类型的确权方式,形成了流域间、流域上下游、区域间、行业间和用水户间等多种行之有效的水权交易模式。2016年全国水权交易平台—中国水权交易所正式挂牌成立,下一步将扩大试点范围,因地制宜探索水权交易的方式,统筹推进水权交易平台建设。

水价制度。2014年,国家发展和改革委员会、财政部、水利部和农业部联合印发《关于深化农业水价综合改革试点方案的通知》,在全国27个省80个试点县开展农业水价综合试点项目,一次性落实8.0亿元试点资金,并于2015年验收完成。2016年1月21日,国务院发布《关于推进农业水价综合改革的意见》,提出要建立健全农业水价形成机制、精准补贴和节水奖励机制。农业水价按照价格管理权限实行分级管理,区别粮食作物、经济作物、养殖业等用水类型,在终端用水环节探索实行分类水价，实行农业用水定额管理，逐步实行超定额累进加价制度，合理确定阶梯和加价幅度，促进农业节水。全国275个县开展改革工作，改革地区在节水增效、工程达标、结构调整等方面取得阶段成效。2017年，国家和发展改革委员会印发《关于扎实推进农业水价综合改革的通知》，强调将高效节水灌溉工程纳入试点范围，要求各地扩大试点区域，条件好的地区率先全省开展。

地下水超采区管理制度。2016年6月29日，农业部等十部委办局联合印发《探索实行耕地轮作休耕制度试点方案》，提出在地下水漏斗区季节性休耕试点制度。主要在严重干旱缺水的河北省黑龙港地下水漏斗区（沧州、衡水、邢台等地），连续多年实施季节性休耕，实行"一季休耕、一季雨养"，将需抽水灌溉的冬小麦休耕，只种植雨热同季的春玉米、马铃薯和耐旱耐瘠薄的杂粮杂豆，减少地下水用量。2019年1月25日水利部、财政部、国家发展改革委、农业农村部联合印发《华北地区地下水超采综合治理行动方案》，提出坚持"节、控、调、管"，综合施治。以京津冀地区为治理重点，实现地下水采补平衡、解决地下水超采问题。

干旱半干旱地区节水行动。2012年水利部印发《关于东北四省区节水增粮行动项目建设管理体制的指导意见》，指导各地完善节水增粮行动项目建设管理体制，规范建设管理行为，确保建设目标和任务顺利实现；并编制《东北四省区"节水增粮行动"高效节水灌溉项目实施方案》，作为"节水增粮行动"工程建设、管理考评和验收的依据。2016年10月28日，国家发展改革委等9部门印发《全民节水行动计划》，该《计划》提出缺水地区节水率先行动，增强公民节水意识。

灌溉水质安全制度。《农田灌溉水质标准》《灌溉水中氯苯、1，2-二氯苯、1，4-二氯苯、硝基苯限量》《灌溉水中甲苯、二甲苯、异丙苯、苯酚和苯胺限量》等强制性国家标准规定了农田灌溉水质要求、监测和分析方法，适用于全国以地表水、地下水和处理后的养殖业废水、以农产品为原料加工的工业废水为水源的农田灌溉用水，标准的实施对于保证灌溉用水安全发挥了重要作用。目前，农业灌溉用水面临水质下降问题，局部地区还出现地下水重金属严重超标问题，2005年颁布的《农田灌溉水质标准》已不能满足当前灌溉水质安全的需要。国家标准委正会同生态环境部对《农田灌溉水质标准》进行修订，提高灌溉水中有毒有害物质的限量要求，确保农业灌溉用水安全。目前，农业灌溉用水面临水质下降问题，局部地区还出现地下水重金属严重超标问题，2005年颁布的《农田灌溉水质标准》已不能满足当前灌溉水质安全的需要。国家标准委正会同生态环境部对《农田灌溉水质标准》进行修订，提高灌溉水中有毒有害物质的限量要求，确保农业灌溉用水安全。

(3) 化肥管控制度。为了大力推进化肥减量提效,国家已经出台了一系列化肥管控法律和制度。一是出台了《肥料登记管理办法》,为肥料的管理提供了法规保障。二是制定了118项肥料领域国家标准和200余项肥料行业标准,为化肥质量的管控提供了依据。三是建立了耕地轮作休耕试点和化肥减量增效试点,控制了化肥总量,连续三年实现化肥零增长。四是开展有机肥替代化肥行动,着力在水果、蔬菜、茶叶等园艺作物上控制化肥总量。

肥料国家标准体系。对于肥料标准的制定,国家标准委批准成立全国肥料和土壤调理剂标准化技术委员会,共制修订《尿素》等118项肥料领域国家标准,构建覆盖肥料生产、资源、贸易、流通和施用各个环节的技术标准体系。为适应农业精准施肥的要求,批准发布了《测土配方施肥配肥服务点技术规范》;为提高肥料产品质量,对肥料中有毒有害物质的限量进行规定,开展了《肥料中有毒有害物质的限量要求》标准研制。为加强行业标准,制定了肥料(土壤调理剂)产品标准104项,肥料参数检测方法标准113项,肥料使用技术标准35项。

《肥料登记管理办法》。2017年11月30日农业部发布新修订的《肥料登记管理办法》,这是2000年以来对《办法》的第三次修订。该《办法》规范了肥料的生产质量标准,建立了肥料生产许可制度、肥料产品登记制度、肥料质量抽检制度。2018年,农业部组织7家部级肥料质量监督检验测试中心,对河北等21个省(区、市)肥料生产企业和农资市场生产销售的复混肥料(复合肥料)、掺混肥料、大量元素水溶肥料进行了监督抽查,督促不合格企业及时整改。

耕地轮作制度试点。2016年5月20日,中央全面深化改革领导小组第二十四次会议审议通过了《探索实行耕地轮作休耕制度试点方案》,主要控制玉米种植面积,因地制宜调减玉米改种杂粮杂豆或青贮玉米,推广玉米大豆轮作,并在东北冷凉区、北方农牧交错区等地区按照每年每亩150元的标准安排补助资金,支持开展耕地轮作试点。

化肥减量增效制度试点。2015年2月农业部印发了《到2020年化肥使用量零增长行动方案》,并开展东北和黄淮海地区玉米化肥减量增效试点、北方设施蔬菜集中产区和南菜北运基地化肥减量增效试点、黄土高原和渤海湾苹果优势产区化肥减量增效试点,首先从肥量多的作物、区域进行管控。2017年6月13日,农业部发布《关于做好2017年耕地保护与质量提升工作促进化肥减量增效的通知》,进一步在全国选择300个基础条件好、工作积极性高的县(市、区、旗、场)开展耕地质量提升和化肥减量增效示范。提出示范县测土配方施肥技术覆盖率达到95%以上，农用化肥用量实现零增长，土壤有机质含量提升5%以上，农用化肥用量减少10%以上的目标。

有机肥替代化肥行动。2015年3月18日，农业部下发《2020年化肥使用量零增长行动方案》，根据不同区域提出了施肥原则和主要措施，并提出四大技术路径，即推进精准施肥、调整化肥使用结构、改进施肥方式和有机肥替代化肥。2017年2月10日，农业部发布《开展果菜茶有机肥替代化肥行动方案》，提出在100个果菜茶重点县（市、区）开展示范，涉及柑橘、苹果、茶叶、设施蔬菜等4大类经济作物及其主产区，推广"有机肥+配方肥"模式、"果（菜）—沼—畜"模式、"有机肥+水肥一体化"模式。据统计，示范县（市、区）项目区化肥用量减少2.4万吨（折纯），比去年减少18%[1]。对于科学施肥问题，农业部近年来每年发布《春季主要农作物科学施肥指导意见》和《秋冬季主要作物科学施肥指导意见》，该意见利用测土配方成果，针对各个地区的土壤环境、气候及作物产量水平等因素提出相应的增施有机肥对策。

（4）农药管控制度。为了加强对限制使用农药的监督管理，保障农产品质量安全和人畜安全，保护农业生产和生态环境，近年来，国家先后出台了法律条例和管理制度。一是修订了《农药管理条例》。二是出台了《农药登记管理办法》《农药生产许可管理办法》《农药经营许可管理办法》《农药标签和说明书管理办法》和《农药登记试验管理办法》，为农药的登记、生产与经营出台了具体的法规。三是出台了《限制使用农药名录（2017版）》，对限制使用农药实行定点经营制度。四是出台了《农药使用安全事故应急预案》，建立了农药安全事故防范与处置制度。五是出台了《GB 2763—2016 食品中农药最大残留限量》。国家还将出台《农药包装废弃物回收处理管理办法》，建立农药废弃物回收处理和问题产品召回制度。

《农药管理条例》。2017年2月8日国务院发布了《农药管理条例》修订版，取代了1997年5月8日版。该《条例》对农药登记、农药生产、农药经营、农药使用、农药监督管理以及法律责任几方面进行了详细的规定。《条例》取消了临时登记，允许新农药研制者申请农药登记；实行农药生产经营许可制度，农药经营者应当具备农药和病虫害防治专业知识；农药生产经营者对农药安全性和有效性负责，要求及时召回有严重危害或较大风险的农药；农药经营者要建立采购台账、销

---

[1] 科技教育司. 政协十三届全国委员会第一次会议第3304号（农业水利类286号）提案答复摘要. [EB/OL]. http://www.moa.gov.cn/gk/jyta/201810/t20181019_6161171.htm.

售台账，农产品生产企业、病虫害防治服务组织、农民专业合作社等应当建立农药使用记录；农药使用者要严格按照标签要求用药，不得使用禁用农药。不得将剧毒、高毒农药用于蔬果、茶叶、菌类、中草药的生产，违法用药构成犯罪的依法追究刑事责任；农药生产管理职责统一划归农业部门。

农药登记制度。2017年6月21日，农业部发布《农药登记管理办法》，《办法》对于登记产品的含量梯度、助剂都做了明确的规定，此外还要求农药登记申请人需提交风险评估报告。

农药生产许可制度。2017年6月21日，农业部发布《农药生产许可管理办法》，于2017年8月1日起施行。新的生产许可管理下放到了全国30个省（市、区），由各省级农业主管部门实施，但农业部仍保留宏观调控的权利。该《办法》统一了全国的农药生产准入标准，为审查提高了效率，同时农业部2017年9月3日发布《农药生产许可审查细则》，并自2017年10月10日施行，更加详细的规定了企业的审查项目，更具操作性。

农药经营许可制度。2017年6月21日，农业部发布《农药经营许可管理办法》，于2017年8月1日起施行。规定经营者必须取得经营许可，人员必须有相应的专业知识和学习经历；经营场所要规范；需建立购销台账，详细记录货物进出品种、数量等可靠上报数据。

限制使用农药定点经营制度。2017年8月31日，农业部发布《限制使用农药名录》，对名录中前22种农药实行定点经营、实名购买、购销台账和溯源管理，自2017年10月1日起施行。截至目前已禁用22种高毒农药，将于2019年全面禁用硫丹、溴甲烷。对目前仍在使用的10种高毒农药，主要通过严格登记审批、定点经营和加快淘汰进程控制其用量。

农药安全风险监测制度。自2014年开始，每年在全国范围开展农药药效、残留、抗性以及对环境和健康的影响等5个方面的监测，对风险较大的进行风险评估和再评价，结合农业生产需求，适时采取禁限用管理措施，至2016年，全国27个省份上报492例农药安全风险事件，涉及148个有效成分，对农药的安全监控起到积极作用。但在监测上的深度、广度以及向农民、农药经营者发送风险预警信息的工作机制还需进一步推进。

农药废弃物回收处理和问题产品召回制度。2017年12月环保部、农业部发布了《农药包装废弃物回收处理管理办法》（征求意见稿），对农药包装管理、农药包装废弃物回收、农药包装废弃物转运和处置环节中的责任人和要求作了相应规定。目前尚未正式公布实施。

农药安全事故防范与处置制度。2012年3月13日,农业部发布《农药使用安全事故应急预案》,规定了农药造成的农作物药害、人畜中毒和水生生物、蜜蜂、蚕等有益生物死亡的事故的防范和处理措施。根据人畜伤害、经济损失、受害面积、社会影响和控制难易程度,将农药使用安全事故分为特别重大(Ⅰ级)、重大(Ⅱ级)、较大(Ⅲ级)、一般(Ⅳ级)四级,并确定了分级响应措施。

（5）抗生素管控制度。为了加强养殖业中抗生素管控,国家已经陆续出台了一系列法规政策。一是初步建立了兽药管理法规制度体系,一部条例九个规章,为抗生素的监管提供了法律依据。二是将抗生素纳入兽用处方药,从源头一定程度上控制了抗生素的滥用情况。三是出台了畜禽产品兽药残留检测方法及残留限量,加强了抗生素残留监控。四是出台了有机肥中抗生素含量测定的国家标准,为有机类肥料产品标准中设定TCs残留限值指标提供了一种重要的检测方法,也为畜禽粪便加工企业优化处理工艺提供了检测技术支撑。五是开展了兽用抗菌药使用减量化行动试点制度的建设。

兽药管理法规制度体系。共有一部条例九个规章,分别为《兽药管理条例》《兽药注册办法》《新兽药研制管理办法》《兽药产品批准文号管理办法》《兽药生产质量管理规范》《兽药经营质量管理规范》《兽药标签和说明书管理办法》《进口兽药管理办法》《兽用生物制品经营管理办法》《兽用处方药和非处方药管理办法》。《兽药管理条例》经国务院重新修订,于2016年2月6日发布实施。新条例对用药记录制度、休药期管理制度、兽药残留监控制度和残留检测公布制度、兽药检验制度、统一兽药标准制度、兽药不良反应报告制度、兽药生产经营回避制度、兽用处方药和非处方药分类管理制度和兽药储备制度都进行了规定。

兽用处方药管理制度。2013年9月11日,农业部制定出台了《兽用处方药和非处方药管理办法》,后陆续发布了《兽用处方药品种目录(第一批、第二批)》《乡村兽医基本用药目录》《兽医处方格式及应用规范》,为促进兽医临床合理用药,保障动物产品安全提供了有效的法律保障。国家还将发布《兽用抗菌药临床使用指南》,进一步规范兽医临床使用行为。

畜禽产品兽药残留检测方法及残留限量监控制度。2019年4月10日,农业农村部印发《2019年动物及动物产品兽药残留监控计划》《2019年度动物及动物产品兽药残留检测方法及残留限量》和《2019年动物及动物产品兽药残留抽样和检测技术操作要点》,对监测地区、取样地方、兽药品种、动物及其产品、监测数量、检测方法、判断标准等都有明确的规定。

兽用抗菌药使用减量化试点制度。2018年4月20日，农业农村部发布了《农业农村部办公厅关于开展兽用抗菌药使用减量化行动试点工作的通知》，并制定了《兽用抗菌药使用减量化行动试点工作方案（2018—2021年）》，确定了全国各地32个省、自治区2018年兽用抗菌药使用减量化行动试点养殖场数量，共计100个，率先开展兽用抗菌药使用减量化行动。

（6）农膜管控制度。为了加强农膜污染治理，提高废旧地膜资源化利用水平，国家先后出台了一系列宏观政策、国家标准、行业标准与行动方案对地膜的生产、使用、回收和再利用环节进行了管控。一是提高了农膜行业准入标准。二是提高了地膜最低厚度标准。三是地方政府出台了农膜回收相关法律条例：2013年11月，甘肃省出台《甘肃省废旧农膜回收利用条例》；2016年5月，新疆正式实施《新疆维吾尔自治区农田地膜管理条例》，为农膜的科学使用和残膜回收利用提供了法律依据。四是在甘肃、新疆和内蒙古建立了农膜回收制度试点。国家后续还将出台《废旧农膜回收利用管理办法》，为农膜污染防治提供更加有力的法律保障。目前，管控制度主要有地膜行业准入制度、地膜产品标准化制度、地膜回收试点制度、地膜生产者责任延伸制度和地膜补贴与奖励制度。

农膜行业准入制度。为规范农用薄膜行业生产经营和投资行为，引导农用薄膜行业向资源节约、环境友好型产业发展，工业和信息化部对2009年发布的《农用薄膜行业准入条件》进行了修订，形成了《农用薄膜行业规范条件（2017年本）》，提高了环境保护和资源节约利用的约束。

地膜产品标准化制度。1992年我国出台了《聚乙烯吹塑农用地面覆盖薄膜》国家标准中规定地膜厚度最小公称厚度为0.008毫米，一等品和合格品的平均厚度偏差是±15%，极限偏差是±0.003毫米。2014年甘肃率先出台地膜的地方标准（DB62/2443—2014），其核心是将地膜最薄厚度提高到0.01毫米，负极值偏差定为0.002毫米。此后，新疆自治区和青海省也发布了地方标，对地膜厚度等指标的要求与甘肃省基本相同。2017年《关于创新体制机制推进农业绿色发展的意见》突出强调了地膜标准，要求"加快出台新的地膜标准，依法强制生产、销售和使用符合标准的加厚地膜"。2017年10月地膜新国标正式发布，要求最薄厚度不小于0.01毫米，正负极限偏差分别为0.003毫米和0.002毫米。该标准于2018年5月1日开始实施，正式取代1992年的标准。除了提高地膜厚度标准，拉伸强度、断裂伸长率也相应增加了，从源头保障了地膜的可回收性。

地膜回收试点制度。2014年、2015年和2017年的中央一号文件中明确提出"推广高标准农膜和残膜回收等试点""农田残膜回收区域性示范，按规定享受相关财税政策"和"继续开展地膜清洁生产试点示范"，主要是强调开展农膜回收的试点示范。2016年《土壤污染防治行动计划》对防治农膜污染提出了较为具体全面的政策措施，要求"建立健全废弃农膜回收贮运和综合利用网络，开展废弃农膜回收利用试点"，提出"到2020年，河北、辽宁、山东、河南、甘肃、新疆等农膜使用量较高省份力争实现废弃农膜全面回收利用"的目标。2016年，发展改革委会同农业部、林业局联合印发了《关于加快发展农业循环经济的指导意见》，要求各地重点推进废旧农膜回收利用工作。2017年《农膜回收行动方案》提出在甘肃、新疆和内蒙古启动建设100个地膜治理示范县，实现当季地膜回收率达到80%以上。

地膜生产者责任延伸制度。2017年5月16日，农业部印发《农膜回收行动方案》，首次提出在甘肃、新疆选择4个县探索建立"谁生产、谁回收"的地膜生产者责任延伸制度试点，由地膜生产企业，统一供膜、统一铺膜、统一回收，地膜回收责任由使用者转到生产者，农民由买产品转为买服务，推动地膜生产企业回收废旧地膜。

地膜补贴与奖励制度。一是对使用高标准农膜进行补贴。这个补贴是在部分旱作农业技术推广项目地区逐渐形成的，不是普惠项目。从2012年起，我国在甘肃等8个省（区）安排旱作农业技术推广项目，中央财政投入每年约为10亿元。一是对地膜捡拾交售行为的奖励。甘肃省部分地区组织开展"以旧换新""以物易物"工作试点。新疆部分项目县（市）对人工或机械手回收废旧地膜进行额外补助，每亩补助10元。二是对回收加工产业的扶持。自2012年起农业清洁生产示范项目，中央累计投资9.01亿元，扶持建设废旧地膜回收加工企业419家、回收网点2 673个，形成废旧农膜加工能力18万吨，试点面积覆盖新疆、甘肃、内蒙古等11个省（区、兵团）的229个县市。甘肃省设立废旧农膜回收利用专项资金，2011—2016年累计投入专项资金1.1亿元。对于加工企业的扶持方式，主要包括以奖代补、先建后补和贴息贷款。对于乡镇和村级回收站点的扶持方式，主要包括实物补贴和资金补助。

（7）秸秆管控制度。为了进一步加强秸秆禁烧和综合利用，国家先后出台了一系列法律法规、宏观政策、实施方案等对秸秆进行管控。一是出台了一系列法律法规对农作物秸秆焚烧进行管控。二是建立了遥感监测制度，提高了秸秆焚烧火点监测的效率和水平。三是从2008年开始，国家对秸秆的资源化利用出台了一系列补贴政策，主要包括对秸秆还田进行直接补贴，对秸秆的能源化利用企业进行补贴和对秸秆养畜示范的补贴。

禁烧制度。2015年，农业部出台《关于进一步加快推进农作物秸秆综合利用和禁烧工作的通知》，对农作物秸秆综合利用和禁烧等工作进行了具体部署。地方政府也相应出台了一系列政策与方法，2018年辽宁省出台了《秸秆焚烧防控责任追究办法》，落实到具体责任人。对于屡禁不止的焚烧秸秆行为，我国《大气污染防治法》《治安管理处罚法》《消防法》《刑法》等法律法规中均有相关的处罚规定。

气象卫星遥感监测制度。生态环境部于2011年6月25日开始发布秸秆焚烧监测报告，2015年农业部《关于进一步加快推进农作物秸秆综合利用和禁烧工作的通知》中明确提出要强化卫星遥感、无人机等应用，提高秸秆焚烧火点监测的效率和水平。2019年1月生态环境部印发《卫星遥感秸秆焚烧监测技术规范》对于监测方法和数据质量做出了明确的规定。

秸秆还田补贴制度。中央财政每年安排资金8亿元开展土壤有机质提升补助项目，鼓励和支持农民进行秸秆还田。同时，与秸秆综合利用相关的17个品目的机械列入了农业机械购置补贴，2015年共安排秸秆还田机具补贴资金9 000万元，补贴粉碎还田机5.89万台，安排补贴资金2.25亿元补贴捡拾压捆机8 300台。推动全国机械化秸秆还田面积达到4 800万公顷。

秸秆养畜示范制度。在畜禽保有量多的地方，国家充分发挥秸秆饲料功能，20多年来，累计投入中央财政项目资金16.99亿元，立项建设秸秆养畜项目1 591个，覆盖全国900多个县（市）①，秸秆养畜成为农区和半农半牧区牛羊养殖的主要模式，促进了畜牧业的良性有序发展。

秸秆能源化利用制度。2008年07月27日国务院《关于加快推进农作物秸秆综合利用的意见》，提出到2015年秸秆综合利用率达到80%以上的目标；财政部印发《秸秆能源化利用补助资金管理暂行办法》提出对从事秸秆能源化生产的企业进行补助。2011年，《"十二五"农作物秸秆综合利用实施方案》，具体细化了秸秆综合利用的重点领域和重点工程；对于秸秆的能源化利用，2017年，农业部会同发改委、能源局印发了《关于开展秸秆气化清洁能源利用工程建设的指导意见》，粮棉主产区和北方冬季采暖区以县为单位开展秸秆气化清洁能源利用。安徽省还具体出

---

① 科技教育司. 政协十三届全国委员会第一次会议第3304号（农业水利类286号）提案答复摘要. [EB/OL]. http：//www.moa.gov.cn/gk/jyta/201810/t20181019_6161171.htm.

台了《关于加快发展农作物秸秆发电的意见》《农作物秸秆综合利用三年行动计划（2018—2020年）》《支持秸秆综合利用产业发展若干政策》和《秸秆综合利用专项考核办法》，均为秸秆的资源化利用提供了一系列更为详细的法规政策保障。

（8）粪污管控制度。国家为管控养殖污染，一是颁布了国家层面上专门的养殖业环境保护类法律法规《畜禽规模养殖污染防治条例》。二是出台了《畜禽养殖业污染物排放标准》，提高了畜禽规模养殖业行业准入标准。三是划定了禁养区，优化了生猪养殖布局。四是印发了《畜禽粪污土地承载力测算技术指南》，对畜禽养殖规模的控制提供了标准。五是将规模化畜禽养殖行业纳入《固定污染源排污许可分类管理名录（2017年版）》，并实行排污许可制度。六是出台了畜禽粪便无害化处理技术规范（GB/T 36195—2018）。七是出台了《主要污染物总量减排核算有关要求》，改进了畜禽养殖污染物排放统计核算方法，明确了资源化利用部分不再列入污染物排放量计算，促进了畜禽粪污的资源化利用。八是建立了300多个畜禽粪污资源化利用试点，形成了粪污全量收集还田利用、粪污专业化能源利用、固体粪便堆肥利用、异位发酵床、粪便垫料回用、污水肥料化利用和污水达标排放七大资源化利用模式。

《畜禽规模养殖污染防治条例》。国务院于2013年11月11日发布《畜禽规模养殖污染防治条例》，自2014年1月1日起施行。该条例有三大亮点：以环境保护优化畜禽养殖产业发展；堵住污染，严防废弃物随意排放；多重措施鼓励废弃物综合利用。

养殖业环境容量的控制。2015年8月12日，农业部发布《关于配合做好畜禽养殖禁养区划定工作的通知》，要求划定禁养区，统筹推进畜牧业生产发展与畜禽养殖污染防治。2018年1月22日，农业部印发《畜禽粪污土地承载力测算技术指南》，根据土地承载能力确定畜禽养殖规模，宜减则减、宜增则增，促使种养业在布局上相协调，在规模上相匹配。优化调整生猪养殖布局，调减南方水网地区生猪养殖量，引导生猪生产向粮食主产区和环境容量大的地区转移。

畜禽粪便无害化处理。农业农村部在2018年5月出台了畜禽粪便无害化处理技术规（GB/T 36195—2018），该规范对畜禽粪便无害化处理做出了基本要求，还从粪便处理场选址及布局、粪便收集、贮存和运输、粪便处理及粪便处理后的利用等方面进行了规定。

畜禽规模养殖场排污许可制度。2017年国家将规模化畜禽养殖行业纳入《固定污染源排污许可分类管理名录（2017年版）》中规定的重点行业之一，生态环境部并于2018年编制了《排污许可证申请与核发技术规范（畜禽养殖行业）》国家环境保护标准，畜禽规模养殖场排污许可证核发工作已经开展。

畜禽养殖废弃物资源转化利用。2017年6月12日，国务院出台《关于加快推进畜禽养殖废弃物资源化利用的意见》，提出严格落实畜禽规模养殖环评制度、完善畜禽养殖污染监管制度、建立属地管理责任制度、落实规模养殖场主体责任制度、健全绩效评价考核制度和构建种养循环发展机制。同年，生态环境部出台《主要污染物总量减排核算有关要求》，改进了畜禽养殖污染物排放统计核算方法，明确了资源化利用部分不再列入污染物排放量计算。2018年3月16日年农业部会同环境保护部制定了《畜禽养殖废弃物资源化利用考核办法》，通过自查、抽查、第三方评估等方式进行综合评价，对省级人民政府工作落实和任务完成情况进行考核。2017年8月20日，农业部印发《畜禽粪污资源化利用行动方案（2017—2020年）》，提出"十三五"期间创建200个示范县的目标，整县推进畜禽养殖废弃物综合利用，2020年全国畜禽粪污综合利用率达到75%以上。2017年，农业部、财政部和国家发改委联合启动了中央财政畜禽粪污资源化利用试点项目和中央预算内投资整县推进畜禽粪污资源化利用项目，目前已支持了300个畜牧大县整县推进。2017年2月，农业部印发了《开展果菜茶有机肥替代化肥行动方案》，在全国选择了100个果、菜、茶生产重点县开展有机肥替代化肥行动。通过上述行动的实施，加快推进了畜禽废弃物的处理利用率，截至2017年年底，全国畜禽粪污综合利用率达到70%，规模养殖场粪污处理设施装备配套率达到63%。

4. 我国农业绿色发展环境管控制度方面存在的主要问题与挑战

（1）缺乏指导农业环境管控的环境基准。

一是已出台相关环境基准缺少国内自己的实验数据。如前面所述，我国已出台了一些水环境基准、土壤环境基准、大气环境基准，但多数是针对重大污染事件而制订，并且多是参考国外发达国家的标准，缺少自己的实验数据。

二是已出台相关环境基准主要考虑污染要素，而很少考虑非污染农业生产重大限制性要素。现在出台的相关环境基准基本未考虑农业生产作业环境要素。在过去以人工作业为主的农业时代，农业生产作业环境对农业生产的影响有限，但随着农业全程机械化的普及，农用地地面坡度、农用地破碎性、农田土壤固体侵入体等对农业生产的影响越来越大，理应纳入农业环境基准要素。

三是对应于农业绿色发展的环境基准缺乏。已出台的相关环境基准主要是针对生活环境和传统的农业生产环境，而与全新理念的农业绿色发展相适应的环境基准还有待强化。

(2) 农业绿色发展环境管控立法缺位。水资源管理中,国家已颁布《中华人民共和国水法》《中华人民共和国水污染防治法》《中华人民共和国环境保护法》《中华人民共和国水土保持法》《取水许可制度实施办法》《中华人民共和国水土保持法实施条例》《城市地下水开发利用保护管理规定》《城市供水条例》《城市节约用水管理规定》《淮河流域水污染防治法》,但目前节约用水条例、地下水管理条例暂缺,取水许可、水效标识管理等方面的规章制度还需完善。水资源高效利用技术标准体系还需完善,节水技术和管理标准制还需修订。

农业投入品的管控中,目前主要有《环境保护法》《农业法》《农产品质量安全法》和《土壤污染防治法》对化肥和农膜的使用有规定。但这些化肥管控的法律规定大多使用政策性、鼓励性的语言规定要合理使用化肥、农膜,至于怎样合理使用化肥、农膜没有明确规定。我国亟须出台具有法律效应的关于化肥施用和废旧农膜回收利用的法律法规。甘肃省出台的《废旧农膜回收利用条例》成了全国首部关于废旧地膜回收利用的地方法规,对违规地膜生产、销售者和使用者都有相应的惩罚,有一定的借鉴意义,但我国还需积极制定关于农膜管理的法律法规条例,以及一系列有利于农膜废弃物循环利用和产业发展的专项法律法规与制度措施,明确各级政府部门在农膜生产、流通、使用、回收各环节的管理职责,切实解决分头管理、联合执法带来的监管不力问题。

农业废弃物资源化利用的法律管控体系不健全。我国涉及农业废弃物污染治理的现行法律法规包括新修订的《中华人民共和国环境保护法》《农业法》《土地管理法》《基本农田保护条例》《土壤环境质量标准》、各省制定的"农业生态环境保护条例"等专门针对农业生态环境保护的地方性法规以及2018年颁布的《土壤污染防治法》。经梳理与分析,现行法律法规主要存在法律调整范围滞后、法律调整存在结构性失衡、责任主体的责任范围规定不清晰、制裁措施种类单一、惩罚力度过轻等问题。国家有必要从立法层面严格规定农业废弃物减量化与资源化法律调整路径,加速农业废弃物治理进程,推进农业绿色可持续发展。

(3) 我国农业绿色发展环境管控环节不全面。

一是我国农药化肥的环境管控侧重农药的生产、销售环节,农药施用管控相对薄弱。在生产环节,国家对化肥农药实行严格的登记制度、生产许可证管理制度、产品质量检验合格证制度,但对农药的施用管控,是从防止人畜中毒的角度出发,并没有从管控污染物质进入农地的环境管理角度对农药的施用时间、施用数量、施用者进行具体规定。而且管控制度主要约束化肥农药的生产者与经营者，行政机关定期对化肥农药的生产企业、经营单位进行监督检查，缺少对化肥农药使用者的管控。对化肥农药的使用管理，需要对农地使用什么种类的化肥农药、单位面积化肥农药使用数量、施用化肥农药的最佳时间以及施用者对农药化肥施用环节的知识的等方面做出具体量化的规定。

二是在禽畜粪便和农田灌溉管控中部分环节欠缺。目前我国在防治禽畜养殖污染时，仅针对畜禽养殖场提出规范要求，处理禽畜粪便时必须建立环境保护设施、实施科学处理措施等，主要适用于集约化、规模化畜禽养殖场的污染防治，禽畜养殖场的标准限定为500头以上的猪、3万羽以上的鸡和100头以上的牛的禽畜养殖场，而对于部分中小规模养殖场的监管暂时处于真空状态。在防治农田灌溉污染时，对于城镇污水处理排放标准、污水综合排放标准、农田灌溉水质标准并不统一，前两者的水质标准低于农田灌溉水质标准，导致大部分的污水处理厂排出的污水达不到灌溉水质要求，使得污水中的有机质、重金属等污染物质的入地环节缺少管控。

（4）现有农业科技与绿色发展环境管控需求不匹配。农业绿色发展环境管控对农业科技提出了更高更新的要求，需要着力解决农业节本增效、生态环境保育、农产品安全优质、农业资源高效利用等问题，然而目前农业绿色发展所需集成技术和模式研发力度不足，在农业投入品减量高效利用、废弃物资源化利用等领域缺乏突破性科研成果，现有农业科技与绿色发展需求不匹配是农业绿色发展面临的严峻挑战。主要表现在土壤修复、秸秆资源化利用、粪污处理和地膜回收利用方面。

一是土壤修复方面。土壤污染修复应根据污染物类型、土壤性质等选取合适的修复技术。我国土壤修复技术研究起步较晚，加之区域发展不均衡性，土壤类型多样性，污染场地特征变异性，污染类型复杂性，技术需求多样性等因素，主要以植物修复为主，微生物、固化/稳定化、电动修复和热脱附等尚处于萌芽阶段。

二是秸秆资源化利用方面。由于农作物的品种和产地不同，秸秆的物质组成、理化性质、工艺技术特性存在较大的差异，这就决定了秸秆的资源化利用需要多样化。然而，目前很多秸秆利用的高效技术、设备尚处于市场实践之中，微生物快速腐熟技术、经济可行的秸秆气化技术、秸秆发电技术、秸秆高效生产饲料技术和经济适用的秸秆打捆、粉碎技术等还不能满足秸秆还田、能源化、饲料化和基料化利用的需求。

三是地膜回收与再利用方面。一方面可降解地膜技术不成熟。我国光和生物降解地膜仍处于试验阶段，还未能大面积推广，仍需回收处理。然而美国光降解塑料的生产和应用已有10多年历史，生物降解塑料近年来发展极为迅速，目前已取得美国玉米淀粉和改性淀粉为主要原料生产一种生物降解地膜的技术专利。一方面地膜种类单一、地膜质地简单。而且我国地膜质地简单，成分主要是聚氯乙烯（PVC）、聚乙烯（PE），地膜生产工艺过程中类似于光稳定剂、聚合物加工助剂等配方助剂较为落后，地膜生产的标准化程度低已经成为导致废旧农膜回收效率低下的重要原因。日本地膜种类很多，产品划分很细，品种规格达几十种，针对不同作物、不同季节有不同的产品，产品的市场定位很明确，我国与发达国家相比有较大差距。一方面农膜回收的机械化技术不成熟。我国目前废旧农膜的捡拾主要以人工捡拾和半机械化回收为主。美国、日本、以色列等国家对全机械化残膜回收机具的研究已取得了丰硕成果，半机械化回收早已步入成熟阶段。虽然我国已经研发了多种残膜回收机具，但是成本高、推广难，而且残膜回收机械设备不具有普适性，难以满足多变的作物种植模式。一方面废旧农膜回收处理技术仍未突破。目前，废旧农膜能源化回收技术还不能有效降低残膜燃烧或高温熔化过程中产生的污染，设备也存在一定的安全隐患，大部分先进机械设备都是从国外进口。

（5）现有政策体系与绿色发展要求不配套。我国现有农业政策体系以增产导向为主，绿色发展导向的政策供给不足，与发展导向的变化不同步。财政部农业部联合印发的《建立以绿色生态为导向的农业补贴制度改革方案》亟待落实，以绿色生态为导向的政策支持体系尚未建立。主要包括税收优惠制度、生态补偿制度、绿色补贴制度；农业保险政策和农业信贷担保体系尚不完善；多层次、广覆盖、可持续的农业绿色发展金融服务体系仍在构建。自然资源确权使用管理制度建设尚不成熟；农业绿色发展中新增成本与溢出效益如何补偿尚不明确。

一是税收优惠制度不完善。一方面我国的税收优惠制度是不平衡的，出现了厚此薄彼的现象。例如，我国对于环保产业、废弃物资源利用等领域的税收优惠制度相对滞后，制度制定和实施起步较晚，也没有形成完整的体系。一方面缺乏其配套的具体办法，使得税收优惠制度得不到好的实效。一方面我国先行的税收优惠制度基本上以主管部门规范性文件的形式制定和实施，散乱而不成体系。

二是绿色补贴制度不完善。一方面，我国绿色补贴的法治化程度太低，制度规定不完善。例如，关于废弃物资源化方面的补偿，立法上就没有明确条文规定，这是有关绿色补贴制度的一大缺失。另一方面，我国相关法律制度中有关绿色补贴的结构规定不合理，主要集中于部分工业生产，尤其是污染防治领域，专门有关农业的补贴相对来说比较少。目前农村已经实现的补贴有种粮直补、农资综合补贴、良种补贴、农机购置补贴，但是在农业废弃物资源化的补贴方面还存在不合理之处。比如针对废弃农膜回收，只有个别地方有相关的补贴文件，有的即使有文件也只是空头文件，农民不知道这些补贴的存在，农业废弃物资源化的补贴制度需要更多详细的规定。

（三）德国农业绿色发展环境管控经验借鉴

1. 德国农业水土资源利用管理之借鉴

德国政府十分重视对农业水土资源的保护和可持续利用，综合应用经济手段和法律手段对水土资源实行管理。目前，德国政府对农业水土资源的管理已实现了系统化、法制化、精准化、信息化和生态化，显著提高了资源利用效率，维护了农业生态系统健康，促进了农业可持续发展。

（1）德国耕地资源可持续利用的经验做法。德国国土面积35.7万平方千米，农业用地约占国土面积的53%，林业用地占30%，建设用地占13%，其中农业用地中6%左右为隔离带等生态用地。

当前，德国耕地管理的目的也是保持粮食等农产品供给，保护自然生态区域。在数量上，严格控制耕地被工业、交通等建设侵占[1]。在质量上，严格保护土壤，防止退化或被污染。在经营管理上，有利于耕地的整合和结构优化，便于规模化经营和节约利用，实行系统化、精细化的管理制度。

一是耕地保护制度化与法制化。德国围绕欧盟法规指令、德国联邦立法、州立法，以及国家环境政策和经济刺激计划等，已逐渐形成以欧盟相关土壤保护指令和政策为指导，以《联邦土壤保护法》为核心，以《联邦土壤保护与污染场地条例》《肥料法》《循环经济与废弃物管理法》《联邦污染控制法》和《土壤评价法》等联邦法律为配套，以地方各州土壤保护法为补充的土壤环境保护立法体系[2]。

早在20世纪50年代中期，德国政府就制定了《农业法》和《土地整治法》，促进了农场经营规模的扩大。《农业法》提出，允许土地自由买卖和出租，加快了德国小型农场向大型农场转变的进程。《土地整治法》的实施，促进了零星地块的

---

[1] Steinmann T, Welp G, Wolf A, et al. Changes of soil organic matter stocks in agricultural soils [J]. Journal of Plant Nutrition and Soil Science, 2016, 179 (3): 355-366.

[2] 易小燕，陈章全，陈世雄，等. 欧盟共同农业政策框架下德国耕地资源可持续利用的做法与启示 [J]. 农业现代化研究. 2018.39 (1): 65-70.

调整和整合，使土地连片成方，农场规模得以扩大，为规模化生产和机械化经营提供了条件①。

第二次世界大战之后，德国经济衰退，农产品供给不足，保供给成为首要目标。为此，农业生产中使用大量化肥和农药以获取较高产量，也给德国农业发展埋下了隐患，导致耕地质量下降。对此，德国政府出台了《联邦土壤保护法》《联邦土壤保护与污染场地条例》等法律法规，对耕地的利用和污染土壤的修复做出了具体规定，为家庭农场的耕地保护提供了法律依据。

《联邦土壤保护法》是德国第一部全面规制土壤污染的法律，强调事前预防与事后控制并举②③，明确规定"所有的土地所有者或使用者有防止土壤污染和清除土壤污染的义务"，并专门规定农业土地利用中应遵循良好的农业规范：一是在一般情况下，相关活动必须采取与区域土壤特性要求适宜，也需要考虑到天气条件；二是要保持或改进土壤结构；三是应尽量避免土壤压实，特别是考虑到相关的土壤类型和土壤湿度，并通过规范农业耕作设备的使用来减轻土壤施加的压力；四是避免土壤侵蚀。特别是需要把坡度，水和风的条件和土壤覆盖等综合考虑在内来采取相应的土地利用措施；五是一些土壤的自然要素结构，例如树篱、灌木和树，土地边界和梯田，应当保存；六是通过适当的轮作，保持土壤的生物活性；七是保护土壤腐殖质含量，特别是通过适当地投入有机物质或减少利用强度。

《联邦土壤保护与污染地条例》有13条，是德国土壤保护的具体法律举措。该条例规定了污染的可疑地点、污染地和土壤污染调查评估的具体要求，并根据不同的土壤用途详细规定了不同的启动值标准，风险预防值的评价指标也因不同的土地用途而有所差异，同时规定了可允许的附加污染额度等。总之，条例行使了《联邦土壤保护法》赋予的权力，细致规定了各项参考数值，确保法律的实现具有确实的依据。

二是耕地利用精准化。德国农业生产日益推进精准化管理，既保障保护耕地，也注重生态环境的保护。德国1986年颁布《肥料法》，1996年又颁布了《施肥条例》，2003年欧盟颁布统一的《肥料法》，肥料管理越来越严格。按照要求，肥料

---

① 周昱，刘美云，徐晓晶，等. 德国污染土壤治理情况和相关政策法规 [J]. 环境与发展，2014（5）：32-36.
② 李波，李晴. 家庭农场法律促进的国际经验 [J]. 苏州大学学报（法学版），2014（4）：81-88.
③ 周应恒，俞文博，周德. 德国农地管理与农业经营体系研究 [J]. 改革与战略，2016（5）：150-154.

用量应遵照栽培作物生长期的需求量和土壤状况而严格计算，防止肥料的损失及对土壤和水体的污染。管理规定还指出，种植过程中，肥料的使用必须以土壤中营养物质的含量为基础，应对土壤中营养物质的含量变化进行精确测定。

德国农场将地理信息系统、全球定位系统和遥感技术应用于农业各项活动。经精确定位，自动确定在地块上的相关位置，根据实地情况，准确地施用肥料和农药。同时3S技术的应用也为土地调查、土地保护提供了新的方法，这些新技术的应用可以满足土地保护法、施肥规定和休耕的要求，可使投入最佳化，既可减少20%~30%的生产费用[①]，又有利于环境保护和农业的可持续发展。

三是耕作方式绿色化。为了保护生态环境，德国按照欧盟政策框架推进绿色耕作方式。一是实施种植多样化（3种作物以上）、保持绿地和作物间作，实施休耕轮作，以实现耕地资源可持续利用[②]。二是普遍实行保护性耕作，特别是实行覆盖耕作，即利用作物秸秆残茬覆盖地表，在培肥地力的同时，用秸秆盖土、根茬固土，保护土壤，减少风蚀、水蚀和水分无效蒸发，提高天然降雨利用率。同时，一些农场也采用免耕播种，在有残茬覆盖的地表实现开沟、播种、施肥、施药、覆土镇压复式作业，简化工序，减少机械进地次数，降低作业成本。三是积极施用有机肥，农场主在运输半径合理、经济可行的情况下，一般都倾向用有机肥做底肥，提高土壤有机质。四是广泛种植绿肥，如Gut Derenburg农场试验的绿肥种类有32种之多，根据不同的作物留茬和生长季、地力状况种植不同的绿肥，有效保护了土壤肥力。五是严格限制肥料和农药的使用总量和施用时间，如北莱茵—威斯特法伦州为了控制氮肥使用，制定了5条措施：一是控制用量，严格规定每年氮肥施用总量不超过170千克/公顷；二是控制时间，农场只能在2月1日至10月15日之间施肥；三是技术把关，要求尽量深施，不允许喷撒；四是协会自律，当地农业协会进行施肥指导，加强自律；五是政府监管，严格处罚[③]。

德国于1991年在欧盟水环境保护法框架下发布了第一个关于畜禽粪便施用的

---

① 陈章全，吴勇，陈世雄，等．德国精准农业做法及启示——以百年农场Gut Derenburg为例[J]．中国农业资源与区划，2017，38（5）：222-229．

② Lin H C, Hülsbergen K J. A new method for analyzing agricultural land-use efficiency, and its application in organic and conventional farming systems in southern Germany [J]. European Journal of Agronomy, 2017, 83 (2): 15-27.

③ Wallor E, Zeitz J. How properties of differently cultivated fen soils affect grassland productivity—A broad investigation of environmental interactions in Northeast Germany [J]. Catena, 2016, 147 (12): 288-299.

限定性标准，规定各州于每年冬季（11月15日至1月31日）在农田禁止施用流质厩肥。2017年版德国肥料法规定农田全年通过化肥、有机肥、秸秆还田等投入的氮素控制在170千克N/公顷。不同类型作物农田均需要进行氮磷养分投入产出平衡计算，农田氮素盈余控制在15千克N/公顷范围内，磷素盈余控制在10千克P_2O_5/公顷范围内。为控制畜禽粪便过量施用造成的环境问题，德国规定畜禽养殖场必须执行肥料法规的氮素用量限额。若养殖场产生畜禽粪便氮磷量超过养殖场自有农田负荷，需要通过畜禽粪便交易平台，运送到外地农田施用，或者通过缩水处理，进入商业化肥料市场，而不能就近施用。新近的调查显示，由于德国肥料法规的落实和执行并未能使德国农区地下水硝酸盐含量明显下降，欧盟已经两次提出警告，若这些地区地下水硝酸盐含量继续提升，将向德国征收约为4亿欧元/年的罚款。为此，近期德国考虑将占德国农田1/3面积的高氮肥用量、地下水硝酸盐污染高潜势农区的农田氮用量再原先基础上再减少20%，并以此项提案应对欧盟的惩罚。

四是土地经营适度规模化。针对分散零碎的小农田，阻碍了资本、技术、人才等生产要素向农业领域转移的状况，德国通过实施土地整理，将分散零碎的小地南块合并。如今德国的土地合并工作已从传统意义的土地合并与调整，转向农业环境保护、土地绿化、生物多样性保护和乡村公共休闲地（乡村公园）等建设方面。

在鼓励规模经营的同时，德国限制土地大规模购买，单个农场购买土地面积不得超过当地平均面积的15倍，大部分农场规模在50公顷以下，仍以中小家庭农场为主。2014年德国家庭农场达28.68万个，平均每户经营面积58.3公顷（欧盟为16公顷）。其中，东部地区90%以上是经营面积超过100公顷的大农场，而西部地区以小型农场为主，平均规模不足30公顷。德国中小型家庭农场在经营数量上占优势，经营规模在100公顷以下的家庭农场数量为25.14万个，占比87.66%；大型家庭农场在经营面积上占优势，超过100公顷的家庭农场数量虽然只占12.34%，占了57.31%的耕地面积。

五是土地补偿生态化。德国法律上关于生态占补平衡措施的近乎苛刻的规定，更是将德国生态优先的理念体现得淋漓尽致，要求设立"生态账户"，针对由建筑主体规划引起的对自然和景观的侵犯，必须采取弥补或替代措施，在空间和时间上都可在对自然和景观的侵犯行为之外单独实施，为此需要的土地可在所谓的生态账户中预留。例如，如果要硬化田间道路，就必须将自己的耕地拿出一定比例作为生态用地为补偿。

（2）德国农业水资源可持续利用的经验做法。德国属于温带海洋性气候，降水量500~1 000毫米，水资源比较充沛，可利用淡水资源量约1 880亿立方米，但分布不是十分均匀，东北部（原东德地区）相对较少。农业生产以雨养为主，95%以上的耕地是雨养农业[1]，主要是小麦、玉米等粮食生产，农业灌溉用水只占总用水量的0.25%。尽管农业灌溉比例很低，但德国还是很注重农业水资源节约和高效利用。

一是注重提高农业用水效率。雨养农业着重提高降水的利用，通过各种措施提高土壤对降水的吸纳能力。除了降水量，农场主更关心可用田间持水量，即：降水量中能贮存于田间土壤并被作物利用的水量。很多农场主在自己农场安装土壤墒情监测仪器实时测定土壤水分状况，政府农业部门也会发布墒情信息。

灌溉农业则大力推行节水灌溉高效利用水资源。德国的灌溉农业100%实现节水灌溉，其中，喷灌占80%左右，主要用于麦类、马铃薯等大田作物；滴灌占20%左右，主要用于蔬菜、水果、马铃薯等。由于完全杜绝了地面漫灌，德国灌溉农业水分利用效率很高。德国政府主要通过市场手段——水价调控，来推动农场主采用先进的灌溉技术，达到节水目的，平均水价为每方水0.2欧元（1.5元左右）。

二是严控水体污染。欧盟于1991年通过的《关于防治水体受来自农业源的氮肥污染的指令》和德国国内法中相应的农肥条例、植物保护法等对特定单位的肥料成分作了规定：氮肥应尽量避免流失到水体中，施肥应当尽可能地使肥料中的营养物质为植物生长所吸收。相应的措施包括：只在植物生产期施肥、注意施用深度最高值和标识义务以及遵守与水体的间隔距离规则。但这些监管仍然不够，许多问题需要通过水管理和农业两个政策领域更好地协同一致才能解决。为明显减少农业污染，德国还制定了其他配套办法。例如限制矿物肥料的使用条件、推广轮作、转变粗放型农业、提高土地覆盖、采用有利于保护土地的耕作方式和考虑到水体保护的施肥方式、禁止喷洒农药、推广生态农业、设立水体沿岸带以及向农民提供更多信息与咨询服务等等[2]。德国污水处理实现了城乡一体化全覆盖，农村生活污水处理执行和城市一样的标准，确保农村地区土壤、地下水等农业资源不被二次污染，农业生态不受损。

三是系统管理水资源。德国对水资源利用活动，必须依靠《水法》开展。《水

---

[1] 中国国家灌溉排水委员会. 德国农业与灌溉节水［J］. 中国国家灌溉排水委员会简报，2017，（3）. http://www.jsgg.com.cn/Index/Display.asp?NewsID=21835.

[2] 沈百鑫，沃尔夫冈·科克（Wolfgang Köck）. 德国水管理和水体保护制度概览（下）［J］. 水利发展研究，2012，（10）：90-95.

法》系统规定了各用水部门、用水群体对于水资源保护、节约利用活动，对于农业用水与其他用水衔接、用水主体与其他用水主体之间的合作提供了重要指南。德国《水法》与欧盟水相关法律一致，《欧盟水框架指令》是从可持续利用角度出发，要求以流域整体的生态系统补充传统的行政区域管理来组织水管理，包括生态、经济与社会领域在内的所有层面上进行紧密合作。德国水管理从协调水体使用各方利益，向水体整体改善和保护、以尽可能满足各方面的水体基础功能供应方向发展。

四是地下水保护严格。为了保护地下水，德国不仅对生产化肥、农药的企业制定了严格的生产许可证申报程序，而且对农业施肥、喷药也有相当严格的规定。农民在使用某种农药或化肥时必须做好记录，以便有关部门检查和检测对照。同时，按照生物生长所需营养，将农田全年通过化肥、有机肥、秸秆还田等投入的总氮量冬小麦不超过 210 千克/公顷，一般作物不超过 170 千克/公顷[①]。不同类型作物农田均需要进行氮磷养分投入产出平衡计算，农田氮素盈余控制在 15 千克 N/公顷范围内，磷素盈余控制在 10 千克 P_2O_5/公顷范围内，并且规定各州于每年冬季（11月15日至1月31日）在农田禁止施用流质厩肥，减轻施肥对地下水的污染。德国农田灌溉以地下水灌溉为主（约占 80%）[②]，为确保地下水位不下降，根据地下水补充速率，严格控制取水数量，以实现地下水出入平衡。

（3）几点启示。

一是加快推进农业资源保护的法治建设。我国农业资源管理法制体系还不健全，是影响资源利用效率提高的一个重要因素。以土壤为例，我国没有专门的土壤保护法律，相关条文分散在《环境保护法》《土地管理法》《固体废弃物污染环境防治法》《农业法》《矿产资源法》《水法》等法律以及《土地复垦条例》《基本农田保护条例》《危险化学品安全管理条例》等法规之中。同时，所有者、经营者之间的修复责任不清，历史污染者难以追究，修复工作力度不大。因此，制定专门的《土壤环境保护法》，对土壤污染的主管部门、政府及企业的义务与责任进行明确规定，是当务之急。

二是降低资源使用强度、提高使用效率。德国大多数地区实行长周期、单季种植，并按规划实行休耕轮作，水土资源使用强度不高，水土资源在支持农业生产过

---

① 陈章全，陈世雄，尚斌. 德国畜禽废弃物治理的做法与启示 [J]. 中国畜牧兽医文摘，2017，33（10）：5.

② 中国国家灌溉排水委员会. 德国农业与灌溉节水 [J]. 中国国家灌溉排水委员会简报，2017，(3). http://www.jsgg.com.cn/Index/Display.asp?NewsID=21835.

程中得到了充分的休养生息，农业生态环境系统的平衡可以得到维护。与之相比，我国在过去几十年内，种植业发展方向是缩短周期、增加产量，且农药化肥利用效率不高，浪费严重，造成农业生态环境持续恶化，面源污染、地下水超载等现象突出。因此，一是要推进耕地草原休养生息，降低利用强度，促进资源的恢复。二是控制农业用水总量，提高水资源利用率，减少地下水的抽取。三是实行精准施肥、用药，提高肥药利用率，减少对环境的污染。

三是加快推进规模化经营。德国农户之所以能够认真按照国家规定的技术规范，开展有利于资源保护的农业生产活动，主要由于其农场主经营足够规模的农场，能给其带来可观的收益。近几十年来看，德国农场之间相互兼并重组、土地租赁经营不受任何限制，而且政府制定《农业法》《土地整治法》保障其稳步推进，使原来规模很小的农场逐步转变为规模较大的农场。与之相比，我国目前以兼业农户为主，来自农业经营的收入在农户的收入结构中所占比例越来越低，农户主动遵守生产规程、主动保护农业资源的积极性不高，使得我国农业资源环境保护缺乏主体。借鉴德国经验，大力推进土地流转，扩大规模经营是保护农业资源的重要手段。

四是构建有利于农业资源利用的补贴体系。满足欧盟发达国家农业生产由保证农产品供给功能向多功能性转变需求，欧盟农业政策的一个显著特点就是农业支持政策全面转向鼓励农业资源集约利用和环境保护，仅有一小部分政策支持用来帮助农户抵御市场风险，几乎没有单纯刺激产量增加的支持政策。例如，欧盟对成员国农场主种植业实行300欧元/公顷（约150/亩）的直接支付，但为了拿到这项直接支付，德国农场主必须完成一系列资源环境保护承诺：至少有3种作物轮作、使用有机肥以及记录投入品等等，并严格遵守环保限制性条件。简单言之，德国已经完全把与生产挂钩的直接补贴政策转变为不挂钩的单一直接支付制度（Single Payment Scheme），由"蓝箱"而转变为"绿箱"，这种补贴不与生产挂钩但与环境、食品安全、动植物健康和福利、农业条件等挂钩，最大特点是没有贸易扭曲作用，不违背市场原则，且操作简便，无需每年统计、计算和核查。借鉴德国经验，这也应该成为我国下一步农业政策调整的主要方向。

五是改进水资源利用方式。与德国相比，我国灌溉面积占耕地面积50%左右，但其中节水灌溉面积不足一半，喷滴灌面积不到20%；德国灌溉面积比例仅为3%，但全部采用节水喷滴灌等管道灌溉。我国旱耕地超过10亿亩，生产水平长期低而不稳，与德国差距十分巨大。建议：一是建立农业用水地下水抽、补平衡制度，严格禁止地下水超采区用水增长，扭转地下水位不断下降的态势。二是大力发展高效节水农业，以喷滴灌等灌溉代替的地面灌溉，全面提升灌溉水生产效率。三是加快推进生活污水处理城乡全覆盖，确保我国农村水土资源不被二次污染。

2. 德国畜禽废弃物处理与资源化利用之借鉴

第二次世界大战后，德国畜禽养殖业得到迅速发展，畜禽养殖废弃物污染严重。为解决这一问题，欧盟和德国相继出台了一系列法律法规和激励政策，多措并举确保畜禽养殖废弃物得到合理治理与利用。

（1）德国畜禽废弃物处理与资源化利用的主要做法。

一是实施畜禽养殖场规划审批制度。德国畜禽养殖场在规划设计初就需要报农业部门进行审批。需要审批的内容之一就是畜禽粪便处理的做法和计划，即畜禽粪便的处理工艺和具体做法。德国一般是根据农场的土地面积来确定动物的饲养头数，比如平均每公顷土地允许饲养动物头数为：牛 3~9 头、马 3~9 匹、羊 18 只、猪 9~15 头、鸡 1 900~3 000 只、鸭 450 只[1]。因此，如果畜禽养殖场采用农田利用的方式来处理和利用畜禽粪便，则需要审查养殖场配套农田的面积、种植作物种类、农田的地势、坡度以及土壤类型等各种内容，以确定配套的农田是否能够满足该养殖场畜禽粪便的处理。有些州 10 千米范围内可消纳废弃物，有些州由于附近土壤 N、P 已饱和，需要在 300 千米范围内、甚至运到 300~500 千米以外才能消纳；超出半径 10~15 千米以外管理养殖废弃物的运输成本显著增加[2]，所以要求畜禽养殖场规模要适度，畜禽粪便尽量内部消化。

在养殖场建成后，养殖场需要定期对畜禽粪便处理情况进行上报，同时根据动物数量和环境条件的变化及时调整最初的畜禽粪便管理计划，以保证不能对周边的生态环境有负面影响。

二是强化养殖废弃物相关管理办法。

德国环境法。德国将养殖废弃物污染防治的相关规定融入环保法律法规之中，规定畜禽养殖废弃物贮存设施的建设地点要在保护区外，与水源地距离不小于 50 米；对畜禽粪便有机肥的施用条件、施用时间、施用方法、使用量等均有规定，如离河岸 5 米范围之内禁止施用畜禽粪便有机肥等；大型养殖场建设需经环保部门批

---

[1] 柳建国，卞新民. 畜禽粪便污染的农业系统控制模拟及系统防控对策 [J]. 南京农业大学博士学位论文，2009 年 6 月.
[2] 廖新俤. 德国养殖废弃物处理技术及启示 [J]. 中国家禽，2013，35（3）：2-5.

准，审批过程会对企业可能排放的废弃物量、废水对环境影响进行评估，不可超过上限①。实施过程若超出排放上限，管理部门有权制裁，最严厉是取缔。

可再生能源政策。德国对沼气发电的激励机制包括：1990年颁布实施的《电力并网法》，特别是鼓励沼气发电上网的《可再生能源法》（2000年）的出台，2004年德国对《可再生能源法》进行了修订，使小型农场沼气发电上网更具吸引力。除了上网电价实行优惠政策外，装机容量低于70千瓦的沼气工程还可获得15 000欧元的补助金以及低息贷款。有些农场主不看重牛奶的收入，而转向牛粪制取沼气发电的收益，可以说欧盟机制促进或催生了农户经营行为的转变，但欧债危机也削弱了可再生能源发展。

三是畜禽养殖场必须配备粪便贮存设施。德国《肥料法规》对施肥时间和畜禽粪便贮存时间都有明确规定：在冬季农作物空闲期，或停止生长期，在农田禁止施用流质厩肥；在雨雪天气，为了防止N流失，一般也不允许施肥。畜禽粪便在不能还田的时间内全部贮存在贮存设施内，一般至少6个月，因此，养殖场配套的畜禽粪便贮存设施的容积通常都非常大。畜禽粪便贮存设施的建设也有很严格的规定，要求对贮存设施进行防渗、防漏处理，并预留一定的体积空间，还需制定贮存设施发生意外情况的应急预案。

四是畜禽养殖场配套沼气工程。德国的沼气工程技术国际领先，畜禽养殖废弃物处理沼气工程采用半地下中温半干式厌氧消化工艺，通过热电联用（依靠发电余热为厌氧发酵罐增温和保温），在冬季-20℃环境条件下，沼气工程仍然正常运行。冬季沼气池内可保持38℃，通过干料进料装置投加玉米秸秆等能源植物，确保较高的产气率；厌氧发酵罐顶部安装双膜贮气罩，组成发酵—贮气一体化装置，既节省贮气装置建设费用和减少用地面积，又解决了寒冷地区冬季贮气装置水封防冻问题；沼气工程的机电设备实行机械化和自动化管理，运行可控性强。

五是畜禽废弃物处理，采用多种方式和渠道。德国关于畜禽养殖废弃物处理的规定中，并没有要求必须实现农田利用，但是如果没有足够的土地来消化畜禽粪便，则必须实现达标排放或者委托其他企业处理，由畜禽养殖场交纳一定的处理费用，由于实现达标排放或者委托其他企业处理的成本非常高（有的养殖户需支付15欧元/吨的处理费用），因此，绝大部分养殖场都采用农田利用的方式来处理畜禽粪

---

① 廖新俤. 欧美养殖废弃物管理对策比较及对我国养殖废弃物治理的启示 [J]. 中国家禽，2017, 39 (4): 1-3.

便,即采用与种植业相结合的方式来实现种养循环发展。

(2) 案例。巴伐利亚州奶牛养殖场。存栏奶牛 770 头,农田面积 800 公顷,奶牛粪便全部生产沼气,发电上网,沼液全部还田,用于种植 200 公顷草、250 公顷玉米、350 公顷的油菜和甜菜。

奶牛场配套沼气池 2 座,发酵池容积分别为 2 306 立方米和 2 612 立方米,合计约 5 000 立方米,二级发酵后沼液依次进入 3 个沼液贮存池,容积分别为 2 702 立方米、2 105 立方米和 1 588 立方米,沼液贮存过程产生的沼气收集后同样进入沼气发电机组进行发电。日产沼气约 7 500 立方米,沼气中甲烷含量约 50%。沼气发电机装机容量共 800 千瓦,24 小时运行(检修除外),年工作 8 500 小时,年发电 6 600 兆瓦,上网价格 25 欧分/千瓦时,发电余热售价 3 欧分/千瓦。

目前奶牛场牛奶价格仅为 0.2 欧元/升,据农场主介绍,如果奶牛场仅仅依靠出售牛奶,则是不赚钱的,但通过沼气发电上网将获得 165 万欧元/年的收入,同时利用发电余热供场内使用,沼液作为肥料种植作物,为奶牛的优质饲料,实现种养的循环发展,整个农场盈利水平高。

(3) 对我国畜禽养殖污染治理的启示。

一是尽快出台畜禽粪便资源化利用的相关法律法规。目前,我国关于畜禽养殖环境控制方面的相关规定包括《畜禽养殖污染防治管理办法》《畜禽养殖业污染防治技术规范》以及《畜禽养殖业水污染物排放标准》,这些标准都以畜禽粪便和污水达标排放为导向,导致目前我国畜禽粪便污水处理成本太高,养殖场难以承受。2014 年实施的《畜禽规模养殖污染防治条例》虽然明确提出畜禽粪便要以资源化利用为导向,但缺少具体的、有针对性的内容和政策,建议我国应尽快制定关于畜禽粪便资源化利用相关的政策和标准,在"规模畜禽养殖场环境评价导则"方面的配套文件,应明确以资源化利用为方向,以循环利用和种养结合的方式来进行畜禽粪便处理。

此外,与欧盟的立法、法规和管理条例相比较,中国畜禽污染防治法的相关规定较为粗放,大多有原则方面的规定,没有具体操作的细化内容,可操作性不强。建议我国应根据不同地区的土壤类型和种植结构,进一步明确一定面积的农田适宜的饲养规模以及配套废弃物处理设施和处理利用方式。

二是制定实施畜禽粪便综合养分计划,促进种养结合。美国的畜禽粪便养分管理计划是解决美国畜禽养殖污染的重要因素,德国虽然没有明确提出畜禽粪便综合养分管理计划,但其关于畜禽粪便农田利用的做法与美国非常相似。实施农田养分管理，以种定养，以养促种，良性循环。

目前，我国已明确认识到种养分离是导致我国畜禽粪便资源化利用率低的重要原因，因此，种养结合、循环利用的提法已成为社会的共识，但畜禽粪便农田利用，不是简单地把畜禽粪便施用到农田土壤中去，而是需要根据农田作物的养分需求，充分考虑畜禽粪便养分含量、土壤养分含量，结合周边一系列生态环境参数后，进行科学的管理。

由于德国养殖场建设的审批管理，严格粪污处理要求，因此，德国养殖企业规模普遍不大，存栏200头以上奶牛场数量仅占3%，而且最大规模也仅仅为3 000头奶牛左右。同时，奶牛场的饲养和管理方式相对较为标准。但我国规模化养殖场单个养殖规模远高于此，不同奶牛场的清粪方式、粪便处理和利用方式、污水处理和利用方式均存在较大差异，畜禽粪便在不同的管理环节都存在不同的养分流失，因此畜禽粪便养分产生量并不等于养分供给量。我国应针对规模养殖特点，从土壤养分消纳量和作物养分需求量出发，开展畜禽粪便综合养分管理的研究，为合理规划布局畜禽养殖业与种植业协调，建立"作物种植—牲畜饲喂—粪污还田"的循环生态农业体系，为实现种养的可持续发展提供科学依据。

三是建立合理的终端产品补贴制度、引导资源化利用方式的可持续。德国的各种补贴政策是基于生态环保的目标和设置的，补贴的计算基础是以前的收入和采取农业环保措施所需要的经费奖励，具有非常合理性和持续性。政府定价要求电力企业购买后，允许电力企业与其他发电混合确定销售价，即电力企业可以提高居民用电价格方式弥补高价购买生物发电的支出。比较而言，我国的目前的补偿政策，还缺乏合理的、持续的、系统的补偿政策措施，补贴资金来源单一且不稳定。我国应尽快明确以农业生态环境保护为补偿的目标，制定以终端产品为补贴物的补贴制度，同时充分利用市场机制，引导畜禽粪便资源化利用方式的可持续性。

3. 德国农田面源污染管控制度研究

西欧各国人口密集，人均土、水资源较为紧缺。第二次世界大战后，随着农业生产水平提高，农药、化肥等农用化学品用量持续增长，至20世纪中后期，由农业引起的水体、大气污染、生物多样性下降等环境问题日益严重，成为社会可持续发展面临的重大挑战。研究显示：在德国，源于农业的污染源不仅是地下水硝酸盐污染和地表水富营养化的最大贡献者，是PM2.5的主要成因和贡献者之一，还是生物多样性下降的元凶。自20世纪80年代后期始，欧盟各国将对农业源的环境污染防治纳入基本国策。

(1) 制度框架。为推动农民采用环境友好的农作措施替代原有的高化学投入品、高产量、高污染的集约化农作措施，德国主要通过制定相关法律法规、推动绿色农业技术创新和实施绿色农业补贴，为实现减肥增效，绿色发展提供制度性保障。德国农田面源污染管控的制度框架主要由以下四部分组成。

一是欧盟和联邦政府颁布相关法规，为农田面源污染管控提供法律与政策依据。

德国于1991年在欧盟水环境保护指导准则（Richtlinie 91/676/EWG des Rates vom 12. Dezember 1991 zum Schutz der Gewässer vor Verunreinigung durch Nitrat aus landwirtschaft lichen Quellen）下发布了第一个关于畜禽粪便施用的限定性标准，规定各州于每年冬季的11月15日至来年1月31日期间，农田禁止施用流质厩肥。2008年德国又根据欧盟水环境保护法和欧盟于2001年颁布的大气有害气体挥发限量准则（Richtlinie 2001/81/EG des Europäischen Parlaments und des Rates vom 23. Oktober 2001 über nationale Emissionshöchst-mengen für bestimmte Luftschadstoffe 颁布了首个肥料法规（Düngeverordnung），对农田化肥、畜禽粪便施用量和施肥方法进行了更明确的限定。2017年对肥料法规做了进一步修订和补充。2017年版肥料法规中较重要的限定性规定有：将农田全年通过化肥、有机肥、秸秆还田等农作措施投入的氮素控制在170千克N/公顷。不同类型作物农田均需要进行氮磷养分投入产出平衡计算，农田氮素盈余应当控制在15千克N/公顷范围内，磷素盈余应当控制在10千克P_2O_5/公顷范围内。

欧盟和联邦层面颁布的法规和技术目标成为联邦、各州及相关部门制定预算、开展相应工作的依据。根据这些法令，联邦和各州不仅加大了对绿色农业技术创新研发预算，还根据现有技术条件积极制定绿色农业补贴政策，鼓励农民采用环境友好的技术替代原有技术。

二是以公益性农业科研机构为主体，持续进行绿色农业技术创新。

在一系列相关政策支持下，德国以联邦和州立公益性农业专业科研机构为主体，持续进行绿色农业技术创新，为农民提供环境友好的替代技术，落实欧盟和德国颁布的法规和农田面源污染管控目标提供技术手段。

实现减肥增产、减肥增效，德国最重要的经验是研究、建立和推广技术上便于农民掌握、经济上也易于为广大农民承担的分区、分类、量化施肥技术指标和规程。

随现代植物营养学的发展，由专家制作科学施肥配方并不困难，但要为全国每一个农民提供既便于农民本人掌握,又能确保其产量和环境效率的施肥技术指标和规程并不容易。由于农业生产所处地域辽阔,各地土壤、气候和农业生产条件差别大,不能采用相同的技术指标和规程。即使在同一地区的不同地点,当土壤、地形条件、轮作类型不同,也难以采用相同的量化指标与技术规程。当农作措施要兼具增产可靠性、产量和经济效益、环境目标并具有很广的地域以及生产条件适应性时,需要考量的因素变多,农作措施的量化和精准化决策变得十分复杂。与此同时,所有技术指标和规程最终需要农民在田间实现,太过复杂的指标不易为农民接受,指标越简单越便于农民掌握和在田间操作。

德国所构建的分区、分类、量化技术指标和规程具有两大特点。第一是通过布置在各地的大田定位试验,为农民专门设计和建立了一套可覆盖各地不同自然和农业生产条件的、统一的指标体系架构。在这一架构中,技术指标的科学基础、分级体系、分级释义、考量因素和评价方法全国一致。各地仅允许在全国统一的体系架构下,对各分区权限内的专业参数进行适度调整。全国统一的体系架构提高了各分区技术指标的稳定性和可扩展性,提高了农业的标准化和量化水平,促进了国家层面绿色农业补贴政策与农作措施的直接关联。第二是指标分为前台和后台两个层面,以兼顾指标的科学性和农民对指标的易接受度。前台指标供农民使用,主要特点是简单、易记、易懂,指标分级数和各分级释义全国统一;且很少变化,具有极高稳定性。后台指标则是支持前台指标的相关专业技术指标,允许各地农业科研机构根据本地试验结果,在保证前台指标释义不变的前提下进行相应调整。覆盖全域的多点定位试验和前、后台指标结合模式使得分区指标对不同地区的土壤和气候条件有良好适用性,保证了其增产可靠性和环境安全性,农民对其接受度很高。由德国农研联(德国农业试验与研究联合会,Verband Deutscher Landwirtschaftlicher Untersuchungs-und Forschungsanstalten,VDLUFA)发布的农田氮、磷及有机碳平衡算法、农田磷、钾养分管理、土壤调酸改土五等级评价、农田质量百分价等分区、分类、量化指标成为这类指标的典范。这些量化指标的广泛推广,全面提高了农民科学施肥技术水平,对德国实现减肥增产发挥了巨大作用。

三是联邦农业技术与标准权威机构对环境友好的新技术进行审核和发布。

为促进新技术的推广和应用,德国有三个联邦层面的农业技术与标准权威机构负责对农业新技术、方法、标准、规程及设备进行审核和发布,以保证推荐给农民技术的专业性、科学性和权威性。有130多年历史的德国农研联(VDLUFA)和德国农业行业协会(DLG,Deutsche Landwirtschafts-Gesellschaft e.V.)主要负责审核和发布各类技术方法、标准和规程。有90多年历史的德国农业技术与设施委员会（KTBL，Kuratorium für Technik und Bauwesen in der Landwirtschaft）侧重于新农业机械与设施的审核与发布。

德国在农业领域所颁布的所有技术均出自这三家机构。其中，技术标准、方法和规程均由长期从事本领域技术研究的权威专家署名编制，并由不同部门和各州的多名本领域相关专家进行署名审核和修订。权威专家署名编制这一方式，保证了技术标准的科学性，而多部门专家署名审核的方式促进了该标准被广泛认可及实用性。参与编制和审核专家人数多的标准通常为行业影响力大的标准。例如，在德国应用极为广泛的农田磷、钾养分管理方法有80多位署名专家。

四是由地方政府（各州）制定相应预算，推动联邦政府的政策与法律实施。

各州政府依据联邦政府颁布的法规和政策，制定本地区治污目标和财政预算，并根据现有的、经过权威机构审核和发布的技术措施，制定绿色农业税收和补贴政策，鼓励农民采用环境友好的技术替代原有技术。

若无成熟替代技术，联邦政府原则上不会在肥料法规中禁止使用原有技术，即使原有技术有一定环境风险。无论是联邦政府法规还是地方政府的绿色农业补贴政策均需要与适合农民掌握和承担的新技术措施接轨，以此提高农田面源污染管控效率。

例如在20世纪90年代，流质厩肥地表撒施仍为德国农田普遍采用的技术。为减少流质厩肥地表撒施引起的环境问题，德国公益性农业科研机构经过20多年持续研究，研制出空心耙装置，采用空心耙可实现厩肥入土深施，既可将厩肥中的氨挥发从50%降至5%以下，还可在牧场、草场和高尔夫球场施用流质厩肥。在各地的多点定位试验显示，该项技术安全可靠，经济上也可行，适合大面积推广。由此，在2017年颁布的肥料法规中增加了禁止流质厩肥地表撒施的规定。目前第三代更环保和高效的空心耙技术仍在研发和测试中。

当科学试验已经证明新的、环境更友好的技术措施和标准具有可行性之后，地方政府在推行这些技术措施时，仍会以奖励性政策为主，对尝试采用新技术措施的农民给予补贴。对于一些只适合通过惩罚性管理措施实现的技术措施，通常会先给出一个调整期，给农民留出适应新技术标准的年限。例如：在肥料法规中，对于将农田氮、磷盈余量分别控制在15千克N/公顷、10千克P_2O_5/公顷范围内的规定，给出的调整期为5年。

（2）效果及存在问题。经过30多年努力，德国在农田面源污染管控方面取得了一定成效。自20世纪80年代以来，德国农田化肥养分投入量减少了一半，以作物播面计化肥养分量从每公顷404千克减少到目前的192千克，仅为目前我国的53%，同期粮食单产仍提高了56%，从4 779千克增加到目前的7 464千克，比我国目前粮食单产高40%（依据FAO统计数据）。农田化学品投入量的大幅度消减使地表水富营养化问题明显改善。

由于面源污染管控涉及管理、技术研发、经济、市场、农业与农民多方面问题，是一个复杂的系统工程，且具有长期性，难以靠单项措施在短期见效。新近的调查显示，德国肥料法规的落实和化肥用量的大幅度消减仍未能使农区地下水硝酸盐含量明显下降。由养殖业产生厩肥在农田的高量施用引起的地下水硝酸盐仍未得到有效控制，欧盟已经两次对此问题提出警告，若德国地下水硝酸盐含量继续提升，将向德国每年征收约4亿欧元的罚款。为此，近期德国正在考虑将占德国农田1/3面积的高地下水硝酸盐污染潜势农区的氮用量在原先基础上（170千克N/公顷）再减少20%，并以此项提案应对欧盟的惩罚，这一提案尚未获得欧盟认可。

为控制畜禽粪便过量施用造成的环境问题，德国在强调执行肥料法规的同时，也在积极进行流质厩肥缩水处理等新技术研发，并尝试建立畜禽粪便交易平台，以减少地下水硝酸盐高污染潜势区的厩肥用量。

（3）对应德国，我国在农田面源污染管控方面存在问题。

一是我国至今缺少为农民专门设计、便于农民掌握的量化施肥技术指标。

对我国近年发布的100多个国颁、部颁和地方相关标准的综述研究显示：我国在关于科学施肥和绿色农业技术的相关国标和行标中，主要是对科学施肥原则的重述。例如在2010年发布的部颁标准"化学使用安全技术导则"中，主要是对在教科书中已为科学界认可的专业常识进行了再次叙述。如导则中对"化肥用量控制"的规定为：需要综合考虑作物类型、产量目标、土壤养分状况确定化肥用量等一般性概念。农民很难将这些原则转化为农田采用技术，各流域也难以用这些概念约束和规范农民技术措施。

在科学施肥相关地方标准中，所涉及的技术内容和范畴也各不相同，有测土配方施肥方法规程、土壤样品采集技术规范、绿色农业县域循环模式技术规范等。多数标准针对的是专业人员，缺少针对农民的科学施肥量化指标。虽然有少量地方标准为一些农作物制定了养分推荐量，由于不同标准中，量化指标的科学基础、分级系统、分级释义、考量因素各不相同，某一地方提出的指标难以适合其他地区农民采用。

如前所述，德国实现减肥增效最重要的技术措施是为农民专门设计和定制了可覆盖不同自然和农业生产区域的、分区、分类、量化技术指标。我国由于至今缺少为农民专门设计、适合我国农民认知和直接采用的量化施肥技术指标，导致农民施肥技术水平长期落后。就为农民提供施肥配方和为农民设计和制作施肥技术指标两种方式而言，前者等同于授之以鱼，后者等同于授之以渔。要使我国农民施肥技术水平得到普遍提高，我国需要尽早解决和大力促进授之以渔的问题。

综述结果还显示我国目前颁布的、与农田面源污染管控相关的国标、行标和地方标准之间缺少层级化衔接。例如测土配方施肥方法规程、土壤样品采集技术规范属于专业领域标准，需要全国统一，而我国颁布的标准却是地方标准。很多标准的起草人并非为长期从事相关领域工作的专业人员，导致这些标准缺少科学基础，内容空泛，相互重叠又相互矛盾。研究中笔者还发现，德国无论是欧盟或联邦政府制定的肥料法规、还是 VDLUFA、DLG、KTBL 三大机构发布的技术标准，或是州立农业部门对联邦标准的解译，在相关网站上均可无偿获取。而我国发布的农业及环境方面相关国标、行标和地方标准绝大多数在网上不能无偿获取，需要缴费。农业技术标准，特别是与科学施肥、农业面源污染管控相关标准的无偿和公开共享，不仅有利于农业面源污染防治技术的推广，也有利于科学界和行业对标准的审核、修订和不断完善。在信息技术高度发展的今天，国标、行标和地方标准不必在网上无偿、公开发布，还助长了僵尸标准的生成。

二是缺少能与面源污染管控奖惩政策关联的限定性技术标准和考核方法。

德国经验显示：进行农业面源污染管控的关键是制定和实施对农民在经济上和技术上均具有可行性、且能与国家奖惩政策关联的限定性技术标准。如德国于1991年发布的冬季农田禁用流质厩肥，之后陆续发布的禁止地表撒施肥料、农田氮磷盈余允许限量等一系列限定性技术标准对德国实现减肥增效发挥了重要作用。

我国无论在国家层面还是水污染严重的流域，至今仍无类似限定性技术标准发布。因而，在全国范围或重点流域，难以制定针对性的奖惩政策，引导农民采用环境友好的农业生产技术措施。未能发布限定性技术标准的主要原因一方面由于各地在治污中更关注短期能见效、也更易获得国家财政补贴的工程类措施，因而忽视见效慢、且难以依靠一次性财政补贴就能实现的面源污染管控制度性建设；另一方面，我国相关的科学基础也比较薄弱。限定性技术标准直接影响到控污效果，并与每一个农民的经济利益挂钩，需要有充分的科学性、经济和技术可行性。为建立限定性技术标准，德国进行了大量研究。如冬季农田禁用流质厩肥的规定主要源于20

世纪80年代的多点长期定位试验观测结果。新肥料法中关于农田氮磷盈余允许限量的规定也源于数以百计的定位试验研究和数以万计的农户调查。为帮助农民执行这一限定性技术指标,德国于20世纪末已开始进行农场氮磷平衡算法研究,2007年正式颁布并在全国范围推广这一算法,至2017年才将氮磷盈余量限量纳入限定性技术标准,也是先完成相关研究和配套技术试运行,再正式发布限定性技术指标。

就编制限定性技术标准而言,目前我国相关研究基础依然薄弱。由于我国自然条件与农业生产条件特征与国外相差大,难以套用国外相关技术标准。例如,德国规定:农田氮磷养分盈余量的最大限量为15千克 N/公顷和10千克 P_2O_5/公顷,按这一限量,我国1/3农田均难以达标。我国疆域辽阔,各地气候差异大,编制限定性的技术指标还需要因地制宜,考虑到分区、分类。

由于限定性技术标准与国家和地方政府的绿色农业奖惩政策相关联,为保证其实施效率,还需要对农民的实际执行情况进行监测和考核。同主要根据耕地面积发放的一般性农业补贴相比,用经济杠杆推动农业面源污染管控要难得多。为进行有效管控,德国各州立公益性农业科研机构,针对主要限定性技术标准,研究并尝试采用新的监管和监测方法,以便适应农户地点分散、监管人手少、缺少直观考核指标等客观条件,更有效地发挥经济杠杆作用。我国至今尚无此方面的研究。

三是我国尚未能形成有制度性保障的农田面源污染管控体系。

缺少为农民设计、便于农民掌握的量化施肥技术指标,缺少在全国范围或重点流域能与国家及地方政府奖惩政策关联的限定性技术标准,造成尽管我国对农田面源污染治理已进行多年,无论在全国范围还是在重点流域至今未能形成有效的、有制度性保障的农田面源污染管控体系。在农业面源污染严重的流域,经常采用的措施之一是将农田改为生态景观用地和禁止养殖业。这种做法虽然改进了部分地区水环境,却也导致了发达地区农业的弱化。据德国农业部统计,自2010年以来德国向中国出口的肉、奶产品快速增长,其中增长最快的是猪肉。仅在2017年1—10月,德国向中国出口的肉、奶产品已达到240万吨,占德国肉、奶总产量的1/5,德国肉、奶出口总量的1/2。而我国发达地区农业的弱化将导致农业整体的弱化以及对进口农产品依赖度的进一步加剧,难以持续。

在我国各大流域,对水污染治理的规划至今仍以工程措施为主,而对农田面源污染的治理规划主要是设立大区目标,例如,将整个农区化肥用量减少10%等。缺少关于限定性技术标准制定、农田面源污染管控体系构建方面的目标。笔者新近在参加一个地区水污染治理规划时发现:该区域已实施过多轮水污染治理项目,在每次规划中，全区农田化肥养分量都有大幅度下调，目前全区农田化肥养分量已远低于全国平均水平，难以支持高于全国平均水平的高产，新一轮规划中实在难以继续下调。实际上，这一地区水体氮磷含量一直有增无减，而由统计部门给出的数据与农民抽样调查结果相差较大。

（4）几点启示。

一是重视研究、建立和推广便于农民掌握的量化施肥技术指标。

鉴于我国农民施肥技术水平仍然落后，应当尽快研究、建立并在全国推广便于农民掌握的分区、分类、量化施肥技术指标。构建供农民用技术指标的关键是首先建立全国统一的体系架构，保证分区标准的科学基础、分级体系、分级释义、考量因素和评价方法全国一致。之后再逐步建立和完善各分区技术指标。在为农民设计和构建量化科学施肥技术指标方面，还可参考德国经验。德国为农民设计的农田养分五等级评价、农田质量百分价等分区、分类、量化技术指标的应用已近半个世纪，得到农民广泛认可，对减肥增效发挥了巨大作用。我国在进行分区、量化施肥技术指标推广时，还可引入现代人机互动、人工智能技术，加速我国农民施肥技术水平的提升。

二是加强农田面源污染管控限定性技术标准的研究与编制。

限定性技术标准是防治农田面源污染制度性建设的技术基础。限定性技术标准由于与中央和地方奖惩关联，并需要长期实施，对农民、农业、监管部门及财政预算均有较大影响，其科学性和可操作性十分重要。建议在具备技术基础、财政与管理条件的重点流域先期试行。不具备科学和技术基础的流域，不要忙于发布限定性技术标准，而需要先研究和建立实施限定性技术标准所必须的配套技术，并通过对配套技术的推广，查验实施限定性技术标准的可行性。同时在典型农区，积极探索简捷、高效的监管方式，使得与限定性技术标准绑定的奖惩措施真正发挥作用。与点源污染相比，面源污染更为隐闭，科学、有效的监测和监管方法是提高经济杠杆作用、实现精准化面源污染管控的技术保障。

三是重视农田面源污染管控的制度性建设。

我国在农业源已成为地表水富营养化、地下水硝酸盐污染主因的流域和地区，要十分重视农田面源污染管控的制度性建设。农田面源污染管控的制度建设含政策法规、农民可广泛采用的环境友好技术、与国家奖惩政策绑定的限定性技术标准、有效的监管四大要件。建议在国家和地方相关部门组织的联合攻关和示范项目中，要考核这些项目对农田面源污染管控制度性建设的实际贡献，促成我国相关限定性技术标准的建立和实施,而不是仅考核统计部门出具的数据。

四是重视维护土壤肥料科研机构的专业特征和相关研究的稳定性。

研究显示:多年来德国在面源污染管控中发布和采用的几乎全部限定性或非限定性技术标准、新技术及新的监管和监测方法主要源于德国各土壤肥料专业科研的长期研究成果。如为农民设计和编制的分区、分类、量化科学施肥技术指标已有50多年的研究,流质厩肥施肥的空心耙技术也已持续了近30年,而这些技术仍在继续修订和改进中。新近,德国政府对经过两代科学家、持续50年之久的农田有机碳平衡算法继续投资,使第三代科学家能将这一对农田氮素和肥力管理具有实际意义的研究继续下去。

近年来,我国国家级与部分省级公益性土壤肥料专业机构被撤并,撤并后新机构变大,研究领域变宽,导致原有土壤肥料专业科研机构均质化、碎片化、行政化问题加深,难以进行需要在某一专业领域长期投入力量的应用技术和应用基础研究。对论文、SCI 论文发文量等量化指标的过分倚重,使得并不需要长期工作经验而论文产出能最大化的研究生培养一枝独秀,需要有长期科研工作累积的应用技术研究不断被削弱和空洞化,这类问题已不是单靠增加科研投入就能解决。鉴于土壤培肥和科学施肥对农业、环境和国计民生的重要意义,建议我国相关主管部门通过调研,提出可行方案,加以改进。

4. 德国农田土壤有机碳管理

(1) 德国农田土壤有机碳管理。

土壤有机质与土壤有机碳。土壤有机质指土壤中有机物质的总和,主要组成为土壤腐殖质、半分解的动植物残体、与土壤黏粒和细粉粒紧密结合的有机物质、土壤微生物体含有机物质量以及少量在土壤样品已尽量去除植物根系及动植物有机残体后仍能通过 0.25 毫米筛孔的未分解动植物残体。土壤有机碳与土壤有机质两个概念含义相同,量纲有区别,土壤有机碳含量以纯碳量计,土壤有机质含量则以有机物质量计。两者之间的换算公式:土壤有机质含量(%)= 土壤有机碳含量(%)×1.724;土壤有机碳含量(%)= 土壤有机质含量(%)×0.58。1.724 为通用换算系数。土壤有机物质化学组成不同,换算系数不同。对于泥炭土,土壤有机碳转换为有机质的换算系数为 2.0。

农田土壤有机碳管理定义。农田有机碳管理的主要目标是根据农田点位特征优化作物轮作和有机肥施肥,在持续提高和维持土壤肥力的同时,避免土壤中营养性有机碳的矿化流失产生环境风险。即通过管理使得有机肥的输入足以供养肥沃的土壤，实现高产稳产，与此同时避免因营养性有机碳的过量输入和矿化引起矿质氮的流失。

农田土壤有机碳含量最佳水平。农田土壤有机碳含量是对土壤有机物质投入与分解矿化两个过程的综合表达，过少或过多的农田有机物质投入，均可打破原有平衡，并对土壤肥力和生态系统产生负面作用。农田有机物质的投入量应当使土壤有机质及肥力水平较高，而土壤中有机物质的矿化流失不致产生环境风险为宜，此时，土壤有机碳含量已达最佳水平。农田土壤有机碳在达到最佳水平后，每年农田有机物质的投入量应当等于或略高于当年农田土壤中有机碳的矿化量，此时农田土壤有机碳含量应基本不变或仅有微小提升，达到正零平衡。

强化农田土壤有机碳管理的必要性。土壤有机碳对土壤肥力具有多方面作用，通过丰富而持续的有机物质投入（包括有机肥料和秸秆还田），可使农田土壤维持较高的土壤生物活动和土壤腐殖质前体物质含量水平，以此全面提高土壤物理、化学和生物性状，实现高产和稳产[1][2][3]。研究显示土壤有机质供应水平提高1~2个等级，作物平均增产10%~30%，最大增产可达127%[4]。农田土壤有机物质投入不足，会导致土壤有机质含量下降和土壤生产性能的大幅度下降。农田土壤有机物质投入过高，则易于因营养性有机碳的矿化导致高量养分的分解和释放，由此引起矿质元素特别是氮素进入水体和大气中。通过强化农田土壤有机碳管理，实现农田土壤有机碳含量最佳水平，有利于农业绿色发展。

（2）德国农田土壤有机质平衡算法。

农田土壤有机质平衡算法的基本特点。由德国农业试验与研究机构联合会（VDLUFA）颁布的有机质平衡算法是为农民设计的一种简便方法。用这一方法，农民可以方便地进行科学的土壤培肥与耕地保育。有机质平衡算法的科学基础是通过多点定位长期试验，获得作物和有机肥料的有机质碳当量值，前者用以度量不同

---

[1] Kolbe H & Zimmer J. Leitfaden zur Humusversorgung. Saechsisches Landesamt fuer Umwelt. Landwirtschaft und Geologie, 2015, Dresden, Germany. 1-61.

[2] Körschens, M., Schulz, E., 1999: Die organische Bodensubstanz – Dynamik – Reproduktion – Ökonomisch und ökologisch begründete Richtwerte UFZ-Bericht 13/1999, ISSN 0948-9452, 1-46.

[3] WALDMANN, F. & W. WEINZIERL (2014): Organische Kohlenstoffvorräte der Böden Baden-Württembergs in Abhängigkeit von Bodentyp, Bodenart, Klima und Landnutzung. Forschungsbericht KLIMOPASS. Landesamt für Umwelt, Messungen und Naturschutz Baden-Württemberg (LUBW), Karlsruhe, Deutschland.

[4] Kolbe H & Zimmer J. Leitfaden zur Humusversorgung. Saechsisches Landesamt fuer Umwelt. Landwirtschaft und Geologie, 2015, Dresden, Germany. 1-61.

作物在其典型种植方式下，引起土壤有机质碳量变化的趋势，后者用于表征不同有机肥料施入土壤后产生的有机质量。通过有机质碳当量值，可以对作物在典型种植方式下引起土壤有机质的亏缺量或盈余量、秸秆还田或施用有机肥引起土壤有机质的增加量统一在一个量纲基准上进行分析和计算。本方法已作为官方推荐方法在德国多个州和奥地利推广采用，既适用于综合农业，也适用于有机农业。在不允许使用矿质氮肥的有机农业上，本法还可兼作农田氮素养分管理方法。多点大田校验和测试试验显示：采用此方法，农田土壤有机质供应水平从"低"提高至"平衡"等级时，产量增加幅度可达到50%～150%。

土壤有机质平衡计算的目标。土壤有机质平衡计算的目标是对一个地块或一个农场的施肥和轮作措施对土壤有机质的影响进行评估，并根据评估结果导出土壤有机质存量的变化趋势和施用有机肥所能产生的功效，最终给农民提供有机肥施肥和轮作调整推荐，以改进农田土壤有机质供应水平，在保证农田持续获得高产和稳产的同时，避免或尽量减少因土壤有机物质矿化导致的土壤矿质养分、特别是矿质氮的流失。

土壤有机质平衡计算原理。农田土壤中，土壤有机质的存量变化主要取决于有机肥施肥和不同作物对土壤有机质的需求量。土壤有机质收支平衡=农田通过施入有机肥料（包括厩肥、流质厩肥、堆肥以及秸秆还田）所生成的有机质量（收入）－作物在种植条件对土壤有机质的消耗量（支出）。良好的农田土壤有机碳管理为土壤有机质的收支平衡应实现正零平衡，当农田投入有机肥产生的有机质量大大低于或高于作物有机质需求量时，均会出现问题，前者降低土壤肥力和农田生产力，后者引起环境风险。

栽培作物一方面通过收获后地表和根系残留物增加土壤有机碳，另一方面通过耕作、免耕覆盖等农作措施影响土壤有机物质的矿化。农田作物类型不同，生育期、耕作方式不同，作物收获后遗留在农田并进入土壤的地表和根系残留物数量及质量不同，残留物在土壤中的分解转化速率不同，最终能生成的土壤有机质量也不同。因而，根据长期试验可将作物进一步分为有机质增加型作物和有机质消耗型作物，由此，可得到下面的表达式：

| 有机质收支平衡 | = | 施入有机肥料的有机质生成量 | + | 有机质增加型作物产生的有机质量 | − | 有机质消耗型作物对有机质的需求量 |

土壤有机质平衡计算方法应用范围。本方法可用于对于一个地块、一个农场或一种种植制度的农田有机碳管理状况进行评价，对农田腐殖质储量变化给出定性估计，并为农民提供调整轮作和有机肥施肥的推荐。本方法还可帮助农民规划农田秸秆销售量和还田量比例，在提高和保持农田土壤肥力的同时获得更多种植收益。本方法既适用于常规农业农场，也适用于生态农业农场。对于不允许施用矿质氮肥的生态农业农场，本法可兼作农田氮素养分管理方法。

由于农田土壤有机质含量与土壤氮含量密切相关，土壤有机质平衡计算结果实际上间接反映了土壤氮储量变化趋势。因而，这一方法也能为了解田块及农场氮素流失风险给出定性评价。这里，需要强调：土壤有机肥施用引起的农田土壤矿质氮损失主要取决于施入土壤的有机肥是否为易于矿化的富氮有机物料，或土壤中矿质氮是否主要源于施用的有机肥料。由于土壤有机质平衡不能提供精确的氮素流失量评估，当需要了解土壤有机肥施用量与环境污染的量化关系，仍然需要进行由德国联邦政府在施肥法规中规定的农田氮素平衡算法[①]。本方法也不适合作为精确计算农田有机质含量、碳储量及其变化的方法。此外，本方法与德国联邦政府发布的肥料法规[②]和土壤保护法规[③]中关于有机肥施用方法和用量的规定相互独立，内涵无重叠，农民在应用腐殖质平衡算法时仍需要同时检查对肥料法规和土壤保护法的落实及执行。

本方法为综合农业和生态农业农场设计和使用，为便于农民应用，利用本方法进行土壤有机质平衡计算时，除本方法定制参数外，每个农场或地块只需要用到农民在生产中易于获取的数据。

有机质平衡算法的科学基础。

有机质碳当量：用以表达进入土壤中的有机物质经腐殖化后生成的有机质碳量。通过有机质碳当量，可以对作物良好生长的土壤有机质需求量、作物在其典型种植方式下引起的有机质亏缺量、盈余量与需要补偿作物亏缺的有机肥施用量统一在一个量纲基准上进行分析和计算。1 个有机质碳当量为 1 千克有机质碳

[①] Bundesministerium der Justiz und für Verbraucherschutz. Verordnung über die Anwendung von Düngemitteln, Bodenhilfsstoffen, Kultursubstraten und Pflanzenhilfsmitteln nach den Grundsätzen der guten fachlichen Praxis beim Düngen (Düngeverordnung-DüV). 1996, 2006, 2012, p 33.

[②] Bundesministeriums der Justiz und für Verbraucherschutz. Düngegesetz. 2017, Ausfertigungsdatum: 09.01.2009, Zuletzt geändert durch Art. 1 G v. 5.5.2017 1068. 2017, Germany.

[③] Bundes - Bodenschutz - und Altlastenverordnung (BBodSchV). 1999, Ausfertigungsdatum: 12.06.1999, Gliederungs-Nr.: 2129-32-1, Germany.

量（千克/公顷·年）；1吨以干物质重量计算的有机质，其纯碳量约为580千克。

不同作物的土壤有机质需求量：不同作物的有机质需求量主要源于长期试验实测结果。通过对中欧延续几十年甚至上百年的多点长期肥料试验，科学家发现：随试验年份延续，根据对各施肥处理的产量、氮素利用率和农田氮素收支平衡综合考量，各点位最佳施肥处理的土壤有机质含量十分稳定，类似于常数。在这些长期试验中，与最佳施肥处理比较，当采用更高有机肥用量时，作物产量不再增加，而肥料氮素利用率下降。研究显示：在这些试验的最佳施肥处理中，每年通过秸秆还田和施用有机肥输入土壤的有机物料所产生的土壤有机质量正好是维持高产的最佳土壤有机质需求量（表1）。当通过作物本身（如作物收获后的地表及根系残留物）和有机肥施肥达到这一需求量时，可实现持续的高产、稳产，同时使农田养分流失降至最低。当通过作物本身和施肥产生的土壤有机质量低于作物最佳有机质需求量时，土壤肥力和产量显著下降。当通过作物本身和施肥产生的土壤有机质量高于作物最佳有机质需求量时，发生农田氮素流失，引起环境问题。

表1 长期试验中通过实测和有机质平衡计算获得的最佳施肥处理的有机质需求量

试验所在地	起始年份	有机物质量OM（吨/公顷·年）	
		实测值	平衡计算
Bad Lauchstädt[19]	1902/1978	10	13
Me thau[20]	1966	10	13
Spröda[20]	1966	10	13
Müncheberg[21]	1962	13	
Braunschweig	1952	10	13
Groβ Kreutz[22,23,24]	1967	10~15	13
Thyrow[25]	1938	10	10.2
Speyer[26]	1958/1983	15	12.7
中间值		10.7	12.6

作物的有机质碳当量：表2列出了通过长期试验实测获得的各种作物的有机质碳当量值，用以度量某一类作物在其典型种植方式下，引起土壤有机质碳量变化的趋势。不同栽培作物引起土壤有机质的亏缺量或盈余量主要受不同类型作物在其典

型种植方式下地表及根系残留物数量与质量、耕作及收获方式对土壤有机质累积和分解的影响。有机质碳当量值为正数的作物属于土壤有机质增加型作物，这类作物收获后土壤中留有较高量的地表和根系残留物，形成有机质累积。有机质碳当量值为负值的作物属于有机质消耗型作物，需要通过施用有机肥或在轮作中引进有机质增加型作物才能满足作物高产、稳产对土壤有机质的需求量，维持土壤肥力的稳定。

对于有机质消耗型作物而言，绝对值小的推荐量适用于土壤栽培措施良好、具有优化的氮肥供应的农田土壤，而绝对值大的推荐量适用于土壤有机质供应不足已有较长年份的农田，例如：复垦后农田。生态农业不允许施用矿质氮肥，作物需要氮素主要源于豆科作物、土壤有机氮矿化和有机肥料的施用，也适用较高的推荐量（绝对值大的有机质碳当量）。多年生饲草在饲草收获后，留有高量地表和根系残留物。高量残留物和饲草种植期间的土壤休耕使农田产生有机物质的富集以及随后较高的有机质存量。间作作物也产生较高量的地表和根系残留物，并由此使得土壤中有机质累积。休耕地的绿化使有机碳进入土壤中。

有机肥料和有机物料的有机质碳当量：各种有机肥料施入土壤后经矿化和腐殖化后产生的有机质碳量表达为有机肥料的有机质碳当量（表3），以每吨物质所产生的有机质碳量（Corg 千克）表达。有机肥料施入土壤后生成有机质的能力主要取决于其物质组成、粪肥腐熟度和水分含量。作物秸秆的有机质产生能力以有机质碳量计每吨秸秆为 80~110 千克。有机肥料的有机质碳当量值主要源于长期试验与实验室模拟试验。

表2　栽培作物的有机质碳当量值[1][2]

作物类型	有机质当量（C_{org} 千克/公顷·年）	
主要作物[1)]	低值	高值
糖甜菜和饲用甜菜，含种子在内	−760	1 300
马铃薯、表3第一组作物.	−760	1 000

[1] Verband Deutscher Landwirtschaftlicher Untersuchungs – und Forschungsanstalten. VDLUFA – Standpunkt：Humusbilanzierung – Methode zur Beurteilung und Bemessung der Humusversorgung von Ackerland. 2004，VDLUFA，Darmstadt，Germany.

[2] Verband Deutscher Landwirtschaftlicher Untersuchungs – und Forschungsanstalten. VDLUFA – Standpunkt：Humusbilanzierung – Eine Methode zur Analyse und Bewertung der Humusversorgung von Ackerland. 2014，VDLUFA，Darmstadt，Germany.

(续表)

作物类型	有机质当量（C_{org} 千克/公顷·年）	
主要作物[1]	低值	高值
青贮玉米、籽粒玉米、表3第二组作物	−560	−800
谷物、油料、纤维作物、向日葵、表3第三组作物	−280	−400
籽粒豆科作物	160	240

1) 甜菜、谷物、籽粒玉米和油料作物的腐殖质当量值不含甜菜叶、秸秆、谷壳等副产品作用，其他作物的腐殖质当量值则包含了该作物副产品作用。

多年生饲草：含豆科饲草、禾本科饲草、混合饲草	低产水平[2]	高产水平[3]
·进入主使用期后的每一年	600	800
·播种的年份，春季种子撒播	400	500
·播种的年份，草皮覆盖移栽	300	400
·播种的年份，间作套播	200	300
·播种的年份，夏季种子撒播	100	150

2) 进入主要收获期，每年每公顷产量以干物重计低于 10 吨（以鲜物重计约 50 吨）。
3) 进入主要收获期，每年每公顷产量以干物重计高于 10 吨（以鲜物重计约 50 吨）。

间作作物（地上部收获物运送出田）		
冬季间作作物	120	160
普通间作作物	80	120
套播间作作物	200	300

4) 作物地上部绿色收获物若留在农田，用表4计算其对腐殖质的作用。

休耕地		
休耕地的自绿化		
·自头年秋季开始休耕		180
·自当年春季开始休耕		80
休耕地的人工绿化		
·自头年夏季始开始人工绿化		700
·自当年春季始开始人工绿化		400

表3 有机物料的有机质碳当量值（千克 Corg）

有机物料	有机物质干物质含量%	有机质碳当量（千克）/有机物质（鲜重吨）	有机物料	有机物质干物质含量%	有机质碳当量（千克）/有机物质（鲜重吨）
植物类			污泥		
秸秆	86	100	未加添加剂	10	8
绿肥，甜菜叶，次残菜叶茎等	10	8		15	12
	20	16		25	28
厩肥				35	40
鲜粪	20	28		45	52
	30	40	加入石灰稳定	20	16
沤肥	25	40		25	20
	35	56		35	36
堆粪	35	62		45	46
	55	96		55	56
流质厩肥			其他		
猪厩	4	4	牛粪堆肥	30	60
	8	8		50	100
牛厩	4	6	湖泥和塘泥	10	10
	7	9		40	40
	10	12	生物能源发酵设施产出物		
禽厩（粪便）	15	12	液体	4	6
	25	22		7	9
	35	30		10	12
	45	38	固体	25	36
生物垃圾				35	50
未腐熟[*)]	20	30	堆肥	30	40
	40	62		60	70
鲜堆肥[*)]	30	40			
	50	66			
堆肥制品[*)]	40	46			
	50	58			
	60	70			

数据来源同表4

评价指标。根据农田有机物质投入量和种植作物的有机质碳当量值仅可获得农田有机质的收支平衡量，而评价指标则用于对田块有机质收支平衡量进行评价，确认农田有机质的供应状况。

表 4 和表 5 分别列出了用于常规的综合农业和有机农业的农田有机质供应状况五等级评价分级指标。评价指标的制定主要依据实现稳产、高产的农田有机质需求量和土壤有机质的氮素矿化潜势。五等级中的 B、C 和 D 三个分级的设计主要是保证评价结果有较好准确性和足够精度，以便为农场提供量化的农田有机碳管理指导。A 和 E 为两个特殊分组，当有机质收支平衡处于这两个分组时，或对农田高产、稳产性能已有不良作用，或因高量土壤有机碳矿化已造成较低肥料养分利用率和农田养分流失。有机农业有机质供应状况评价指标兼作农田氮素养分供应评价与推荐指标，因而表 5 所列指标对于有机农业具有格外重要的意义。

表 4 供综合农业用农田有机质供应状况五等级评价分级指标

分级	分级释义	有机质当量范围（Heq/hm year）	评价	推荐
A	很低	<-200	对土壤肥力和产量有负面影响	改变轮作或增加有机肥用量
B	低	-200~-76	中期尚可承受	需要改变轮作或增施有机肥实现平衡
C	达到平衡	-75~100	农田投入的腐殖质量与腐殖质矿化量达到平衡	无
D	高	101~300	中期尚可承受	需要改变轮作或减施有机肥实现平衡
B	很高	>300	腐殖质矿化量升高导致养分流失和肥料利用率下降	注意避免农田过量用氮

数据来源同表 2

表 5 供生态农业用农田有机质供应状况评价指标[1][2]

分级	分级释义	农田腐殖质供应状况 腐殖质当量（Heq/hm year）	评价	推荐
A	很低	<-200	对土壤肥力和产量有负面影响	改变轮作或增加有机肥用量

---

[1] Verband Deutscher Landwirtschaftlicher Untersuchungs – und Forschungsanstalten. VDLUFA – Standpunkt: Humusbilanzierung – Eine Methode zur Analyse und Bewertung der Humusversorgung von Ackerland. 2014, VDLUFA, Darmstadt, Germany.

[2] KOLBE, H. (2013c): VDLUFA – Standpunkt Humusbilanzierung: Ökologischer Landbau. http://orgprints.org/24848.

(续表)

分级	农田腐殖质供应状况		评价	推荐
	分级释义	腐殖质当量（Heq/hm year）		
B	低	-200~-1	中期尚可承受	需要改变轮作或增施有机肥实现平衡
C	达到平衡	0~300	农田投入的腐殖质量与腐殖质矿化量达到平衡	无
D	高	301~500	中期尚可承受	需要改变轮作或减施有机肥实现平衡
B	很高	>500	腐殖质矿化量升高导致养分流失和肥料利用率下降	注意避免农田过量用氮

（3）德国农田土壤有机质平衡算法对我国的借鉴意义。

有机质平衡算法对于提高农田肥力、提高产量和稳产性、落实面源污染防控具有多方面作用。虽然本方法所需各类参数需要有严谨的科学试验，一旦建立了这些参数，农民只需要输入农田作物类型和有机肥施肥信息，即可获得保育耕地、培肥土壤的科学推荐。因方法简单，便于农民掌握，也适合我国农民采用。

在我国应用这一方法的关键是研制出我国主要作物和肥料的有机质碳当量值和评价指标。由于我国气候、土壤和农业生产条件与德国差别较大，不能直接采用中欧长期定位试验提取出的参数，而需要根据我国各主要农区长期定位试验，提取相应的参数。

为了建立供农民使用方法所需要的技术参数，在过去几十年中，德国公益性土壤肥料专业科研院所开展的长期定位田间试验（10年以上）始终维持在100个左右，短期定位试验达到数百个。这些试验为制定有机质平衡算法奠定了科学基础。我国国土广阔，所覆盖的生态类型区大大超过德国。目前我国长期定位试验仍较少，符合要求的试验更少。由于有效的试验所能代表的区域类型和作物类型十分有限，可采取长期定位试验与模拟试验和主要农区农田定位调查相结合的方式，同时借鉴德国研制和提取参数的方法，边试验、边研制、边校验改进、边推广，逐步完善。

在构建为农民使用的农田有机碳管理分区、分类、量化指标中，可借鉴德国经验，采取先构建可覆盖全国各地技术指标的体系架构，这一体系架构应适用于我国所有生态类型区的各主要作物。同时采用前、后台指标结合的方式，前台指标要简单、易懂、重视其分级系统和分级释义的稳定性，以便农民掌握。后台技术参数则考虑各分区技术指标的可扩展性和灵活性,以逐步提高指标的科学性和可靠性。

如前所述,尽管我国农民盲目施肥引起的耕地质量退化、面源污染问题已十分严重,但至今,在耕地保育和施肥技术领域,我国仍然缺少专门为农民定制的、适合农民掌握和直接应用的技术指标和规程[①]。这使得农田培肥与养分管理精准化、标准化管理在广大农区难以推广,农业面源污染管控难以落到实处。德国经验显示:对于科学施肥和耕地保育而言,在各主要农业类型区进行多点长期和短期定位试验,为农民构建分区、分类、量化的技术指标是提高农民科学施肥和耕地保育技术水平最主要的途径。而定制这些指标,需要专业科研人员的长期研究,如本文所述有机质平衡算法的试验和研制延续了几十年,包含了几代人的心血。我国近年间农业科研投入虽然持续增加,但在目前科研领域侧重 SCI 发文量评估,农业专业科研机构同质化、行政化、碎片化日益加深形势下,如何使这类面向农业生产一线的、长期的公益性专业科学研究能够进行和延续,已经成为我国农业科技创新亟待解决的重要命题。

(四) 日本农业绿色发展环境管控制度

1. 日本农业绿色发展背景

日本国土面积狭小,是一个典型的人口多,土地少,自然资源贫乏的发达国家。在资源禀赋极其不足的条件下,日本政府及时调整农业方向,发展绿色生态农业,逐步实现了农业的现代化和农民增收等多项目标,成为世界农业强国。近年来,日本耕地面积不断减少,2015 年,日本全国耕地面积为 449.6 万公顷,较上一年同期减少 0.5%;同时,随着日本人口老龄化农业人口也不断减少,2015 年农业人口 209 万人,与 1990 年相比减少了 60%。日本农业,以精耕细作为特点,日本农业规模较小,农业生产总值仅占国内生产总值的 1%,但农产品商品率十分高,高达 95%。日本精细化、专业化、工业化的农业发展模式使得日本农产品的品质得到了国内外消费者的信赖,树立了日本农产品代表着高端农产品的形象。

和中国相似,日本也曾因传统经济发展模式导致了生态环境的破坏,使农村地区也遭到了严重的环境污染。日本从 20 世纪 50 年代进入重化工业发展阶段,伴随经济高速增长,农业机械化、化肥化和高收益化迅速发展,同时也引起土壤和水质污染、自然环境和生态破坏等严重问题,曾被世界称之为"公害大国"。随着农业

---

① 张维理,徐爱国,张认连,冀宏杰.我国耕地保育技术创新不足以危及粮食安全与环境安全.中国农业科学,2015,48 (12):2374-2378.

化学品在农业生产中的大量使用所带来的农产品安全问题与环境污染问题的日益显现，日本国民的农业环境保护意识逐步增强，对日本政府制定一套有利于农业环境宝华、徐进农业的可持续发展政策的呼声越来越强烈。在这种社会背景下，日本政府从倡导发展循环型农业出发，充分发挥农业本身所具有的物质循环功能。与此同时，日本农林水产省的地位也越来越重要，它是日本为了发展农业和振兴农村而专门建立的一个组织机构。农林水产省于1992年制定并颁布了著名的新的《食品、农业、农村基本法》，通称"新政策"，"新政策"的颁布，标志着日本成为世界上首次提出"环境保全型农业"的国家。

"环境保全型农业"是发挥农业特有的物质循环机能，持续注意与生产效率的协调、通过减轻由于使用化学肥料和农药而造成的环境负荷的可持续农业，也被称为"持续可能性农业"。环境保全型农业的基本思路是基于人口、资源、环境与经济平衡发展的立足点，强调维护生态平衡和环境保护系统以及农村经济发展的协调关系，主张以有机物还田与合理轮作为基础，利用农业的物质循环机能，一方面限制或减少人工合成化学制品的使用，减少其对环境的负面影响；另一方面在环境容量内重新构筑农业生产技术，加大对生物农药和生物肥料开发与应用，增进其对环境的积极影响，促使农业经济效益与生态。

2. 农业绿色发展环境管控政策体系

日本持续农业充分发挥农业自有物质循环功能，不断与生产力相协调，通过减少使用化肥、农药等减轻环境负荷的可持续农业。目前，日本在农业政策和法律体系、农业技术体系和农业认证体系上加强规范，不断改善环境，提供安全、品质优良、放心农产品的农业生产模式。

（1）健全农业政策和法律法规。日本政府注重农业环境保护，实施了一系列农业环境政策和法规，通过立法把农业环境保护政策和措施法制化，使农业环保政策和措施具有延续性，推动农业可持续发展。日本农业政策和法律建设根据不同的农业环境和发展目标分为四个阶段，如表6所示。

1992年发布新的《食品、农业、农村基本法》，1994年制定了环境保全型农业基本方案，1999年《食品、农业、农村基本法》颁布实施。尤其是21世纪以来，日本政府加大了立法和对农业政策的支持。2000年制定了JAS标准，要求有机农产品必须在农林水产省注册的认证机构认证。2001年堆肥品质法对堆肥等特殊肥料的产销实行严格审批管理。2003年农药危害防治云顶实施纲要加强对农药的审定、生产保管及使用的监察与管理。2005年实行了食物、农业、农村基本计划和农业环境规范。这一计划提出一系列稳定食品供给、促进农业持续发展和振兴农村的政策；农业环境规范将环境因素纳入农业生产规范，农农作物生产和家畜饲养两方面规范生产技术规程。2006年实行有机农业促进法，要求各级政府支持有机农业生产者，鼓励有机农业生产技术研发，加强有机农业产销间沟通。2007年制定有机农业推进的基本方针，在市町村设置有机农业交流平台，强化官民合作开发基于非农药的害虫驱除技术，推荐适宜有机作物种植的农地，加强广告宣传和交流活动。2015年颁布了《关于促进农业发挥多样性功能的相关法律》，通过环境保全型农业直接支付制度，区域内形成统一的环境保全型农业的搭配，推进提高农民的技术和增进消费者理解的活动，如表7所示。

表6 日本不同阶段农业发展环境及发展目标

时间阶段	农业发展目标	农业环境
20世纪50—60年代	提高产量和劳动生产率	农业环境污染严重
20世纪70—80年代	提倡发展循环型农业	有机农业在全国兴起
20世纪90年代	建立和推进环境保全型农业	发展改善农业环境
21世纪初至今	全面实施可持续型农业	继续推进和完善有机农业

表7 日本环境保全型农业相关的政策与法规的演变

年份	政策与法规内容
1992	农林水产省设置"环境保全型农业对策室"；出台《新的食物农业农村政策方向》
1993	颁布《环境基本法》
1994	成立"环境保全型农业推进本部"；召开全国环境保全型农业推进会议
1996	制定"有机农产品以及特别栽培农产品表示方法的指导方针"
1997	制定《环境保全型农业推进宪章》
1999	颁布《食物农业农村基本法》《持续农业法》，提出"生态农户"的概念
2000	颁布《循环型社会形成推进基本法》
2001	正式实施有机农产品的表示制度：有机JAS标志；修改《农地法》
2002	修改《农林物资规格化相关法律》（简称：JAS法）
2003	正式启动对"生态农户"的认证；出台《农药危害防止运动实施纲要》；修改《农药取缔法》；厚生劳动省颁布《食品安全基本法》
2004	修改《农药取缔法》，确定农药残留标准
2006	颁布《有机农业推进法》；修改《JAS法》

(续表)

年份	政策与法规内容
2007	出台《农地水环境保全向上对策》
2009	修改《JAS法》；出台"对于篡改原产地标识的食品销售者的惩罚规定"
2011	出台《环境保全型农业直接支援对策》
2015	颁布《关于促进农业发挥多样性功能的相关法律》

（2）规范农业生产技术规程。日本政府通过制定指导性的技术线路和生产规程，通过指导农民生产，实现全面提升农产品的质量标准和安全性的目标。2005年3月，日本农林水产省制定了《环境调和型农业生产活动规范》（即农业环境规范），在充分利用技术优势进行资源再利用的同时，在土壤改良、化肥施用、农药使用等方面进行了技术改进，统一规范农业生产技术使用的各个环节。

①农产品化肥、农药施用规定。根据农林水产省2007年修改的"关于特别栽培农产品表示指导方针"的相关规定，只有农药和化肥双方的投入量都低于常规农业50%以上，才可以被认定为环境保全型农产品（被称作"特别栽培品"）。相反，则属于常规农产品。无农药无化肥栽培与有机栽培的区别主要有两点：一是从事有机农业需要3年左右不使用农药和化肥的转换期，目的是复原土壤有机质，提高地力；二是有机农产品必须获得有机认证和标识，方可销售。2015年颁布实施的被称为我国"史上最严厉"的《食品安全法》，无论是对违法主体的行政处罚金额，还是司法处罚期限，与日本相关法律对违反食品安全生产标准行为的处罚相比，其处罚的力度还不大。例如，根据《农林物资规格化相关法律》（JAS法）的具体规定，日本对生产假冒伪劣环保农产品以及篡改原产地标识的食品销售者的处罚力度相当严厉。其中，对于违法的个人处1年以下有期徒刑和100万日元（相当于61 192元人民币）的罚款。对于违法的法人组织（团体）则处以1亿日元（相当于612万元人民币）的高额罚款。

②"肯定列表"制度及其农药残留限量标准。"肯定列表制度"（Positive list system）是日本为加强食品（包括可食用农产品）中农业化学品（包括农药、兽药和饲料添加剂）残留管理而制定的一项新制度。日本政府从2006年5月29日开始实施"肯定列表制度"，对所有农业化学品制定了残留限量标准，其中"暂定限量标准"中明确的农兽药及饲料添加剂由200余种增加到700余种，限量标准由1万余条增加到5万余条，对其他尚不能确定具体"暂定限量标准"的农药，均设定

0.01毫克/千克的"一律限量标准",一旦食品中残留物含量超过此标准,将被禁止进口或流通。

表8 日本可持续农业三种类型

类型	内容	主要措施
减化肥、减农药型农业	减少化肥和农药的使用量,减轻环境污染及食品有毒物质含量。	不用或少用化学肥料、不用或少用农药、施用有机物、稻田冬季灌水养生、装防虫防草罩网、创设绿色保护带等
废弃物循环利用型农业	构筑禽畜粪便的再生利用体系	将家畜粪便经堆放发酵后就地还田作为肥料使用,将污水处理后得到再生水用于农业灌溉。
有机农业型	完全不使用化学合成的肥料、农药、生长调节剂、饲料添加剂等外部物质,通过植物、动物的自然规律进行农业生产。	选用抗性作物品种,利用秸秆还田、施用绿肥和动物粪便等措施培肥土壤;采用物理和生物的措施防治病、虫、草害;采用合理的耕种措施保护环境,防止水土流失。

(3)农业认证制度。

有机农产品认证制度。"有机"是一种标识概念,有机食品的表示是依据日本1999年的JAS法修订案所制定的有机农产品及其加工食品的日本农林标准(有机JAS标准)生产的产品,并通过独立的有机食品认证机构认证的农副产品才能贴有机标识,以区别于非有机产品。为规范有机农产品市场,日本政府在加强市场管理的基础上,加大了对有机农产品的监管力度,2001年4月1日正式实施有机农产品的标识制度。JAS法对农户、加工厂、包装以及进口商都提出了具体标准和要求,符合JAS基准的商品包装袋和农产品上必须贴有机JASA标识,未经有机认证,不允许在产品包装物上标识"有机…""有机栽培…""…有机""有机栽培"等字样。

JAS法实际上是日本有机农产品生产标准化和品质的法律制度,是为了促进有机农产品的品质改善、生产的合理化、交易的公正和公平化、使用或消费的安全性而制定的有机农产品生产基准。有机农产品和有机农产品加工食品认证条件必须是符合有机JAS标准和县、市的有机认证基准以及符合有机JAS标准实施规则即技术认证基准。检查分别对申请的文件和实地进行审查,实地检查的内容有生产设施状况、相关生产设备,如农田和储藏设施、生产管理和产品鉴别机构、担当生产管理和产品鉴别者的资格和人数,生产过程中必须要有生产记录。

生态农户认证制度。1999年,日本颁布了被称之为新农业基本法的《食物、农业、农村基本法》。同年，日本又以防止农业导致的环境污染、增进农业自然循环机能为目的，制定或修改了以后被称为"农业环境三法"的"关于采用具有高持续性农业生产方式的法律"（简称"持续农业法"）、"家畜排泄物法""肥料管理法（修订）"。

"持续农业法"所提倡的"高持续性农业生产方式"是指农户在农业生产中，要采用土壤保护技术，少用化肥及少用化学农药的技术。根据这一法律，日本在各都道府县推行了"生态农户"资格认定制度。生态农户认定标准为：拥有 0.3 平方千米以上耕地、年收入 50 万日元以上的农户，经本人申请，并附环境保全型农业生产实施方案，报农林水产县行政主管部门审查后，再报农林水产省审定，将合格的申请者确定为生态农户。对这些农户银行可提供额度不等的无息贷款，贷款时间最长可达 12 年。"生态农户"资格认定后有一定的期限，如日本的青森县规定"生态农户"资格认定有效期为 5 年。但 5 年到期后，若有新技术引进、新品种种植、经营规模扩大等，则可重新提出申请，符合条件者可被再次认定。

据日本"全国环境保全型农业推进会议"提供的数据，"生态农户"认定在各都道府县都得到了程度不同的发展。2000 年获"生态农户"认定的仅静冈县 5 户、鹿儿岛县 7 户；2006 年以后已遍布全日本。2008 年 9 月，福岛县"生态农户"达 18 863 户，居日本第一位。

农药注册管理制度。日本的农药注册管理制度十分严格。对于农药的注册，按照《农药管理法》规定，农药生产者或进口商必须将药效试验、代谢试验、毒性试验、残留试验以及对环境影响试验等资料与注册申请书、药样同时提交农林水产省审查、注册。审查特别重视安全性指标，如作物、土壤农药残留标准、水质污染标准等。日本政府通过实行严格的农药注册管理制度，大大降低了因农药而导致的环境破坏和农药残留物中毒等事故的发生。

（4）对"环境保全型农业"扶持政策。

日本农业环境政策的一个重要组成部分为环保农业扶持政策，即日本政府为鼓励农民在农产品生产过程中采取"环境保全型农业"生产方式，给予了大量的财政补贴。财政补贴的范围不仅包括直接农业生产环节，还囊括了有机农产品加工等较为广泛的范畴。具体来说，日本政府通过以下这些措施对与农业环境保护密切相关的各种活动提供大量的政策优惠：将金融、税收方面的优惠政策提供给采用可持续型农业生产方式的农民；将农业专用资金无息贷款给从事有机农业生产的农业生产者；将税收返还政策与建设资金补贴政策提供给有机农产品储运设施、堆肥生产设

施建设者。总的来说，税收减免、政府贴息与现金补贴为政府补贴的主要途径，以上补贴途径的实施方式为：首先由政府制定相应的标

准以划分环境保护型农户与非环境保护型农户；其次由银行向政府认定的环境保护型农户提供额度不等的无息贷款，贷款期限从半年到 12 年不等；同时，日本政府或者农业促进协会还会为农业环境保护设施建设提供 50% 的资金扶持，这些农业环境保护项目在实现赢利的第一年可以获得 7%~30% 的税收减免，在第二年与第三年在税收上也可以获得一定比例的酌情减免税。日本政府与农业促进协会推出的上述优惠政策对农民与其他环境保护农业的参与者提供了有效的调动作用，有力地推动了日本"环境保全型农业"的发展。

3. 农业绿色发展技术模式与做法

（1）土壤改良模式。日本目前注重有机农业的发展，即在生产中不采用通过基因工程获得的生物及其产物，不使用化学合成的农药、化肥、生长调节剂、饲料添加剂等物质，而是遵循自然规律和生态学原理，协调种植业和养殖业的平衡，采用一系列可持续发展的农业技术，维持农业生产过程的持续稳定。农户通过选用抗性作物品种，利用秸秆还田、施用绿肥和动物粪便等措施培肥土壤，保持养分循环；同时，采取物理和生物的措施防治病虫草害；采用合理的耕种措施保护环境，防止水土流失，保持生产体系及周围环境的生物多样性。日本农地改良成效十分显著，截至 2015 年，日本全国共建立了 4 710 所土地改良区，共新造农地 110 万公顷，约占总耕地面积的 1/4，有效弥补了耕地的非农占用。尽管受工业化、城镇化影响，日本的耕地面积总体不断下降，但耕地质量和农业综合生产能力明显提高。

（2）化肥减施模式。日本的缓控释肥技术及其产品一直处于全球领先水平，具有肥料利用率高、土壤残留低、施肥量少、可有效控制农业面源污染等优点。水稻育苗箱全量一次施肥技术是在水稻育秧时将肥料施于种子附近，并将营养土钵连同秧苗一起移栽至大田，后期不再施肥的栽培技术。该技术分为混合施肥、分层施肥与底层施肥 3 种，其中以混合施肥在施用方法便利、效果好及成本低等方面的综合优势更为明显。该技术的核心即是水稻专用缓控释肥，而该肥料的核心是包衣材料，JCAM 公司生产的包衣材料的养分释放控制期在 30~90 天，且释放精度较高，而一般包衣材料的养分释放控制期只有 20~30 天。另外，JCAM 公司还推出一款"超级氮"的水稻缓控释肥（Meister），肥料利用率达 83%，比侧条施肥要高 5%，比传统的施用硫酸铵要高约 50%。

（3）轮作休耕模式。水稻插秧技术由于连作种植容易引起病虫害和草害，且发

生程度逐渐加重，从而使农药用量与防治次数增加，用工成本也随之增加，导致水稻种植效益降低。而水稻旱直播栽培技术能有效解决上述问题，将稻种直接播种于大田，其优点是抗倒伏、省水、省工、提效等，且还能与小麦、大豆形成新的轮作和种植模式。这种轮作和种植模式的优点：一是能提高小麦、大豆和水稻的单产。采用新的种植模式，水稻单产为5.31吨/公顷、小麦单产为4.71吨/公顷、大豆单产为1.71吨/公顷。二是有助于改善土壤养分状况，减少休耕。三是能控制水稻种植面积。新的轮作种植模式增加了小麦、大豆的种植面积，相对减少了水稻的种植面积，稳定了水稻市场价格，保护了农户利益。四是有利于减少化肥农药施用量，有助于推行环境友好型农业技术体系建设。

（4）农业废弃物循环利用模式。在日本政府与公众的重视下，日本已经探索出多种多样的农业循环经济模式。如由60多户农家组成专业合作社的千叶县循环农业示范基地，将畜禽粪尿和蔬菜残叶进行固液分离，液体用来产生沼气，固体用于堆肥，种植业与养殖业互补，整个农场实现零排放；还有宫城县的米山町，人口1.2万人，养殖牲畜3.6万头，为处理牲畜粪便，投资9亿日元（100日元约合6.14元人民币，2013），建设农业资源循环设施，充分利用当地的稻壳作为辅料，采用先进技术加速发酵过程，高效处理牲畜粪便，最终实现废物的高度资源化、无害化。

4. 日本农业绿色发展环境管控对我国的启示

日本农业可持续发展的成功经验，对促进我国农业的可持续发展具有重要的启示作用。改变农业生产模式、减少农药、化肥等农用化学产品的投入、发展环境友好型农业，是扭转我国目前农业生态环境恶化趋势，实现我国农业长期、稳定、可持续发展的重要途径。

（1）完善农业可持续发展的法规体系。认真贯彻执行《环境保护法》《土地法》《水土保持法》《水污染防治法》等法律法规，依法保护农业生态环境。将农业生产环境与农业自然资源的保护协调起来，特别是对不合理的农业生产导致的对环境污染和破坏制定相应的管理和治理措施。同时，根据各地的具体情况，制定区域性和地方性的有关农业生产和生态环境保护的法律法规，并与国家相关的法律法规相协调，有效地治理我国农业生态环境，促进我国农业长期、稳定的可持续发展。

（2）加大农业可持续发展技术的支持。日本十分重视农业科研与教育的投入，把科技为发展环境保全型农业的突破口，强调政府、民间、科研单位的配合，发展农业生物技术、新型农药、新栽培方式、病虫害的生物、物理防治方法等，同时采取优惠措施积极推广使用这些技术。目前我国在农业科研与教育方面仍十分不足，为了适应农业可持续发展对科技的需要，我国应加大农业科研与教育财政投入，大力发展农业科研和教育部门。同时农业科研单位应加快可持续的生产方式、技术与新型材料的研发，并加强与农民的联系，将新的科技向农村推广。另外，可通过对农民骨干、有文化的青年农民开展科技培训、现场观摩、专家指导等活动。提高农民的整体素质。

（3）大力发展新型农业并制定相关政策。由于有机农业、绿色农业和生态农业等新型的农业生产方式能够较好地解决环境安全问题和食品安全问题，是目前国际上普遍采用的最有效的生产方式。这些生产方式既可以有效地保护和改善农业生产和生态环境，还可以提高农产品的质量，保证农业生产的可持续性和安全性。因此，我国应大力发展有机农业、绿色农业和生态农业等可持续发展的农业生产方式。政府应对这些环保型农业的生产技术的研发和实施给予政策支持，例如，可以采取直接补贴的方式鼓励环保型农业的发展；加大新型（高效、低毒、低残留）农药、化肥及生物技术的研发力度；通过税收、补贴、优惠贷款等经济手段及优惠措施引导农户主动采用环保型生产方式和技术，以逐步改变当前靠农药、化肥实现增产的高投入农业，回归有机农业，发展生物工程农业。

（4）建立权威的认证制度。要完善有机食品和绿色食品认证制度。通过严格执法，健全、监督和检查认证体系和制度，维护农业生产者的利益和市场秩序，调动农民推进环保型农业的积极性和主观能动性。同时，政府应充分利用各种平台大力宣传推介环保型农产品，培育有机食品、绿色食品的消费者群体。

（5）提高国民的农业环保意识。首先应加强国民的环保意识教育和食品安全教育，引起人们对环保型农业的重视；其次，应加大宣传力度，通过开展各种宣传活动，如环保型农业的科普知识的宣传、环保型农业发展典型地区的成果图片展示等，使人们深刻认识到环保型农业在促进农业可持续发展中的积极意义，促使其自觉参与到环保型农业的建设和发展中去。

（五）我国农业环境管控政策建议

1. 加强农业绿色发展环境基准研究

（1）强化农业绿色发展环境基准立项工作。农业环境基准研究是一个涉及众多科学领域的庞大课题，需要组织多部门、多学科联合研究，需要大量的人力、物力和财力。为此,建议将农业绿色发展环境基准纳入未来 10 年内国家重大研究专项。

(2) 拓宽农业绿色发展环境基准研究领域。目前的环境基准研究主要集中于污染物限值,而对于农业绿色发展而言,除了考虑农田土壤污染、农业用水污染、农业大气污染要素限值外,还应考虑农业生产资源要素和农业生产作业环境要素限值。

(3) 推进农业环境基准研究和农业环境管理需求衔接。从技术方面来说,当前科技工作者使用的基准毒性数据来源差异较大,基准毒性数据筛选原则不一,使用推导方法不同,直接导致基准值差别较大。从国家管理需求来说,一些科技工作者和国家环境管理者关注点不完全一致。鉴于我国农业环境基准工作任务的艰巨性,当前要主动引导和推进农业环境基准研究和农业环境管理需求衔接。

(4) 凝聚人才,加强农业环境基准研究人才队伍建设。目前,环保部门已初步建立了一批环境基准研究队伍,而农业部门在这方面很弱,还没有形成针对我国农业绿色发展需求的农业环境基准研究队伍,尤其是"既面向国际视野,又立足我国国情"的专家型人才更是缺乏。为此,应加强农业科研领域的农业环境基准研究队伍建设,并通过组建国家农业环境基准咨询专家委员会和技术专家委员会,对农业环境基准发展规划、成果评价等提供咨询、论证和建议。

2. 强化农田土壤环境管控

(1) 强化农田土壤有机质管控。在我国,农田土壤有机质含量偏低是一个普遍性问题。尽管通过推广秸秆还田、种植绿肥、增施有机肥等农田土壤有机质提升行动,我国从总体上扭转了农田土壤有机质不断下降的局面,但土壤有机质含量普遍偏低,制约着化肥利用效率的提升和农田生态功能的改善。为此建议如下。

建立农田土壤有机质标准体系。针对不同区域、不同土壤类型,制定农田土壤有机质数量与质量标准。

制定农田土壤有机肥使用规范。针对不同区域气候特点、地形地貌、土壤类型、作物类型,明确有机肥合理施用数量、施用时间、施用方式,避免施肥污染环境。

建立农田土壤有机质考核奖罚制度。定期开展农田土壤有机质监测,根据土壤有机质变化状况,对农田使用者进行奖罚,促进农田土壤有机质的提升。

(2) 强化农田土壤污染管控。受污水灌溉、不合理使用农药、污染大气沉降、固废无序堆放等的影响,我国农田土壤污染问题日益突出,已成为我国耕地质量的主要问题。控制农田污染刻不容缓。为此建议如下。

强化灌溉水源质量监控体系。针对污水灌溉是造成农田土壤污染的主因这一状况，完善县乡灌溉水源质量监控体系建设，配备专业人员和监测设备，对灌溉水源进行全程质量监控，一旦发现受到污染，严禁用于灌溉。

完善化肥与农药使用规范。充分考虑区域地理环境特点、农田土壤特征和农作物生长状况，根据农作物对养分的需求量、对养分的吸收和需求季节安排施肥量、施肥方式和时间；根据农情监测结果，适时、适量、适法使用农药。

完善农田土壤污染监控体系。落实《中华人民共和国土壤污染防治法》，针对农田土壤特点和农业生产要求，完善农田土壤环境监测规范，优化农田土壤污染监测网站布局，强化监测队伍建设与监测设备配置，建立全国统一的农田土壤环境监控网络体系；制定国家和地方农田土壤污染风险管控标准，强化县一级农田土壤污染风险管控体系。

3. 强化农业用水管控

强化井灌区农业用水管控。强化地下水采补平衡制度。在井灌区，强化地下水水位动态监测，掌握地下水位变化态势；根据每年地下水补充数量确定采水数量，严禁超采地下水，实现地下水采补平衡。

技术节水与结构节水并举。大力推广节水灌溉技术，在纯井灌区实现100%节水灌溉；适水种植，根据水资源状况优化种植结构，通过发展节水型作物节约用水。

加大地下水漏斗区压采力度。在华北平原等地下水严重超采区要加大压采力度[①]。对于划属压采地区，一是改高水高产战略为适水适产战略，大幅度压缩灌溉用水；二是改种植灌溉作物为种植非灌溉作物，或发展休闲观光、旅游等，发展低耗水农业，逐渐恢复地下水位。

（2）强化旱区农业用水管控。

推广集雨工程补贴制。鼓励企业、集体组织和个人在科学规划的基础上建设农田灌溉集雨工程，并经县级或以上水利工程主管部门组织专家验收合格后，给予建设成本补贴，并且在后期运营过程中给予管护补贴。

推广高效灌溉技术和渠道防渗技术。根据区域气候特征，择优选择喷灌、微灌（包括地表滴灌、地下滴灌、微喷灌、涌泉灌四种类型）等高效节水灌溉技术，提

---

① 王浩，汪林，杨贵羽，等. 我国农业水资源形势与高效利用战略举措 [J]. 中国工程科学，2018，20（5）：9-15.

高灌水效率；对输水渠道进行防渗处理，并大力推广管道输水灌溉，减少输水途中损耗。

4. 强化农业生产投入品管控

（1）强化农业生产投入品数量管控。实施肥料施用管控制度。①推动精准施肥。开展农田土壤氮、磷、钾、有机质等的收支平衡监测，根据土壤特性、农作物营养物质需求，以及农田土壤氮、磷、钾、有机质等物质盈余状况，计算施肥数量与施肥种类构成，力争实现农田土壤氮、磷、钾和有机质收支平衡。在农田土壤氮、磷富余地区，通过减施氮、磷，实现氮、磷收支平衡。因我国农田土壤有机质总体偏低，为此，从近中期看，大部分地区应通过秸秆还田、种植绿肥、增施有机肥等措施，提升农田土壤有机质含量。②规范施肥方式与施肥时机。为了减少肥料损耗，尽量采用深施技术，或地表撒施肥料后快速翻入土中，避免肥料长时间暴露于地表；根据农作物需肥规律，确定施肥时间，在非需肥期限制施肥；在有径流形成的降雨期间，限制施肥，减少因径流造成肥料流失。

完善农药使用管控制度。①推进病虫监测预警智能化，实施时时监控，及时预警，选择最佳时机进行防治，以减少用药数量。②强化农药使用规范，消除无序使用农药现象。③完善农业专业化服务体系建设，推进统防统治、绿色防控、精准用药。

（2）强化农业生产投入品质量管控。

严格农业生产投入品生产与市场管理。严格化肥、有机肥、化学农药、生物农药、农膜等农业生产投入品生产环节和市场营销环节质量监管，严禁不合格产品进入市场。

建立农业生产投入品监督举报制度。农业生产投入品品种类多，分布广，完全依靠行政监管难度很大。建立监督举报制度，让广大的投入品使用者成为质量监督的主体，通过激励机制，鼓励人们对不合格产品进行举报。

（3）强化农业生产投入品废弃物管控。

建立农业生产投入品废弃物强制回收制度，强制使用者将废弃物进行回收，并由生产投入品销售者进行回购，然后进行资源化利用。

对农业生产投入品废弃物回收、回购和资源化利用各个环节进行财政补贴，提升人们对废弃物回收、回购和资源化利用积极性。

5. 强化农业废弃物管控

（1）强化农作物秸秆管控。

完善农作物秸秆还田激励机制。将农作物秸秆还田补贴从示范制调整为普惠制，对粮食与重要农产品生产功能区的农作物秸秆还田实施普惠制补贴。

建立农作物秸秆还田监测监督机制。授予县级土肥监管部门农作物秸秆还田监测职能，建立监测网点，进行定期监测；建立农作物秸秆还田补贴监督举报机制，监督补贴落实情况。

（2）强化畜禽粪污管控。

强化畜禽粪污土地承载力管控机制。落实《畜禽粪污土地承载力测算技术指南》，严格根据土地承载力测算结果确定畜禽养殖规模。

健全粪污资源化利用市场机制。加大畜禽粪污资源化利用政企合作PPP模式支持力度，鼓励支持第三方治理，调动社会资本的积极性，形成畜禽粪污收集、存储、运输、处理和综合利用全产业链。实施以粪污综合治理为重点的农业废弃物资源化利用工程，按照专业化生产、市场化运营的方式，支持畜禽粪污处理设施建设。

强化畜禽养殖废弃物资源化利用考核。建立自查、抽查、第三方评估的综合评价机制，对各级政府工作落实和任务完成情况进行考核。